S3-Leitlinie
Verhinderung von Zwang: Prävention und Therapie aggressiven Verhaltens bei Erwachsenen

DGPPN - Deutsche Gesellschaft für Psychiatrie und Psychotherapie, Psychosomatik und Nervenheilkunde (Hrsg.)

S3-Leitlinie Verhinderung von Zwang: Prävention und Therapie aggressiven Verhaltens bei Erwachsenen

publiziert bei

Redaktion:

Prof. Dr. med. Tilman Steinert, ZfP Weissenau, Abteilung Psychiatrie I der Universität Ulm, Ravensburg/Ulm

Dr. med. Sophie Hirsch, ZfP Weissenau, Abteilung Psychiatrie I der Universität Ulm, Ravensburg/Ulm

1. Update 2018 (Langversion)
Stand: 10.09.2018

AWMF-Registernummer 038-022

ISBN 978-3-662-58683-9   978-3-662-58684-6 (eBook)
https://doi.org/10.1007/978-3-662-58684-6

Die Deutsche Nationalbibliothek verzeichnet diese Publikation in der Deutschen Nationalbibliografie.

Springer

Umschlaggestaltung: deblik Berlin

Gedruckt auf säurefreiem und chlorfrei gebleichtem Papier

Springer ist Teil von Springer Nature
Die eingetragene Gesellschaft ist Springer-Verlag GmbH Germany
Die Anschrift der Gesellschaft ist: Heidelberger Platz 3, 14197 Berlin, Germany

Herausgeber

Die vorliegende S3-Leitlinie Therapie aggressiven Verhaltens und Verhinderung von Zwang wurde von der Deutschen Gesellschaft für Psychiatrie und Psychotherapie, Psychosomatik und Nervenheilkunde e.V. (DGPPN) koordiniert und wird gemeinsam mit den beteiligten Organisationen herausgegeben.

Die nachfolgend genannten Verbände und Organisationen waren am Konsensusprozess beteiligt und stimmten der finalen Fassung der Leitlinie zu:
- Deutsche Gesellschaft für Psychiatrie und Psychotherapie, Psychosomatik und Nervenheilkunde e.V. (DGPPN)
- Deutsche Gesellschaft für Gerontopsychiatrie und -psychotherapie (DGGPP)
- Deutsche Gesellschaft für Suchtforschung und Suchttherapie e.V. (DG-Sucht)
- Deutschsprachige Gesellschaft für Psychotraumatologie (DeGPT)
- Die Deutsche Gesellschaft für Pflegewissenschaft e.V. (DGP)
- Betreuungsgerichtstag e.V.
- Bundesnetzwerk Selbsthilfe seelische Gesundheit e.V. (Netz G)
- Deutsche Alzheimer Gesellschaft e.V. Selbsthilfe Demenz
- Deutsche Gesellschaft für Bipolare Störung (DGBS)
- Bundesverband der Angehörigen psychisch Kranker e.V. (BApK)
- Berufsverband Deutscher Nervenärzte (BVDN)
- Berufsverband Deutscher Psychologinnen und Psychologen e.V. (BDP)
- Berufsverband Deutscher Psychiater (BVDP)
- Bundesdirektorenkonferenz Psychiatrischer Krankenhäuser e.V. (BDK)
- Arbeitskreis der ChefärzteInnen der Kliniken für Psychiatrie und Psychotherapie an Allgemeinkrankenhäusern (ACKPA)
- Bundesfachverband Leitender Krankenpflegepersonen in der Psychiatrie e.V. (BFLK)
- Bundesinitiative Ambulante Psychiatrische Pflege e.V. (BAPP)
- Bundesverband der Berufsbetreuer/innen e.V. (BdB)
- Deutsche Fachgesellschaft für Psychiatrische Pflege e.V. (DFPP)
- Deutsche Gesellschaft für Soziale Psychiatrie e.V. (DGSP)
- Bundesverband der Ärztinnen und Ärzte des Öffentlichen Gesundheitsdienstes e.V. (BVÖGD)

Koordination des Leitlinienprozesses

Prof. Dr. Tilman Steinert, Klinik für Psychiatrie und Psychotherapie I der Universität Ulm (Weissenau)

Redaktion

Dr. Sophie Hirsch, Prof. Dr. Tilman Steinert, Klinik für Psychiatrie und Psychotherapie I der Universität Ulm (Weissenau)

Durchführung systematischer Reviews

Dr. Sophie Hirsch, Klinik für Psychiatrie und Psychotherapie I der Universität Ulm (Weissenau)

Methodische Unterstützung und Moderation

Dr. Cathleen Muche-Borowski, Dr. Monika Nothacker, Arbeitsgemeinschaft der Wissenschaftlichen Medizinischen Fachgesellschaften (AWMF)

Korrespondenz

Prof. Dr. Tilman Steinert
Klinik für Psychiatrie und Psychotherapie I der Universität Ulm (Weissenau)
Weingartshofer Str. 2
88214 Ravensburg
E-Mail: tilman.steinert@zfp-zentrum.de

Expertengruppe

- Prof. Dr. Tilman Steinert
- Dr. Sophie Hirsch
- Dr. Matthias Albers
- Cornelia Brummer
- Ruth Fricke
- Dipl.-Psych. Gabriel Gerlinger, M.A.
- Prof. Dr. jur. Tanja Henking, LL.M.
- Dr. med. Felix Hohl-Radke
- Dr. med. Regina Ketelsen
- Michael Mayer, M.A.
- Prof. Dr. Jürgen L. Müller
- Prof. Dr. Oliver Pogarell
- Prof. Dr. Thomas Pollmächer
- Daniela Schmid
- Prof. Konrad Stolz
- Prof. Dr. rer. medic. habil. Michael Schulz
- André Nienaber
- Prof. Dr. med. Dr. phil. Jochen Vollmann
- Gernot Walter
- Christian Zechert

Mitglieder der Konsensusgruppe

- Dr. Matthias Albers
- Cornelia Brummer
- Dr. Stephan Debus
- Helga Füßmann
- Ruth Fricke
- Dr. Felix Hohl-Radke
- Sabine Jansen
- Dr. Christian Kieser
- Dr. Sabine Köhler
- Annette Loer
- Heidrun Lundie
- Inge Neißer
- Iris Peymann
- Prof. Oliver Pogarell

- Prof. Dr. Thomas Pollmächer
- Prof. Ingo Schäfer
- Daniela Schmid
- Dr. Jochen Tenter
- Dr. Roland Urban
- Gernot Walter
- Prof. Markus Witzmann
- Christian Zechert

Der Bundesverband der Psychiatrie-Erfahrenen (BPE) hat der Endfassung der Leitlinie nicht zugestimmt.

Vorwort

Die vorliegende Leitlinie ist eine Querschnittsleitlinie, die für die Behandlung aller Arten von psychischen Störungen Relevanz haben kann. Sie beinhaltet eine Übersicht über die verfügbare Evidenz zur Behandlung aggressiven Verhaltens bei psychischen Erkrankungen und zur Verhinderung von Zwang in diesem Zusammenhang mit Empfehlungen, die von einem starken Konsens getragen sind. Uns war bei der Erarbeitung bewusst, dass eine große Zahl von Themen angesprochen wird, die häufig Gegenstand von Kontroversen zwischen den unterschiedlichen Akteuren in der psychiatrischen Versorgung sind. Wir haben deshalb großen Wert darauf gelegt, bereits die Expertengruppe interdisziplinär und trialogisch zu besetzen – mit Vertretern der Wissenschaft und der Praxis, juristischen Experten, Angehörigen der Pflegeberufe, einem Vertreter der Angehörigen psychisch kranker Menschen und mehreren Experten von Seiten der betroffenen Menschen mit psychischen Erkrankungen aus verschiedenen Verbänden. Es liegt in der Natur des Themas, dass einige Problemstellungen starke ethische Aspekte beinhalten und Empfehlungen sich nur bedingt auf der Basis wissenschaftlicher Evidenz formulieren lassen. Umso bedeutsamer war bei diesen Empfehlungen die Erreichung eines starken Konsenses mittels eines strukturierten und formalisierten Prozesses.

Diese Leitlinie ist in ihrer Reichweite begrenzt. Sie gilt in erster Linie für die Bedingungen des psychiatrischen Versorgungssystems in Deutschland. Sie bezieht sich auch nicht auf forensisch-psychiatrische Fragestellungen und Populationen, nicht auf Kinder und Jugendliche und nicht auf autoaggressives Verhalten, Suizidalität und Selbstgefährdung im weiteren Sinne sowie in solchen Zusammenhängen angewendete Formen von Zwang.

Allen Beteiligten sei für die kontinuierliche und sehr engagierte Mitarbeit gedankt.

Tilman Steinert
Ravensburg, Deutschland

Mai 2018

Inhaltsverzeichnis

Präambel

T. Steinert, S. Hirsch, *S3-Leitlinie Verhinderung von Zwang: Prävention und Therapie aggressiven Verhaltens bei Erwachsenen*, https://doi.org/10.1007/978-3-662-58684-6_1

Eingedenk der Gewalt und des Unrechts, die psychisch erkrankten Menschen im Namen der Psychiatrie und durch in der Psychiatrie Tätige in der Vergangenheit angetan worden sind, muss dem professionellen Umgang mit aggressivem Verhalten heute unsere besondere Aufmerksamkeit und Sorgfalt gelten, um Zwangsmaßnahmen entbehrlich zu machen. Diesem Ziel dient die vorliegende Leitlinie.

Unabhängig von diesem historischen Hintergrund stellen Zwangsmaßnahmen und der zeitweilige Verlust von Autonomie für die Betroffenen fast immer eine große emotionale und körperliche Belastung dar. Ziel jeder Intervention muss die Deeskalation und Vermeidung von Maßnahmen gegen den Willen psychisch erkrankter Menschen sein. Es gilt, deren Rechte und Interessen zu sichern, gleichzeitig aber auch berechtigten Schutzinteressen anderer Menschen Rechnung zu tragen.

Konsens 81 % Zustimmung in der Konsensuskonferenz

Zwangsmaßnahmen stellen aus Sicht aller Beteiligten ein Problem in der psychiatrischen Versorgung dar und können die weitere Behandlung beeinträchtigen. Häufig sind sie auch im Nachhinein eine große Belastung für die betroffenen Menschen. Zwangsmaßnahmen werden von den betroffenen Menschen auch im Nachhinein oft abgelehnt. Die vorliegenden Leitlinien sollen dazu beitragen, dass solche Maßnahmen möglichst vermieden werden und – falls ausnahmsweise erforderlich – so wirksam, angemessen und schonend wie möglich durchgeführt werden. Zwangsmaßnahmen sind nachvollziehbar zu dokumentieren.

Starker Konsens 100 % Zustimmung in der Konsensuskonferenz

Definitionen und Erläuterung wichtiger Fachbegriffe

T. Steinert, S. Hirsch, *S3-Leitlinie Verhinderung von Zwang: Prävention und Therapie aggressiven Verhaltens bei Erwachsenen*, https://doi.org/10.1007/978-3-662-58684-6_2

Aggression und Gewalt

Die Begriffe „Aggression" und „Gewalt" bzw. „aggressives und gewalttätiges Verhalten" werden in der psychiatrischen Fachliteratur teilweise synonym benutzt; eindeutige und allgemein akzeptierte Definitionen und Operationalisierungen existieren für beide Begriffe bisher nicht. Das Wort Aggression/Aggressivität leitet sich von dem lateinischen „aggredi" ab und bedeutet herangehen, auf jemanden oder etwas zugehen, sich nähern. Später wurde dieser Begriff auch mit feindseliger Bedeutung im Sinne eines offenen Angriffs verwendet. Gewalt stammt aus dem Althochdeutschen, wobei „waltan" stark sein, aber auch beherrschen bedeutet.

Aggression bezeichnet ein meist affektgeladenes Angriffsverhalten, das nach außen gegen andere Menschen, Gegenstände oder Institutionen, aber auch gegen die eigene Person (Autoaggression) gerichtet sein kann. Verschiedene, auch biologisch unterscheidbare, Formen werden differenziert. Neben anderen, im psychiatrischen Kontext weniger relevanten Formen (Beuteverhalten, Revierverteidigung etc.) wird der Begriff der instrumentellen, zielgerichtet eingesetzten Aggression (z. B. bei kriminellen Handlungen) einer spontanen, impulsiven bzw. emotional induzierten Aggression gegenüber gestellt. Aggression und aggressives bzw. gewalttätiges Verhalten sind nur mit Einschränkungen objektiv erfassbar und quantifizierbar. Differenzen zwischen Selbst- und Fremdwahrnehmung sind häufig und nicht selten schwer überbrückbar.

Definitionen aus dem englischsprachigen psychiatrischen Kontext beziehen „aggression" auf die Absicht, jemandem zu schaden oder ihn zu verletzen. So können z. B. Erschrecken oder Drohungen Formen von Aggression sein. Aggression kann verschiedene Formen von Schäden/Verletzungen zur Folge haben, einschließlich psychischer und emotionaler Art. Unter dem Begriff „violence" werden dagegen ähnlich wie unter dem deutschen Pendant „Gewalt" Handlungen verstanden, die die direkte Absicht implizieren, jemandem physischen Schaden zuzufügen. „Gewalt" kann also als Subkategorie von „Aggression" mit engerem Begriffsfeld verstanden werden. Allerdings variieren Auffassungen und Definitionen auch diesbezüglich. Vielfach werden die Begriffe als quantitative Abstufungen verwendet: „Aggression" stellt demnach ein böswilliges Verhalten oder Drohen gegen andere dar, das verbaler, physischer oder sexueller Natur sein kann, „Gewalt" dagegen den Ausbruch von physischer Kraft, durch die eine andere Person oder ein Gegenstand missbraucht, verletzt oder ihr Schaden zugefügt wird. Die geringere Ausprägung ist demgegenüber „Agitiertheit" (in der deutschen Literatur weniger gebräuchlich, in der englischsprachigen Fachliteratur aber als „agitation" häufig) als eine offensive verbale, stimmliche oder motorische Aktivität, die situativ inadäquat ist. Als Einteilungsgrade werden vorgeschlagen: Ruhe < Ängstlichkeit < Agitation < Aggression < Gewalt. Nicht ganz identisch mit der englischen, in vielen Publikationen erscheinenden „agitation" ist der deutsche Begriff des „psychomotorischen Erregungszustands", der auch manifest gewalttätiges Verhalten umfassen kann. Versuche, entsprechende Begriffe inhaltlich und formal eindeutig voneinander abzugrenzen, gibt es immer wieder (bspw. die qualitative Studie Rubio-Valeraet al. 2016). Im Kontext der hier vorgestellten Leitlinie werden die Begriffe ohne strikte Operationalisierung im Sinne der letztgenannten Beschreibungen verwendet.

Behandlungsvereinbarung

Schriftliche Vereinbarung zwischen einer psychiatrischen Institution (meist Klinik) und Patientinnen und Patienten, die sich auf die Modalitäten eventueller zukünftiger Behandlungen bezieht. Behandlungsvereinbarungen können Überschneidungen mit der **Patientenverfügung** im Sinne des § 1901a BGB aufweisen. Genau wie bei der Patientenverfügung handelt sich es dann um eine rechtswirksame Willenserklärung, insbesondere auch, wenn bestimmte Behandlungen abgelehnt werden. Ob diese Teile der Behandlungsvereinbarung in ihrer Rechtswirksamkeit der Patientenverfügung gleichzustellen sind, ist allerdings nicht unumstritten. Der Unterschied bei der Behandlungsvereinbarung besteht in der Beteiligung einer zweiten Partei (Behandler, Vertreter einer Institution) und im gemeinsamen Aushandlungsprozess. Dass die Willenserklärung im einwilligungsfähigen Zustand erstellt wurde, wird so durch die gleichzeitige Unterzeichnung durch eine Fachärztin oder einen Facharzt für Psychiatrie bestätigt. Eine Patientenverfügung hingegen ist eine schriftliche, einseitige Erklärung der Patientin oder des Patienten, mit der bestimmte Untersuchungen und Behandlungen abgelehnt oder auch ausdrücklich gewünscht werden.

Besuchskommission - Multiprofessionell zusammengesetzte und mit Betroffenen und Angehörigen besetzte Kommissionen, die psychiatrische Versorgungseinrichtungen mit der Funktion einer externen Kontrolle visitieren. Aufgaben, Zusammensetzung und Berichtspflichten sind in den PsychKGs bzw. PsychKHGs der einzelnen Bundesländer geregelt.

CPT (European Committee for the Prevention of inhumane or degrading Treatment) - Europäisches Komitee zur Verhütung von Folter und unmenschlicher oder erniedrigender Behandlung oder Strafe. Beim Europarat angesiedeltes Komitee, welches Haftanstalten und psychiatrische Kliniken in den Mitgliedsländern visitiert. Das CPT hat unbeschränkten Zugang zu allen Einrichtungen, auch bei unangekündigten Besuchen. Die Berichte werden publiziert.

Einwilligungsfähigkeit - ist ein rechtlicher Begriff, der die Fähigkeit einer Person beschreibt, rechtlich wirksam in die Verletzung eines Rechtsguts (z. B. der körperlichen Unversehrtheit bei der Verabreichung einer Spritze) einzuwilligen.

Evidenz - Vom englischen „evidence" entlehnt. In diesem Sinne bedeutet Evidenz „wissenschaftlicher Beweis", demnach mit deutlich anderem Begriffsinhalt als die umgangssprachliche Verwendung des Begriffs „Evidenz", wo evident „offensichtlich" oder „augenscheinlich" bedeutet. Evidenz bezieht sich also immer auf den aktuellen Stand wissenschaftlicher Erkenntnis. Diese beruht bezüglich der Aspekte der Behandlung typischerweise auf quantitativen Studien, die unterschiedliche Qualität haben und unterschiedlich eindeutige Ergebnisse erbringen, woraus dann die Evidenzgrade (siehe 3.6) abgeleitet werden.

Fixierung - Festbinden eines psychisch erkrankten Menschen mit breiten Leder- oder Stoffgurten. Fixierung erfolgt am häufigsten im Bett liegend (Bettfixierung), ist grundsätzlich jedoch auch sitzend im Stuhl möglich (Maßnahme in der Gerontopsychiatrie bei Sturzgefährdung). Eine Fixierung kann an unterschiedlich vielen Körperteilen erfolgen, von der Ein-Punkt-Fixierung (nur Bauchgurt) bis zur 11-Punkt-Fixierung (teilweise sogar einschließlich Kopf). Auch das Festhalten eines psychisch erkrankten Menschen ist eine Form der Fixierung (im Englischen „physical restraint" im Gegensatz zum „mechanical restraint" mit Gurten). Häufig werden in Studien auch nur Maßnahmen, die es dem Menschen nicht erlauben, eine von ihm gewünschte Körperhaltung einzunehmen (insbesondere Gurte, Stuhltische) als Fixierung bezeichnet (Bleijlevens et al. 2016).

Freiheitsentziehende und freiheitsbeschränkende Maßnahmen - Mechanische, räumliche oder chemische Maßnahmen, die die Bewegungsfreiheit gegen den Willen des Betroffenen einschränken und eine gewisse Intensität aufweisen, also z. B. Isolierung, Fixierung, auch mit Bettgittern, Stuhltischen, Netzbetten. Als freiheitsbeschränkende Maßnahmen gelten demgegenüber all diejenigen Eingriffe in die Bewegungsfreiheit von geringerer Intensität und/oder Dauer. Es gibt auch (in der Gerontopsychiatrie und in Heimen) besondere Schließmechanismen, wie z. B. Türen, die mit einem Nummerncode zu öffnen sind (den sich an Demenz erkrankte Menschen nicht merken können) oder am Körper angebrachte Alarmgeber, die bei Überschreiten einer Schranke ein Signal geben. Ob z. B. diese Funkchips eine freiheitsentziehende Maßnahme darstellen, ist rechtlich umstritten. Es gibt weitere verschiedene Grenzbereiche, bei denen umstritten ist, ob es sich um freiheitsentziehende Maßnahmen handelt – z. B. wenn die betreffende Person gar nicht mehr die Fähigkeiten hat, sich aus eigener Kraft fortzubewegen. Damit kann ein Türöffner unerreichbar werden oder ein Stuhlbrett kann der Verhinderung eines Sturzes dienen, die betreffende Person hätte aber nicht die Fähigkeiten, sich ohne diese Vorrichtung aus eigener Kraft von dem Stuhl zu entfernen. Umstritten ist teilweise auch die Bewertung von Medikamenten in diesem Zusammenhang. Solange eine primär therapeutische Indikation gegeben ist, handelt es sich aus psychiatrischer Sicht eindeutig nicht um freiheitsentziehende Maßnahmen, auch deshalb, weil in therapeutischen Dosen die Bewegungsfreiheit nicht gravierend eingeschränkt wird. In der Gerontopsychiatrie gibt es jedoch Grenzbereiche, in denen ein therapeutischer Nutzen von Medikamenten fraglich ist und dieselben primär zur Beruhigung und Schlafinduktion verordnet werden.

Gender-Aspekte - Aus Gründen der Lesbarkeit wird in dieser Leitlinie wo möglich auf neutrale Formulierungen zurückgegriffen, also Mitarbeitende, Behandelnde usw. Wo dies nicht möglich ist, wird die grammatikalisch korrekte weibliche und männliche Form verwendet, also bspw. „Patientinnen und Patienten".

Expertenkonsens - Standard in der Behandlung, der von den Meinungsführern geteilt wird oder keiner experimentell-wissenschaftlichen Erforschung zugänglich ist.

Isolierung - Verbringen eines psychisch erkrankten Menschen in einen abgeschlossenen Raum ohne unmittelbaren Personalkontakt. Üblicherweise verbunden mit weiteren Sicherheitsmaßnahmen (Entfernung gefährlicher Gegenstände) und Betreuung z. B. durch Sichtfenster, direkte Kontaktaufnahme oder Videokamera.

Metaanalyse - Verwendung statistischer Techniken im Rahmen eines systematischen Reviews (Übersicht), bei dem die Ergebnisse einzelner Studien durch Zusammenfassung der Ergebnisse von Einzelstudien, die nach bestimmten Einschlusskriterien ausgewählt werden, integriert werden. Dabei spielen insbesondere auch methodische Gütekriterien eine Rolle.

Psychisch erkrankte Menschen - Eine besondere Begriffsvielfalt hat sich für die Nutzerinnen und Nutzer psychiatrischer Einrichtungen entwickelt. In der Sprachwahl von Ärztinnen und Ärzten und Klinikmitarbeitenden sind sie „Patienten" oder „Kranke", bei Mitarbeitenden von Heimen „Bewohner", bei gemeindepsychiatrischen Diensten zumeist „Klienten", bemerkenswerterweise bedeutungsgleich mit den von Betriebswirtinnen und Betriebswirten in Krankenhäusern entdeckten „Kunden". Auch gibt es die Sprachregelung von „Betroffenen" und „Nutzern", die sich wiederum, sofern sie in Selbsthilfegruppen organisiert sind, häufig „Psychiatrie-Erfahrene" nennen. Auch diese Begrifflichkeit wird allerdings keineswegs von allen organsierten Vertretern ehemaliger Patientinnen und Patienten akzeptiert. Die britische NICE-Guideline zum selben Thema verwendet einheitlich den Begriff „service user", der aber inzwischen ebenfalls sehr kontrovers diskutiert wird. In Deutschland impliziert die Verwendung der genannten Begrifflichkeiten noch mehr eine bestimmte Perspektive und Problemsicht.

In dieser Leitlinie wird in der Regel der Begriff „psychisch erkrankte Menschen" verwendet. Im rechtlichen Kontext werden auch die Begriffe „Betroffene" oder „Betreute" und im pharmakologisch-medizinischen Kontext der Begriff „Patientinnen und Patienten" benutzt. Die Begriffe „Kunde" oder „Nutzer" werden angesichts der hier häufig betrachteten Zwangssituationen bewusst vermieden.

Patientenfürsprecher - Vermittlungsperson für Beschwerden und Probleme vielfältigster Art sowohl in psychiatrischen Kliniken als auch in gemeindezentrierten psychiatrischen Einrichtungen. Gesetzlich in einigen Bundesländern vorgesehen.

Peers - Menschen mit individueller Erfahrung psychischer Krisen (Psychiatrie-Erfahrung, Betroffene, Angehörige) und deren Bewältigung, die ihre reflektierten, persönlichen Erfahrungen zur Unterstützung von Menschen in ähnlichen Situationen einbringen. Sie können als Rollenmodell Hoffnung vermitteln und andere Betroffene bei ihrer Genesung unterstützen. Mit einer Qualifizierung zum „Genesungsbegleiter" können sie als „Experten aus Erfahrung" in der Einzelberatung und bei der personenorientierten Weiterentwicklung psychiatrischer Versorgungsangebote tätig werden.

Prädiktion - Vorhersage von Ereignissen auf Grund bestimmter Merkmale.

Psychisch Kranken-Gesetze (PsychKG, PsychKHG, UBG) - Gesetze der Bundesländer, die unter anderem die Modalitäten von Zwangseinweisung und öffentlich-rechtlicher Unterbringung regeln.

Randomisierte kontrollierte Studie/Randomised Controlled Trial (RCT) - Experimentelle klinische Studie, bei der die Untersucher die Teilnehmer per Zufallsauswahl (Randomisierung) in Behandlungs- und Kontrollgruppen zuweisen. Die Behandlungsergebnisse (Outcomes) in den beiden Gruppen werden verglichen. Die Randomisierung dient der Schaffung von Strukturgleichheit (gleiche Verteilung typischer Merkmale) zwischen den Gruppen. Häufig wissen die Probandinnen und Probanden und Untersuchenden auch nicht, wer der Behandlungs- und wer der Kontrollgruppe zugewiesen wurde, um Erwartungseffekte zu minimieren (Verblindung).

Systematischer Review - Zusammenfassungen von wissenschaftlichen Primärstudien, bei denen spezifische methodische Strategien verwendet werden, um Verzerrungen (Bias) zu vermindern. Die systematische Identifikation, Zusammenstellung, kritische Bewertung und Synthese aller relevanten Studien für eine spezifische klinische Fragestellung muss dabei klar und eindeutig beschrieben sein.

Unterbringung - Freiheitsentziehende Maßnahme, bei der eine Person gegen ihren Willen auf einem beschränkten Raum festgehalten, ihr Aufenthalt bewacht und die Kontaktaufnahme mit Personen außerhalb der Einrichtung beschränkt werden kann. Die Unterbringung erfolgt für einen definierten Zeitraum in einer geschlossenen Einrichtung, also einem Krankenhaus oder einer Wohneinrichtung. In vielen modernen psychiatrischen Kliniken und Wohneinrichtungen sind die Türen trotzdem zeitweise geöffnet und untergebrachte psychisch erkrankte Menschen haben entsprechende Ausgangsmöglichkeiten. Auch einige Landesgesetze ermöglichen inzwischen explizit eine Unterbringung auf offen geführten Stationen. Zu unterscheiden sind die öffentlich-rechtliche Unterbringung in einem psychiatrischen Krankenhaus, die Unterbringung im Maßregelvollzug gemäß §§ 63, 64 StGB und die Unterbringung nach Betreuungsrecht (§ 1906 BGB), die sowohl in einem Krankenhaus als auch in einer Wohneinrichtung erfolgen kann. Die öffentlich-rechtliche Unterbringung dient der Abwendung einer akuten Selbst- oder Fremdgefährdung bei psychischer Erkrankung und ist mit einer Behandlungsoption verbunden. Die betreuungsrechtliche Unterbringung dient der Abwendung einer Selbstgefährdung oder eines drohenden erheblichen gesundheitlichen Schadens. Sie ist damit niederschwelliger als die öffentlich-rechtliche Unterbringung, aber an das Vorliegen einer gesetzlichen Betreuung oder einer Bevollmächtigung geknüpft. Bei der öffentlich-rechtlichen Unterbringung im psychiatrischen Krankenhaus und bei der betreuungsrechtlichen Unterbringung in einem Krankenhaus (nicht in der Wohneinrichtung) besteht auch die Möglichkeit einer Zwangsbehandlung, jedoch nur auf gesonderten Antrag nach einer erneuten richterlichen Entscheidung. Der Begriff „Unterbringung" beinhaltete bis vor einiger Zeit die zwingende Annahme einer „geschlossenen" Einrichtung. Diese Vorstellung wurde zunächst in der Praxis und inzwischen auch in diversen Ländergesetzen dahingehend relativiert, dass eine Unterbringung auch auf offen geführten Stationen möglich ist. Unterbringung ist nicht identisch mit Zwangseinweisung. Einer Zwangseinweisung kann ein Unterbringungsbeschluss zugrundeliegen, muss es aber nicht, und eine Unterbringung kann auch ohne vorherige Zwangseinweisung bei zunächst freiwilligem Aufenthalt erfolgen. Die Rechtsvorschriften unterscheiden sich auch zwischen den Bundesländern, was die Bewertung aller Daten zu Zwangseinweisungen mit erheblichen Unsicherheiten behaftet, während Unterbringungen immer mit einem Gerichtsbeschluss verbunden sind.

Unterbringungsgesetz (UBG) - siehe PsychKG.

Zwangseinweisung - Verbringung in eine (psychiatrische) Klinik unter Anwendung einer Rechtsvorschrift (PsychKG, § 1906 BGB, Polizeigesetze) oder durch Gerichtsbeschluss, notfalls auch unter Einsatz unmittelbaren Zwangs.

Zwangsmedikation - Verabreichung von Medikamenten gegen den geäußerten oder auch nur ohne Äußerung gezeigten (natürlichen) Willen des psychisch erkrankten Menschen. Das Spektrum reicht dabei von entschiedener und klar artikulierter Ablehnung bis zu nur passiven Unmutsbekundungen, das Ausmaß angewendeten Zwangs von eindeutiger Gewaltanwendung bis zum Ausüben nur verbalen, direkten oder indirekten Drucks. Gemäß der Rechtslage sind zwei Typen zu unterscheiden: die gerichtlich genehmigte Zwangsmedikation gemäß Betreuungsrecht oder öffentlich-rechtlicher Gesetzgebung (PsychKG u. a.) und die Notfallmedikation. Eine Notfallmedikation ist in einigen öffentlich-rechtlichen Gesetzen explizit geregelt (z. B. PsychKHG Baden-Württemberg), ansonsten verbleibt nur § 34 StGB (rechtfertigender Notstand), der allerdings keine Gesetzesgrundlage für das Handeln bildet, sondern die eigentlich strafbare Handlung unter besonderen Umständen rechtfertigt. Eine gerichtlich genehmigte Zwangsmedikation hat immer als Zwangsbehandlung zu gelten, auch wenn der psychisch erkrankte Mensch in Kenntnis des Gerichtsbeschlusses Medikamente selbständig einnimmt. Bei der Notfallmedikation gibt es einen Übergangsbereich zwischen Freiwilligkeit, psychologischem Druck, ultimativer Aufforderung mit Androhung von Zwang und tatsächlicher Anwendung körperlichen Zwangs. Diese Unschärfe veranlasste die beiden in Deutschland existierenden Arbeitskreise zur Prävention von Gewalt und Zwang 2013 einen Konsens für eine Definition zu suchen. Diese lautet: „Als Zwangsmedikation wird eine gegen den erklärten oder gezeigten Willen eines psychisch erkrankten Menschen durchgesetzte Medikamentenverabreichung bezeichnet, bei der einem Menschen trotz Ablehnung keine Alternative außer ggf. einer sonst erfolgenden anderen Zwangsmaßnahme verbleibt" (Steinert 2013). Diese Definition wurde z. B. auch im Zwangsregister des Landes Baden-Württemberg übernommen.

Zwangsregister - Zentrale Erfassung von Zwangsmaßnahmen (nach einigen Psych-KGs) bzw. von Zwangsbehandlungen nach § 1906 Abs. 3 BGB.

Abkürzungen

T. Steinert, S. Hirsch, *S3-Leitlinie Verhinderung von Zwang: Prävention und Therapie aggressiven Verhaltens bei Erwachsenen*, https://doi.org/10.1007/978-3-662-58684-6_3

6CS	Six Core Strategies
APA	American Psychiatric Association
APK	Aktion Psychisch Kranke
ASD	Autismus-Spektrum-Störung
Attacks	Attempted and Actual Assault Scale
AWMF	Arbeitsgemeinschaft wissenschaftlich-medizinischer Fachgesellschaften
BADO	(Psychiatrische) Basis-Dokumentation
BGB	Bürgerliches Gesetzbuch
BPS	Borderlinepersönlichkeitsstörung
BVC	Brøset Violence Checklist
BVerfG	Bundesverfassungsgericht
BVerfGE	Bundesverfassungsgerichtsentscheidung
CATIE	The Clinical Antipsychotic Trials of Intervention Effectiveness Study
CEBP	Arbeitsgruppe des Europarats für Bioethik
CISD	Critical Incident Stress Debriefing
COPD	Chronisch obstructive Lungenerkrankung
CPT	European Committee for the Prevention of inhumane or degrading Treatment
CRPD	The Committee on the Rights of Persons with Disabilities
CT	Computer-Tomographie
DASA-IV	Dynamic Appraisal of Situational Aggression IV
DGPPN	Deutsche Gesellschaft für Psychiatrie und Psychotherapie, Psychosomatik und Nervenheilkunde
DGSP	Deutsche Gesellschaft für Soziale Psychiatrie
DSM	Diagnostic and Statistical Manual of Mental Disorders
EEG	Elektroencephalogramm
EKG	Elektrokardiogramm
EKT	Elektrokonvulsionstherapie
EMDR	Eye Movement Desensitization and Reprocessing
EX-IN	Experienced Involvement
FamFG	Gesetz über das Verfahren in Familiensachen und in den Angelegenheiten der freiwilligen Gerichtsbarkeit
GABA	Gamma-Amino-Buttersäure
GG	Grundgesetz
GKV	Gesetzliche Krankenversicherung

HTA	Health Technology Assessment
ICD	International Classification of Diseases
IES-R	Revidierte Impact of Event-Skala
ILO	International Labour Organization
i. m.	intramuskulär
i. v.	intravenös
LL	Leitlinien
MOAS	Modified Overt Aggression Scale
MRT	Magnetresonanztomographie
NICE	National Institute of Clinical Excellence
NNH	Number needed to harm
OSHA	Occupational Safety and Health Administration
PsychKG	Psychisch Kranken Gesetz
PsychKHG	Psychisch Kranken Hilfe Gesetz
Psych-PV	Personalverordnung Psychiatrie
PTBS	Posttraumatische Belastungsstörung
RCT	Randomised controlled trial, randomisiert-kontrollierte Studie
QVOS	Quantification of Violence Scale
SDAS	Social Dysfunction and Aggression Scale
SGB	Sozialgesetzbuch
SHT	Schädel-Hirn-Trauma
SOAS-R	Staff Observation Aggression Scale (revised)
SpDi	Sozialpsychiatrischer Dienst
SSRI	Selektive Serotonin-Wiederaufnahme-Hemmer
StGB	Strafgesetzbuch
UAW	Unerwünschte Arzneimittelwirkungen
UBG	Unterbringungsgesetz (Bayern, Saarland)
UbG	Österreichisches Unterbringungsgesetz
UN	Vereinte Nationen
UN-BRK	Behindertenrechtskonvention der Vereinten Nationen
WHO	World Health Organization
ZEKO	Zentrale Ethikkommission

Einführung

T. Steinert, S. Hirsch, *S3-Leitlinie Verhinderung von Zwang: Prävention und Therapie aggressiven Verhaltens bei Erwachsenen*, https://doi.org/10.1007/978-3-662-58684-6_4

4.1 Hintergrund der Leitlinie und Problemstellung

Aggressives Verhalten ist ein im Zusammenhang mit psychischen Erkrankungen im Vergleich zur Allgemeinbevölkerung gehäuft auftretendes Phänomen (Fazel et al. 2009; Witt et al. 2013). Angesichts der Tatsache, dass der Beginn der Psychiatrie in den Geschichtsbüchern auf die Befreiung der Geisteskranken in der Pariser Salpétrière aus ihren Ketten datiert wird, ist der Umgang mit Gewalt und Zwang wohl das älteste Problem psychiatrischer Institutionen. Während dies über lange Zeit weitgehend tabuisiert wurde, stehen heute der Anspruch der psychisch erkrankten Menschen auf eine bestmögliche Versorgung unter den Aspekten sowohl der Sicherheit als auch der Menschenwürde und Überlegungen der Sicherheit für die Beschäftigten im Gesundheitswesen im Vordergrund. Damit wird der Umgang mit Aggressivität und Zwang heutzutage zu einem wichtigen Aspekt der Behandlungsqualität. Diese Herausforderung wird zeitgemäß mit der Erstellung von Leitlinien und deren Implementierung in die klinische Praxis angenommen. 2005 publizierte das britische National Institute of Clinical Excellence (NICE) nach umfangreichen Vorarbeiten die „Clinical Practice Guidelines for Violence: The short term management of disturbed/violent behaviour in psychiatric in-patient settings and emergency departments“ unter Beteiligung von psychisch erkrankten Menschen, deren Angehörigen und zahlreichen professionellen Gruppen. Im Jahre 2015 erschien eine Aktualisierung dieser Leitlinie (NICE 2015). Andere Behandlungsleitlinien vergleichbaren Umfangs liegen bisher nicht vor. Die hier vorliegende S3-Leitlinie wurde im Auftrag der Deutsche Gesellschaft für Psychiatrie und Psychotherapie, Psychosomatik und Nervenheilkunde erstellt und stellt eine Aktualisierung und Erweiterung der im Jahre 2010 erschienen S2-Leitlinie „Therapeutische Maßnahmen bei aggressivem Verhalten“ dar.

4.2 Ziele der Leitlinie

Diese Leitlinie soll den Professionellen in Kliniken und gemeindepsychiatrischen Institutionen, den psychisch erkrankten Menschen und ihren Angehörigen gleichermaßen einen Überblick über den gegenwärtigen Stand des Wissens und eine gute klinische Praxis vermitteln. Letztere leitet sich einerseits aus den wissenschaftlichen Erkenntnissen, andererseits aus ethischen Überlegungen und den gesetzlichen Bestimmungen ab. Im Hinblick auf die unterschiedlichen Zielgruppen wurde versucht, eine möglichst allgemeinverständliche Sprache zu benutzen und unnötigen Einsatz von Fachterminologie zu vermeiden. Ein Ziel aller Leitlinien ist die Implementierung in die klinische Praxis und damit auch die Verbesserung dieser Praxis.

Ziele der Leitlinie

Ziel dieser Behandlungsleitlinie ist es, Empfehlungen zu Diagnose und Therapie von aggressivem Verhalten auf der Basis aktueller wissenschaftlicher Erkenntnisse und guter Versorgungspraxis zur Verfügung zu stellen. Es soll damit die Grundlage geschaffen werden, Zwangsmaßnahmen und Zwangsunterbringungen zu reduzieren oder zu vermeiden. Falls deren Anwendung unumgänglich ist, ist die Menschenwürde zu wahren und Rechtssicherheit zu gewährleisten. Interventionen sind so kurz und so wenig eingreifend wie möglich zu halten und psychische oder physische Traumata zu vermeiden.

Den Mitarbeitenden der Leitliniengruppe war bei der Erarbeitung der Leitlinie bewusst, dass dieses Thema in der Öffentlichkeit, aber auch innerhalb der Psychiatrie außerordentlich kontrovers diskutiert wird. Sowohl die Psychiatrie-Erfahrenen selbst als auch deren Angehörige, politisch Verantwortliche auf verschiedenen Ebenen (CPT, Antwort der Bundesregierung 2007; Gesundheitsministerkonferenz 2007) sowie die Vertreter verschiedener Medien kritisieren z. T. konstruktiv und fundiert, z. T. polemisch und wenig faktenorientiert, die in der psychiatrischen Versorgung tätigen Professionellen und die von ihnen praktizierten (Zwangs-)Behandlungen. Die vorliegende Leitlinie fasst das aktuell verfügbare, wissenschaftlich gesicherte Wissen zum Thema „Umgang mit aggressivem Verhalten in der Psychiatrie" in verschiedene Evidenzgrade eingeteilt zusammen. Es sollte berücksichtigt werden, dass aus dieser Leitlinie abgeleitete Empfehlungen stets im Einzelfall zu überprüfen sind. Eine individuelle Behandlung, möglichst im Konsens mit dem Betroffenen, ist erstrebenswert. Beim Thema „Aggressives Verhalten" sind Auslöser, Ursachen und Interaktionen komplex ineinander verwoben. Nicht nur psychisch erkrankte Menschen können sich aggressiv verhalten, auch psychiatrische Einrichtungen können im Sinne sog. „institutionelle Gewalt" Zwang ausüben und Aggressionen hervorrufen. Auch kann es vorkommen, dass sich Mitarbeitende sowie Angehörige z. B. verbal aggressiv verhalten.

4.3 Zielgruppe und Geltungsbereich

Die Problematik aggressiven Verhaltens ebenso wie die der Zwangsmaßnahmen betrifft in erster Linie psychiatrische Krankenhäuser. Mit zunehmender Deinstitutionalisierung ist aber immer deutlicher geworden, dass Krankenhausbehandlung nur einen vergleichsweise kleinen Ausschnitt der psychiatrischen Versorgung darstellt, die heute überwiegend als Gemeindepsychiatrie stattfindet. Demzufolge ist die Problematik des Umgangs mit Aggression und Gewalt genauso wie die sog. „institutionelle Gewalt" immer weniger auf Krankenhäuser beschränkt, sondern auch in sonstigen gemeindepsychiatrischen Institutionen, in der ambulanten Versorgung und im häuslichen Bereich bzw. Wohnumfeld von Bedeutung. Die auch heute noch vielfach zu beobachtende Gewohnheit, dass aggressives Verhalten von psychisch erkrankten Menschen in betreuten Wohneinrichtungen als zwingender Grund für eine Krankenhauseinweisung angesehen wird und folglich auch allein das Krankenhaus der Ort ist, an dem institutionelle Gewalt stattfindet, erscheint fragwürdig und wird vermutlich angesichts künftiger unter Kostendruck stattfindender Veränderungen des Versorgungssystems so nicht mehr zu halten sein. Allerdings bezieht sich die gegenwärtig vorliegende wissenschaftliche Literatur entsprechend dem Schwerpunkt der Forschungskapazitäten noch unverhältnismäßig stark auf den stationären Bereich, weshalb auch diese Leitlinie unvermeidlich bzgl. der vorliegenden Evidenz dort ihren Schwerpunkt hat. Dennoch können unter Berücksichtigung der anderen rechtlichen und institutionellen Rahmenbedingungen eine Reihe von Ergebnissen und Empfehlungen auf den außerklinischen bis hin zum häuslichen Bereich übertragen werden.

Zielgruppen der vorliegenden Leitlinie sind:

- die in der Versorgung psychisch erkrankter Menschen Tätigen (Psychiaterinnen und Psychiater, Nervenärztinnen und Nervenärzte, Allgemeinärztinnen und Allgemeinärzte, klinische Psychologinnen und Psychologen, ärztliche und

psychologische Psychotherapeutinnen und Psychotherapeuten, Sozialarbeiterinnen und Sozialarbeiter, Pflegende, Ergotherapeutinnen und Ergotherapeuten etc.)
- sich im Rahmen einer psychischen Störung aggressiv verhaltende Erwachsene und Menschen aus deren Umfeld.
- Die Leitlinie dient außerdem der Information von politischen Entscheidungsträgern, den Medien und der allgemeinen Öffentlichkeit.

Methoden der Leitlinie

T. Steinert, S. Hirsch, *S3-Leitlinie Verhinderung von Zwang: Prävention und Therapie aggressiven Verhaltens bei Erwachsenen*, https://doi.org/10.1007/978-3-662-58684-6_5

5.1 Definition und Aufgaben von Leitlinien

Leitlinien sind definiert als systematisch entwickelte Entscheidungshilfen über die angemessene ärztliche Vorgehensweise bei speziellen gesundheitlichen Problemen. Sie sind Orientierungshilfen im Sinne von „Handlungs- und Entscheidungskorridoren", von denen in begründeten Fällen abgewichen werden kann oder sogar muss. Gute Leitlinien eignen sich dazu, die kontinuierlich zunehmende Informationsmenge an wissenschaftlicher Evidenz sowie an Expertenmeinungen über „gute klinische Praxis" den Leistungsträgern im Gesundheitswesen (Ärztinnen und Ärzten, Pflegende und anderen Fachberufen) und der Öffentlichkeit zu vermitteln. Vorrangiges Ziel von Leitlinien ist die Bereitstellung von Empfehlungen zur Erreichung einer optimalen Qualität der Gesundheitsversorgung.

Leitlinien haben dabei die Aufgabe, das umfangreiche Wissen (wissenschaftliche Evidenz und Praxiserfahrung) zu speziellen Versorgungsproblemen zu werten, gegensätzliche Standpunkte zu klären und unter Abwägung von Nutzen und Schaden das derzeitige Vorgehen der Wahl zu definieren, wobei als relevante Zielgrößen (Outcomes) nicht nur Morbidität und Mortalität, sondern auch Zufriedenheit und Lebensqualität zu berücksichtigen sind.

Leitlinien sind weder als Anleitung für eine sogenannte „Kochbuchmedizin" zu verstehen, noch stellen sie die Meinungen einzelner Fachexperten dar. Vielmehr handelt es sich bei Leitlinien um den nach einem definierten, transparent gemachten Vorgehen erzielten Konsens multidisziplinärer Expertengruppen zu bestimmten Vorgehensweisen in der Medizin. Grundlage dieses Konsenses ist die systematische Recherche und Analyse der Literatur.

Leitlinien unterscheiden sich von systematischen Übersichtsarbeiten und HTA-Berichten (Health Technology Assessment) durch ihre primäre Zielsetzung, klinisch tätigen Ärztinnen und Ärzten explizit ausformulierte und konkrete Entscheidungshilfen bereitzustellen (▶ http://www.leitlinien.de).

Leitlinien orientieren sich am Referenzbereich diagnostischer und therapeutischer Standards im Gegensatz zu Richtlinien, die die verbindlichen Regeln der ärztlichen Kunst festlegen, und auch zu Empfehlungen bzw. Stellungnahmen, die bloße Informationen und Handlungsvorschläge sind (DGPPN 2006). Leitlinien sollten sich auf das Ausreichende und Zweckmäßige beschränken, sich an der Wirtschaftlichkeit orientieren und das Notwendige nicht überschreiten (DGPPN 2006). Die vorliegende Leitlinie stellt den gegenwärtigen Wissensstand zum Thema Umgang mit aggressivem Verhalten und Zwang in der Psychiatrie dar.

Die Deutsche Gesellschaft für Psychiatrie und Psychotherapie, Psychosomatik und Nervenheilkunde e. V. (DGPPN) erteilte 2015 den Auftrag zur Aktualisierung und Erweiterung dieser Leitlinie. Im Rahmen ihres Bestrebens um Qualitätssicherung in der Psychiatrie sind Leitlinien ein wichtiges Instrument. Die Arbeitsgemeinschaft wissenschaftlich-medizinischer Fachgesellschaften (AWMF) unterscheidet 3 Stufen der Leitlinienentwicklung:

- S1-Leitlinie: Informelle Experten-Konsensus-Leitlinie
- S2k-Leitlinie: eine formale Konsensfindung („S2k") und/oder eine formale „Evidenz"-Recherche („S2e") hat stattgefunden
- S3-Leitlinie: Systematisch erstellte Leitlinie unter Berücksichtigung von Evidenzbasierter Medizin, Logischer Analyse, Formaler Konsensfindung, Entscheidungsanalyse und Outcome-Analyse

Die hier vorliegende Leitlinie wurde als S3-Leitlinie im Auftrag der Deutschen Gesellschaft für Psychiatrie und Psychotherapie, Psychosomatik und Nervenheilkunde erarbeitet.

5.2 Methodik der Leitlinienerstellung

Die Initiative zur Erstellung dieser Leitlinie ging von der Deutschen Gesellschaft für Psychiatrie und Psychotherapie, Psychosomatik und Nervenheilkunde e. V. (DGPPN) aus. Die DGPPN beauftragte eine Projektgruppe, eine Expertengruppe einzuberufen. Die Expertengruppe setzte sich zusammen aus Vertretern der mit der Behandlung von aggressivem Verhalten befassten Berufsgruppen, Vertreter der Betroffenen und Angehörigen. Vorwiegend waren klinisch und wissenschaftlich mit diesem Thema beschäftigte Psychiaterinnen und Psychiater und Pflegewissenschaftlerinnen und Pflegewissenschaftler berufen worden.

In mehreren vorbereitenden Treffen wurde die inhaltliche Struktur der Leitlinie mit der Task Force Patientenautonomie der DGPPN, Professor Falkai, Professor Maier und dem Koordinator dieser Leitlinie, Professor Steinert, diskutiert und abgestimmt. Die einzelnen Kapitel wurden vom Koordinator und der Redakteurin bzw. beauftragten Experten aus der Leitliniensteuerungsgruppe erstellt. Die Autoren stellten die aktuellen wissenschaftlichen Daten zusammen und formulierten die Entwurfstexte. Die Entwürfe wurden allen Mitgliedern der Leitliniensteuerungsgruppe mit Hilfe einer Cloud online zur Kommentierung zur Verfügung gestellt. Die Kommentare und Korrekturvorschläge wurden von der Redakteurin eingearbeitet. Bei den nächsten Treffen wurden die Texte mit Kommentaren und Korrekturen in der Arbeitsgruppe diskutiert und abgestimmt.

5.3 Evidenzgrade

Die Evidenz-Ebenen werden in Anlehnung an die Empfehlungen des Oxford Centre for Evidence-Based Medicine wie folgt definiert:

- Evidenzgrad 1: Systematisches Review, das mehrere randomisierte kontrollierte Studien (RCTs) einschließt
- Evidenzgrad 2: Randomisierte kontrollierte Studie oder Beobachtungsstudie mit dramatischem Effekt
- Evidenzgrad 3: Nicht-randomisierte kontrollierte Studie
- Evidenzgrad 4: Vorher-Nachher-Vergleiche, Fall-Kontroll-Studien, Fallserien
- Evidenzgrad 5: Theoretisch hergeleitete Empfehlungen, Expertenmeinungen

5.4 Empfehlungsgrade

Starke Empfehlung, Soll-Empfehlung, Empfehlungsgrad A: Eine Behandlungsmethode erhält die Empfehlungsstärke A, wenn zu der Methode Studien der Kategorie 1 oder 2 vorliegen.
Empfehlung, Sollte-Empfehlung, Empfehlungsgrad B: Eine Behandlungsmethode erhält die Empfehlungsstärke B, wenn zu der Methode Studien der Kategorie 3 oder 4 vorliegen. (Wenn eine Studie der Kategorie 1 oder 2 vorliegt, aus der die Empfehlung für eine Methode extrapoliert werden muss, bspw. weil andere Populationen oder Settings untersucht wurden, dann erhält sie ebenfalls die Empfehlungsstärke B)
Vorschlag, Kann-Empfehlung, Empfehlungsgrad 0: Eine Behandlungsmethode erhält die Empfehlungsstärke 0, wenn zu der Methode Studien der Kategorie 5 vorliegen. (Wenn Studien der Kategorie 3 oder 4 vorliegen, aus der die Empfehlung für eine Methode extrapoliert werden muss, dann erhält sie ebenfalls die Empfehlungsstärke 0)
Abweichungen sind bei entsprechendem Expertenkonsens möglich, wobei hier ethische, kulturelle, wirtschaftliche Aspekte sowie Sicherheit und Patientenpräferenzen mit einbezogen werden.

5

▪ Expertenkonsens

Wenn es für eine Behandlungsmethode keine experimentellen wissenschaftlichen Studien gibt, diese nicht möglich sind oder nicht angestrebt werden, das Verfahren aber dennoch allgemein üblich ist und innerhalb der Konsensusgruppe eine Übereinkunft über das Verfahren erzielt werden konnte, so erhält diese Methode die Empfehlungsstärke Expertenkonsens.

▪ Klinische Relevanz

Die klinische Relevanz kann die Einstufung einer Empfehlung beeinflussen. Als Resultat eines Expertenkonsenses kann zum Beispiel eine Empfehlung auch ohne hierarchisch hochstehende Evidenzklasse einem hohen Empfehlungsgrad zugeordnet werden, wenn dies die Lösung eines Versorgungsproblems erfordert (▶ www.versorgungsleitlinien.de).

▪ Statement

Allgemeine Begriffsdefinitionen, Studienergebnisse, Expertenmeinungen und deren Erklärung, die aber nicht direkt in eine Empfehlung münden.

5.5 Andere berücksichtigte Leitlinien

▪ Deutschland

Leitlinie Demenz AWMF-Registrierungsnummer: 038-013 S3

Leitlinie Bipolare Störung AWMF-Registernummer 038/018 S3

Leitlinie Psychosoziale Therapien bei schweren psychischen Erkrankungen AWMF-Registrierungsnummer: 038-020 S3

Alkoholbezogene Störungen: Screening, Diagnose und Behandlung AWMF Registernummer 076-001 S3

▪ Großbritannien

National Institute of Clinical Excellence (NICE): NICE Guideline NG10 „Violence and Aggression Short-term management in mental health, health and community settings Updated edition", 2015.

▪ Frankreich

Troubles du Comportement chez les Traumatisés Crâniens: Quelles options thérapeutiques?

5.6 Anwendbarkeit von Leitlinien

Die Anwendbarkeit der Leitlinien kann durch eine Bewertung der Leitlinien-Nutzung und der Auswirkungen des Leitlinien-Einsatzes gefördert werden. Dabei sind insbesondere die folgenden Aspekte zu beurteilen:

- die Übereinstimmung der Versorgung mit den Leitlinien-Empfehlungen, d. h. die Überprüfung der Versorgung mit den Leitlinien-Empfehlungen,
- der individuelle Therapieerfolg, d. h. die individuelle Ergebnisqualität,
- die Auswirkungen der Leitlinie auf alle von der Leitlinie betroffenen Patientinnen und Patienten in einer bestimmten Population, d. h. die populationsbezogenen Ergebnisse der Leitlinien-Anwendung (▶ www.versorgungsleitlinien.de)

5.7 Finanzierung der vorliegenden Leitlinie

Die Finanzierung der vorliegenden Leitlinie erfolgte durch die Deutschen Gesellschaft für Psychiatrie und Psychotherapie, Psychosomatik und Nervenheilkunde e. V. (DGPPN).

5.8 Interessenskonflikte

Vor dem ersten Treffen der Leitliniensteuerungsgruppe und vor Erscheinen der Leitlinie wurden die Interessenskonflikte der Autorinnen und Autoren sowie der abstimmungsberechtigten Expertinnen und Experten schriftlich mittels eines standardisierten Formulars eingeholt (◘ Tab. 5.1, 5.2, 5.3 und 5.4). Die konkreten Interessenskonflikte und die sich daraus ergebenden Einschränkungen bzgl. Stimmberechtigung finden sich im Leitlinienreport.

Die Mitglieder der Leitliniensteuerungsgruppe wurden angehalten, ihre Empfehlungen auf der Basis einer objektiven Bewertung der verfügbaren Literatur und ihrer fachlichen Kenntnisse abzugeben. Vertreter der Industrie waren weder persönlich noch durch finanzielle Zuwendungen an der Erstellung der Leitlinie beteiligt. Alle Empfehlungen der Leitlinie gründen sich auf die bestmögliche wissenschaftliche Evidenz und die Ergebnisse des Konsensusprozesses.

5

Tab. 5.1 Erläuterung der potenziellen Interessenskonflikte

Nr.	Erklärung
1	Berater- bzw. Gutachtertätigkeit oder bezahlte Mitarbeit in einem wissenschaftlichen Beirat eines pharmazeutischen, biotechnologischen bzw. medizintechnischen Unternehmens
2	Honorare für Vortrags- und Schulungstätigkeiten oder bezahlte Autoren- oder Koautorenschaften im Auftrag pharmazeutischer, biotechnologischer, medizintechnischer Unternehmen
3	Finanzielle Zuwendungen (Drittmittel) für Forschungsvorhaben, direkte Finanzierung von Mitarbeitenden der Einrichtung von Seiten kommerziell orientierter (pharmazeutischer, biotechnologischer bzw. medizintechnischer Unternehmen bzw. Auftragsinstitute) oder anderer Förderer
4	Eigentümerinteresse an Arzneimitteln/Medizinprodukten (z. B. Patent, Urheberrecht, Verkaufslizenz)
5	Besitz von Geschäftsanteilen, Aktien, Fonds mit Beteiligung pharmazeutischer, biotechnologischer bzw. medizintechnischer Unternehmen
6	Familiäre oder persönliche Beziehungen zu einem Vertretungsberechtigten eines pharmazeutischen, biotechnologischen bzw. medizintechnischen Unternehmens
7	Mitglied von in Zusammenhang mit der Leitlinienentwicklung relevanten Fachgesellschaften/Berufsverbänden, Mandatsträger im Rahmen der Leitlinienentwicklung
8	Politische, akademische (z. B. Zugehörigkeit zu bestimmten therapeutischen „Schulen") oder privat/persönliche Beziehungen, die mögliche Interessenskonflikte begründen könnten
9	Gegenwärtiger Arbeitgeber, relevante frühere Arbeitgeber der letzten 3 Jahre

Tab. 5.2 Interessenskonflikte der Mitglieder der Leitliniensteuerungsgruppe 2016. J = ja, Interessenskonflikt vorhanden. N = nein, kein Interessenskonflikt vorhanden

Name	1	2	3	4	5	6	7	8	9
Tilman Steinert	N	N	J	N	N	N	J	N	Zentrum für Psychiatrie Südwürttemberg
Sophie Hirsch	N	N	N	N	N	N	J	N	Zentrum für Psychiatrie Südwürttemberg
Matthias Albers	N	N	N	N	N	N	J	N	Stadt Köln
Ruth Fricke	N	N	N	N	N	N	J	N	Seit 2002 pensioniert, Bundesverband Psychiatrie-Erfahrener
Franziska Gaese*	J	N	N	N	N	N	J	N	Isar Amper Klinikum München Ost
Gabriel Gerlinger	N	N	N	N	N	N	N	N	DGPPN
Reinhard Gielen	N	N	N	N	N	N	J	N	Asklepios Westklinikum/Zentrum für seelische Gesundheit
Tanja Henking	N	N	N	N	N	N	N	N	Hochschule für angewandte Wissenschaften Würzburg-Schweinfurt

Tab. 5.2 (Fortsetzung)

Name	1	2	3	4	5	6	7	8	9
Knut Hoffmann	N	N	N	N	N	N	J	N	LWL-Universitätsklinikum Bochum
Felix Hohl-Radke	N	N	N	N	N	N	J	N	Asklepios Fachklinikum Brandenburg
Regina Ketelsen	N	N	N	N	N	N	N	N	Evangelisches Klinikum Bethel, Klinik für Psychiatrie und Psychotherapie Bethel
Martin Kolbe	N	J	N	N	N	N	J	N	DGBS e. V.
Michael Mayer	N	N	N	N	N	N	J	J	Bezirkskrankenhaus Kaufbeuren, Allgäu-Akademie
Jürgen L. Müller	J	N	J	N	N	N	J	N	Uni Göttingen, Asklepios GmbH
Oliver Pogarell	J	J	N	N	N	N	J	N	Uniklinik München
Thomas Pollmächer	N	N	N	N	N	N	J	N	Klinikum Ingolstadt
Michael Schulz	J	J	N	N	N	N	J	N	Fachhochschule der Diakonie
Konrad Stolz	N	N	N	N	N	N	N	N	NN.
Jochen Vollmann	N	J	N	N	N	N	J	N	Ruhr-Universität Bochum
Christian Zechert	N	N	N	N	N	N	J	N	Evangelisches Krankenhaus Bielefeld (bis 02/2014), BApK e. V.

*Gaese and Hoffmann : beratende externe Expertin / beratender externer Experte)

Tab. 5.3 Interessenskonflikte der Mitglieder der Leitliniensteuerungsgruppe 2017. J = ja, Interessenskonflikt vorhanden. N = nein, kein Interessenskonflikt vorhanden

Name	1	2	3	4	5	6	7	8	9
Tilman Steinert	N	N	J	N	N	N	J	N	ZfP Südwürttemberg
Sophie Hirsch	N	J	N	N	N	N	J	J	ZfP Südwürttemberg
Matthias Albers	N	N	N	N	N	N	J	N	Stadt Köln
Cornelia Brummer	N	N	N	N	N	N	J	N	Diakonie Hessen
Ruth Fricke	N	N	N	N	N	N	J	N	Seit 2002 pensioniert
Gabriel Gerlinger	N	N	N	N	N	N	N	N	DGPPN e. V.
Tanja Henking	N	N	N	N	N	N	N	N	Hochschule für angw. Wissenschaften Würzburg-Schweinfurt
Felix Hohl-Radke	N	N	N	N	N	N	J	N	Asklepios Fachklinikum Brandenburg
Regina Ketelsen	N	N	N	N	N	N	N	N	Evangelisches Klinikum Bethel, Klinik für Psychiatrie und Psychotherapie

(Fortsetzung)

5

Tab. 5.3 (Fortsetzung)

Name	1	2	3	4	5	6	7	8	9
Michael Mayer	N	N	N	N	N	N	J	J	Bezirkskrankenhaus Kaufbeuren
Jürgen L. Müller	N	N	N	N	N	N	J	N	Uni Göttingen, Asklepios GmbH
André Nienaber	N	J	N	N	N	N	J	N	LWL-Klinikum Gütersloh, Fachhochschule der Diakonie Bielefeld
Oliver Pogarell	J	J	N	N	N	N	J	N	Klinikum der Universität München (KUM)
Thomas Pollmächer	N	N	J	N	N	N	J	N	Klinikum Ingolstadt
Daniela Schmid	N	N	N	N	N	N	N	N	NetzG e. V./Journalistin Druckstudio GpZ Überlingen gGmbH
Michael Schulz	N	J	N	N	N	N	J	N	Fachhochschule der Diakonie Bielefeld
Konrad Stolz	N	N	N	N	N	N	N	N	Hochschullehrer im Ruhestand
Jochen Vollmann	N	J	N	N	N	N	N	N	Ruhr-Universität Bochum
Gernot Walter	N	J	N	N	N	N	J	N	Zentrum für Seelische Gesundheit an den Kreiskliniken Darmstadt Dieburg
Christian Zechert	N	N	N	N	J	N	J	N	01.01.2016–31.12.2017 neben der Vorstandstätigkeit auch Wissenschaftlicher Mitarbeiter eines vom BMG geförderten Projekts in Trägerschaft des BApK

Tab. 5.4 Interessenskonflikte der Mitglieder der Konsensusgruppe 2017

Name	1	2	3	4	5	6	7	8	9
Stephan Debus	N	N	N	N	N	N	J	N	Med. Hochschule Hannover, Klinik für Psychiatrie, Sozialpsychiatrie und Psychotherapie
Helga Füßmann	N	N	N	N	N	N	J	N	NN.
Sabine Jansen	J	J	N	N	N	N	J	N	Deutsche Alzheimergesellschaft e. V. Selbsthilfe Demenz
Annette Loer	N	N	N	N	N	N	J	N	Oberlandesgericht Celle/ Amtsgericht Hannover
Heidrun Lundie	N	N	N	N	N	N	J	N	St. Alexius/St. Josefs-Krankenhaus
Inge Neisser	N	N	N	N	N	N	J	N	NN.
Klaus Obert	N	N	N	N	N	N	N	N	Gemeindepsychiatrisches Zentrum Stuttgart
Iris Peymann	N	N	N	N	N	N	J	N	NN.

Tab. 5.4 (Fortsetzung)

Name	1	2	3	4	5	6	7	8	9
Oliver Pogarell	J	J	N	N	N	N	J	N	Klinikum der Universität München (KUM)
Christa Roth-Sackenheim	N	N	N	N	N	N	J	N	NN.
Ingo Schäfer	N	J	N	N	J	N	J	N	Klinik für Psychiatrie und Psychotherapie Universitätsklinikum Hamburg-Eppendorf
Jochen Tenter	N	N	N	N	N	N	J	N	ZfP Südwürttemberg
Roland Urban	N	N	N	N		N	J	N	NN.
Egberth Wienforth	N	N	N	N	N	N	J	N	NN.
Markus Witzmann	N	N	N	N	N	N	J	N	Klinikum des Bezirks Oberbayern und Staatl. Hochschule München
Christian Zechert	N	N	N	N	J	N	J	N	Seit 01.01.2018 nur Altersrente 01.01.2016–31.12.2017 (Arbeitnehmer und Altersrentenbezieher) 01.03.2014–31.12.2015 Freier Mitarbeiter beim BApK e. V. und Altersrente Bis 28.02.2014 Wissenschaftlicher MA des Ev. Krhs. Bethel/ab 01.03.2014 Altersrente
Martin Zinkler	N	N	N	N	N	N	J	N	Kliniken Landkreis Heidenheim gGmbH

5.9 Beteiligte

5.9.1 Leitliniensteuerungsgruppe

Prof. Dr. med. Tilman Steinert
ZfP Weissenau, Abteilung Psychiatrie I der Universität Ulm
Ravensburg/Ulm
Federführend

Sophie Hirsch
ZfP Weissenau, Abteilung Psychiatrie I der Universität Ulm
Ravensburg/Ulm
Redaktion

Dr. Matthias Albers
Bundesweites Netzwerk Sozialpsychiatrischer Dienste/Bundesverband der Ärztinnen und Ärzte des Öffentlichen Gesundheitsdienstes e. V.
Abteilung Soziale Psychiatrie, Gesundheitsamt, Stadt Köln

Cornelia Brummer
Deutsche Gesellschaft für Bipolare Störungen

Ruth Fricke
Bundesverband Psychiatrie-Erfahrener e. V.
Bochum

Dipl.-Psych. Gabriel Gerlinger, M.A.
Wissenschaftlicher Dienst
DGPPN e. V.
Berlin

Prof. Dr. jur. Tanja Henking, LL.M.
Hochschule für angewandte Wissenschaften
Würzburg-Schweinfurt
Fakultät Angewandte Sozialwissenschaften
Würzburg

Dr. med. Felix Hohl-Radke
Klinik für Psychiatrie, Psychosomatik und Psychotherapie
Asklepios Fachklinikum
Brandenburg

Dr. med. Regina Ketelsen
Klinik für Psychiatrie und Psychotherapie in Bethel
Evangelisches Klinikum Bethel

Michael Mayer, M.A.
Allgäu-Akademie am Bezirkskrankenhaus
Kaufbeuren

Prof. Dr. med. Jürgen L. Müller
Universitätsmedizin Göttingen
Schwerpunktprofessur für Forensische Psychiatrie;
Asklepios Klinik für Forensische Psychiatrie Göttingen

Prof. Dr. med. Oliver Pogarell
Klinik und Poliklink für Psychiatrie und Psychotherapie
Klinikum der Universität München
München

Prof. Dr. med. Thomas Pollmächer
Klinik für Psychiatrie und Psychotherapie
Klinikum Ingolstadt
Ingolstadt

Daniela Schmid
Bundesnetzwerk Selbsthilfe Seelische Gesundheit e. V. (NetzG), Kassel
Journalistin Druckstudio GpZ Überlingen gGmbH
Überlingen

Prof. Konrad Stolz
Hochschule Esslingen (im Ruhestand)
Stuttgart

Prof. Dr. rer. medic. habil. Michael Schulz
und André Nienaber
Lehrstuhl Psychiatrische Pflege
Fachhochschule der Diakonie
Bielefeld

Prof. Dr. med. Dr. phil. Jochen Vollmann
Institut für Medizinische Ethik und Geschichte der Medizin
Ruhr-Universität
Bochum

Gernot Walter
Zentrum für Seelische Gesundheit
Kreiskliniken Darmstadt-Dieburg
Groß-Umstadt

Christian Zechert
Bundesverband der Angehörigen psychisch erkrankter Menschen – Familienselbsthilfe Psychiatrie e. V.
Bonn

5.9.2 Im Konsensusprozess einbezogene Verbände und Gruppen

- **AWMF-Mitgliedsgesellschaften**

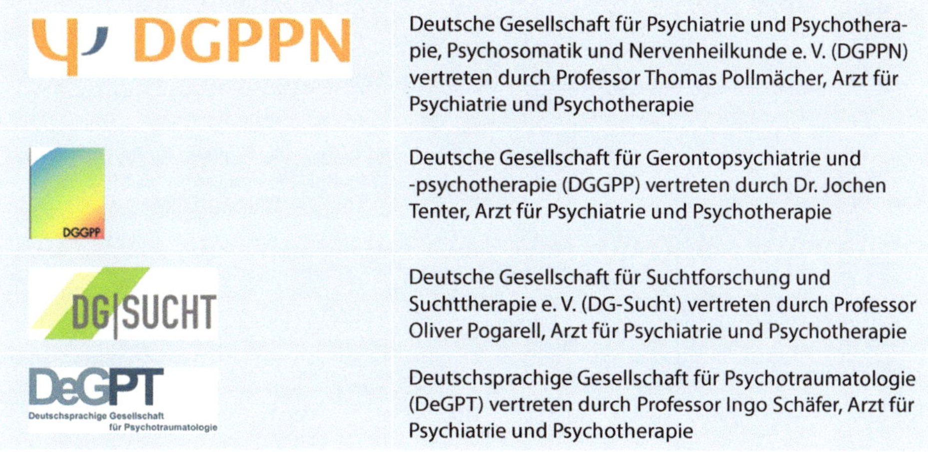

DGPPN	Deutsche Gesellschaft für Psychiatrie und Psychotherapie, Psychosomatik und Nervenheilkunde e. V. (DGPPN) vertreten durch Professor Thomas Pollmächer, Arzt für Psychiatrie und Psychotherapie
DGGPP	Deutsche Gesellschaft für Gerontopsychiatrie und -psychotherapie (DGGPP) vertreten durch Dr. Jochen Tenter, Arzt für Psychiatrie und Psychotherapie
DG SUCHT	Deutsche Gesellschaft für Suchtforschung und Suchttherapie e. V. (DG-Sucht) vertreten durch Professor Oliver Pogarell, Arzt für Psychiatrie und Psychotherapie
DeGPT Deutschsprachige Gesellschaft für Psychotraumatologie	Deutschsprachige Gesellschaft für Psychotraumatologie (DeGPT) vertreten durch Professor Ingo Schäfer, Arzt für Psychiatrie und Psychotherapie

	Deutsche Gesellschaft für Psychiatrie und Psychotherapie, Psychosomatik und Nervenheilkunde e. V. (DGPPN) vertreten durch Professor Thomas Pollmächer, Arzt für Psychiatrie und Psychotherapie
	Die Deutsche Gesellschaft für Pflegewissenschaft e. V. (DGP) vertreten durch Professor Markus Witzmann, Pflegewissenschaftler

Weitere Organisationen

	Betreuungsgerichtstag e. V.
	Bundesnetzwerk Selbsthilfe seelische Gesundheit e. V. (Netz G)
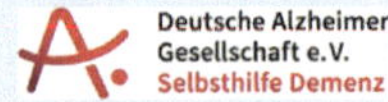	Deutsche Alzheimer Gesellschaft e. V. Selbsthilfe Demenz
	Deutsche Gesellschaft für Bipolare Störung e. V. (DGBS)
	Bundesverband der Angehörigen psychisch Kranker e. V. (BApK)
	Berufsverband Deutscher Nervenärzte (BVDN)
	Berufsverband Deutscher Psychologinnen und Psychologen e. V. (BDP)
	Berufsverband Deutscher Psychiater (BVDP)
	Bundesdirektorenkonferenz Psychiatrischer Krankenhäuser e. V. (BDK)
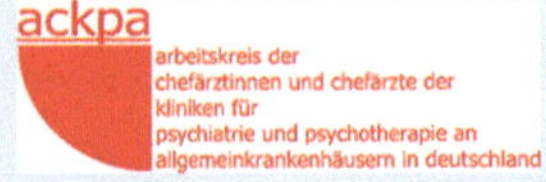	Arbeitskreis der ChefärzteInnen der Kliniken für Psychiatrie und Psychotherapie an Allgemeinkrankenhäusern (ACKPA)
	Bundesfachverband Leitender Krankenpflegepersonen in der Psychiatrie e. V. (BFLK)
	Bundesinitiative Ambulante Psychiatrische Pflege e. V. (BAPP)

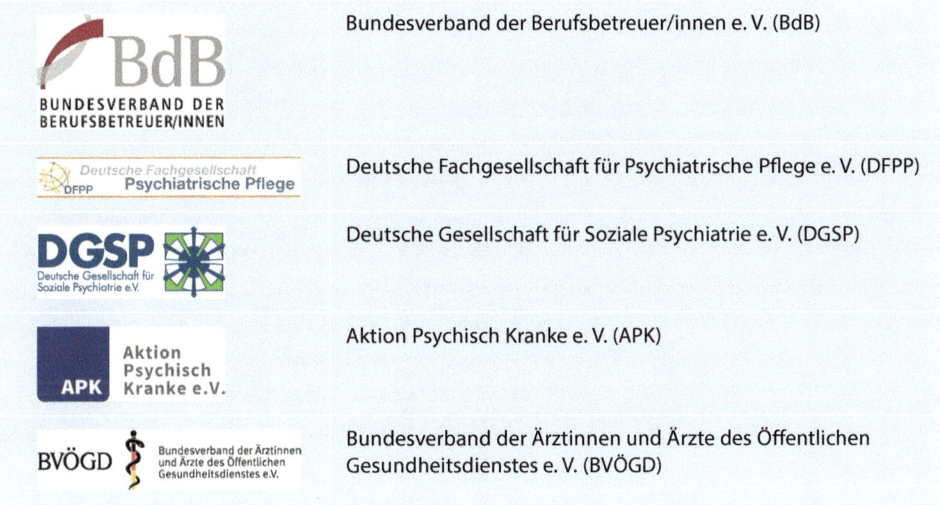

BdB – Bundesverband der Berufsbetreuer/innen	Bundesverband der Berufsbetreuer/innen e. V. (BdB)
DFPP – Deutsche Fachgesellschaft Psychiatrische Pflege	Deutsche Fachgesellschaft für Psychiatrische Pflege e. V. (DFPP)
DGSP – Deutsche Gesellschaft für Soziale Psychiatrie e.V.	Deutsche Gesellschaft für Soziale Psychiatrie e. V. (DGSP)
APK – Aktion Psychisch Kranke e.V.	Aktion Psychisch Kranke e. V. (APK)
BVÖGD – Bundesverband der Ärztinnen und Ärzte des Öffentlichen Gesundheitsdienstes e.V.	Bundesverband der Ärztinnen und Ärzte des Öffentlichen Gesundheitsdienstes e. V. (BVÖGD)

5.10 Gültigkeitsdauer der Leitlinie

Diese Leitlinie wurde am 12.02.2018 in der Konsensuskonferenz zuletzt inhaltlich überarbeitet und verabschiedet. Die Leitlinie ist bis Februar 2023 gültig. Eine Überarbeitung bis zu diesem Zeitpunkt ist vorgesehen.

Diagnostik

T. Steinert, S. Hirsch, *S3-Leitlinie Verhinderung von Zwang: Prävention und Therapie aggressiven Verhaltens bei Erwachsenen*, https://doi.org/10.1007/978-3-662-58684-6_6

Tab. 6.1 Ursachen aggressiver psychomotorischer Erregungszustände (nach Steinert und Kohler 2005)

häufig	Alkoholintoxikation (evtl. in Verbindung mit einer Persönlichkeitsstörung) akute Psychosen (schizophrene oder bipolare Störungen) Erregungszustände in psychosozialen Konfliktsituationen ohne zugrundeliegende psychiatrische Erkrankung Mischintoxikation bei Polytoxikomanie Persönlichkeitsstörung Demenz Entzugssyndrom/Delir
weniger häufig	postkonvulsiver Dämmerzustand bei Epilepsie akute Belastungsreaktion nach psychischem Trauma geistige Behinderung mit rezidivierenden, gleichartig verlaufenden Erregungszuständen unmittelbar vorangehendes Schädel-Hirn-Trauma organische Persönlichkeitsstörung
selten	akute Gehirnerkrankung, z. B. Subarachnoidalblutung, Enzephalitis (neurologische Symptome können zunächst fehlen!) metabolische Störung (z. B. Hypoglykämie, Niereninsuffizienz, Leberinsuffizienz, Hyperthyreose) sonstige Gehirnerkrankung (Tumor, Gefäßprozess) pathologischer Rausch

Aggressives Verhalten im psychiatrischen Kontext geht in der Regel mit einem Erregungszustand einher, der durch gesteigerte motorische und vegetative Erregung, intensive Emotionen von Wut und Ärger und entsprechende verbale und psychomotorische Äußerungen gekennzeichnet ist (Mavrogiorgou und Juckel 2015). Aggressives Verhalten ohne derartige psychopathologische Merkmale ist dagegen zumeist instrumenteller Art und typischerweise im Kontext kriminellen Handelns anzutreffen. Mögliche Ursachen mit aggressivem Verhalten einhergehender psychomotorischer Erregungszustände können nahezu alle Arten psychischer Störungen sein, aber auch primär körperliche Erkrankungen. Die Tab. 6.1 gibt einen Überblick über mögliche Ursachen. Die differenzialdiagnostische Aufmerksamkeit der Ärztin bzw. des Arztes gilt dabei jenen Störungen, die zwar in diesem Zusammenhang selten sind, aber vital bedrohlich sein können und rasche spezifische medizinische Interventionen erfordern.

Eine endgültige diagnostische Klärung ist in der Notfallsituation vor Therapiebeginn gelegentlich nicht möglich. Die wichtigsten Maßnahmen in der Diagnostik aggressiv getönter Erregungszustände bei vermuteter psychischer Erkrankung sind der Reihenfolge nach:

1. Fremdanamnese, Beobachtung des Umfelds (verwüstete Wohnung, Alkoholika, Spritzbesteck)
2. orientierende neurologisch-psychiatrische und internistische Untersuchung und Befunderhebung (ggf. auch nur per Augenschein, sollte die oder der Betroffene eine ausführliche Untersuchung ablehnen oder sich gar dagegen wehren)
3. Bildgebendes Verfahren (CT oder MRT) und Labor

Labor und CT stehen in der Regel erst in der Klinik zur Verfügung, sind im akuten Zustand häufig nur in Sedierung möglich und dienen lediglich dem Ausschluss der (seltenen) primär organischen Ursachen. Psychomotorische Erregungszustände, die häufig auch von Intoxikationen begleitet sind, können eine erhöhte Rate somatischer Komplikationen nach sich ziehen wie Elektrolytstörungen, adrenerge Überstimulation mit der Gefahr von Herzrhythmusstörungen und Verletzungen. Diesbezüglich muss nach ggf. erforderlichen Sicherungsmaßnahmen die notwendige weitere medizinische Diagnostik erfolgen. Bei der Anamnese sollte auch beachtet werden, dass durch eine ungünstige pharmakologische Behandlung aggressives Verhalten induziert werden kann (Übersicht für Antiepileptika: Piedad et al. 2012, Übersicht für Benzodiazepine: Albrecht et al. 2014, Übersicht für SSRI: Sharma et al. 2016, RCT für Statine: Golomb et al. 2015).

Zur Vorhersage aggressiven Verhaltens in verschiedenen psychiatrischen Settings gibt es über 120 verschiedene Instrumente zur Risikoeinschätzung (Singh und Fazel 2010). Unterschieden werden dabei rein statistische Verfahren von Verfahren, bei welchen die strukturierte Risikoeinschätzung durch die erfahrenen Kliniker im Vordergrund steht. Bei den statistischen Verfahren werden neben klinischen auch lebensgeschichtliche, soziodemographische und neurobiologische Items abgefragt. Des Weiteren können die Instrumente danach unterschieden werden, ob sie sich eher für den stationären oder den ambulanten Bereich eignen, Anspruch auf Allgemeingültigkeit erheben oder nur für bestimmte Diagnosegruppen validiert sind. Schwierigkeiten bereiten im Allgemeinen die unterschiedlichen Formen von Aggression (s. o.), denen unterschiedliche Bedingungsfaktoren zugrunde liegen, sowie die unterschiedliche Prävalenz von aggressivem Verhalten in unterschiedlichen Populationen (Singh et al. 2011a). In einer Übersichtsarbeit, welche 68 Studien zur Risikostratifikation mit insgesamt 25.980 Teilnehmerinnen und Teilnehmern miteinander verglich, hatten Instrumente dann die beste Aussagekraft, wenn sie relativ spezifisch für eine bestimmte Population waren und die untersuchten Probandinnen und Probanden dieser möglichst ähnlich waren. Insgesamt war eine bessere Vorhersagegenauigkeit für ältere Menschen, Weiße und Frauen zu beobachten (Singh et al. 2011b). Eine Überlegenheit von rein statistischen (sog. aktuarischen) Tools im Vergleich zu strukturierten klinischen Ratings konnte nicht gefunden werden (Singh et al. 2011b), wird aber in einigen anderen Arbeiten beschrieben (bspw. Griffith et al. 2013). Andere Studien wiederum fanden klinische Einschätzungen überlegen (Vaaler et al. 2011).

Die Autoren einer epidemiologischen Untersuchung an 13.806 schwedischen psychisch erkrankten Menschen mit der Entlassdiagnose Schizophrenie schlagen ein abgestuftes Verfahren vor: Ein statistisches Verfahren soll Menschen mit einem extrem niedrigen Risiko, gewalttätig zu werden, vorab aussortieren (bspw. Frauen über 32 Jahre ohne Suchtmittelmissbrauch und ohne Vorstrafen), aufwendige klinische Instrumente sollen dann nur noch bei den übrigen Menschen zum Einsatz kommen (Singh et al. 2012).

Viele der untersuchten Instrumente dienen der mittel- bis langfristigen Vorhersage erneuter Gewalttaten bei forensischen Fragestellungen oder in speziellen Populationen, bspw. Jugendlichen. Als standardisierte Diagnostik kurzfristig drohenden aggressiven Verhaltens bei stationär behandelten psychisch erkrankten Menschen hat in den letzten Jahren die Brøset Violence Checklist (BVC, Almvik und Woods 1999; Bjorkdahl et al. 2006) vermehrte klinische Anwendung gefunden. Es handelt sich um ein einfaches Instrument, das sechs verschiedene Verhaltensweisen hinsichtlich ihres Vorhandenseins beurteilt und eine zufriedenstellende kurz- bis mittelfristige Vorhersage aggressiven Verhaltens erlaubt, welche allerdings die intuitiven Vorhersagen erfahrener Kliniker nicht übertrifft (allgemeinpsychiatrisch Abderhalden et al. 2006 sowie gerontopsychiatrisch Almvik et al. 2007), sich jedoch im Kontext psychiatrischer Akutbehandlung aktuarischen Instrumenten überlegen erwies (Vaaler et al. 2011). Mit dem üblichen Cut-off-Wert von

3/6 Punkten erreichte die BVC in einer forensischen Stichprobe einen negativen prädiktiven Wert von 0,1 %, bei den Patientinnen und Patienten mit einer BVC >3 kam es aber auch nur in 37,2 % der Fälle zu gewalttätigem Verhalten (Hvidhjelm et al. 2014). Abderhalden und Needham kombinierten die BVC mit einer rein klinischen Einschätzung des Gewaltrisikos innerhalb der nächsten pflegerischen Schicht. Mit einem Schieberegler wird aus der klinischen Einschätzung ein Punktwert errechnet. Aus der Summe beider Werte werden wiederum standardisierte klinische Konsequenzen abgeleitet. In einer Cluster-randomisierten kontrollierten Studie auf psychiatrischen Akutstationen der Deutschschweiz erbrachte dieses Instrument eine signifikante Reduktion von schweren aggressiven Vorfällen und von Zwangsmaßnahmen (Abderhalden et al. 2006). Bei einer Replikation dieser Studie in den Niederlanden konnten die Effekte bestätigt werden, es ergab sich eine relative Risikoreduktion für aggressive Vorfälle von 50 % (van der Sande et al. 2011). Es handelt sich damit um eine gut evidenzbasierte Intervention. Der Effekt wird darauf zurückgeführt, dass sich Pflegende durch die Verwendung des Instruments in der Früherkennung von Agitation/Aggression und der Anwendung entsprechenden Interventionen, wenn noch keine Zwangsmaßnahmen erforderlich sind, verbessern. Auch dürfte das standardisierte berufsgruppenübergreifende präventive Vorgehen eine klinisch bedeutsame Maßnahme sein. Die regelmäßige Verwendung der BVC konnte in verschiedenen Studien eine Reduktion der aggressiven Vorfälle und der Zwangsmaßnahmen bewirken (Abderhalden et al. 2008; Clarke et al. 2010).

Ein ähnliches Instrument ist das Dynamic Appraisal of Situational Aggression IV (DASA-IV), welches sich in einer Pilotstudie sowohl einer reinen klinischen Einschätzung als auch der Kombination von DASA und klinischer Einschätzung überlegen zeigte (Griffith et al. 2013). Genau wie die BVC handelt es sich bei DASA um ein änderungssensitives Instrument zur Vorhersage von aggressiven Übergriffen auf kurze und mittlere Frist (nächste Schicht, 24 Stunden). Eine australische Studie an forensisch-psychiatrischen Patientinnen und Patienten zeigte aber, dass sich die Vorhersagegenauigkeit durch Verwendung des Wochendurchschnittswerts und des Spitzenwerts gegenüber der Verwendung des aktuellsten Werts erhöhen lässt (Chu et al. 2013). Erfahrungen aus dem deutschsprachigen Raum liegen hierzu nicht vor. Trotz vielfältiger Forschungsbemühungen auf diesem Gebiet haben sonstige Vorhersageverfahren mangels hinreichender Sensitivität, Spezifität und Handhabbarkeit bisher keinen Eingang in die klinische Routineversorgung erhalten.

Expertenkonsens

Bei der Diagnostik aggressiven bzw. gewalttätigen Verhaltens sollen alle verfügbaren Informationen einbezogen werden. Ziel der Diagnostik soll sein festzustellen, ob ein ursächlicher Zusammenhang des aggressiven/gewalttätigen Verhaltens mit einer psychischen Erkrankung wahrscheinlich ist und an der Einwilligungsfähigkeit ernsthafte Zweifel bestehen. Die Indikation zur psychiatrischen Versorgung soll kritisch geprüft werden, um einen Missbrauch des psychiatrischen Hilfesystems für reine Ordnungsmaßnahmen zu vermeiden.

Es soll geprüft werden, ob eine organische Erkrankung, z. B. eine Intoxikation, vorliegt und daher primär die Notwendigkeit einer somatischen bzw. intensivmedizinischen Behandlung besteht.

Konsens 83 % Zustimmung in der Onlineabstimmung.

Empfehlungsgrad A, Evidenzgrad 2

Vorhersageinstrumente (Brøset Violence Checklist, Dynamic Appraisal of Situational Aggression) für aggressives Verhalten sollen in der klinischen Routinediagnostik bei Risikopopulationen eingesetzt werden.

(Abderhalden et al. 2006; van der Sande et al. 2011; Griffith et al. 2013)

Konsens 86 % Zustimmung in der Onlineabstimmung.

Epidemiologie aggressiven Verhaltens in der Gesellschaft und in psychiatrischen Einrichtungen

T. Steinert, S. Hirsch, *S3-Leitlinie Verhinderung von Zwang: Prävention und Therapie aggressiven Verhaltens bei Erwachsenen*, https://doi.org/10.1007/978-3-662-58684-6_7

7.1 Gewalt durch psychisch erkrankte Menschen in der Gesellschaft, Prädiktoren

Die Häufigkeit aggressiven Verhaltens bei psychisch erkrankten Menschen wurde in den letzten Jahren mittels verschiedener Methoden untersucht. Neben systematischen Reviews und Metaanalysen über klinische Studien findet man auch epidemiologische registerbasierte Studien, bei welchen Vollerhebungen ganzer Geburtenjahrgänge (vornehmlich in Schweden) durchgeführt wurden. Dabei ergaben sich erhöhte Risiken für Gewalttaten, insbesondere Tötungsdelikte, bei Menschen mit Schizophrenie und anderen psychotischen Erkrankungen, wobei das Risiko vor allem dann erhöht war, wenn zusätzlich Alkohol- oder Drogenmissbrauch vorlagen (Fazel et al. 2009a; Witt et al. 2013). Der Zusammenhang zwischen Suchtmittelgebrauch, Psychose und agressivem Verhalten wurde von anderen Autorinnen und Autoren in unterschiedlichen Ländern bestätigt (für Kroatien Kudumija Slijepcevic et al. 2014 und für Israel Fleischman et al. 2014).

Weitere Risikofaktoren neben Substanzmissbrauch waren feindseliges Verhalten, fehlende Adhärenz bzgl. der psychotherapeutischen und medikamentösen Behandlung und schlechtere Impulskontrolle sowie eine antisoziale Persönlichkeitsstörung. Der stärkste statische Prädiktor dafür, Gewalttaten zu begehen, war, bereits zuvor straffällig geworden zu sein. Weitere Prädiktoren waren Viktimisierung, Obdachlosigkeit, männliches Geschlecht und in schwächerem Maße Zugehörigkeit zu einer ethnischen Minderheit und schlechter sozioökonomischer Status. Psychopathologische Symptome wie Wahn oder Halluzinationen spielten dagegen eine vergleichsweise geringe Rolle (Witt et al. 2013). f (Bruce et al. 2014). In einer retrospektiven Analyse der Daten der CATIE-Studie waren Suizidandrohungen ebenfalls ein unabhängiger Prädiktor für fremdaggressives Verhalten (Witt et al. 2014).

Die Risikoerhöhung war entsprechend geringer, wenn als Kontrollen statt der Allgemeinbevölkerung die nicht erkrankten Geschwister gewählt wurden, was darauf hindeuten könnte, dass auch genetische Faktoren und Umweltbedingungen während der frühkindlichen Entwicklung einen Einfluss auf aggressives Verhalten haben (für psychotische Erkrankungen Fazel et al. 2009a, b, für Depressionen: Fazel et al. 2015). Dies zeigte sich auch im oben genannten Review. Hier waren körperlicher und sexueller Missbrauch in der Kindheit sowie Straffälligkeit und Alkoholmissbrauch der Eltern signifikante Prädiktoren von Gewalthandlungen im Erwachsenenalter (Witt et al. 2013). Eine Untersuchung zum Zusammenhang von Traumata in der Kindheit und späterer Gewalttätigkeit bei psychotischen Menschen ergab, dass sexueller Missbrauch und „community conflicts" eigenständige Prädiktoren für Gewalt sind und sich das Risiko bei mehreren traumatischen Erlebnissen akkumuliert (Bosqui et al. 2014).

In einer weiteren registerbasierten Studie fanden sich starke Hinweise auf die kriminalpräventive Wirkung einer adäquaten Behandlung von Menschen mit psychotischen Erkrankungen (Pedersen et al. 2013). Bei Menschen mit psychotischen Erkrankungen fiel die Rate an Gewalttaten während der Verschreibung von Antipsychotika um 45 % und mit Stimmungsstabilisierern um 26 % gegenüber anderen Zeiträumen, in denen dieselben Personen keine Medikamente verschrieben bekamen, wobei Stimmungsstabilisierer nur bei bipolarer Störung wirksam waren (Fazel et al. 2014). Dazu passend fanden einige Untersuchungen erhöhte Risikoraten für Gewalttaten und Tötungsdelikten bei länger unbehandelten Erstmanifestationen von Psychosen (Latalova 2014; Langeveld et al. 2014).

Eine Studie, die 2004 unter allen Menschen in Wales und England, die ein schweres Verbrechen begangen hatten, durchgeführt wurde, ergab, dass 5 % zuvor bereits in psychiatrischer Behandlung gewesen waren, bei den Tötungsdelikten waren es sogar 10 % (Flynn et al. 2014). Dies entspricht in etwa dem Anteil psychisch erkrankter Gewalttäter, der auch in anderen westlichen Ländern gefunden wurde (Übersicht: Erb et al. 2001). Die häufigsten Diagnosen waren Persönlichkeitsstörungen (22 %) und Schizophrenie (19 %), die meisten (61 %) hatten zuvor bereits Gewalttaten begangen (Flynn et al. 2014). Die Komorbidität einer Cluster-B-Persönlichkeitsstörung, insbesondere einer antisozialen Persönlichkeitsstörung, bei Menschen mit Schizophrenie stellt einen eigenständigen Risikofaktor für geplantes aggressives Verhalten dar (Bo et al. 2013). Eine bessere Versorgung und Behandlung von Risikopopulationen wird daher gefordert.

Eine weitere registerbasierte Studie, welche über 3 Millionen Schweden einschloss und die Trigger, welche gewalttätiges Verhalten (innerhalb einer Woche) auslösten, untersuchte, ergab, dass gewalttätiges Verhalten am häufigsten auf Gewalterfahrungen folgte, wobei sich hier psychisch erkrankte Menschen und Menschen ohne psychische Erkrankung nicht signifikant unterschieden. Lediglich der Tod der Eltern war bei Menschen mit Schizophrenie signifikant häufiger Auslöser für aggressives Verhalten als bei Kontrollpersonen (Sariaslan et al. 2016).

Eine Studie an amerikanischen Studierenden ergab erhöhte Risiken für gewalttätiges Verhalten für Studenten mit den psychiatrischen DSM-IV-Diagnosen Persönlichkeitsstörung und Alkoholmissbrauch (Schwartz et al. 2015). Keine erhöhten Risiken wurden nach entsprechender Adjustierung für manische Erkrankungen gefunden. Schizophreniforme Erkrankungen wurden nicht untersucht.

Nach der bisher einzigen in Deutschland durchgeführten, allerdings schon länger zurückliegenden Studie ist gesamtgesellschaftlich die Rate von Tötungsdelikten bei psychisch erkrankten Menschen nicht erhöht, für einzelne Krankheitsgruppen (z. B. Menschen mit Schizophrenie) wurden allerdings auch hier bereits moderate Risikoerhöhungen beschrieben (Böker und Häfner 1973), die gut konsistent mit den internationalen epidemiologischen Befunden aus jüngerer Zeit sind (Haller et al. 2001; Räsanen et al. 1998).

Insgesamt liefern die genannten epidemiologischen Befunde an sehr großen Stichproben scheinbar exakte Risikoziffern, die dennoch nicht einfach zu interpretieren sind. Es handelt sich um eine statistische Verknüpfung von Variablen (Erkrankung und Delinquenz), ohne damit kausale Zusammenhänge zu belegen. Gewalttätiges Verhalten kann durch krankheitsimmanente Symptome (Verfolgungswahn, imperative Halluzinationen) bedingt sein, muss es aber keineswegs. Die genannten Metaanalysen (z. B. Witt et al. 2013; Bosqui et al. 2014) legen nahe, dass nicht direkt krankheitsassoziierte Merkmale wie Persönlichkeitsfaktoren, soziale Desintegration und Viktimisierung ebenfalls eine große Rolle spielen. Dies spricht dafür, dass es in vielen Fällen keine direkte Kausalität zwischen psychischer Erkrankung und Gewalttat gibt, sondern dass vielmehr beide gemeinsame Ursachen haben können. So ist auch zu verstehen, dass Depressionen, ein ausgesprochen heterogenes Syndrom, rein statistisch ein erhöhtes Gewalttatenrisiko aufweisen.

Immer ist neben einer unspezifischen Disposition auch eine spezifische konkrete interpersonelle Situation, beeinflusst durch hemmende oder enthemmende Einwirkungen, für die Realisierung einer Gewalttat entscheidend (Steinert und Whittington 2013). Ferner ist in Rechnung zu stellen, dass die erwähnten, als odds ratios errechneten Risikoerhöhungen keine fixen krankheitsbezogenen Merkmale sind, sondern stark von der Basisrate der Kriminalität in der betreffenden Gesellschaft abhängen. Ist diese sehr hoch (z. B. bei Bürgerkriegen etc.), tritt die Bedeutung psychischer Erkrankungen völlig in den Hintergrund. Aber auch z. B. in der gegenwärtigen Gesellschaft übersteigt das globale Risiko psychotisch erkrankter Menschen, strafrechtlich durch Gewalttaten auffällig zu werden, nicht das anderer definierbarerer Risikogruppen (z. B. gesunde junge Männer).

Expertenkonsens
Psychiatrische Professionelle sollen mit spezifischen Risikofaktoren vertraut sein und ihr Handeln danach ausrichten. Bei der Kommunikation darüber soll die Gefahr einer Stigmatisierung durch vereinfachte Darstellung als Kausalzusammenhänge beachtet werden.
Konsens 94 % Zustimmung in der Onlineabstimmung.

7.2 Gewalt durch psychisch erkrankte Menschen gegen Angehörige und Betreuungspersonen, Prädiktoren

Gewalt im häuslichen Umfeld durch Familienangehörige ist ein Thema, das häufig tabuisiert wird. Dies gilt wahrscheinlich im besonderen Maße für Menschen mit psychischen Erkrankungen. In den letzten 15 Jahren wurde vermehrt versucht, die Gewalt im sozialen Nahraum der Menschen mit psychischen Erkrankungen wissenschaftlich zu untersuchen. Ein für diese Leitlinie erstelltes systematisches Review schloss 27 Studien aus verschiedenen Ländern und Kulturkreisen und mit Menschen mit verschiedenen psychischen Erkrankungen und ihren Partnerinnen und Partnern, Angehörigen und Pflegenden seit dem Jahre 2005 ein. Dabei handelt es sich hauptsächlich um Befragungen (Fragebögen, Interviews) im Querschnitt sowie um zwei qualitative Studien mit Fokusgruppen und Interviews und zwei Analysen von insgesamt 1528 Fällen von Tötungsdelikten. Häufigkeit, negative Folgen von Gewalt durch psychisch erkrankte Angehörige und die Prädiktoren für Gewalt wurden herausgearbeitet. Dieser Abschnitt behandelt die Gewalt durch psychisch erkrankte Menschen. Doch auch das Risiko für psychisch erkrankte Menschen, Opfer von häuslicher Gewalt zu werden, ist erhöht (s. ► Abschn. 7.4).

Angesichts der engen Beziehungen sind hier mehr noch als in der Gesellschaft Prädiktoren auf Seiten der Opfer und interaktionelle Faktoren relevant. Angehörige und Patientinnen und Patienten aus Taiwan waren sich einig, dass psychodynamische und situative Faktoren zur aggressiven Eskalation von Situationen beitragen (Hsu und Tu 2014). In einer Fokusgruppenbefragung wurde berichtet, dass es teilweise zu Hause schon zu aggressiven Übergriffen kam, wenn es dem psychisch erkrankten Familienmitglied noch möglich war, in anderen Situationen eine gute Fassade aufrecht zu erhalten, bspw. bei Vorstellungen bei Ärztin oder Arzt (Kontio et al. 2017). In einer indischen Befragung waren in 70 % der Übergriffe die Familienangehörigen die Opfer (Raveendranathan et al. 2012).

Eine Studie über die gerichtlichen Untersuchungen von Tötungsdelikten, die durch Menschen mit psychiatrischen Erkrankungen in England verübt wurden, ergab, dass die Opfer – wie bei gesunden Tätern auch – in der Regel Familienangehörige oder Bekannte sind (85 % der Fälle in McGrath und Oyebode 2005). Eine Studie, die alle Täter in England einschloss, die einen erwachsenen Familienangehörigen getötet hatten (1180 töteten ihren Partner bzw. ihre Partnerin, 251 einen anderen Angehörigen), ergab allerdings, dass nur 14 % der Menschen, die ihren Partner getötet hatten, und 23 % der Menschen, die ein anderes erwachsenes Familienmitglied getötet hatten, schon einmal Kontakt zum psychiatrischen Hilfesystem hatten, 20 % bzw. 33 % litten zum Zeitpunkt der Tat unter

Symptomen einer psychischen Erkrankung, 33 % bzw. 45 % hatten schon einmal eine psychiatrische Erkrankung. Die Menschen, die während der Tat Symptome einer psychischen Erkrankung hatten, waren seltener vorbestraft oder durch Gewalttaten oder Alkoholmissbrauch auffällig geworden als solche ohne Symptome (Oram et al. 2013).

In einer Befragung aus den USA gaben 15 % (20 %, 42 %) der Menschen mit psychisch erkrankten Angehörigen an, in den letzten sechs Monaten Opfer von physischer (wirtschaftlicher, psychischer) Gewalt geworden zu sein (Labrum 2017). In einer kanadischen Befragung 61 pflegender Angehöriger von Menschen mit Schizophrenie wurden insgesamt 63,9 % Opfer von Gewalt, 26,2 % Opfer schwerer physischer Gewalt und 9,8 % wurden dabei schwer verletzt (Chan 2008). In einer japanischen Befragung, die 302 Familien von Menschen mit Schizophrenie einschloss, lag die Lebenszeitprävalenz für körperliche Gewalt gegen die Angehörigen durch ihr psychisch erkranktes Familienmitglied bei 60,9 %, die Einjahresprävalenz bei 27,2 % (Kageyama et al. 2015). In einer Fokusgruppenbefragung aus Finnland berichteten die Familien von vier von zehn Patientinnen und Patienten, dass es im Jahr nach Entlassung aus der psychiatrischen Klinik zu gewalttätigem Verhalten gekommen sei (Kontio et al. 2017). Eine weitere Arbeit aus Europa ist die begleitende Befragung von Angehörigen der Teilnehmenden an einem RCT in England. 52,9 % der Befragten berichteten von Gewalt des psychisch erkrankten Menschen, davon gaben 62,2 % der Angehörigen an, selbst das Opfer gewesen zu sein. Einige der Angehörigen berichteten auch von Verletzungen wie Blutungen oder gebrochenen Rippen (Onwumere et al. 2014).

Insbesondere häusliche Gewalt war mit Angst und Schuldgefühlen bei den Angehörigen assoziiert und mit einer Beeinträchtigung der zwischenmenschlichen Beziehungen in der Familie (Labrum 2017; Varghese et al. 2016). Eine Befragung von Angehörigen von Menschen mit Schizophrenie ergaben, dass Angehörige deutlich größeren psychischen Belastungen ausgesetzt sind, wenn die erkrankten Menschen ihnen gegenüber aggressiv sind. Die Angehörigen erreichten dann signifikant höhere Werte auf der Skala zur Messung der psychischen Belastung (IES-R), insbesondere hatten sie häufiger Intrusionen, Hyperarouselsymptome und zeigten häufiger Vermeidungsverhalten (Hanzawa et al. 2013). In einer australischen Studie wurden 33 der 106 befragten Angehörigen von Menschen mit Schizophrenie auf dieser Skala so eingeschätzt, dass sie mit hoher Wahrscheinlichkeit an einer posttraumatischen Belastungsstörung litten (Loughland et al. 2009).

In einer US-amerikanischen Telefonbefragung der Angehörigen von 385 Menschen, die neu eine Demenzdiagnose erhalten haben, wurden 75 (19,5 %) der Betroffenen als aggressiv geschildert (Orengo et al. 2008). Unter pflegenden Angehörigen war das aggressive Verhalten ihrer Angehörigen eine große Belastung (Lange et al. 2017). Eine Studie an den Angehörigen von an Demenz erkrankten Menschen ergab, dass Agitiertheit und Aggressivität bei den erkrankten Menschen mit schlechterer Gesundheit, mehr depressiven Symptomen und mehr Medikamenteneinnahme bei den pflegenden Angehörigen einherging, auch dann noch, wenn für die Schwere der Demenz adjustiert wird (Rattinger et al. 2015). Die Belastung der Angehörigen war in einer Studie aus Taiwan, in welcher eine multiple Regression gerechnet wurde, mit Aggressivität, Agitiertheit und inadäquatem sexuellen Verhalten der demenzkranken Angehörigen vergesellschaftet (Uei et al. 2013). Eine weitere Studie aus Taiwan fand einen signifikanten Zusammenhang zwischen den Verhaltensstörungen der demenzkranken Angehörigen und den Belastungen, denen ihre pflegenden Angehörigen ausgesetzt waren. Aggressivität und Agitiertheit trugen nach wahnhaftem Erleben, am zweitstärksten zur Belastung der Angehörigen bei (Huang et al. 2012), bei betagten Partnern war es sogar der stärkste Faktor (Meiland et al. 2005). Auch in der einzigen deutschen eingeschlossenen Studie über die Belastungen der Angehörigen von Menschen mit Demenz waren die psychischen Symptome (Depression, Aggressivität) am stärksten mit Belastung der Angehörigen assoziiert (Uribe et al. 2014). Eine Studie, die Angehörige von Menschen mit Schädelhirntrauma mit Angehörigen von Menschen mit Demenz verglich, ergab im Gegensatz zu den anderen Studienergebnissen, dass die Belastungen der Angehörigen nur bei Menschen mit Schädelhirntrauma mit Aggressivität assoziiert sind, bei Demenz hingegen eher mit Lethargie und Depressivität (Jackson et al. 2009).

Eine Beobachtungsstudie aus Schottland konnte keine insgesamt höhere Rate an Verletzungen von Menschen, die einen Angehörigen mit geistiger Behinderung pflegten (Befragung mit semistrukturierten Interviews), und der Allgemeinbevölkerung (Routinedaten aus der medizinischen Versorgung) finden. Insbesondere die Raten an schweren Verletzungen und Verletzungen durch aggressives Verhalten waren nicht erhöht (Finlayson et al. 2015). In einer Befragungsstudie aus England mit den pflegenden Angehörigen von Menschen mit geistiger Behinderung korrelierte die Schwere des aggressiven Verhaltens positiv mit der Belastung der Angehörigen (Unwin und Deb 2011).

▪ Prädiktoren

Eine Befragung mit 243 erwachsenen Menschen aus den USA, die älter als 55 Jahre waren und einen Angehörigen mit psychischer Erkrankung hatten, ergab, dass es häufiger zu körperlichen und psychischen Übergriffen kam, wenn Täter und Opfer in häuslicher Gemeinschaft lebten und der Angehörige dem psychisch erkrankten Menschen sehr enge Grenzen im Verhalten setzte. Psychische und wirtschaftliche Gewalt war häufiger bei finanzieller Abhängigkeit des psychisch erkrankten Menschen von seinen Angehörigen und bei Drogenmissbrauch (Labrum 2017). Ähnliche Ergebnisse ergaben eine Querschnittsstudie aus Indien (Varghese et al. 2016) und eine Befragungsstudie aus den USA (Elbogen et al. 2005): Auch hier war Gewalt häufig assoziiert mit engen familiären Beziehungen und häufigen Kontakten sowie Auseinandersetzungen über Regeln oder Anforderungen an den psychisch erkrankten Menschen (zum Beispiel Medikamente einnehmen, morgens aufstehen) oder von finanziellen Abhängigkeiten (Unterhalt von Angehörigen bekommen, Geld für Substanzmissbrauch). 19,2 % der befragten psychisch erkrankten Menschen gaben an, körperliche Auseinandersetzungen mit ihren Familienangehörigen gehabt zu haben oder diese mit einer tödlichen Waffe bedroht zu haben (Elbogen et al. 2005). Eine Befragung von Angehörigen aus Australien ergab, dass die psychisch erkrankten Menschen, die häufig Opfer von Gewalt wurden und die Beziehung zur ihren Angehörigen als weniger unterstützend und wertschätzend bewerteten, auch eher selbst Gewalt ausübten (Loughland et al. 2009). Auch in Befragungen aus England, Japan und Taiwan war Gewalt häufig mit emotionalem, abwertendem und überkritischem Verhalten der Eltern gegenüber ihren psychisch erkrankten Kindern assoziiert (Kageyama et al. 2015; Onwumere et al. 2014; Hsu und Tu 2014), in Japan auch mit geringerem Einkommen, in England mit der Tatsache, dass die pflegenden Angehörigen auf sich allein gestellt waren, also keine Unterstützung bei der Pflege erhielten, sowie mit einem geringen Selbstvertrauen der Angehörigen.

In Fokusgruppeninterviews mit Angehörigen aus Finnland und Taiwan, brachten diese das aggressive Verhalten ihres Angehörigen vor allem mit einer Zunahme psychotischer Symptome und Schwierigkeiten bei der Emotionsregulation in Verbindung (Kontio et al. 2017; Hsu und Tu 2014). In einer Angehörigenbefragung aus Australien hatten die psychisch erkrankten Menschen, die mittel- bis schwere Gewalttaten gegen ihre Angehörigen begangen hatten, mehr affektive, dissoziale, psychotische Symptome und im

Gegensatz zu Ergebnissen aus anderen Studien auch mehr Negativsymptome (Loughland et al. 2009). Eine weitere Befragung von Angehörigen psychisch erkrankter Menschen aus Kanada ergab als einzigen statistisch signifikanten Prädiktor für körperliche Gewalt sogenannte Threat/Control-Override-Symptome. Das bedeutet, der Betroffene fühlt sich zu Zeitpunkt der Tat im Rahmen seiner psychischen Erkrankung bedroht oder hat das Gefühl, seine Taten nicht mehr selbst steuern zu können. Der Interaktionsstil mit den Angehörigen war in dieser Studie lediglich ein Prädiktor für psychische Gewalt (Chan 2008). Bei Menschen mit Demenzerkrankungen in Japan waren neben psychotischen Symptomen auch Überforderungssituationen oder Situationen, in denen Betroffene mit ihren eigenen Fehlern konfrontiert wurden oder stereotypes Verhalten unterbrochen wurde, mit aggressivem Verhalten vergesellschaftet (Mori und Ueno 2011). In einer indischen Befragung ging dem aggressiven Verhalten meist eine eindeutige Drohung des psychisch erkrankten Menschen voraus. Die psychisch erkrankten Menschen waren meist schon am Tag vor der Tat vermehrt irritierbar gewesen (Raveendranathan et al. 2012).

Opfer waren in einer Befragung aus Japan meist die primären Bezugspersonen, häufig die Eltern und die jüngeren Schwestern, Väter und Brüder wurden eher von männlichen Patienten angegriffen (Kageyama et al. 2015). In einer anderen Studie der japanischen Arbeitsgruppe mit Eltern von an Schizophrenie erkrankten Menschen waren in zwei Dritteln der Fälle die Mütter Opfer von Gewalt (Kageyama et al. 2016). Während Gewalttäter sowohl bei Menschen mit als auch bei Menschen ohne psychische Erkrankung im Allgemeinen eher männlich sind, ergaben sich in verschiedenen Befragungen Hinweise darauf, dass häusliche Gewalt und insbesondere Gewalt gegen den eigenen Partner häufiger durch psychisch erkrankte Frauen begangen wird (Kageyama et al. 2016; Kivisto und Watson 2016; Kontio et al. 2017).

Das Töten eines anderen Familienmitglieds als des eigenen Partners kam häufiger bei Menschen mit Psychosen vor (Oram et al. 2013). Ein Großteil der psychisch erkrankten Täterinnen und Täter hatten im Jahr vor der Tat keine Hilfe im psychiatrischen Versorgungssystem in Anspruch genommen (Oram et al. 2013). Ansonsten glichen die Risikofaktoren für Tötungsdelikten innerhalb der Familie in einer Studie aus England sehr denen für Tötungsdelikte insgesamt: Alkohol- und Drogenmissbrauch (81 %), kriminelles oder gewalttätiges Verhalten oder Kontakte zum juristischen oder forensischen System (69 %), mangelnde Medikamentenadhärenz (56 %, McGrath und Oyebode 2005). Auch für gewalttätiges Verhalten in der Familie insgesamt war gewalttätiges Verhalten in der Vorgeschichte in einer Befragungsstudie aus den USA der beste Prädiktor (Elbogen et al. 2005).

7.3 Gewalt durch psychisch erkrankte Menschen in psychiatrischen Institutionen, Prädiktoren

Während kriminalstatistisch schwere Gewalttaten erfasst werden, sind die in psychiatrischen Krankenhäusern erfassten Ereignisse überwiegend leichterer Natur, sodass sie selten strafrechtliche Relevanz erlangen. Angaben über die Häufigkeit aggressiver Übergriffe durch Patientinnen und Patienten hängen stark vom gewählten Erhebungsinstrument, den gewählten Definitionen und den untersuchten Populationen ab (Steinert und Gebhardt 1998; Steinert et al. 2000). Häufigkeitsangaben sind teilweise schwer vergleichbar, weil sie auf unterschiedliche Grundgesamtheiten bezogen wurden (Anteil der Aufnahmen, Anzahl pro Bett und Jahr, Anzahl pro 100 Patienten-Jahre, Anzahl pro 100 Mitarbeiter-Jahre). Unterschiede ergeben sich auch in Abhängigkeit davon, ob lediglich tätlich aggressives Verhalten gegen Personen oder auch andere Formen aggressiven Verhaltens wie Drohungen, Sachbeschädigungen und selbstverletzendes Verhalten einbezogen wurden (Schanda und Taylor 2001). Während tätliche Übergriffe gegen Mitarbeitende vermutlich einigermaßen vollständig erfasst werden können, dürfte es bei tätlichen Übergriffen gegenüber Mitpatienten erhebliche Dunkelziffern geben.

Die Ergebnisse von Untersuchungen aus dem angelsächsischen Sprachraum sind wegen der dort deutlich anderen Organisation der psychiatrischen Versorgung auf deutsche Verhältnisse kaum übertragbar.

Tätlich-aggressive Übergriffe wurden in Studien aus Deutschland dennoch sehr übereinstimmend bei einem vergleichbaren Anteil der psychiatrischen Aufnahmen berichtet: 2 % in vier psychiatrischen Krankenhäusern in Baden-Württemberg (Steinert et al. 1991), 1,9 % in Regensburg (Spießl et al. 1998). Bei Einbeziehung eines breiteren Spektrums aggressiven Verhaltens einschließlich Drohungen ergaben sich ebenfalls vergleichbare Ergebnisse: 7,4 % der Aufnahmen in sechs Krankenhäusern der Schweiz (Rüesch et al. 2003) und 7,7 % in Bielefeld (Ketelsen et al. 2007). Eine wesentlich höhere Rate fand eine kürzlich publizierte Metaanalyse, die 35 internationale Studien mit 23972 stationär behandelten Patientinnen und Patienten einschloss (Iozzino et al. 2015). 17 % begingen mindestens eine gewalttätige Handlung während des Aufenthalts. Warum die aus Deutschland berichteten Raten niedriger liegen, ist nicht genau bekannt. Neben methodischen Problemen einer möglichen Dunkelziffer spielt möglicherweise die im internationalen Vergleich hohe Bettenmessziffer mit einer geringeren Quote unfreiwillig behandelter psychisch erkrankter Menschen eine maßgebliche Rolle.

Ob Gewalt an psychiatrischen Krankenhäusern zunehme, wird immer wieder mit hoher emotionaler Beteiligung diskutiert. Tatsächlich fehlen aussagekräftige Längsschnittstudien bisher weitgehend. Eine Ausnahme ist eine Analyse der Daten aller US-amerikanischen Kliniken von 2007–2013, die 14877 Verletzungen in diesem Zeitraum fand ohne statistisch nachweisbare Veränderungen über die Jahre. Am häufigsten waren die Vorfälle in der Gerontopsychiatrie, überwiegend betroffen war Pflegepersonal (Staggs 2015).

▪ Prädiktoren

Über Prädiktoren bzw. Korrelate aggressiver Patientenübergriffe in psychiatrischen Kliniken existiert umfangreiche Literatur (Übersicht: Cornaggia et al. 2011; Dack et al. 2013). Klar abzugrenzen von dieser Thematik ist das Problem der mittel- bis langfristigen Vorhersage strafrechtlich relevanter Gewalttaten, welches eine der zentralen Aufgaben der forensischen Psychiatrie darstellt und nicht Gegenstand dieser Leitlinie ist. Während Patientenmerkmale im Zusammenhang mit Patientenübergriffen umfangreich untersucht sind, allerdings mit überwiegend inkonsistenten Ergebnissen, ist das gesicherte Wissen über den Einfluss von Umgebungsvariablen und Interaktionen mit den Mitarbeitenden der psychiatrischen Einrichtungen vergleichsweise gering. Trotzdem besteht kein Zweifel, dass Aggression als interaktives Geschehen von den in ▶ Kap. 10 dieser Leitlinie (Prävention) dargestellten Rahmenbedingungen sehr maßgeblich beeinflusst wird, was auch die positiven Ergebnisse von Programmen wie „Safewards" bestätigen (Bowers 2014). In einer Schweizer Studie wurden viele Entlassungen und Neuaufnahmen, also eine hohe Patientenfluktuation, als Risikofaktor gefunden (Salamin et al. 2010).

In einem Review über 110 Studien zu Risikofaktoren für Gewalt bei Psychosen unterschieden sich die Prädiktoren zwischen Gewalttaten in der Gesellschaft und Gewalttaten in stationären Setting lediglich von ihrer Korrelationsstärke, nicht aber in Hinblick der Richtung der Korrelation. Signifikante Prädiktoren waren auch im stationären Setting Substanzmissbrauch, Positivsymptomatik, Psychopathologie im Allgemeinen (nicht aber

Negativsymptomatik) und kriminelles Verhalten im Vorfeld (Witt et al. 2013). In einem Review mit Metaanalyse, das 34 Studien vorwiegend aus dem angelsächsischen Sprachraum einschloss, waren jüngeres Alter, männliches Geschlecht, unfreiwillige Aufnahme, unverheiratet sein, Schizophrenie, eine höhere Anzahl an Wiederaufnahmen und selbstschädigendes Verhalten sowie Substanzmissbrauch in der Eigenanamnese Prädiktoren für aggressives Verhalten. Die einzigen Faktoren, die mit rezidivierendem aggressivem Verhalten assoziiert waren, waren hingegen weibliches Geschlecht, Gewalt und Substanzmissbrauch in der Anamnese (Dack et al. 2013).

Außerhalb von Nordamerika und Skandinavien liegen nur wenige Studien zu diesem Thema vor. In Analysen aus der Schweiz waren die Ergebnisse zu Geschlecht und Alter als Risikofaktoren inkonsistent, wohingegen aber die Aufnahme gegen den Willen der Patientin bzw. des Patienten, ein längerer Klinikaufenthalt oder die Diagnose einer Schizophrenie, Substanzmissbrauch oder Persönlichkeitsstörung mit erhöhten Werten einhergingen (Abderhalden et al. 2007; Salamin et al. 2010). In einer Studie aus Frankreich war neben männlichem Geschlecht und sexuellen Missbrauchserfahrungen auch die Stärke der Tabakabhängigkeit (in französischen Krankenhäusern herrscht Rauchverbot) ein Prädiktor für aggressives Verhalten auf Station (Lejoyeux et al. 2013). Moderate Prädiktoren aggressiven Verhaltens sind in den größeren Studien aus dem deutschen Sprachraum Merkmale verminderter sozialer Kompetenz wie beschützte Wohnsituation, beschützter oder fehlender Arbeitsplatz und fehlende Ausbildung (Spießl et al. 1998; Rüesch et al. 2003; Ketelsen et al. 2007).

7.4 Gewalt gegen psychisch erkrankte Menschen

Eine systematische Übersichtsarbeit fand 34 Studien zu Gewalt gegen schwer psychisch erkrankte Menschen. Davon handelte es sich unter anderem um neun epidemiologische Studien, die alle zu dem Ergebnis kamen, dass schwer psychisch erkrankte Menschen ein gegenüber der Allgemeinbevölkerung erhöhtes Risiko haben, Opfer von Gewalt zu werden. Einige Studien zeigten, dass sich Gewalterfahrungen negativ auf den Krankheitsverlauf und die Lebensqualität der Betroffenen und deren Familien auswirkten (Latalova et al. 2014). In einer Befragung gaben 40 % der schwer psychisch erkrankten Menschen an, Opfer von Kriminalität geworden zu sein und 19 % Opfer von Gewaltverbrechen, während diese Raten bei Gesunden bei 14 bzw. 3 % lagen. Besonders hoch war das Risiko für psychisch erkrankte Frauen, die zehnmal häufiger von Gewaltverbrechen und viermal häufiger von häuslicher und sexueller Gewalt betroffen waren als gesunde Frauen (Khalifeh et al. 2015). Eine andere systematische Übersichtsarbeit kam ebenfalls zu dem Ergebnis, dass häusliche und sexuelle Gewalt bei Menschen mit schwerer psychischer Erkrankung häufig war, wobei die Prävalenz für häusliche Gewalt bei 15–22 % für Frauen und bei 4–10 % für Männer bzw. gemischte Populationen lag, die für sexuelle Gewalt bei 9,9 bzw. 3,1 %. Das Risiko Opfer von sexueller Gewalt zu werden, war für Menschen mit schwerer psychischer Erkrankung sechsmal so hoch wie in der Allgemeinbevölkerung (Khalifeh et al. 2016).

Ein Review zu Traumatisierungen und Traumafolgeerkrankungen bei psychisch erkrankten Menschen ergab nicht nur erhöhte Risiken für körperliche und sexuelle Misshandlungen, sondern auch eine Prävalenz der posttraumatischen Belastungsstörung von 30 % bei Menschen mit Schizophrenie, bipolarer Störung oder anderer schwerer psychischer Erkrankung (Mauritz et al. 2013). Sowohl unter psychisch erkrankten Menschen

(Mauritz et al. 2013) als auch in der Allgemeinbevölkerung (Häuser et al. 2011) sind Frauen und Mädchen häufiger von sexueller Gewalt betroffen.

Ein Review, welches 41 Studien zu häuslicher Gewalt einschloss, kam zu dem Ergebnis, dass Frauen mit psychischen Erkrankungen (Depression, Angst, PTBS) einem erhöhten Risiko von Gewalt durch ihren Partner ausgesetzt sind. Aufgrund der unzureichenden Daten konnten zu anderen psychischen Erkrankungen, Gewalterfahrungen von Männern und Gewalt durch andere Familienmitglieder keine Aussagen gemacht werden (Trevillion et al. 2012).

Kinder, die in ihren Herkunftsfamilien Gewalt und Vernachlässigung ausgesetzt waren, haben wiederum ein erhöhtes Risiko, eine psychische Erkrankung (Depression, Angst, Substanzmissbrauch) zu entwickeln (De Venter et al. 2013). Eine Befragung von 28 forensischen Patientinnen und Patienten mit einer Schizophrenie ergab, dass 46,4 % als Kinder Opfer von Gewalt oder Vernachlässigung geworden waren (Bennouna-Greene et al. 2011).

Gewalterfahrungen und Misshandlungen sind somit ein Risikofaktor für nahezu alle Arten von psychischen Erkrankungen (bis hin zur Tabakabhängigkeit, Evler et al. 2016) und psychisch kranke Menschen sind auch im Laufe ihres Lebens vermehrt gewalttätigen Angriffen ausgesetzt.

▪ An Demenz erkrankte Menschen

Ein Review, das vier Querschnittsstudien, eine Fallkontrollstudie und eine prospektive Kohortenstudie einschloss, untersuchte Prävalenz und Odds für häusliche Gewalt gegen Menschen mit Demenzerkrankung. Die Einjahresprävalenz für physische (psychische) Misshandlungen wurde in vier der Studien angegeben und lag zwischen 5 und 18 % (bzw. 15–62 %). Die Lebenszeitprävalenz wurde nur in einer Studie angegeben und lag bei 27 % (40 %). In der Studie mit Vergleichsgruppe war insbesondere die Prävalenz physischer Gewalt, die zu einer Vorstellung in einem „Trauma centre" führte, bei Menschen mit Demenz (43 %) höher als bei Menschen ohne Demenz (20 %), wobei die Ergebnisse nicht signifikant waren (Odds ratio 0,62–13,75). Menschen, die schon vor ihrer Demenzerkrankung häusliche Gewalt erfahren hatten, waren besonders gefährdet (McCausland et al. 2016). Auch wenn die Datenlage noch nicht ausreichend ist, ist davon auszugehen, dass Menschen mit Demenz angesichts ihrer Wehrlosigkeit und der häufig belastenden Situation von Angehörigen und Pflegenden häufig Opfer von Gewalt werden.

Expertenkonsens

Das gezielte Erfragen von Aspekten der Viktimisierung kann zum Verständnis von Entstehung und Verlauf psychischer Erkrankungen beitragen und die therapeutischen Beziehungen verbessern. Psychiatrische Professionelle sollten diesbezüglich Fort- und Weiterbildung erhalten.

Starker Konsens 100 % Zustimmung in der Onlineabstimmung.

Neben Gewalt in der Familie und in der Gesellschaft im Allgemeinen sind psychisch erkrankte Menschen auch von institutioneller Gewalt im psychiatrischen Versorgungssystem betroffen. Dies betrifft einerseits die legalen institutionellen Zwangsmaßnahmen (s. ► Kap. 14), andererseits auch mögliche illegale Übergriffe in psychiatrischen Einrichtungen (wozu es bislang kaum verlässliche Daten gibt) und Viktimisierung durch Übergriffe von Mitpatienten. Mitpatienten sind allerdings seltener Opfer von Übergriffen als Pflegepersonal (Staggs 2015).

Abgrenzung von nicht krankhaftem aggressivem Verhalten

T. Steinert, S. Hirsch, *S3-Leitlinie Verhinderung von Zwang: Prävention und Therapie aggressiven Verhaltens bei Erwachsenen*, https://doi.org/10.1007/978-3-662-58684-6_8

Die Frage, ob aggressives Verhalten als krankhaft beziehungsweise krankheitsbedingt einzustufen ist oder nicht, ist von hoher praktischer und ggf. rechtlicher Bedeutung. Je nach der Beurteilung, die oft sehr pragmatisch und mit begrenzter Information von Polizei, aufnehmender Institution oder Gericht vorgenommen wird, kann eine Zuweisung in das psychiatrische Versorgungssystem erfolgen oder die Handhabung verbleibt in der ausschließlichen Zuständigkeit der Polizei oder ggf. der Justiz.

8.1 Psychopathologische Aspekte

Tautologische Schlussfolgerungen in dem Sinne, dass das aggressive beziehungsweise auffällige Verhalten selbst als „Nachweis" einer psychischen Erkrankung angesehen wird, sind grundsätzlich nicht gerechtfertigt. In der Öffentlichkeit und der Presse werden verschiedenste Formen aggressiven und gewalttätigen Verhaltens oft vorschnell und unbegründet in einen Zusammenhang mit einer vermuteten psychischen Erkrankung gestellt (siehe auch ▶ Kap. 9). Aggressives Verhalten kann nur als krankheitsbedingt eingestuft werden und damit eine Zuständigkeit des psychiatrischen Versorgungssystems reklamiert werden, wenn gleichzeitig auch typische Symptome vorliegen, die sich einer psychischen Erkrankung zuordnen lassen (z. B. psychotische Symptome). Die bloße Koinzidenz ist jedoch ebenfalls noch nicht ausreichend für die Annahme eines „krankheitsbedingten" Verhaltens. In psychosozialen Konfliktlagen verhalten sich manche Menschen aggressiv, dies gilt auch für psychisch erkrankte Menschen. Um einen ursächlichen Zusammenhang anzunehmen, der zum Beispiel Zwangsmaßnahmen im psychiatrischen Versorgungssystem auf entsprechender rechtlicher Grundlage erlaubt, müssen plausible Zusammenhänge zwischen der psychopathologischen Symptomatik und dem aggressiven Verhalten vorhanden sein (z. B. aggressives Verhalten als Folge imperativer akustischer Halluzinationen, wahnhafter Personenverkennung, Zustand von Erregung und Desorientierung).

8.2 Behandlungsaspekte

Die Zusammenhänge zwischen psychopathologischer Symptomatik und dem aggressiven Verhalten können stark (etwa in akut psychotischen Zuständen) oder eher vage im Sinne eines Co-Faktors sein (z. B. bei Persönlichkeitsstörungen und Suchterkrankungen). Meistens besteht bei engem kausalem Zusammenhang nicht nur eine psychiatrische Zuständigkeit im rechtlichen Sinne, sondern auch eine sinnvolle Behandlungsoption sowohl psychopharmakologischer als auch psychotherapeutischer Art. In anderen Fällen kann die Behandlungsoption ausschließlich psychotherapeutisch sein und ist obligatorisch an Motivation und Kooperation gebunden (z. B. bei Persönlichkeitsstörungen und Suchterkrankungen). Wenn Kooperation und Motivation nicht vorhanden sind, gibt es auch in diesen Fällen keine Behandlungsoption und eine Zuständigkeit des psychiatrischen Versorgungssystems zu Lasten der Krankenkassen ist insofern in der Regel zu verneinen.

8.3 Juristische Aspekte

Die Zuweisung zum psychiatrischen Versorgungssystem oder dem Kompetenzbereich von Polizei und Justiz hat sehr unterschiedliche rechtliche Konsequenzen. Zuweisung zur psychiatrischen Versorgung bedeutet häufig den Verzicht auf Strafverfolgung, ggf. aber

Freiheitsentzug durch Unterbringung und in manchen Fällen sogar die Unterbringung in der forensischen Psychiatrie, sofern die Voraussetzungen des § 20 oder § 21 StGB vorliegen, wobei die Dauer des Freiheitsentzugs/der Maßregel durchaus höher (aber auch geringer) sein kann als bei einer strafrechtlichen Verfolgung. Die Forderung eines Kausalzusammenhangs zwischen dem aggressiven Verhalten und einer psychischen Erkrankung findet sich in den einschlägigen Gesetzesformulierungen des Strafrechts und der PsychKHGs beziehungsweise PsychKGs in entsprechenden Formulierungen wie „unterbringungsbedürftig ist, wer in Folge einer psychischen Störung [...] sein Leben oder seine Gesundheit erheblich gefährdet oder eine erhebliche gegenwärtige Gefahr für Rechtsgüter anderer darstellt [...]". Eine derartige Formulierung trägt auch der Forderung des Artikels 12 der UN-Behindertenrechtskonvention Rechnung, dass Menschen nicht allein aufgrund einer Behinderung rechtlich anders beurteilt werden dürfen. Das bloße Vorliegen einer psychiatrischen Diagnose darf deshalb nicht dazu führen, dass aggressives Verhalten rechtlich anders behandelt wird als bei anderen Menschen. Es ist der Nachweis erforderlich, dass das aggressive Verhalten tatsächlich die Folge der Erkrankung (und somit ein Krankheitssymptom) ist und auch den ebenfalls in den entsprechenden Gesetzen geregelten Therapieangeboten zugänglich ist. Es verbleibt allerdings die Möglichkeit, dass Menschen wegen krankheitsbedingten fremdaggressiven Verhaltens öffentlich-rechtlich untergebracht werden, die engen rechtlichen Voraussetzungen für die Genehmigung einer Zwangsbehandlung aber nicht vorliegen und eine Behandlung auf freiwilliger Basis abgelehnt wird. Eine solche Unterbringung ohne Behandlungsoption ist aus psychiatrischer Sicht allenfalls versuchsweise gerechtfertigt mit der Aussicht, doch noch ein Behandlungsbündnis herzustellen. Ansonsten handelt es sich um eine missbräuchliche Verwendung psychiatrischer Institutionen für gesellschaftliche Zwecke (Steinert 2017).

Expertenkonsens

Bei aggressivem Verhalten soll eine Zuweisung in eine psychiatrische Klinik nur erfolgen, wenn das Verhalten in einem ursächlichen Zusammenhang mit einer psychischen Erkrankung steht und

- entweder ein Behandlungswunsch der betreffenden Person vorliegt
- oder die Einwilligungsfähigkeit mutmaßlich aufgehoben oder die Entscheidungsfähigkeit erheblich beeinträchtigt ist und eine Behandlungsoption besteht.

Ausnahmen können für kurze Zeiträume einer erforderlichen Diagnostik und Evaluation gelten.

Konsens 82 % Zustimmung in der Onlineabstimmung.

Individuelle und institutionelle Bedingungen der Entstehung aggressiven Verhaltens

T. Steinert, S. Hirsch, *S3-Leitlinie Verhinderung von Zwang: Prävention und Therapie aggressiven Verhaltens bei Erwachsenen*, https://doi.org/10.1007/978-3-662-58684-6_9

9.1 Allgemeines

Während in der Anstaltspsychiatrie bis zum zweiten Weltkrieg die Verwahrung als gemeingefährlich erachteter „Geisteskranker" als gesellschaftlich breit akzeptiertes Verfahren angesehen werden konnte, litt die Psychiatrie in der Nachkriegszeit stark unter dem Stigma, das sie als Folge der Verbrechen in der Zeit des Nationalsozialismus zu tragen hatte. Nachdem psychisch Kranke in solchem Ausmaß Opfer staatlicher Gewalt geworden waren, bestand eine ausgeprägte Zurückhaltung, Kranke aus einer Täterperspektive zu betrachten. Insofern wurde die erste große epidemiologische Studie von Böker und Häfner (1973), die als Hauptergebnis hatte, dass psychisch Kranke nicht häufiger wegen Straftaten verurteilt wurden als nicht psychisch Kranke, sehr dankbar aufgenommen und entsprechend häufig mit dieser Generalaussage zitiert, auch wenn für Subgruppen, z. B. Menschen mit Schizophrenie, auch in dieser Studie ein deutlich erhöhtes Risiko (um den Faktor 5) gefunden wurde. Erst ab den 1990er-Jahren gelangte man zunehmend zu einer differenzierteren Sichtweise. Mehrere epidemiologische Studien und Übersichtsarbeiten sind übereinstimmend zu dem Ergebnis gekommen, dass psychische Störungen mit einem leicht erhöhten Aggressions- und Gewaltrisiko assoziiert sind (s. ▶ Abschn. 7.1 Gewalt durch psychisch Kranke in der Gesellschaft). Diese Arbeiten konnten bis jetzt aber nur rein statistisch eine Risikoerhöhung bei bestimmten Konstellationen zeigen, ohne diese theoretisch zu erklären.

9

Die wissenschaftliche Befundlage hat in den vergangenen Jahren zwar zu diversen Forschungsanstrengungen geführt, welche die Disposition für aggressives Verhalten genetisch, neurobiologisch und psychologisch untersucht und vielfältige entsprechende Hinweise gefunden haben (Mattson 2003), eine umfassende, widerspruchsfreie Theorie bzgl. der Kausalität von aggressivem Verhalten konnte aber nicht entwickelt werden. Wie bei vielen komplexen psychischen Phänomenen ist auch bei der individuellen Disposition zu aggressivem Verhalten von einer Wechselwirkung von biologischen, psychischen und sozialen Faktoren auszugehen (s. ◘ Abb. 9.1).

Insbesondere impulshaftes aggressives Verhalten ist mit neurochemischen Auffälligkeiten vorwiegend im Serotoninsystem korreliert, die Ergebnisse zum dopaminergen System sind dagegen weniger einheitlich (Comai et al. 2012). Interessant ist, dass Dysfunktionen auch auf neurobiologischer Ebene stärker mit Traumata/Missbrauch in der Kindheit als mit bestimmten Krankheitsbildern korreliert sind (Rinne et al. 2000). In die Richtung dieser Befunde gehört auch die Induktion von Aggression durch eine ungünstige pharmakologische Behandlung (Übersicht für Antiepileptika: Piedad et al. 2012, Übersicht für Benzodiazepine: Albrecht et al. 2014, RCT für Statine: Golomb et al. 2015).

Aggressives Verhalten hat zweifelsohne eine biologische Komponente, die sich vermutlich in psychischen Verhaltenstendenzen niederschlägt. Allerdings ist diese biologische Komponente nicht misszuverstehen im Sinne von unabänderlicher genetischer Bedingtheit. Vielmehr stehen Neurobiologie und Umwelt in einer ständigen Wechselwirkung, d. h. Umweltbedingungen können das Gehirn in seiner Struktur und Funktionsweise in unterschiedlicher Richtung beeinflussen. So ist z. B. bekannt, dass eine verminderte Verfügbarkeit von Serotonin mit erhöhter Bereitschaft zu impulsiver Aggression einhergeht; der Serotoninumsatz im Gehirn wird aber wiederum durch sozialen Stress maßgeblich beeinflusst, was auch im Tiermodell gut nachweisbar ist (Heinz 1999).

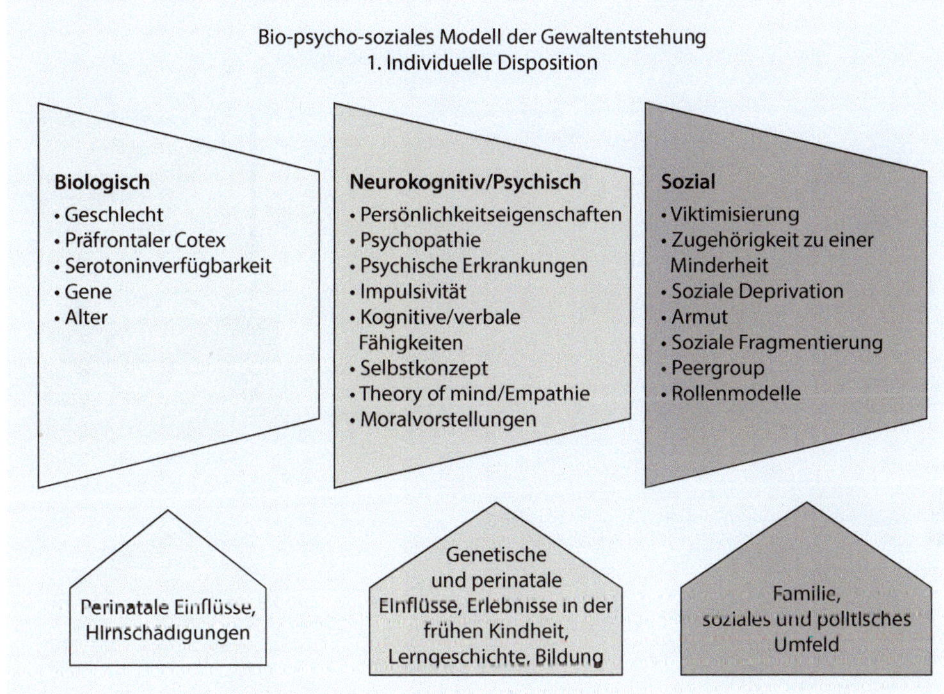

Abb. 9.1 Bio-psycho-soziales Modell der Gewaltentstehung, Disposition (aus Steinert und Whittington 2013)

Auf einer psychopathologischen Ebene kann sich die beschriebene psychobiologische Aggressionskomponente unter anderem durch folgende Eigenschaften bemerkbar machen:

- feindselige Attributionen,
- eingeschränkte soziale Fertigkeiten,
- rigide kognitive Schemata,
- eingeschränkte Fähigkeiten zur Empathie und Perspektivenübernahme,
- Tendenz zur höheren Gewichtung negativer Informationen,
- eingeschränkte Impulskontrolle.

Trotz dieser unbestreitbaren psychobiologischen Anteile an aggressivem Verhalten wird die Bereitschaft zu aggressivem und gewalttätigem Verhalten noch von vielen weiteren Faktoren beeinflusst, beispielsweise von allgemeinen soziokulturellen Aspekten. Neben den oben beschriebenen überdauernden Faktoren spielen natürlich auch situative Faktoren eine wichtige Rolle (s. Abb. 9.2). Nur selten wird aggressiv gehandelt, ohne dass zuvor eine Provokation, Frustration oder ein anderer auslösender Faktor erlebt worden ist. Dies kann als Ausnahme etwa im Rahmen instrumenteller Aggressionen, die auf die Erreichung bestimmter Ziele ausgerichtet sind, der Fall sein. Sowohl in der Allgemeinbevölkerung als auch bei Patienten haben Emotionen großen Einfluss darauf, ob es zu aggressivem oder gewalttätigem Verhalten kommt. Ein systematisches Review mit Metaanalyse, das 11 Studien zu aggressivem Verhalten bei Psychosen einschloss, kam zu dem Ergebnis, dass Patienten, die im Verlauf gewalttätig wurden, er-

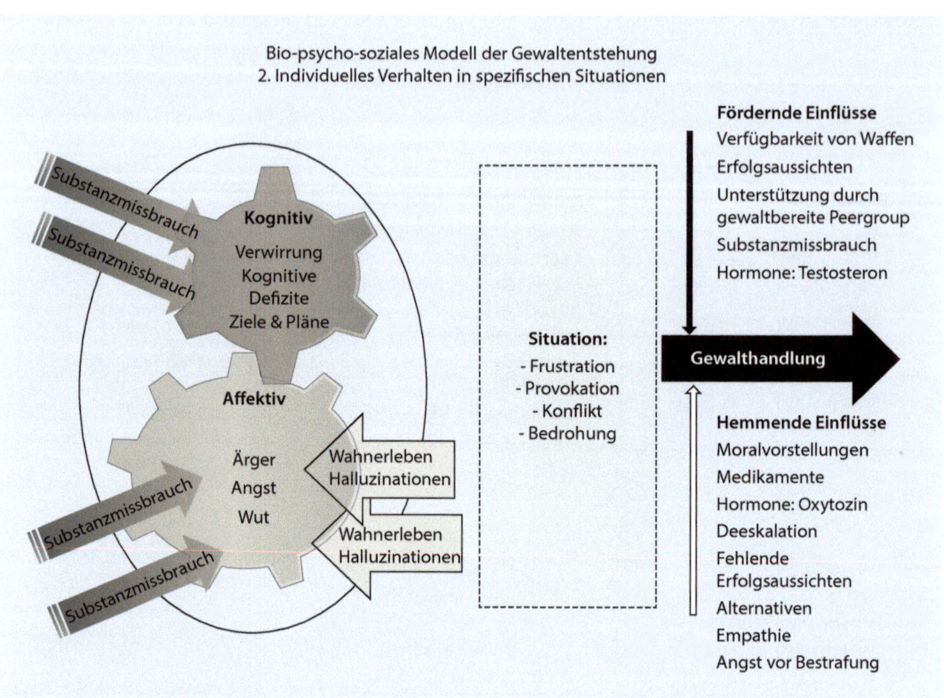

Abb. 9.2 Individuelles Verhalten in spezifischen Situationen (aus Steinert und Whittington 2013)

höhte Werte auf der Skala „Ärger" erreichten (Reagu et al. 2013). In der psychologischen Forschung wird der Faktor, der emotionale Reaktionen wie Wut und Angst auslöst, auch als ‚aversive Stimulation' beschrieben (Berkowitz 1993; Whittington und Wykes 1996). Zugleich kann sowohl bei Gesunden als auch bei psychisch Erkrankten infolge von Substanzmisssbrauch die Bereitschaft für impulsives Handeln und somit auch für aggressives Verhalten erhöht sein.

Entgegen der zum Teil geäußerten Einstellung von Mitarbeitenden psychiatrischer Einrichtungen, die aggressives Verhalten ursächlich ausschließlich beim Patienten verorten (Ilkiw-Lavalle und Grenyer 2003), ist davon auszugehen, dass Gewalt in psychiatrischen Einrichtungen in der Regel ebenfalls durch aversive Stimulationen im Rahmen von Interaktionen mit ausgelöst wird, beispielsweise durch rigide Stationsregeln, geschlossene Stationstüren oder despektierlichen Umgang von Mitarbeitern mit Patienten (Whittington und Richter 2005, 2006). Diese aversiven Stimulationen können auch zuvor in der sozialen Umwelt wie bei häuslichen Konflikten liegen, sie können aber auch im inneren Erleben der Betroffenen vorkommen. Zweifellos sind die aversiven Stimulationen zumeist nicht intentional verursacht, sondern geschehen in der Alltagsroutine einer psychiatrischen Einrichtung, wo unter Umständen auch von Zwang und anderen Maßnahmen aus rechtlichen Gründen Gebrauch gemacht werden muss. Zudem sind die intern erlebten Stimulationen von außen in der Regel nicht zu erkennen.

Zur Reduktion von aggressivem Verhalten von Patienten, aber auch von Zwangsmaßnahmen von Seiten der Mitarbeiter, welche selbst wieder zu Aggression und Gewalt führen können, wurde das Konzept Safewards in Großbritannien entwickelt. Dieses auf der Sichtung und Bewertung aller verfügbaren Studien basierte Konzept geht davon aus, dass die äußeren und inneren Stressoren zu Krisen auf Station führen können, aber nicht müssen, da sie durch Patienten- und Mitarbeiterverhalten modifiziert werden können (Bowers et al. 2015).

Die – womöglich gegen den Willen erfolgte – Aufnahme in einer psychiatrischen Abteilung oder Klinik ist für viele Patienten ein Ereignis, das einer erheblichen Stresssituation gleichkommt. Zahlreiche Studien haben belegt, dass Patienten psychiatrischer Einrichtungen sich schon durch die geschlossene Stationstür oder andere architektonische Eigenschaften der Station aversiv stimuliert fühlen (Übersicht bei: Abderhalden et al. 2006). Gleichermaßen kann die Atmosphäre auf der Station bzw. der Umgang des Personals mit den Patienten zum Auslöser aggressiver Situationen werden (Übersicht bei: Duxbury und Whittington 2005). Werden Patienten befragt, welche Ursachen sie selbst für aggressives Verhalten erlebt haben, wird häufig das Verhalten des Personals genannt, wodurch sich die Patienten nicht verstanden fühlen oder als nicht akzeptiert erleben (Ilkiw-Lavalle und Grenyer 2003). Ein solches Verhalten ist etwa die Verweigerung von Wünschen, die Durchsetzung rigider Stationsregeln, die Applikation von Zwangsmaßnahmen oder aber die Aufforderung zu Aktivitäten, die von den Patienten nicht gewünscht werden. Eine Clusteranalyse, bei der 1422 aggressive Zwischenfälle mit insgesamt 522 beteiligten Patienten auf 84 psychiatrischen Stationen analysiert wurden, ergab, dass Aggressionen meist in Situationen vorkamen, in denen Medikamente, Regeln bzw. Regelverstöße oder Begrenzung von Patienten eine Rolle spielten (Renwick et al. 2016). Dabei ging aggressivem Verhalten häufig eine Sequenz aus verbaler Aggression, Deeskalationsversuchen und dem Angebot von Bedarfsmedikation voraus (Bowers et al. 2013). Aber auch subjektive Hoffnungslosigkeit, erlebte tatsächliche oder vermeintliche Ungerechtigkeiten, resignative Einstellungen, unangenehme Nebenwirkungen von Medikamenten, spannungsgeladene Kontakte mit Angehörigen oder die Trennung von ihnen und bevorstehende Ereignisse wie eine richterliche Anhörung können aggressives Verhalten auslösen.

Ein Patient, der mit einem gewalttätigen Übergriff auffällt, hat eine individuelle Disposition mit biologischen, neurokognitiven, psychologischen und sozialen Bedingungsfaktoren, die aber erst in einer spezifischen Situation wirksam wird. In dieser Situation spielen kognitive und affektive Momente, Einfluss von Substanzen, psychopathologische Symptome sowie hemmende oder fördernde situative Umstände eine maßgebliche Rolle dafür, ob und wie es zu einer Gewalthandlung kommt (Steinert und Whittington 2013).

Statement

Aggressives Verhalten in psychiatrischen Einrichtungen resultiert zusammengefasst aus dem Zusammenspiel individuellen Erlebens und Verhaltens auf Mitarbeiter- und Patientenseite, situativer Merkmale und einer Eskalationskomponente.

Konsens 88 % Zustimmung in der Onlineabstimmung.

9.2 Amok, Terrorismus und psychische Erkrankung

Der Fall des Copiloten, der 2015 ein Passagierflugzeug in den französischen Alpen vorsätzlich zum Absturz gebracht hatte, befeuerte in erheblichem Maße eine öffentliche Diskussion um die Rolle psychischer Krankheit bei Massentötungen. Der Täter war wegen Depressionen in psychiatrisch-psychotherapeutischer Behandlung. Auch die Attentäter der Amokläufe von Winnenden 2009 und München 2016 waren in psychiatrischer

Behandlung. Öffentlich wurde diskutiert, ob die ärztliche Schweigepflicht zu lockern sei und welche Verantwortung behandelnden Ärztinnen und Ärzten zukomme. Eine psychiatrische Leitlinie zur Behandlung aggressiven Verhaltens wird deshalb auch zu diesem Thema eine Position beziehen müssen.

Amok galt zunächst als „kulturgebundenes Syndrom" im malaysisch-indonesischen Kulturkreis: Die ICD-10 legt nahe, es könne sich um eine lokale Variation einer Anpassungs- oder Angststörung handeln. DSM-IV definierte Amok ebenfalls als psychische Störung und ordnete es in die Gruppe der dissoziativen Störungen ein. Im heute verbreitet üblichen Sprachgebrauch wird der Begriff „Amok" dagegen für (zum Teil langjährig) geplante Massentötungen durch Einzeltäter aus individuellen (meist Rache-)Motiven verwendet. Das historische Beispiel der Psychiatrie ist der Fall des Hauptlehrers Wagner 1913, der eine umfangreiche Kontroverse um psychiatrische Diagnosen, Begutachtungen und die Frage der Schuldfähigkeit auslöste (Neuzner 1996). In jüngster Zeit wird die Unterscheidung von Amoktaten (individuelle Motive) und Terrorismus (politische oder religiöse Motive) zuweilen unscharf, wenn der Eindruck entsteht, dass bei manchen Tätern mit primär individuellen Motiven eine vage politische oder ideologische (z. B. rassistische) Selbstrechtfertigung ins Feld geführt wird. Das eigene Versterben wird bei Amok- und Terrortaten häufig in Kauf genommen oder sogar willentlich intendiert. In Einzelfällen kann dieses Motiv sogar führend sein i. S. eines erweiterten Suizids. Auch diesbezüglich gibt es unterschiedlichste Ausprägungen und Motivlagen, wie die Fälle der Selbstmordattentate zeigen.

Eine stigmatisierende Berichterstattung in den Medien in der Weise, dass eine psychische Erkrankung oder Behandlung von Amoktäterinnen und -tätern für die Tat verantwortlich gemacht wird, ist sehr verbreitet (von Heydendorff und Dreßing 2016). Auch in wissenschaftlichen Arbeiten finden sich aufwändige statistische Analysen, psychische Erkrankung wird dabei aber lediglich dichotom als Vorhandensein oder Fehlen irgendeiner ICD-10 Diagnose klassifiziert (Corner und Gill 2015), deren Validität auf Grund der Datenquellen in der Regel schwer zu verifizieren ist.

Aus fachlicher Sicht ist effektheischenden Darstellungen entschieden entgegenzutreten, weil sie entweder gestützt auf rein korrelative Maße oder rein intuitiv kausale Zusammenhänge unterstellen, die so häufig nicht existieren. Tatsächlich sind Zusammenhänge differenziert zu beurteilen und komplex. Unbestritten gibt es Gewalttaten, die unmittelbar psychopathologisch begründet sind und in einem Zustand der fehlenden Einsichts- und Steuerungsfähigkeit (mit der strafrechtlichen Konsequenz der Schuldunfähigkeit) begangen werden. Dazu gehörten zum Beispiel Anschläge auf exponierte Politiker wie Oskar Lafontaine und Wolfgang Schäuble, die von Menschen in psychotischen Zuständen begangen wurden. Nicht nur in Deutschland fanden sich bei Anschlägen auf Politiker gehäuft Menschen in psychotischen Zuständen (James et al. 2007). Eine Analyse von Amoktaten in Deutschland aus Strafakten (N = 27) (Peter und Bogerts 2012) im Zeitraum 1990–2010 ergab bei 44 % Vorstrafen, bei 18 % Suizidversuche in der Vorgeschichte, bei 30 % Suizidgedanken im Vorfeld der Tat, 30 % endeten mit Suizid. Bei 22 % der Täter wurde eine Schizophrenie diagnostiziert, bei 29 % eine Depression oder Angststörung, bei 15 % Alkoholabhängigkeit oder -missbrauch, bei 4 % Drogenabhängigkeit oder -missbrauch. 7 der 27 Täter wurden als schuldunfähig eingeschätzt. Allerdings beschränkte sich die Analyse auf die Fälle mit verfügbaren Gerichtsakten.

Differenziert zu beurteilen ist auch der Zusammenhang von Terrorismus und psychischen Störungen. Gill und Corner (2017) arbeiteten vier verschiedene Paradigmen heraus, die einander ablösten. In den 1980er-Jahren wurde die Hypothese favorisiert, alle Terroristen hätten psychopathisch-dissoziale Persönlichkeitszüge. Im folgenden Jahrzehnt dominierte dagegen die Auffassung, generell seien schwere narzisstische Persönlichkeitszüge maßgeblich. Beide Theorien konnten sich kaum auf empirische Daten beziehen. Als solche in den Jahren nach 2000 zunehmend vorlagen, zeigte sich, dass beide Hypothesen sich in dieser Allgemeinheit nicht verifizieren ließen. Diese empirischen Befunde wurden allerdings vereinfachend in der öffentlichen Darstellung dahingehend interpretiert, dass Terroristen generell psychisch „normal" seien. Auch dies ist empirisch nicht zu halten. Es zeigt sich vielmehr ein differenziertes Bild mit unterschiedlichen Störungen sehr unterschiedlicher kausaler Relevanz, wiederum sehr differenziert nach Tätertypen (z. B. Radikalisierung in Gruppen vs. Einzeltäter, organisatorisch-planerische vs. unmittelbar gewalttätige Beteiligung, Selbstmordattentäter vs. Hintermänner).

Nicht in einen kausalen Kontext mit psychischen Erkrankungen sind Straftaten wie Amokläufe oder Terrorangriffe zu stellen, die von Menschen durchgeführt wurden, die ganz offensichtlich in ihrer Einsichts- und Steuerungsfähigkeit in keiner Weise beeinträchtigt waren und ihre kriminellen Taten minutiös planten und extrem kontrolliert durchführten, bei denen aber auch irgendeine psychiatrische Diagnose gestellt wurde oder die deswegen in Behandlung waren. Depressionen und Angststörungen sind ausgesprochen häufige psychische Störungen, die auch in der allgemeinen Bevölkerung oft vorkommen und ursächlich bei stärkerer Ausprägung am ehesten Vermeidungsverhalten und Handlungsunfähigkeit bewirken. Einzelne depressive Symptome sind noch wesentlich häufiger und begründen noch keine Diagnose einer psychischen Erkrankung. Ein Zusammenhang mit gewalttätigem und kriminellem Handeln ist daraus psychopathologisch nicht ableitbar. Trotzdem verwundert es nicht sehr, dass depressive Störungen und Angststörungen oder zumindest einzelne Symptome bei späteren Amoktätern nicht selten sind. Die psychischen Störungen sind aber nicht die Ursache der kriminellen Taten, sondern sowohl für die psychischen Probleme als auch für die Gewalttat gibt es vermutlich ähnliche, dahinterliegende Ursachen: Es sind erhebliche Persönlichkeitsauffälligkeiten, soziale Isolation, Beziehungsstörungen, Selbstzweifel und unerfülltes Geltungsbedürfnis. Diese auch in den Berichten über die Taten häufig diskutierten Persönlichkeitsauffälligkeiten haben möglicherweise ihrerseits wieder tieferliegende Ursachen wie Viktimisierung, aversive Umstände in Kindheit und Jugend oder genetische Faktoren. Häufig entwickeln sich aus diesem Ursachengefüge psychische Probleme, welche auch einer Behandlung zugänglich sind. Nur sehr selten resultieren schwerste Straftaten der geschilderten Art, wobei Faktoren wie die Verfügbarkeit von Waffen eine wesentliche Rolle spielen. Die Möglichkeiten für behandelnde Ärztinnen, Ärzte, Psychotherapeutinnen und Psychotherapeuten, bevorstehende Gewalttaten zu erkennen, sind trotz hoher Sensibilisierung sehr limitiert. Fälle, in denen die Täterinnen und Täter Psychotherapeutinnen, Psychotherapeuten, Psychiaterinnen oder Psychiater in ihre Pläne zuvor eingeweiht hätten, sind nicht bekannt. Vergleichsweise häufig sind mittelbare Hinweise in sozialen Netzwerken.

Von einer gewissen Selbst-Selektion von Menschen mit den oben genannten Problemkonstellationen für terroristische Taten kann vermutlich ausgegangen werden, sofern nicht Menschen, die behindert, schwer psychisch krank oder minderjährig sind, von den Drahtziehern des Terrors für solche Zwecke missbraucht werden – entsprechende Fälle ereigneten sich besonders in den Bürgerkriegsgebieten des Nahen Ostens in den letzten Jahren mehrfach. Insbesondere bei politisch oder religiös motivierten Anschlägen müssen aber breitere anthropologische Theorien und bspw. die entsprechenden kulturellen Werte und gruppenpsychologische Phänomene berücksichtigt werden, ohne vorschnell westliche, naturwissenschaftlich-medizinische Erklärungen mit Anspruch auf universelle Gültigkeit aufzustellen (für den Nahen Osten Aggarwal 2009; für Nordirland Alderdice 2007).

Statement

Es ist der undifferenzierten Annahme entgegenzutreten, dass psychisch erkrankte Menschen gefährlicher sind als andere. Massentötungsdelikte und psychische Störungen haben zuweilen gemeinsame Bedingungsfaktoren in der Persönlichkeit der Täter, sozialer Isolation, Selbstwertproblemen und einem übersteigerten Geltungsbedürfnis. Einer unkritischen kausalen Verknüpfung von Terrorismus und Amokläufen mit psychischer Erkrankung ist entgegenzutreten. Häufig liegt keine Beeinträchtigung der Einsichts- und Steuerungsfähigkeit zum Tatzeitpunkt vor. Forensische Gutachten klären im Einzelfall die Frage der Schuldfähigkeit.

Konsens 81 % Zustimmung in der Onlineabstimmung.

Prävention und allgemeine Rahmenbedingungen

T. Steinert, S. Hirsch, *S3-Leitlinie Verhinderung von Zwang: Prävention und Therapie aggressiven Verhaltens bei Erwachsenen*, https://doi.org/10.1007/978-3-662-58684-6_10

10.1 Sozialpolitische und ökonomische Voraussetzungen von Gewaltprävention

Eine patientenorientierte, zeitgemäße und humane Psychiatrie ist ohne eine personelle, bauliche und materielle Ausstattung, die den gesamtgesellschaftlichen Lebensverhältnissen angemessen ist, nicht denkbar. Dies betrifft den stationären, den komplementären und ambulanten Bereich gleichermaßen. Psychisch erkrankte Menschen müssen durch die sozialrechtliche Verankerung ihrer Leistungsansprüche Zugang zu Hilfen und Versorgungsleistungen in solchem Maß erhalten, dass ihnen ein würdiges Leben in der Gesellschaft möglich ist und sie an deren Gestaltungsmöglichkeiten partizipieren können. Hierbei spielt neben der Verfügbarkeit dieser Leistungsansprüche ihre tatsächliche Durchsetzung und Realisierung eine große Rolle. Wer sich in psychischen Krisen befindet, dem gelingt die adäquate Durchsetzung seiner Bedürfnisse nur schwer oder eingeschränkt. Die bundesdeutsche Psychiatrie vor der Psychiatrie-Enquête bis in die 70er-Jahre des letzten Jahrhunderts zeigt ebenso wie bedrückende Beispiele in anderen Ländern der Europäischen Union (Schmidt-Michel 2006), dass eine Verelendung psychisch Kranker und der psychiatrischen Institutionen ein permanentes Klima von struktureller Gewalt und gesellschaftlicher Ausgrenzung schaffen. In derartigen antitherapeutischen Milieus werden auch Gewalt und Aggression gefördert.

10

Der Nachweis, dass Häufigkeit und Dauer von Zwangsmaßnahmen durch Personaleinsatz reduziert werden können, wurde zwar bisher nicht experimentell oder in kontrollierten Studien erbracht. Dennoch gibt es starke Hinweise, dass Zwangsmaßnahmen in Versorgungssystemen mit hoher Personaldichte (Norwegen, Großbritannien) seltener sind. Eine quantitativ ausreichende Personalbesetzung ist eine notwendige, alleine aber noch nicht hinreichende Voraussetzung für eine weitestmögliche Reduzierung von Zwangsmaßnahmen (Steinert et al. 2010; Boumans et al. 2015). Empathische Interventionen bei belasteten, agitierten oder bereits verbal aggressiven Menschen mit psychischen Erkrankungen erfordern hohe Qualifikation und ausreichend Zeit. Sind diese Ressourcen nicht vorhanden oder müssen sie unter erheblicher Vernachlässigung anderer Aufgaben abgezogen werden, resultieren häufiger Zwangsmaßnahmen. Kontraintuitiv hierzu zeigte allerdings eine Analyse an 32 bzw. 135 Akutstationen in England, dass dort eine quantitativ und qualitativ bessere Personalbesetzung mit einer etwas höheren Rate von Konflikten und Zwangsmaßnahmen einherging (Bowers und Crowder 2012; Bowers 2009). Ähnliche Befunde gibt es in einer älteren Studie, wobei hier mehr pflegerisches Personal und weniger nicht-pflegerisches Personal mit mehr Gewalt einherging (Owen et al. 1998). Bei derartigen ausschließlich auf Korrelationen basierenden Studien sollten kausale Schlussfolgerungen allerdings nicht oder nur mit großer Vorsicht gezogen werden. Es ist z. B. gut möglich, dass mehr Personal dort eingesetzt wird, wo auch mehr schwierig zu behandelnde Patienten vorhanden sind und wo mehr Konflikte erwartet werden. In einer Analyse von 136 akutpsychiatrischen Stationen in England, war die Fähigkeit des Personals, klare Regeln und Routinen zu implementieren, mit weniger Konflikten und Zwang assoziiert (Bowers 2009). In einer anderen Studie, welche die Situation psychiatrischer Abteilungen in Allgemeinkrankenhäusern untersuchte, gingen eine quantitativ bessere Personalausstattung sowie Führungsqualitäten bei den Pflegenden mit weniger verbaler Gewalt gegen Pflegende und mit weniger körperlichen Verletzungen der Pflegenden einher (Hanrahan et al. 2010). Eine US-amerikanische Studie über 352 psychiatrische Stationen ergab, dass pro zusätzliche Pflegekraft die Patientenübergriffe um 12 % stiegen. Erst ab einer sehr guten quantitativen Personalausstattung sanken die Übergriffe wieder.

Ebenso sanken die Übergriffe, um 6 %, wenn die Anzahl der Stunden, die durch Pflegefachkräfte abgedeckt wurden, um 5 Prozentpunkte stiegen (Staggs 2013). Auch hier ist die Frage von Scheinkausalitäten aus Beobachtungsstudien wieder kritisch zu hinterfragen. In einer anderen Studie des gleichen Autors war eine bessere qualitative Personalausstattung zwar mit weniger Übergriffen auf Patientinnen und Patienten vergesellschaftet, allerdings mit mehr Übergriffen auf Mitarbeitende (Staggs 2015). In einer Längsschnittstudie ergab sich hingegen kein Zusammenhang zwischen Monaten mit viel oder wenig Personal und Monaten mit vielen oder wenigen Übergriffen (Staggs 2016). Weitere Studien anderer Autorinnen und Autoren konnten ebenfalls keinen Zusammenhang zwischen Personalausstattung und Gewalt auf Station herstellen (Ng et al. 2001; Way et al. 1992).

Ob die seit ca. 2000 in Deutschland erfolgte Ausdünnung der Personalbesetzung (gemessen nach der Kalkulationsgrundlage der Psych-PV) in vielen Kliniken bei gleichzeitig steigenden Aufnahmezahlen und deutlich verkürzten Verweildauern auch zu einer steigenden Häufigkeit von Zwangsmaßnahmen geführt hat, lässt sich bei weitgehendem Fehlen longitudinaler versorgungsepidemiologischer Daten und der zwischenzeitlich eingetretenen Änderung zahlreicher anderer organisatorischer Rahmenbedingungen nicht sicher klären.

Eine weitere wesentliche sozialpolitische Rahmenbedingung der psychiatrischen Versorgung war die zunehmende Deinstitutionalisierung mit Abbau stationärer psychiatrischer Betten und Aufbau gemeindepsychiatrischer Strukturen. Dies ist grundsätzlich positiv zu bewerten und entspricht den Bedürfnissen auch der meisten psychisch erkrankten Menschen. Kritisch zu beurteilen vor dem Hintergrund der Gewaltprävention ist allerdings die seit ca. 15 Jahren in allen westlichen Ländern zu beobachtende Entwicklung eines zunehmenden Abbaus allgemeinpsychiatrischer Betten mit gleichzeitig teilweise drastischer Zunahme von forensisch-psychiatrischen Betten und auch dem Aufbau erheblicher stationärer Kapazitäten im Bereich Psychosomatik. Ein Abbau psychiatrischer Betten bei gleichzeitiger Verkürzung der Verweildauer und Anstieg der Aufnahmezahlen führt zu einer zunehmenden Konzentration von schwer erkrankten Patientinnen und Patienten in den Kliniken mit einer damit einhergehenden Häufung von aggressiven Verhaltensproblemen und Zwangsmaßnahmen. Weltweit wird seit einigen Jahren diskutiert, ob die Deinstitutionalisierungsbestrebungen möglicherweise auch zu weit gehen können und für einzelne psychisch erkrankte Menschen die Wahrscheinlichkeit von Kriminalisierung (Fuller Torrey 2015), Viktimisierung und Suizid erhöhen (Munk-Jorgensen 1999; Frueh 2005; Khalifeh et al. 2015). Die Dialektik dieser Entwicklung und die Auswirkungen auf die Prävention von Gewalt und Zwang bedürfen weiter der kritischen Beobachtung. Besonders wichtig erscheint eine gute Zusammenarbeit im gemeindepsychiatrischen Verbund, also eine Verzahnung von stationären, teilstationären und ambulanten Angeboten unter Einbeziehung der gesetzlichen Betreuer, sozialpsychiatrischen Dienste, der vertragsärztlich tätigen Psychiaterinnen und Psychiater, Hausärztinnen und Hausärzte, aber auch von Arbeitslosen-, Wohnungslosen-, Sucht- und Altenhilfe.

10.2 Institutionelle Voraussetzungen von Gewaltprävention

Psychiatrische Institutionen orientieren sich, wie andere Institutionen auch, in ihren Verfahrensweisen in unterschiedlichem Ausmaß an Interessen der Institution und nicht primär und ausschließlich an den Interessen und Bedürfnissen der Nutzerinnen und Nutzer. Darin manifestiert sich sog. strukturelle Gewalt. Dies gilt nicht nur für psychiatrische

Krankenhäuser, sondern auch und oft noch mehr für gemeindepsychiatrische Einrichtungen, insbesondere Wohnheime, die in einem oft engen Handlungsrahmen von Trägerinteressen und ökonomischen Zwängen agieren. Zudem sind psychiatrische Krankenhäuser, in vielen Bundesländern auch komplementäre psychiatrische Institutionen wie sozialpsychiatrische Dienste, auf Grund der hoheitlichen Aufgaben der Zwangsunterbringung und -behandlung mit einem Stigma der Gewaltausübung belegt, zugleich mit dem Stigma der dort behandelten Menschen. Psychiatrisch Tätige sind sich bewusst, dass sowohl das immanente Stigma der psychiatrischen Institution als auch befürchtete oder tatsächliche Erscheinungsweisen von struktureller Gewalt aversive Reaktionen der psychisch erkrankten Menschen hervorrufen oder verstärken können. Im Sinne der Gewaltprävention ist es daher erforderlich, diesen Überlegungen Rechnung zu tragen und Maßnahmen zu realisieren, die Vorurteile gegenüber den Institutionen reduzieren und die Kooperation sowohl zwischen psychiatrischen Einrichtungen und Diensten als auch zwischen diesen und den psychisch erkrankten Menschen verbessern. Eine derartige Orientierung der Institutionen entfaltet sowohl direkte Effekte über eine Verbesserung der Kooperation als auch indirekte, indem eine niedrigere Zugangsschwelle als Folge einer erkennbaren Orientierung an den Bedürfnissen der psychisch erkrankten Menschen ermöglicht, diese in früheren Krankheitsstadien und eher auf der Basis einer freiwilligen Behandlung aufzunehmen.

Gewalttätiges Verhalten psychisch erkrankter Menschen ist mit unfreiwilliger Behandlung (Ketelsen et al. 2007) und der Ausprägung psychopathologischer Symptome, aber auch mit Entwicklungsauffälligkeiten in der Kindheit, prämorbider Delinquenz und Substanzmissbrauch assoziiert (Witt et al. 2013). Gewalt ist daher in psychiatrischen Institutionen auch umso mehr ein Problem, je mehr schwerkranke und wegen Fremdgefährdung gerichtlich untergebrachte Patientinnen und Patienten behandelt werden. Dies ist insbesondere in solchen Krankenhäusern der Fall, die über eine sehr niedrige Bettenmessziffer verfügen und sich demzufolge weitgehend auf diese Kernaufgabe beschränken müssen. Ein relativ höheres Bettenangebot erleichtert demzufolge vermutlich die institutionelle Gewaltprävention. Verlässliche empirische Daten zu dieser Problematik fehlen bisher.

Als gewaltpräventiv können ferner alle Maßnahmen der sog. „Patientenorientierung" in psychiatrischen Institutionen gelten, wobei der generellen Orientierung an einem partnerschaftlichen Kooperationsstil („shared decision making", „Verhandeln statt Behandeln") eine hohe Bedeutung zukommt. „Patientenorientierung" umfasst auch Aspekte wie Behandlungsvereinbarungen, die systematische Einbeziehung von Angehörigen, kooperative Entscheidungsfindungen mit Patientinnen und Patienten, Angebote zur Wahrnehmung unabhängiger Beschwerdeinstanzen, aber auch eine qualitativ und quantitativ gute Personalausstattung, geeignete, ansprechende und moderne Räumlichkeiten und eine psychopharmakologische Behandlung, die unnötige Nebenwirkungen vermeidet (s. ► Kap. 7, 11, 12, 13 und 14). Personenbezogene Behandlung (Patientenzentrierung statt Bettenzentrierung) in psychiatrischen Kliniken dient der kontinuierlicheren Beziehung zwischen Arzt, Ärztin, Therapeut, Therapeutin, Pflegenden und Patientin bzw. Patient und der besseren Ressourcenverteilung innerhalb der Einrichtung. Dadurch ist mehr therapeutische Bezugspflege anstelle von Überwachung und Kontrolle möglich (Kunze 2007).

Aus klinischer Erfahrung haben die Stationsatmosphäre und das therapeutische Milieu einen erheblichen Einfluss auf die Entstehung und das Ausmaß aggressiven Verhaltens. Dies gilt für psychiatrische Kliniken und gleichermaßen für stationäre psychiatrische Wohneinrichtungen. Patientenmerkmale (insbesondere männliches Geschlecht, Vorgeschichte von gewalttätigem Verhalten, Substanzmissbrauch und unfreiwilliger Aufenthalt, vgl. ► Abschn. 7.3) spielen eine wichtige Rolle im Bedingungsgefüge gewalttätiger Vorfälle.

Dennoch zeigt die Forschungslage klar, dass auch Merkmale der Umgebung und der Interaktion eine mindestens ebenso große Rolle spielen, insbesondere bei eskalierenden Konflikten. Die Rolle psychopathologischer Symptome ist dagegen geringer als häufig angenommen (Renwick et al. 2016). Abgesehen von Expertenempfehlungen gibt es nur relativ wenige Studien, die den Einfluss von Umgebungsvariablen auf psychiatrischen Stationen auf aggressives Verhalten empirisch untersuchten, in der Regel als Evaluationsforschung mit Prä-Post-Erhebungen. Erhebliche Auswirkungen auf die Stationsatmosphäre hat die Zahl der gleichzeitig behandelten schwer erkrankten Patientinnen und Patienten mit distanzlosem, desorganisiertem, lautem oder aggressivem Verhalten. Dies wirft die Frage auf, ob die Konzentration von Menschen mit hohem Risiko aggressiven Verhaltens auf einer spezialisierten Station oder die Aufteilung dieser Patientinnen und Patienten auf verschiedene Stationen sich reduzierend auf das insgesamt zu beobachtende Gewaltniveau auswirkt. Die Konzentration von Menschen, von denen aggressives und gewalttätiges Verhalten befürchtet wird, auf einer einzelnen Station oder Einheit erhöht in einigen Studien die Häufigkeit aggressiver Vorfälle (Abderhalden et al. 2006; Frueh 2005; Munk-Jorgensen 1999; Owen et al. 1998). In einer groß angelegten Studie über 136 akutpsychiatrischen Stationen in England waren Konflikte und Zwangsmaßnahmen häufiger, wenn viele Patientinnen und Patienten unfreiwillig auf Station untergebracht waren (Bowers 2009), was den Erwartungen entspricht. Weitere Risikofaktoren waren geschlossene Türen, kurze Verweildauern und Alkoholkonsum der Patientinnen und Patienten (Bowers et al. 2009). Aber auch hier gibt es widersprüchliche Befunde und es können ebenso Studien angeführt werden, in denen mehr Aufnahmen und mehr Substanzmissbrauch mit weniger aggressiven Vorfällen vergesellschaftet war (Owen et al. 1998). Verteilung und Geschlechtermischung hatten demgegenüber insgesamt günstige Auswirkungen auf die Häufigkeit von Aggressionen ebenso wie auf die Stationsatmosphäre (Gebhardt und Steinert 1999). „Spezialstationen" für aggressive psychisch erkrankte Menschen werden im deutschsprachigen Raum derzeit nicht diskutiert. In den Niederlanden dagegen werden „Intensivstationen" intensiv propagiert (Mulder 2015), u. a. wegen vorhandener Vergütungsanreize, die im deutschsprachigen Raum fehlen. Die Evidenzlage ist hier gemischt. Neben den oben genannten Arbeiten, welche eine Durchmischung von Patientinnen und Patienten in akuten Krisen und länger behandelter Patientinnen und Patienten propagieren, ergab eine naturalistische Studie aus Norwegen sowie eine aus England, dass eine Behandlung schwerkranker, aggressiver Menschen in einem abgetrennten Intensivbereich einer Station zum Rückgang aggressiven und bedrohlichen Verhaltens führte (MacDonald 1989; Vaaler et al. 2006 und 2011). Alle diese Beobachtungsstudien erlauben nur sehr eingeschränkt kausale Schlussfolgerungen. Auch Prä-Post-Studien, die mit großem Elan vorangetriebene organisatorische Änderungen evaluieren, finden meist positive Effekte, die aber keineswegs zwingend auf den gemessenen Merkmalen und ihnen zugeordneten Interventionen beruhen müssen. Kausale Wirksamkeit wäre durch RCTs nachzuweisen, die in diesem Bereich aber nicht vorliegen.

Ein Zusammenhang von einer Verbesserung der Stationsatmosphäre und einem Rückgang von Aggressionen wurde bereits vor längerer Zeit beschrieben (Herrera und Lawson 1987), allerdings konnte ein solcher Zusammenhang nicht immer bestätigt werden (Cheung et al. 1997). Auch das Prinzip, störungsspezifische „Spezialstationen" vorzuhalten, kann zu einer Tendenz der Konzentration potentiell aggressiver und schwieriger Patientinnen und Patienten auf den übrigen Stationen führen. Es gibt Hinweise, dass das Stationsklima auf diagnostisch durchmischten Stationen günstiger ist (Gebhardt und Radtke 2003), allerdings gibt es auch gegenteilige Daten aus Deutschland, wie die Begleitforschung zu Einrichtung einer Kriseninterventionsstation für Menschen mit Persönlichkeitsstörungen zeigte

(Steinert et al. 2009). Es konnte ebenso gezeigt werden, dass eine komplexe Intervention zur Verbesserung der Kommunikation zwischen Patientinnen und Patienten und Personal und zur Berücksichtigung der Bedürfnisse von Patientinnen und Patienten („Safewards", Bowers 2014) zu einem deutlichen Rückgang aggressiver Vorfälle führte (Bowers et al. 2015).

Mangelnde Erfahrung beim Personal scheint mit einer höheren Zahl gewalttätiger Vorfälle einherzugehen (Kelly et al. 2015; James et al. 1990; Rasmussen und Levander 1996). Eine Überbelegung psychiatrischer Stationen, d. h. die Ansammlung zu vieler kranker Personen auf zu wenig Raum („Crowding"), kann die Entstehung gewalttätiger Verhaltensweisen ebenfalls fördern (Teitelbaum et al. 2016). Eine relative Überbelegung kann schon auftreten, wenn nur die Planbetten belegt sind, wenn zu wenig Platz oder Personal auf Station sind. Auf einer Aufnahmestation kam es häufiger zu verbaler Gewalt, wenn die Station mit mehr Patienten belegt war (Ng et al. 2001). In einer Längsschnittstudie über psychiatrische Stationen in Finnland kam es auf überbelegten Stationen häufiger zu Übergriffen gegenüber Personal, kein Zusammenhang konnte zwischen Überbelegung und sachzerstörerischem Verhalten festgestellt werden (Virtanen et al. 2011). Allgemein wird davon ausgegangen, dass eine sowohl quantitativ als auch qualitativ hinreichend gute Personalausstattung in psychiatrischen Einrichtungen einen wichtigen Faktor für eine effektive Prävention und ggf. frühzeitige sinnvolle Intervention bezüglich aggressiver Verhaltensweisen darstellt, wenngleich verlässliche empirische Ergebnisse bisher nicht vorliegen und die Mengen-Wirkungs-Beziehungen unklar sind. In einer britischen Studie konnte der zusätzliche Einsatz einer Pflegeperson mit der Aufgabe von Konfliktprävention und Schulung des Personals einen deutlichen Rückgang der Konflikte und eine Besserung der Stationsatmosphäre bewirken, nicht jedoch einen Rückgang von Zwangsmaßnahmen (Bowers et al. 2006). Interessanterweise war in einer Korrelationsstudie auch auf internistischen und chirurgischen Stationen eine qualitativ und quantitativ inadäquate Personalausstattung mit vermehrten Patientenübergriffen vergesellschaftet (Roche et al. 2010).

Im Zusammenhang mit einer weltweit in vielen Krankenhäusern verschärften Nichtraucherschutzpolitik, auch unter dem Eindruck der Fürsorgepflicht in Gesundheitseinrichtungen, wurde – anders als in Deutschland – in manchen Ländern ein komplettes Rauchverbot in psychiatrischen Einrichtungen durchgesetzt. Die berichteten Erfahrungen sind uneinheitlich. Befürchtung von dadurch ansteigenden Aggressionen bestätigten Studien aus Frankreich und Australien nicht (Boumaza et al. 2015; Lawn et al. 2014; Robson et al. 2017), andererseits berichtete eine andere Studie ebenfalls aus Australien, dass der Versuch wegen verstärkter Aggressionen gegen Personal abgebrochen wurde (Campion et al. 2008). Insgesamt ist das Thema sowohl unter Experten als auch unter psychisch erkrankten Menschen sehr umstritten (Filia et al. 2015).

Zahlreiche weitere Fragen der Organisation psychiatrischer Einrichtungen sind von erheblicher Relevanz für die Entstehung oder Vermeidung aggressiven Verhaltens. Empirische Belege werden dazu erst in jüngster Zeit erbracht. Eine Strategie der möglichst weitgehenden Öffnung psychiatrischer Stationen ist ein in den letzten Jahren besonders viel beachtetes, aber auch sehr kontrovers diskutiertes Thema. Patientinnen, Patienten und Mitarbeitende schätzten auf neu geöffnete Stationen (Blaesi et al. 2015) bzw. auf offenen Stationen (Schalast und Sieß 2017) das Stationsklima, den Patientenzusammenhalt und die Sicherheit signifikant besser ein. Die Öffnung (möglichst aller) psychiatrischer Stationen reduziert nach Ansicht vieler Experten auch die Häufigkeit von Aggressionen und Zwangsmaßnahmen und hat für viele Patientinnen und Patienten, Angehörige und Professionelle einen sehr hohen Symbolwert (Sollberger und Lang 2014). Einige Prä-Post-Studien und Beobachtungsstudien liefern dafür auch empirische Hinweise (Cibis et al. 2017; Huber et al.

2016; Jungfer et al. 2014). Der Nachweis von weniger Gewalt, Zwangsmaßnahmen und Entweichungen auf offenen gegenüber geschlossenen Stationen in Querschnittsstudien kann dagegen nicht überzeugen, weil die Zuweisung zu solchen Stationstypen sehr häufig gemäß einer antizipierten Risikoselektion stattfindet und randomisierte Studien fehlen (van der Merwe et al. 2009). Die Öffnung von Stationen ist nicht als ausschließlich mechanischer Vorgang zu verstehen, sondern kann nur im Rahmen eines Gesamtkonzepts mit einer Haltung hoher individueller Verantwortung und geeigneter Organisation verantwortungsvoll verwirklicht werden. Nach in Deutschland häufig vertretener Überzeugung gelingt dies am ehesten mit einem Konzept der Entspezialsierung und Durchmischung und dem Verzicht auf „Aufnahmestationen" (Bernardi 2000, S. 52). Andererseits hält eine ebenfalls große Zahl von Experten dem entgegen, kleine geschlossen geführte „Intensiveinheiten" könnten die übrigen Stationen dahingehend entlasten, dass sie recht problemlos offen geführt werden könnten und absprachefähige Patientinnen und Patienten nicht zur „Ausdünnung" des Gewaltpotenzials benutzt würden. Dieser Weg wird etwa derzeit in den Niederlanden beschritten und mit einer wachsenden Zahl von Veröffentlichungen begleitet (Mulder 2015; Vaaler et al. 2006 und 2011), während in Österreich 90 % der Stationen offen geführt werden (Lang 2012), weil eine Behandlung freiwillig behandelter Patientinnen und Patienten auf geschlossenen Stationen nur möglich ist, wenn die Betroffenen dies selbst beantragen (Österreichisches Unterbringungsgesetz UbG §§ 4–7). Eine empirische Evaluation der österreichischen Praxis fehlt in der Literatur bisher weitestgehend. Eine häufig kritisch diskutierte Frage im Zusammenhang mit allgemein offen geführten Stationen ist, ob die Öffnung durch die individuelle Freiheitsbeschränkung (Fixierung oder Isolierung) solcher Patientinnen und Patienten ermöglicht wird, die sonst die Station verlassen würden (Pollmacher und Steinert 2016). Neben der Türöffnung haben sich auch für andere Konzepte zur Reduktion von Restriktionen wie begleiteter Ausgang und die Möglichkeit, sich im Hof oder Garten aufzuhalten Hinweise ergeben, dass dadurch Zwang und Gewalt reduziert werden kann (Hellerstein et al. 2007). Die Diskussion hat insofern auch eine utilitaristische Komponente (Individualinteressen vs. möglichst viel Freiheit für eine möglichst große Zahl). Eine klare Evidenz für eine Empfehlung in die eine oder andere Richtung ließ sich gegenwärtig nach der Einschätzung der Leitliniengruppe nicht ableiten.

Einige Evidenz gibt es inzwischen auch für die Bedeutung architektonischer Lösungen. So konnte eine architektonische Neugestaltung einer psychiatrischen Klinik die Häufigkeit von Zwangsmaßnahmen um etwa die Hälfte reduzieren (Rohe et al. 2017). Wichtige Elemente der Architektur betreffen die räumlich-materielle Ausstattung im Hinblick auf Wahrung der Intimsphäre, möglichen Ausgang bzw. Aufenthalt im Freien. Letzteres ist sogar eine Forderung des Europäischen Komitees zur Verhütung von Folter und menschenunwürdiger Behandlung. Menschenwürdige Lebensumstände und die patientenorientierte und transparente Organisation der Prozesse in der Klinik, von der Aufnahme über die Diagnostik bis hin zu Therapien, Mahlzeiten, Stationsregeln, Besuchsmöglichkeiten und Kontaktangeboten üben ebenfalls Einfluss aus. Räumliche Enge, eine zu hohe Dichte an Personen und Lärm tragen zu einem erhöhten Stresslevel bei und sollten vermieden werden (vgl. indirekte Evidenz unter Laborbedingungen: Martimportugues-Goyenechea und Gomez-Jacinto 2005). Öffentlichkeit und Normalität gelten in vielen Beschreibungen des klinischen Alltags als Leitmotive einer Stationsgestaltung, die ein gewaltarmes Klima fördern. Dazu zählen u. a. Aktivierung und außerstationäre Aufenthalte, die Schaffung alltags- und lebensweltbezogener Bereiche und die Mitgestaltung der Institution durch die Menschen mit psychischen Erkrankungen. Letzteres bedeutet eine kontinuierliche, nicht nur einmalige Beteiligung von Psychiatrie-Erfahrenen an der strukturellen Gestaltung der Einrichtung und bei der Entwicklung therapeutischer Angebote und Standards (Laupichler und Voigtländer 2005).

Vergleichbare Überlegungen hinsichtlich der Gestaltung der Prozesse gelten für psychiatrische Wohneinrichtungen, Institutsambulanzen und andere Einrichtungen für Menschen mit psychischen Erkrankungen. Ein „blinder Fleck" der psychiatrischen Forschung und der öffentlichen Wahrnehmung sind psychiatrische Wohnheime und Pflegeheime mit psychiatrischen Plätzen, zumal geschlossene. Das weitgehende Fehlen von Publikationen aus diesem Bereich in Deutschland mit nur wenigen Ausnahmen und noch weniger empirischer Forschung (Bartusch et al. 2007; Freyberger et al. 2008; Richter 2010; Konrad et al. 2011) steht in einem deutlichen Kontrast zu der Bedeutung für die Lebensrealität vieler psychisch Kranker und den aufgewendeten gesellschaftlichen Mitteln (Eisele et al. 2012). Bisher fehlen weitgehend versorgungsepidemiologische Daten, wie gemeindenah oder -fern die Wohnversorgung realisiert ist, welche Bedeutung geschlossene Heimeinrichtungen haben und wohin z. B. ehemalige Patientinnen und Patienten der forensischen Psychiatrie entlassen werden (Konrad et al. 2011). Die ausschließliche Betrachtung der Institution „psychiatrische Klinik" ohne gleichzeitige Analyse der Kontextfaktoren in der Gemeindepsychiatrie liefert gerade in Bezug auf das Problemfeld Gewalt und Zwang ein sehr unvollständiges Bild. Es konnte zum Beispiel gezeigt werden, dass gut ausgebaute sozialpsychiatrische Dienste mit einer geringeren Häufigkeit von Zwangseinweisungen einhergehen, während die Existenz geschlossener Aufnahmestationen diesbezüglich keinen Einfluss hatte (Juckel und Haussleiter 2015).

Die Patienten-orientierte Gestaltung der institutionellen Abläufe stellt nicht nur eine organisatorische Herausforderung dar, sie muss auch auf vielen Ebenen von Mitarbeitenden getragen werden, die eine entsprechende Grundhaltung und Einstellung haben und die notwendigen Qualifikationen aufweisen. Auch daraus erwächst eine hohe Verpflichtung der Institution im Hinblick auf Führung, Aus-, Fort- und Weiterbildung, aber auch im Hinblick auf die Fürsorge für die Mitarbeitenden. Besonders die Pflegenden, die auf psychiatrischen Akutstationen häufig aggressive Eskalationen bewältigen müssen, fühlen sich oft in gleicher Weise ausgeliefert, wie dies die psychisch erkrankten Menschen selbst beschreiben (Bonner et al. 2002; Duxbury 2002). Der häufige Umgang mit aggressiven Krisen als Teil der Berufstätigkeit stellt eine hohe Belastung dar, die ohne Unterstützung rasch zu Burn-out-Syndromen führt mit der Folge einer erhöhten Wahrscheinlichkeit, erneut Opfer von aggressiven Übergriffen zu werden und entsprechend restriktiven institutionellen Antworten wie vermehrten Zwangsmaßnahmen. Institutionelle Gewaltprävention muss daher dafür Sorge tragen, dass eine derartige Spirale der Gewalt verhindert wird (Whittington und Wykes 1994; Winstanley und Whittington 2002; Bowers 2014). Besonders eskalierende verbale Konflikte lassen sich mit Deeskalationsstrategien und auf Kommunikation und Atmosphäre orientierten Interventionen wie Safewards reduzieren (Bowers et al. 2014), allerdings misslingt dies gerade bei Menschen mit einer Vorgeschichte von Gewalttätigkeit vergleichsweise häufig (Lavelle et al. 2016). Neben den verbalen Deeskalationsstrategien, welche vor allem auf kognitive und emotionale Prozesse einwirken sollen, werden auch vermehrt Interventionen propagiert, welche über positiv besetzte Sinnesreize (Musik, Aromaöle) bzw. die Vermeidung aversiver Reize (Rückzugsräume) auf Anspannungsniveau einwirken (sog. Sensory Modulation, Sutton et al. 2013).

Ein Vergleich von bestehenden nationalen und internationalen Leitlinien und Empfehlungen zur Reduktion von Aggression, Gewalt und Zwang in Gesundheitseinrichtungen (ILO 2002; OSHA 2015; Huckshorn et al. 2005; Bowers 2014) zeigt, dass neben anderen

Interventionen (z. B. Risikoanalyse, Mitarbeiterschulung, Führungsverantwortung) immer auch eine klare Personenorientierung gefordert wird, d. h. dass Organisation und Interventionen an den Bedürfnissen der in Gesundheitseinrichtungen handelnden Personen (psychisch Erkrankte und Mitarbeitende) orientiert sein sollen.

Expertenkonsens

Eine quantitativ und qualitativ ausreichende Personalausstattung ist unverzichtbar für die Vermeidung von Gewalt und Zwang und soll sichergestellt werden.

Konsens 83 % Zustimmung in der Onlineabstimmung

Empfehlungsgrad A, Evidenzgrad 4

Eine geeignete und qualitativ hochwertige Architektur kann die Häufigkeit von Zwangsmaßnahmen und vermutlich auch aggressiven Vorfällen reduzieren. Eine Berücksichtigung dieser Gesichtspunkte bei der Planung und beim Betrieb psychiatrischer Einrichtungen soll erfolgen.

Begründung für Heraufstufung des Empfehlungsgrades: Hoher Expertenkonsens (Rohe et al. 2017)

Konsens 89 % Zustimmung in der Onlineabstimmung

Statement

In der Organisation einer psychiatrischen Einrichtung gibt es unterschiedliche Strategien, z. B. Patientinnen und Patienten in Phasen mit erhöhtem Sicherungsbedarf gleichmäßig über alle Stationen zu verteilen und auf Verlegungen zwischen Stationen möglichst zu verzichten

oder z. B. diese Patientinnen und Patienten auf i. d. R. geschlossen geführten Stationen zu konzentrieren, um auf den übrigen Stationen eine gewaltfreie therapeutische Atmosphäre zu ermöglichen.

Gegenwärtig gibt es keine hochwertige Evidenz für eine bestimmte Strategie. Eine klare wissenschaftliche begründete Empfehlung kann deshalb nicht gegeben werden. In dieser Hinsicht besteht erheblicher Forschungsbedarf.

Starker Konsens 100 % Zustimmung in der Konsensuskonferenz

Expertenkonsens

Die Behandlung in psychiatrische Einrichtungen und Stationen soll so gestaltet werden, dass die Einschränkung der Bewegungsfreiheit der psychisch erkrankten Menschen möglichst gering ist. Durchgängig oder zeitweise offene Türen können dazu einen wesentlichen Beitrag leisten. Das Ziel offener Türen soll aber nicht zu Lasten anderer wichtiger Aspekte von Autonomie und Sicherheit realisiert werden. Entscheidend ist eine Gesamtstrategie des möglichst weitgehenden Verzichts auf Restriktionen.

Starker Konsens 100 % Zustimmung in der Konsensuskonferenz

Expertenkonsens
Alle Maßnahmen, die geeignet sind Vertrauen und Zusammenarbeit zwischen psychisch erkrankten Menschen, Angehörigen und Professionellen zu verbessern, entfalten eine generalpräventive Wirkung bezüglich aggressiven und gewalttätigen Verhaltens. Dazu gehören z. B. teambezogene Schulungsmaßnahmen, Behandlungsvereinbarungen, die regelhafte Einbeziehung von Angehörigen, kooperative Entscheidungsfindungen mit psychisch erkrankten Menschen, Angebote unabhängiger Beschwerdeinstanzen, eine besondere Berücksichtigung geschlechts- und kulturspezifischer Bedürfnisse, Öffentlichkeitsarbeit, Entstigmatisierung, Krisendienste, Trialog und eine enge und vertrauensvolle Kooperation im gemeindepsychiatrischen Hilfesystem. Indirekt gewaltpräventiv wirkt auch ein dem wissenschaftlichen Erkenntnisstand entsprechendes therapeutisches Angebot. Träger psychiatrischer Einrichtungen sollen deshalb dafür Sorge tragen, diese Maßnahmen bzw. Verfahren zu realisieren. Dies betrifft sowohl Kliniken als auch gemeindepsychiatrische Einrichtungen.
Konsens 76 % Zustimmung in der Konsensuskonferenz

10.3 Beziehung

10

Psychische Erkrankungen wirken sich für die Betroffenen in der Regel sowohl auf die Gestaltung und Bewältigung des Alltags als auch auf die Gestaltung und Pflege persönlicher und sozialer Beziehungen aus. Vor diesem Hintergrund stellt die Beziehungsgestaltung einen wesentlichen Aspekt im Rahmen der psychiatrischen Behandlung von psychisch erkrankten Personen dar. Priebe und McCabe (2008) betonen, dass Gesundheitsversorgung allgemein nie ohne die Beziehung zwischen Patientinnen und Patienten sowie Professionellen auskommt. Besonders im Hinblick auf die psychiatrische Behandlung muss dem Thema der Beziehungsgestaltung eine zentrale Bedeutung zugeschrieben werden mit einer Verbindung zu Aspekten wie Zufriedenheit mit der Behandlung, Medikamenten-Adhärenz oder auch Beteiligung an der Behandlung (Roche et al. 2014). Beziehung wird dabei definiert als psychologisches Konstrukt, dass durch die aufeinander bezogenen teilhabenden Individuen und ihre Interaktion gestaltet wird (Priebe und McCabe 2008).

Für die psychiatrische Pflege lässt sich anmerken, dass Beziehungsgestaltung zu den Schwerpunktaufgaben psychiatrischer Pflege gehört (Cahill et al. 2013; Myers 2016). Aus diesem Grund erfolgt an dieser Stelle eine gesonderte Betrachtung des Themas. Zusammenfassend kann festgehalten werden, dass sowohl die Pflege der Beziehung zu den Patientinnen und Patienten als auch die Pflege der Beziehung zu anderen Menschen „den Kern der psychiatrischen Pflege" darstellt (Wolff 2011, S. 339), weshalb im Folgenden auf den Zusammenhang von Beziehung und psychiatrischer Pflege im Kontext des Themas Aggression und Gewalt eingegangen wird.

In ihrer Literaturübersicht zum Thema der therapeutischen Beziehung in der psychiatrischen Pflege identifizieren Dziopa und Ahern (2009) insgesamt neun Merkmale, die Auswirkungen auf die therapeutische Beziehung in der psychiatrischen Pflege haben. Diese Merkmale sind:

1. Verständnis und Empathie
2. Individualität
3. Unterstützung anbieten

4. Da sein bzw. zur Verfügung zu stehen
5. Echt sein
6. Auf gleicher Augenhöhe sein
7. Respektvoll sein
8. Aufrechterhaltung klarer Grenzen
9. Selbstbewusstsein zeigen

Im Folgenden werden die neun Merkmale kurz beschrieben.

▪▪ Verständnis und Empathie

Verständnis und Empathie sind Bestandteil einer guten Beziehung, darüber hinaus aber auch zentrale Elemente der Kommunikation (Priebe et al. 2011). Durch die Vermittlung von Verständnis können psychisch erkrankte Menschen für sich ein Gefühl der Wichtigkeit erfahren. Wenn eine Pflegeperson den psychisch erkrankten Menschen versteht, kann dies ihn darin unterstützen, ein Verständnis für seine Situation zu entwickeln, und befähigen, Einfluss auf seine Behandlung zu nehmen. Für die psychiatrische Pflege konnte gezeigt werden, dass empathische Pflegende weniger Zwangsmaßnahmen anwenden (Yang et al. 2014).

▪▪ Individualität

Individualität bedeutet, den psychisch erkrankten Menschen zu kennen und ihn als individuelle Person mit einem Leben außerhalb der psychischen Erkrankung wahrzunehmen.

▪▪ Unterstützung anbieten

Unterstützung anbieten beinhaltet, dass der Patient sich sicher und wohl fühlt. Das Merkmal beinhaltet die Herstellung einer unterstützenden Umgebung z. B. durch die Förderung von Hoffnung, den Einsatz von Rückmeldung und Feedback oder die Wiedergabe von Befürchtungen in eigenen Worten. Aber auch Formen der physischen Unterstützung wie z. B. das Hand-auf-die-Schulter-legen gehören dazu.

▪▪ Da sein bzw. zur Verfügung stehen

Da sein bzw. zur Verfügung zu stehen wird als komplexes Merkmal bezeichnet (Dziopa und Ahern 2009). Es geht darum, die Zeit mit dem psychisch erkrankten Menschen zu gestalten und vor allem ausreichend Zeit zur Verfügung zu stellen. Dabei scheint der Faktor Zeit ein wichtiges Element im Rahmen der Beziehungsgestaltung darzustellen.

▪▪ Echt sein

Echt sein beschreibt ein wesentliches Merkmal für eine therapeutische Beziehung. Es geht darum, dass die Pflegeperson in ihren Handlungen authentisch und natürlich ist und dass ihr Verhalten mit ihren Werten und Überzeugungen übereinstimmt.

▪▪ Gleichheit herstellen

Dieses Merkmal zielt auf eine bestehende Ungleichheit in der Beziehung zwischen der Patientin bzw. dem Patienten und der Pflegeperson, die sich durch die Rollenzuschreibungen als Hilfesuchender einerseits (Patient bedeutet in der Übersetzung soviel wie „der Leidende“) und Hilfe- bzw. Unterstützung gebende Person andererseits ergibt. Ziel ist die Ermöglichung von Partizipation und Teilhabe.

▪▪ Respektvoll sein

Um eine qualitativ hochwertige Beziehung zum psychisch erkrankten Menschen herzustellen, ist es wichtig, dass dieser das Gefühl hat, als Person respektiert zu sein und mit seinen Anliegen wichtig genommen zu werden. Auch hier finden sich Übereinstimmungen mit anderen Forschungsarbeiten wie z. B. zum Thema der guten Kommunikation (Priebe et al. 2011).

▪▪ Aufrechterhaltung klarer Grenzen

Die Aufrechterhaltung klarer Grenzen scheint zunächst im Widerspruch zu den zuvor angeführten Merkmalen zu stehen. Allerdings können klare Grenzen, d. h. Grenzen die transparent und nachvollziehbar sind, Schutz bieten und dazu beitragen, dass sowohl die Patientinnen und Patienten als auch die Pflegepersonen sich sicher fühlen.

▪▪ Selbstbewusstsein zeigen

Selbstbewusstsein wird in verschiedenen Untersuchungen als wichtiges Merkmal für eine gute Beziehung dargestellt. Allerdings bleibt es unklar, wie sich Selbstbewusstsein im Verhalten der Pflegenden zeigt. Zusammenfassend scheint es dabei vor allem um die Aspekte Selbstreflexion und Selbstwirksamkeit der Pflegenden zu gehen, d. h. können die Pflegenden ihre Haltungen und Handlungen reflektieren und erleben sie sich selbst mit ihrem Handeln als wirksam.

Die von den Autorinnen und Autoren identifizierten Merkmale der Beziehung im Rahmen psychiatrisch pflegerischer Versorgung erfordern von den psychiatrisch Pflegenden entsprechende Fähigkeiten und Kompetenzen. Besonders im Hinblick auf das Thema Aggression und Gewalt, das in direktem Zusammenhang mit dem Thema der psychiatrischen Versorgung steht, sind entsprechende erweiterte Kompetenzen erforderlich, um eine professionelle Beziehung entsprechend gestalten zu können.

Als zentrale Faktoren einer Pflegebeziehung („therapeutic alliance") beschreiben Zugai et al. (2015):

- **Partnerschaft** („partnership"): Gemeinsame Ziele und Aufgaben aushandeln, Zusammenarbeit
- **Personenorientierung** („consumer focus"): Fokus auf Bedürfnisse und Unterstützung bei individuellen Zielen sowie
- **Empowerment**: Ressourcen, Selbstwirksamkeit und Unabhängigkeit fördern

In ihrer Untersuchung zeigt sie, dass die therapeutische Beziehung durch die Ziele, Rahmenbedingungen und die zwischenmenschliche Kultur („Collaborative and Interpersonal Healthcare Culture and Organisation") einer Einrichtung gefördert werden kann (Zugai et al. 2015).

▪ Einflüsse auf die Beziehungsgestaltung

Der direkte Zusammenhang zwischen den Themen psychiatrische Behandlung, Beziehung und Aggression und Gewalt lässt sich vor allem mit einem Blick auf die Entstehung der Psychiatrie erklären. Es gehört zur Historie der psychiatrischen Versorgung, dass sie sich seit jeher mit einem doppelten Auftrag auseinandersetzen muss (Kallert et al. 2011a). Obwohl es unterschiedliche Meinungen dazu gibt (Pollmächer 2013), lässt sich feststellen, dass die Psychiatrie auf der einen Seite eine therapeutische Institution mit der Aufgabe der Heilung ist und auf der anderen Seite eine mehr oder weniger ausgeprägte gesellschaftliche Ordnungsfunktion mit den Aufgaben der Sicherung und des Schutzes der Gesellschaft erfüllt (Braunschweig 2013; Steinert 2013).

Demzufolge findet psychiatrische Versorgung im Spannungsfeld des ethischen Grundkonfliktes von Autonomie und Kontrolle statt und es gibt zwischen den Themen Gewalt und psychische Störungen sowie dem Fachgebiet der Psychiatrie eine Reihe von gemeinsamen Anknüpfungspunkten (Steinert und Traub 2016). Ein Spannungsfeld, das sich auch auf die Beziehungsgestaltung auswirkt. Für Mitarbeitende in psychiatrischen Akutstationen konnten Beziehungsmuster im Spannungsfeld zwischen Kontrolle und Partnerschaft gefunden werden (Bjorkdahl et al. 2010). Die Erklärungsansätze für das Entstehen von Aggression und Gewalt im Gesundheitswesen und damit auch im Bereich der psychiatrischen Versorgung sind vielschichtig (Richter 2012; Whittington und Richter 2006). Eine Reduzierung auf einige wenige Faktoren ist nicht möglich. Vor diesem Hintergrund beschreibt Richter „Gewalt im Gesundheitswesen als eskalierende Interaktion" (2012, S. 72). Diese Annahme wird auch von anderen Forschungsergebnissen unterstützt. Papadopoulos et al. (2012) zeigen in ihrer Übersichtsarbeit, dass Interaktionen zwischen Mitarbeitenden und psychisch erkrankten Menschen häufig der Auslöser aggressiver Handlungen in der psychiatrischen Versorgung sein können. Besonders oft treten demzufolge Aggressionen auf, wenn es um Einschränkung der Freiheit oder die Ablehnung einer Bitte geht. Betrachtet man dies vor dem Hintergrund, dass in Beziehung treten und damit Interaktion einen wesentlichen Aspekt psychiatrischer Behandlung und Therapie darstellt, wird die Bedeutung dieses Themas deutlich.

Daher ist eine reflektierte Gestaltung von Interaktionen und Beziehungen von psychiatrisch Tätigen notwendig (Roche et al. 2014). Für eine professionelle Beziehungsgestaltung ist eine gute Selbstwahrnehmung der eigenen Einstellungen und emotionalen Reaktionen hilfreich. Die Fähigkeit zur Selbstregulation, vor allem in stressauslösenden Situationen, ist günstig für eine präventive Beziehungsarbeit (Bilgin 2009; Walter et al. 2012). Systematische Möglichkeiten der Beziehungsreflexion wie Supervision und Balintgruppen können eine reflektierte Beziehungsgestaltung fördern.

Psychisch erkrankte Menschen wünschen sich oft mehr Beteiligung mit Mitsprache bei ihrer Behandlung (Soininen et al. 2013). Eine stärkere Orientierung an den Bedürfnissen der Menschen, Konzepte wie Shared Decision Making und Behandlungsvereinbarungen können dazu beitragen die therapeutische Beziehung zu verbessern (vgl. ▶ Abschn. 10.2).

Finfgeld-Connett (2009) fand in ihrer Meta-Analyse, dass in eskalierenden aggressiven Krisen ein intuitiv-verstehender, entdeckender Zugang zu Betroffenen, der nach Möglichkeiten sucht die zugrundeliegenden Not zu verstehen und den situativen Kontext nutzt, eher zu einem therapeutischen Ergebnis führt. Dazu zählt das Gefühl des Verstandenwerdens auf Seiten der psychisch erkrankten Menschen, verbunden mit Akzeptanz begrenzender Maßnahmen oder dem Aufbringen verbesserter Selbstkontrolle. Auftreten von Mitarbeitenden, das unflexibel, restriktiv, autoritär, unreflektiert, distanziert, unbeteiligt oder provokativ wirkt, führt hingegen eher zu einem untherapeutischen Ergebnis. Dazu gehören das Sich-gegenseitig-unverstanden-Fühlen und erhöhte Anspannung und Angst auf beiden Seiten (Finfgeld-Connett 2009).

Weiterhin wird deutlich, dass das Thema vor diesem Hintergrund für die psychiatrisch Pflegenden eine besondere Bedeutung hat, da sie der Berufsgruppe angehören, die eine Versorgung über 24 Stunden. am Tag und an sieben Tagen in der Woche sicherstellen, und dass diese Voraussetzung auch eine besondere Nähe zu den Patientinnen und Patienten möglich macht bzw. erforderlich sein lässt. Diese besondere Nähe ist z. B. in der Begleitung von Menschen mit bestehenden freiheitsentziehenden Maßnahmen wie Fixierung oder Isolierung oder auch im Rahmen intensiver Betreuungsmaßnahmen bei Menschen mit akuter Suizidalität von Bedeutung. Daher sollen diese im Folgenden näher betrachtet werden.

Intensive Begleitung und Betreuung

Von Patientinnen und Patienten werden Zwangsmaßnahmen negativ erlebt. Freiheitsentziehenden Zwangsmaßnahmen werden mit Gefühlen von Ärger, Wut, Verzweiflung und Hilflosigkeit in Verbindung gebracht (Armgart et al. 2013). Andere Untersuchungen zeigen, dass Betroffene Zwangsmaßnahmen als hochgradig belastende Ereignisse beschreiben, bei denen auch Aspekte von Machtdemonstration und Disziplinierung erlebt werden (Pieters 2003). Der frühe Aufbau einer vertrauensvollen Beziehung und die sensible Wahrnehmung von Stimmungen und Bedürfnissen des psychisch erkrankten Menschen sind wichtige Bausteine einer primären Prävention (NICE 2015).

Durch weitere intensive Betreuungsmaßnahmen kann einer Zwangsmaßnahme während der Behandlung vorgebeugt werden. Unter Intensivbetreuung versteht man eine besondere Form der Begleitung und Betreuung von Menschen in akuten Krisensituationen. Vor diesem Hintergrund wird im Folgenden das Thema der intensiven Betreuung im Zusammenhang mit der stationären psychiatrischen Akutbehandlung und vor allem der psychiatrischen Pflege betrachtet. Es handelt sich bei den intensiven Betreuungsmaßnahmen allerdings nicht um eine ausschließlich pflegerische oder pflegespezifische Intervention. Selbstverständlich muss diese eingebettet sein in den Gesamtbehandlungskontext und hat eine Bedeutung im Rahmen der interprofessionellen Zusammenarbeit im Hinblick auf das angestrebte Therapieziel. Sicherlich hat die psychiatrische Pflege aufgrund der o. g. besonderen Bedingungen im Rahmen des Versorgungs- und Behandlungsprozesses im Hinblick auf die intensiven Betreuungsmaßnahmen eine besondere Rolle inne, da es in der Regel Pflegende sind (aber nicht sein müssen), die diese Maßnahme in der Praxis ausführen.

Einheitliche Bezeichnungen für die Maßnahmen existieren bisher ebenso wenig wie eine einheitliche Definition von intensiven Betreuungsmaßnahmen (Bowers und Park 2001; Dewing 2013; Nienaber et al. 2013; Zehnder et al. 2015). In Deutschland sind die Bezeichnungen „1:1 Betreuung" oder „Intensivbetreuung" gebräuchlich. Es findet sich aber auch immer wieder der Begriff der „Sitzwache", wobei dieser vor allem den sichernden Aspekt der Intervention in den Fokus rückt und diese als eine passive Handlung im Sinne eines „Sitters" mit den Aufgaben „sitzen und wachen" versteht (Dewing 2013; Nienaber et al. 2014). Aus diesem Grund erscheint der Begriff ungeeignet. Insgesamt können unter intensiven Betreuungsmaßnahmen eine nachgehende aktive Begleitung und Betreuung von Patientinnen und Patienten in akuten Krisensituationen bei einer bestehenden akuten Gefahr die Schädigung der eigenen Person oder Dritter verstanden werden, die über die allgemein üblichen therapeutischen und pflegerischen Kontakte und Maßnahmen hinausgehen. Das Ziel dieser Maßnahmen ist zum einen die Herstellung von Sicherheit für die Betroffenen und zum anderen der Aufbau einer Beziehung zur Unterstützung bei der Überwindung der Krise (Dewing 2013; Jones und Eales 2009; Whittington et al. 2006). Damit bewegen sich die Maßnahmen in einem Spannungsfeld zwischen Sicherheit und Therapie und können für die Betroffenen eben auch einen Eingriff in die Privatsphäre und eine Einschränkung ihrer persönlichen Freiheit bedeuten (Buchanan-Barker und Barker 2005; Zehnder et al. 2015). Ein wissenschaftlicher Nachweis für die Wirksamkeit der Interventionen in Form von kontrollierten Studien existiert nicht, weshalb keine Empfehlungen oder auch Aussagen zum Nutzen oder Schaden der Intervention gemacht werden können (Muralidharan und Fenton 2006). Empfehlungen des National Institute for Health and Care Excellence (NICE) zur Durchführung intensiver Betreuungsmaßnahmen beschreiben, dass es in der Institution eine Richtlinie für intensive Betreuungsmaßnahmen geben sollte (NICE 2015). Neben einer Definition intensiver

Betreuungsmaßnahmen sollten darin sowohl die Rahmenbedingungen für die Durchführung beschrieben werden (u. a.: Wer kann die Maßnahmen auslösen, reduzieren, intensivieren oder beenden? Wie oft wird die Notwendigkeit der Maßnahme überprüft? Wie werden die Erfahrungen der psychisch erkrankten Menschen einbezogen?) als auch die verschiedenen Abstufungen oder Intensitäten der Maßnahmen (z. B. 1:1 Betreuung = kontinuierlicher unmittelbarer persönlicher Kontakt im selben räumlichen Umfeld). Darüber hinaus werden wichtige Hinweise zu Rahmenbedingungen und zur Durchführung der Intervention gegeben wie die, dass Informationsmaterial für die betroffenen Patientinnen und Patienten vorhanden sein sollte, dass die Einnahme einer aktiven Haltung und positive Einbeziehung der Patientinnen und Patienten wesentliche Grundlagen der Intervention sind, dass die durchführende Person über die notwendigen Informationen und Kenntnisse über die Patientin bzw. den Patienten verfügt, dass die Dauer der Durchführung am Stück nach Möglichkeit begrenzt sein sollte und dass für regelmäßige Pausen der Durchführenden Sorge getragen ist.

Darüber soll abschließend noch einmal betont werden, dass das Thema der Beziehungsgestaltung in der psychiatrischen Behandlung natürlich nicht ein allein pflegespezifisches Thema ist. Stationäre psychiatrische Behandlung erfolgt berufsgruppenübergreifend im interprofessionellen Team. An einer Behandlung wirken unterschiedliche Akteure mit.

Empfehlungsgrad A, Evidenzgrad 4

Die Interaktion mit psychisch erkrankten Menschen soll empathisch sein, mit dem Ziel, eine vertrauensvolle therapeutische Beziehung aufzubauen und die individuelle Sichtweise des psychisch erkrankten Menschen wertfrei zu verstehen. Hierdurch können aggressive Vorfälle und die Häufigkeit von Zwangsmaßnahmen reduziert werden.

Begründung für die Heraufstufung des Empfehlungsgrades: Hoher Expertenkonsens (Papadopoulos et al. 2012; Finfgeld-Connett 2009)

Konsens 94 % Zustimmung in der Onlineabstimmung

Empfehlungsgrad B, Evidenzgrad 4

Die Beziehung zu Patientinnen und Patienten sollte möglichst partnerschaftlich gestaltet werden und auf Vertrauen beruhen.

(Zugai et al. 2015; Wyder et al. 2017)

Konsens 88 % Zustimmung in der Onlineabstimmung

Expertenkonsens

Intensive Betreuungsmaßnahmen sollten so gestaltet werden, dass sie einen Beziehungsaufbau ermöglichen, um Sicherheit für psychisch erkrankte Menschen zu gewährleisten und sie bei der Bewältigung ihrer Krisen zu unterstützen. Intensive Betreuungsmaßnahmen können daher nur von qualifizierten Mitarbeitenden durchgeführt werden.

Konsens 94 % Zustimmung in der Onlineabstimmung

10.4 Trialog, Selbsthilfe und Empowerment

„Innovative Psychiatrie versteht sich auch als Bürgerrechtsbewegung, deren Selbstverständnis sich in einer veränderten Realität im Psychiatriealltag spiegelt und auf Emanzipation und Partnerschaft zielt" (Gesundheitsministerkonferenz 2007).

▪ Trialog

Unter Trialog versteht man die Begegnung, den offenen Erfahrungsaustausch und die Zusammenarbeit zwischen psychisch erkrankten Menschen, ihren Angehörigen und den Mitarbeitenden psychiatrischer Institutionen auf Augenhöhe. Im ambulanten Bereich entwickelte sich im Rahmen von sogenannten Psychoseseminaren der „Trialog" Ende der 1980er-Jahre in Hamburg (Bock et al. 2012). Seitdem ist eine Vielzahl von trialogischen Veranstaltungen entstanden: Neben den zur Information und zum Austausch gedachten Psychoseeminaren und psychotherapeutischen Gruppen findet sich trialogisches Arbeiten in gemeinsam ausgerichteten Antistigmakampagnen und in der Ausbildung der Professionellen.

Die besondere Bedeutung der Beteiligung von psychisch erkrankten Menschen und ihren Angehörigen im Kontext psychiatrischer Versorgung erwächst aus der Tatsache, dass die Behandlung in einer psychiatrischen Klinik „häufig mit deutlichen Eingriffen und Einschränkungen für die Patientinnen und Patienten verbunden ist, allein schon durch die manchmal sehr langen und die zum Teil unfreiwilligen Aufenthalte" (Laupichler und Voigtländer 2005). Die Inanspruchnahme einer psychiatrischen Behandlung und ganz besonders der Aufenthalt in einer psychiatrischen Klinik sind häufig Ausdruck einer krisenhaften Lebenssituation, die mit Verunsicherung und einem entsprechenden Bedürfnis nach Schutz und Unterstützung einhergeht. Die Beziehung zwischen Behandelnden und Behandelten ist stets asymmetrisch. Bei untergebrachten psychisch erkrankten Menschen besteht aber ein besonders großes Machtgefälle zwischen der Institution psychiatrisches Krankenhaus und den untergebrachten Menschen. In einigen psychisch-Kranken-Gesetzen sind heute bereits Angehörigen- und Betroffenenvertreter als Mitglieder der Besuchskommissionen vorgeschrieben (s. ▶ Abschn. 16.1 Besuchskommissionen). Allerdings sollte die Nutzerbeteiligung nicht auf die Grenzen eines Krankenhauses beschränkt bleiben, sondern darüber hinaus auch die Umsetzung in der Region zum Ziel haben (Laupichler und Voigtländer 2005).

▪ Selbsthilfe

Selbsthilfe nutzt die Kompetenz der Menschen, die durch „persönliche Betroffenheit und Auseinandersetzung mit der Erkrankung oder Behinderung Erfahrungen und Wissen erworben haben. Im Vordergrund steht die gegenseitige Hilfe und Unterstützung in Gruppen" (GKV Spitzenverband 2000).

Eine Metaanalyse zur Wirksamkeit von Selbsthilfeangeboten für Menschen mit Psychosen fand positive Effekte auf Positivsymptomatik, Negativsymptomatik und andere Ergebnismaße wie Lebensqualität oder Stress (Scott et al. 2015). Eine Studie ergab, dass ehemals gewalttätige Menschen mit Suchterkrankungen stärker von Selbsthilfeangeboten profitieren als nicht gewalttätige (Schneider und Timko 2009). Ansonsten liegen zu den Ergebnismaßen Gewalt und Zwang keine Daten vor.

Seit 2006 gibt es in Europa ein Curriculum zur Ausbildung von Genesungsbegleiterinnen und -begleitern bzw. Peer-Beraterinnen und Beratern (EX-IN-Ausbildung, dabei steht EX-IN für Experienced Involvement, also die Einbeziehung von Menschen mit Psychiatrieerfahrung). Diese Ausbildung wird aktuell wissenschaftlich evaluiert. Positive

Ergebnisse gibt es aus der Begleitforschung im deutschsprachigen Raum bereits. Nach einem Jahr waren 75 % der ausgebildeten Peer-Beraterinnen und -berater erwerbstätig (Hegedus et al. 2016). In einigen komplexen Interventionen zur Reduktion von Zwangsmaßnahmen werden als eine Teilintervention Genesungsbegleiterinnen und -begleiter eingesetzt (Ash et al. 2015; Huckshorn 2006; Wale et al. 2011; Ashcraft und Anthony 2008). Allerdings gibt es bis heute keine wissenschaftlichen Belege aus kontrollierten Studien dafür, dass das Einbeziehen von Menschen mit eigenen Erfahrungen einer psychischen Erkrankung oder Krise in Behandlungsteams Gewalt reduzieren kann.

Aus anderen Ländern gibt es aber andere positive Ergebnisse auf Seiten der von Genesungsbegleiterinnen und -begleitern behandelten Menschen: Eine randomisierte kontrollierte Studie aus Großbritannien fand für psychisch erkrankte und gerichtlich untergebrachte Menschen, die in einem von Genesungsbegleiterinnen und -begleitern geführten Krisenzentrum behandelt wurden, bessere Ergebnisse im Hinblick auf Patientenzufriedenheit und Verbesserung der Psychopathologie als für Menschen, die auf einer üblichen geschlossenen Station behandelt wurden (Greenfield et al. 2008).

Empowerment und Recovery

Empowerment bedeutet so viel wie „Selbstbefähigung" und hat seine Ursprünge in der Menschenrechtsbewegung. Menschen mit psychischen Erkrankungen sollen in die Lage versetzt werden, ihr Leben und die Behandlung ihrer psychischen Erkrankung aktiv mitzugestalten (Knuf et al. 2007a, b). In englischsprachigen Ländern ist Empowerment ein eng mit der Recoverybewegung verknüpfter Begriff. Recovery bedeutet „Genesung". Die Recoverybewegung steht dafür, dass auch schwer und chronisch psychisch erkrankte Menschen wieder gesund werden können in dem Sinne, dass sie trotz vielleicht bestehender Symptome wieder ein zufriedenes und selbstbestimmtes Leben führen können (Knuf 2007a, b). Empowerment und Recovery stehen dafür, die Gefühle des Ausgeliefertseins und der Ohnmacht, die viele psychisch erkrankte Menschen gegenüber den psychiatrischen Institutionen und den Behandelnden empfinden, zu durchbrechen.

Trotz entsprechender gesetzlicher Änderungen, die darauf abzielen, Maßnahmen gegen den Willen der Betroffenen zu minimieren, sind diese nicht immer zu vermeiden. Doch gerade in solchen Situationen wird es von den Betroffenen als besonders wichtig erlebt, weiterhin über die gerichtlichen Entscheidungen und geplanten Behandlungen informiert zu werden und so weit wie möglich in anstehende Entscheidungen einbezogen zu werden. Das Gefühl der Selbstwirksamkeit und der Beherrschbarkeit der eigenen Situation wurde dabei von Betroffenen als besonders wichtig beschrieben (Wyder et al. 2016).

Eine Literaturrecherche mit den Schlüsselworten „Vertrauen" („trust"), „Wahlmöglichkeiten von Patienten" („patient choice") und „Macht" („power") im Gesundheitswesen ergab, dass im somatischen Bereich eine große Anzahl an guten Untersuchungen existiert, im psychosozialen Sektor zu diesem Thema aber hauptsächlich qualitative Arbeiten vorliegen. Wahlmöglichkeiten für Patientinnen und Patienten waren wichtig, allerdings zeigten sich die Ergebnisse der einzelnen Studien nicht einheitlich. (Laugharne und Priebe 2006).

Eine daraufhin von Laugham, Priebe und Kolleginnen und Kollegen durchgeführte Studie, bei welcher 20 Menschen, die an einer Psychose erkrankt waren, befragt wurden, ergab, dass psychisch erkrankte Menschen durchaus mit einer Verschiebung von Macht und Verantwortung, die ihrer Erkrankungsschwere entspricht, einverstanden sind. Allerdings fühlen sie sich, wenn ihnen Zwang angedroht oder sie von den Mitarbeitenden einfach ignoriert werden, unterdrückt. Als noch wichtiger als die fachliche Expertise wird von den Patientinnen und Patienten die persönliche wechselseitige Beziehung zwischen Mitarbeitenden und

Patientinnen und Patienten erlebt. Die psychisch erkrankten Menschen wünschen sich, dass auch die Mitarbeitenden etwas von sich preisgeben und sich auf eine Beziehung mit ihnen einlassen (Laugharne et al. 2012). Dies wurde auch in Befragungsstudien unter Teilnehmenden einer Trialogveranstaltung wiederholt so formuliert (von Peter et al. 2015). Dass sowohl Patientinnen und Patienten als auch Mitarbeitende persönliche Dinge von sich preisgeben, ist auch eine Teilintervention des komplexen Programms Safewards (Section of Mental Health Nursing), das nachweislich Konflikte auf psychiatrischen Stationen reduzieren konnte (Bowers et al. 2015).

Ein in der somatischen Medizin schon länger verbreitetes Konzept, das „Shared Decision Making", bei welchem die Patientin bzw. der Patient und die behandelnde Ärztin bzw. der behandelnde Arzt gemeinsam eine Behandlungsentscheidung treffen, gewinnt zunehmend auch im psychiatrischen Bereich an Bedeutung. Auch das Konzept des „Supported Decision Making", bei welchem Menschen mit eingeschränkter Entscheidungskompetenz unterstützt werden, eine möglichst selbstbestimmte Entscheidung zu treffen, hat seinen Weg aus der Behindertenhilfe und der Palliativversorgung ins psychiatrische System gefunden, wobei insbesondere Instrumente der Vorausverfügungen empfohlen werden (systematisches Review: Davidson et al. 2015, s. auch ▶ Abschn. 10.5 Behandlungsvereinbarungen). Inzwischen gibt es vier deutsche Projekte mit randomisiert kontrolliertem Design zu „Shared Decision Making" bei psychiatrischen und neurologischen Krankheitsbildern (Hamann et al. 2006). Davon wurden zwei RCTs (Wahl eines des Antipsychotikums bei Schizophrenie und hausärztliche Behandlung bei Depression) mit insgesamt 518 Teilnehmern in ein Cochrane Review eingeschlossen. Positive Effekte ergaben sich auf die Zufriedenheit der psychisch erkrankten Menschen mit Depression (Duncan et al. 2010). Ein systematisches Review, das 11 RCTs zu Shared-decision-making und Empowerment bei Psychosen einschloss, ergab kleine positive Effekte auf das subjektive Gefühl des Empowerments der Menschen mit psychischen Erkrankungen und einen nicht-signifikanten Trend hin zu weniger Zwangsbehandlungen. Die eingeschlossenen Studien untersuchten neben Behandlungsvereinbarungen (s. ▶ Abschn. 10.5) auch Checklisten, Informationsmaterial und Beratungsgespräche, verhaltenstherapeutische Programme, internet- und videogestützte Psychoedukation, Case-Management und Medikamententrainings (Stovell et al. 2016).

Statement

Der Beteiligung psychisch erkrankter Menschen und ihrer Angehörigen wird in den letzten Jahren zunehmend mehr Bedeutung beigemessen.

Konsens 81 % Zustimmung in der Onlineabstimmung

Expertenkonsens

Wichtige Kooperationsprojekte zwischen psychisch erkrankten Menschen und Institutionen im Hinblick auf Zwang und Gewalt in der Psychiatrie könnten beispielsweise die Entwicklung und Evaluation von Behandlungsvereinbarungen oder Standards zu Zwangsmaßnahmen sein. Gewaltpräventiv wirksam könnten zudem die Beteiligung von psychisch erkrankten Menschen an der Planung von Baumaßnahmen, Behandlungskonzepten, bei der Durchführung von Antistigmakampagnen, der Ausbildung von Professionellen, der Mitbehandlung anderer psychisch erkrankter

Menschen sowie der Austausch im Rahmen von Trialog-Foren sein. Auch in der Forschung wird der Beteiligung von Betroffenen in der Wahl der Forschungsgegenstände und der Studiendesigns zunehmend größere Bedeutung beigemessen.

Konsens 89 % Zustimmung in der Onlineabstimmung

10.5 Behandlungsvereinbarungen

Als Behandlungsvereinbarungen werden schriftliche Vereinbarungen zwischen einer psychiatrischen Klinik und ihren Patientinnen und Patienten bezeichnet, die sich auf die Modalitäten eventuell erfolgender künftiger Behandlungen beziehen (Dietz 1998). Behandlungsvereinbarungen werden von beiden Seiten als verbindlich anerkannt. Im Gegensatz zu Patientenverfügungen werden sie von Patientinnen und Patienten und Mitarbeitenden gemeinsam ausgehandelt (Kühlmeyer und Borbé 2015). Wenn sie entsprechende formale Voraussetzungen erfüllen, insbesondere schriftlich niedergelegt und im einwilligungsfähigen Zustand verfasst wurden, können sie den Rang einer Patientenverfügung haben, welche seit September 2009 rechtlich verbindlich ist. Die Zusammenfassung der wichtigsten Inhalte in einem „Krisenpass“ für Notfälle, den der Patient immer bei sich trägt, ist möglich (Borbé 2016). Ein wesentliches Ziel von Behandlungsvereinbarungen ist es, die Umstände eventueller künftiger psychiatrischer Behandlungen aus Sicht der Patientinnen und Patienten transparent und berechenbar zu machen. Behandlungsvereinbarungen haben daher den Stellenwert einer vertrauensbildenden Maßnahme (Dietz 1998). Aus der Sicht der Betroffenen kommt der Aussicht, bei künftigen Kontakten mit dem psychiatrischen Versorgungssystem als verantwortlicher Partner ernst genommen zu werden, die höchste Bedeutung zu. Behandlungsvereinbarungen sollten deshalb nicht als einfache Maßnahme zur Verbesserung der Compliance missverstanden werden (Amering et al. 2005). Typische Inhalte von Behandlungsvereinbarungen betreffen die Wiederaufnahme auf einer bestimmten Station, die Festlegung von Medikamenten, welche gegeben bzw. nicht gegeben werden sollen, die Information nahestehender Personen über den Klinikaufenthalt, Beschreibungen von Deeskalationsmaßnahmen, die vor dem Einsatz von Zwangsmaßnahmen versucht werden sollten, sowie den adäquaten Einsatz von Zwangsmaßnahmen, falls solche erforderlich werden sollten. Ebenso können Behandlungen abgelehnt werden. Nicht ausgeschlossen werden können hingegen Maßnahmen zum Schutze Dritter bei akuter Fremdgefährdung. Es wird empfohlen, derartige Vereinbarungen schriftlich zu fixieren sowie eine Vertrauensperson zu benennen, welche den psychisch erkrankten Menschen vertritt, wenn dieser seinen Willen selbst nicht mehr äußern kann (Borbé 2016).

Als geeigneter Zeitpunkt wird von vielen Experten der zweite stationäre Aufenthalt angesehen, weil viele Menschen bei einem ersten Aufenthalt dem Konzept einer möglicherweise wiederkehrenden Erkrankung eher ablehnend gegenüberstehen. Es werden unterschiedliche Ansichten vertreten, ob die Vereinbarungen besser während eines Klinikaufenthaltes oder erst mit zeitlichem Abstand danach abgeschlossen werden sollten. Ein verpflichtendes Angebot zum Abschluss einer Behandlungsvereinbarung ist bis jetzt im Gesetz nicht verankert, wäre aber im Hinblick auf die UN-Behindertenrechtskonvention wünschenswert (Borbé 2016).

Die Tradition der Behandlungsvereinbarungen stammt aus den angelsächsischen Ländern, wo sie als „Joined-Crisis-Plans“, „Advance Directives“ oder „Treatment Contracts“ bezeichnet werden und schon seit Ende der 70er-Jahre in Gebrauch sind (Rosen 1978).

Dort sind sie in aktuell 21 Bundesstaaten der USA und in Großbritannien über den Mental Health Act gesetzlich verankert. In Großbritannien werden Behandlungsvereinbarungen durch die NICE-Guidelines zur Behandlung schizophrener Psychosen seit 2002 empfohlen. Auch in diesen Ländern zeigt sich jedoch, dass zwar ein großes Interesse psychisch erkrankter Menschen an Behandlungsvereinbarungen besteht (Srebnik et al. 2003), nur ein kleiner Anteil gelangt jedoch zum Abschluss (Swanson et al. 2006a, b). Die Umsetzung gestaltet sich auch im deutschsprachigen Raum häufig schwierig: Nur wenige Professionelle sind über Behandlungsvereinbarungen ausreichend informiert. Zwar gaben zwei Drittel aller psychiatrischen Kliniken an, grundsätzlich Behandlungsvereinbarungen anzubieten, tatsächlich werden jedoch nur sehr wenige abgeschlossen (Grätz und Brieger 2012; Borbé et al. 2012). Als Gründe werden meistens mangelndes Interesse der Patientinnen und Patienten und der hohe Zeitaufwand angeführt.

In einer randomisierten kontrollierten Studie konnte gezeigt werden, dass sowohl die Zahl der Zwangseinweisungen als auch die der Zwangsbehandlungen sich bei der Experimentalgruppe, die eine Behandlungsvereinbarung abgeschlossen hatte, gegenüber der Kontrollgruppe halbierte (Henderson et al. 2004). In einer weiteren prospektiven Studie zeigte sich eine Reduktion der Zwangsmaßnahmen in der Gruppe mit Behandlungsvereinbarungen (Swanson et al. 2008). Eine frühere Studie (Papageorgiou et al. 2002) hatte diesen Effekt allerdings nicht belegen können, da hier in der Kontrollgruppe ein annähernd gleicher Rückgang von Zwangseinweisungen zu beobachten war. Die Häufigkeit der Wiederaufnahmen war praktisch unverändert geblieben (Henderson et al. 2004).

In einer retrospektiven Studie konnten die Aufnahmen, die Zwangseinweisungen und die Dauer der Krankenhausaufenthalte durch Behandlungsvereinbarungen reduziert werden (Khazaal et al. 2009). Dies wurde aber von einem neueren großen multizentrischen RCT nicht bestätigt, bei welchem sich die Gruppe mit Behandlungsvereinbarung von der Kontrollgruppe lediglich dadurch unterschied, dass die therapeutische Beziehung als besser eingeschätzt wurde. Die Anzahl der Notaufnahmen und der Aufnahmen insgesamt blieb unverändert, ebenso wie die Dauer der Krankenhausbehandlungen und das Ausmaß des wahrgenommenen Zwangs (Thornicroft et al. 2013). Allerdings räumen die Autorinnen und Autoren ein, dass die Intervention in etlichen Zentren mangelhaft umgesetzt worden war. In einer multizentrischen Studie, welche verschiedene Vorausvereinbarungen (Behandlungsvereinbarung mit einer Ärztin bzw. einem Arzt, mit Hilfe einer Anwältin bzw. eines Anwalts erstellte Patientenverfügung, keine Vereinbarung) miteinander verglich, konnte lediglich eine Reduktion der geplanten gerichtlichen Einweisungen erreicht werden, freiwillige und unfreiwillige Notaufnahmen unterschieden sich hingegen nicht signifikant zwischen den Gruppen (Ruchlewska et al. 2014). Im deutschen Sprachraum wurde in Österreich eine Studie mit Prä-Post-Vergleich mit kleiner Fallzahl publiziert (Rittmannsberger und Lindner 2006), die eine statistische signifikante Reduktion sowohl der freiwilligen als auch der unfreiwilligen Aufnahmen nach Abschluss einer Behandlungsvereinbarung zeigte. Im Kanton Zürich ist die Verwendung von Krisenkarten Teil eines Präventionsprogramms zur Verhinderung von Zwangseinweisungen. Die Krisenkarten werden in mehrstündigen Sitzungen mit ausführlicher Beratung von den psychisch erkrankten Menschen selbst verfasst. Es zeigte sich, dass Menschen mit einer Vorgeschichte von Zwangseinweisungen eine hohe Bereitschaft hatten, derartige Krisenkarten zu verfassen (Drack-Schönenberger et al. 2016). Eine Evaluation bezüglich der Reduktion von Zwangseinweisungen steht noch aus. Aus Deutschland liegt bisher leider keine empirische Forschung zur Wirksamkeit von Behandlungsvereinbarungen oder vergleichbaren Instrumenten auf die Verhinderung von Zwangseinweisungen oder anderen Zwangsmaßnahmen vor. Forschung diesbezüglich wäre wünschenswert insbesondere im Hinblick auf Vermeidung von Zwang (Zwangseinweisung, Zwangsbehandlung, freiheitsbeschränkende Maßnahmen) und auf den Verlauf der Erkrankung (Rezidive, Einweisungen, Komplikationen wie aggressives Verhalten).

In Erfahrungsberichten wird die Überzeugung geäußert, dass psychisch erkrankte Menschen nach Abschluss einer Behandlungsvereinbarung früher in die Klinik kommen, dass auf Zwangsmaßnahmen häufiger verzichtet werden kann und dass eine Entlassung früher möglich ist (Khazaal et al. 2014). In der Praxis sind verschiedene relativ ähnliche Standardversionen in Verwendung, u. a. auch von der Aktion Psychisch Kranke (APK).

Empfehlungsgrad A, Evidenzgrad 2 (inkonsistente Ergebnisse)

Behandlungsvereinbarungen oder deren Varianten wie Krisenkarten sind geeignet, die vertrauensvolle Zusammenarbeit zwischen Behandelnden und psychisch erkrankten Menschen zu verbessern. Zwangsmaßnahmen im Kontext von Wiederaufnahmen können dadurch möglicherweise verhindert, verkürzt oder erträglicher gestaltet werden. Der Abschluss einer Behandlungsvereinbarung soll psychisch erkrankten Menschen mit Zwangsmaßnahmen in der Vorgeschichte aktiv angeboten werden. Begründung für Empfehlungsstärke trotz inkonsistenter Evidenz und fehlender Wirksamkeitsnachweise in Deutschland: hoher Expertenkonsens, starke Präferenz der Patientinnen und Patienten.

(Henderson et al. 2004; Swanson et al. 2008; Papageorgiou et al. 2002; Khazaal et al. 2009; Thornicroft et al. 2013; Ruchlewska et al. 2014)

Konsens 94 % Zustimmung in der Onlineabstimmung

Expertenkonsens

Behandlungsvereinbarungen sollten eine Verpflichtungserklärung seitens der Klinik enthalten und beinhalten typischerweise Absprachen zu folgenden Gesichtspunkten: Einschaltung einer externen Vertrauensperson, Informationsweitergabe, zuständige Station und dort bekannte Vertrauenspersonen, hilfreiche/nicht gewünschte Medikamente, Deeskalationsmaßnahmen vor Zwangsmaßnahmen, ggf. Festlegung der subjektiv am wenigsten belastenden Form von Zwangsmaßnahmen, Regelung familiärer und sozialer Angelegenheiten.

Konsens 89 % Zustimmung in der Onlineabstimmung

Einseitige Patientenverfügungen ohne gegenseitige Absprachen können bei guter Sachkenntnis und Erfahrung ähnliche Zwecke erfüllen.

Starker Konsens 95 % Zustimmung in der Konsensuskonferenz.

10.6 Ethnische Minoritäten

▪ Vorbemerkung

Ungefähr 16,4 Millionen Menschen in Deutschland haben einen Migrationshintergrund (Statistisches Bundesamt 2016). In Ballungsräumen leben zum Teil Menschen aus mehr als 100 Nationalitäten mit unterschiedlichstem kulturellem Hintergrund und einer Vielzahl von Sprachen. Viele Mitglieder der ersten Migrantengeneration verfügen über keine bzw. nur vergleichsweise schlechte Kenntnisse der deutschen Sprache. Der im klinischen Alltag vermittelte Eindruck, dass Migranten häufiger an psychischen Störungen erkranken, konnte bis jetzt in Studien nicht eindeutig belegt werden (Schouler-Ocak 2015). Migranten und insbesondere die Gruppe der Geflüchteten sind jedoch einer Vielzahl von besonderen Belastungen und Begleitumständen ausgesetzt, die psychische oder psychosomatische Reaktionen hervorrufen können (u. a. Traumatisierungen bedingt durch Flucht, Haft, Gewalt, Bindungsverluste, Entwurzelung, Anpassungsschwierigkeiten, Identitätsprobleme, Rollenverluste, Generationenkonflikte, sprachliche und kulturelle Verständnisprobleme, Diskriminierungen). Ein weiteres Problem sind die Zugangsbarrieren zum Versorgungssystem durch fehlende Sprach- und Kulturkenntnisse. Muttersprachliche Behandlungen stehen nur selten zur Verfügung (Schouler-Ocak 2015). In einer Befragung, die 2011 bis 2013 in Berlin durchgeführt wurde, gaben 9,6 % der Beschäftigten in psychiatrischen Einrichtungen an, nichtdeutsche Muttersprachenkenntnisse zu haben (Penka et al. 2015), was deutlich unter dem Anteil der Patientinnen und Patienten mit nichtdeutscher Muttersprache liegt. Von einigen Experten wird daher gefordert, dass neben Dolmetschern auch sog. Sprach- und Kulturmittler eingesetzt werden, welche Kenntnisse über die Kultur des psychisch erkrankten Menschen haben und so die Angaben und Symptome besser einschätzen und Stereotypisierungen verhindern können (Steinhäuser et al. 2014). In Leipzig wurden solche Kulturmittler bereits ausgebildet und eingesetzt und vom medizinischen Fachpersonal durchweg positiv bewertet (Wittig et al. 2009). Von einigen Experten werden sogar traumaspezifische Spezialstation für Geflüchtete gefordert, auf denen bspw. muttersprachliches Personal vorgehalten wird (Bender 2016). Es sollte darauf geachtet werden, bei belastenden oder schambesetzten Themen keine Angehörigen und insbesondere keine Kinder als Dolmetscher einzusetzen.

Ethnische Minoritäten nehmen die stationäre psychiatrische Behandlung häufig erst dann in Anspruch, wenn sie schwerwiegend erkrankt sind (Gesundheitsministerkonferenz der Länder 2007). Dies zeigt sich auch daran, dass Migranten im Versorgungssystem insgesamt unterrepräsentiert, in der forensischen Psychiatrie aber überrepräsentiert waren (Koch et al. 2008).

▪ Häufigkeit aggressiven Verhaltens

Vor mehreren Jahrzehnten wurde bei mehr als 15.000 Aufnahmen mit einem Ausländeranteil von 6,2 % gezeigt, dass Tätlichkeiten und kriminelles Verhalten bei Deutschen häufiger vorkamen als bei Ausländern (Türken 29 %, Italiener 20 %, Jugoslawen 17 %, Häfner 1980).

Auch im Kanton Zürich konnte festgestellt werden, dass ausländische Menschen mit psychischer Erkrankung weniger aggressiv waren als schweizerische (Rüesch 2003). Eine deutsche Untersuchung ergab keinen signifikanten Unterschied zwischen deutschen und ausländischen psychisch erkrankten Menschen hinsichtlich der aggressiven Vorfälle (Ketelsen et al. 2007). Bei einer Gruppe von 105 in Deutschland stationär psychiatrisch behandelten Menschen mit Migrationshintergrund konnten im matched pair-Design keine Unterschiede zu deutschen Patientinnen und Patienten bezüglich aggressiven Verhaltens (Social Dysfunction and Aggression Scale (SDAS) und Modified Overt Aggression Scale (MOAS) gefunden werden. Tätliche Aggression fand sich jedoch bei deutschen Patientinnen und Patienten sowohl im Ausmaß als auch in der Häufigkeit ausgeprägter (SDAS). Die Gruppe der Immigranten bestand aus Türkinnen und Türken (32 %), Jugoslawinnen und Jugoslawen (12 %) und Italienerinnen und Italienern (8 %) (Grube 2004).

▪ Zwangseinweisungen

In einem systematischen Review mit Metaanalyse über Zwangseinweisungen unter dem Mental Health Act in Großbritannien hatten farbige Einwanderer aus afrikanischen und karibischen Staaten ein 3,8-mal höheres Risiko für Zwangseinweisungen, asiatische Einwanderer ein immer noch doppelt so hohes Risiko wie die weiße Bevölkerung (Singh et al. 2007). In einer neueren Studie aus Großbritannien waren stationäre Aufnahmen vor allem in Gebieten mit höherer sozialer Deprivation häufiger. Unfreiwillige Aufnahmen waren vor allem unter jungen Erwachsenen, in urbanen Regionen und in Gebieten mit höherem Ausländeranteil häufig, wobei die Ergebnisse für die verschiedenen Ethnien nach Adjustierung für städtische Gebiete und entsprechende Altersgruppen nicht mehr signifikant waren (Keown et al. 2016). In Dänemark wurde eine höhere Wahrscheinlichkeit für eine Zwangseinweisung für psychisch erkrankte Menschen gefunden, die einer ethnischen Minderheit zugehören (Kastrup 2007; Nørredam 2015). Eine deutsche Studie, welche die Zwangseinweisungen deutscher und nicht deutscher psychisch erkrankter Menschen in der Stadt Frankfurt untersuchte, kam zu dem Schluss, dass die Zwangseinweisungsquote (pro Gesamtzahl der Aufnahmen) bei Migrantinnen und Migranten höher sei, nicht aber die Zwangseinweisungsrate (pro 100.000 Einwohner), was wiederum darauf hindeutet, dass Migrantinnen und Migranten insbesondere stationäre Behandlungsangebote seltener (freiwillig) in Anspruch nehmen (Grube 2009).

▪ Isolierung und Fixierung

Die Häufigkeit von Zwangsmaßnahmen in Deutschland bei psychisch erkrankten Menschen mit und ohne Migrationshintergrund wurde bisher in einer Studie untersucht (Flammer et al. 2013). In dieser multivariaten Mehrebenenanalyse an 3389 Patientinnen und Patienten hatten deutsche Staatsbürgerinnen und Staatsbürger ein signifikant niedrigeres Risiko, fixiert zu werden. Das Risiko für Zwangsmaßnahmen insgesamt, für Isolierungen sowie die Dauer der Maßnahmen unterschieden sich nicht. Diverse etwas ältere Studien aus Großbritannien, den USA, Israel und Neuseeland geben Hinweise, dass dort farbige Menschen häufiger oder länger von Zwangsmaßnahmen betroffen sind (Gudjonsson et al. 2004; Mason und Whittington 1995; Price et al. 2004; Smith et al. 2005; El-Badri und Mellsop 2002; Porat et al. 1997). In einer multizentrischen Studie in Großbritannien, Italien und Griechenland wurde eine höhere Wahrscheinlichkeit von Zwangsmaßnahmen bei Migrantinnen und Migranten in allen diesen Ländern gefunden (Bowers et al. 2005). Ebenso wurden höhere Isolierungsraten bei Menschen aus dem nicht-westlichen Kulturkreis in einer niederländischen Studie gefunden. Eine aktuelle registerbasierte Studie aus Dänemark ergab mehr Zwangsmaßnahmen bei Migrantinnen und Migranten, insbesondere bei Geflüchteten, als bei Däninnen und Dänen. Dabei waren 55,8 % aller psychiatrisch stationär aufgenommenen Geflüchteten von Zwangsmaßnahmen betroffen und nur 23,9 % der Däninnen und Dänen (Nørredam 2015).

Statement

Aggressives Verhalten tritt bei Menschen aus ethnischen Minderheiten oder mit Migrationshintergrund im Vergleich zu deutschen Patienten gleich häufig oder eher seltener auf. Ethnische Minderheiten haben ein tendenziell höheres Risiko im Rahmen einer forensischen Unterbringung in stationär-psychiatrischer Behandlung zu sein und von Zwangsmaßnahmen betroffen zu sein, was auch auf die höheren Zugangsbarrieren zu freiwilliger Behandlung insbesondere schwer psychisch erkrankter Migrantinnen und Migranten hinweisen kann.

Starker Konsens 100 % Zustimmung in der Konsensuskonferenz

Expertenkonsens
Interkulturelle und sprachliche Kompetenzen von Mitarbeitenden sollen genutzt werden. In Regionen mit hohem Anteil von Migrantinnen und Migranten sollten Mitarbeitende mit entsprechenden Sprachkenntnissen und ggf. Migrationshintergrund beschäftigt und/oder Menschen mit Migrationshintergrund Zugang zu Sprach- und Kulturmittlern gewährt werden.

Starker Konsens 100 % Zustimmung in der Konsensuskonferenz

10.7 Geschlechtsspezifische Aspekte

Die Datenlage zu geschlechtsspezifischen Aspekten aggressiven Verhaltens und von Zwangsmaßnahmen ist dadurch gekennzeichnet, dass eine Vielzahl kleinerer Studien aus verschiedenen Ländern, teilweise an erheblich selektierten Stichproben, vorliegt. Systematische Übersichtsarbeiten mit Berücksichtigung von Gender-Aspekten liegen zu aggressivem Verhalten in psychiatrischen Kliniken vor (Steinert 2006). Eine größere multivariate Analyse aus Deutschland zu Zwangsmaßnahmen berücksichtigt ebenfalls demografische Daten wie Alter und Geschlecht (Flammer et al. 2013).

▪ Aggressives Verhalten

Während die meisten Studien zum Schluss kommen, dass aggressives Verhalten in der Allgemeinbevölkerung häufiger bei Männern vorkommt, ist die Studienlage bei Patientinnen und Patienten in psychiatrischen Institutionen keinesfalls derart eindeutig (Grube 2007). Einige Studien fanden in der Vergangenheit bei teils auch großen untersuchten Patientenkollektiven keine Geschlechtsunterschiede in der Häufigkeit aggressiven Verhaltens (Rüesch et al. 2003; Ketelsen et al. 2007; Grube 2007). Einige Studien berichteten auch häufigeres Auftreten bei Männern (Hodgins et al. 2007), andere dagegen häufigeres aggressives Verhalten bei Frauen. Nur eine Studie wurde speziell im Hinblick auf diese Fragestellung durchgeführt (Krakowski und Czobor 2004). Die Autoren fanden, dass Frauen häufiger bei stationärer Behandlung sowohl verbal als auch körperlich aggressiv reagierten, während Männer eher in der gemeindepsychiatrischen Behandlung durch aggressives Verhalten auffielen und zwar im Zusammenhang mit Suchtmittelmissbrauch. Die multizentrische europäische EUNOMIA-Studie an Menschen mit Schizophrenie, welche Genderaspekte bei unfreiwillig eingewiesenen oder behandelten Patientinnen und Patienten untersuchte, ergab, dass Frauen häufiger aggressiv waren, Männer aber schwerwiegendere Übergriffe begingen (Nawka et al. 2013). Insgesamt kann festgehalten werden, dass die für die Allgemeinbevölkerung und auch für psychisch erkrankte Menschen in der Gemeinde geltenden gut gesicherten Befunde einer deutlich höheren Prävalenz von Gewalttätigkeit bei Männern, welche sich auch im starken Überwiegen des männlichen Geschlechts im Maßregelvollzug widerspiegelt, für die (Akut-) Behandlung in psychiatrischen Institutionen so nicht bestätigt werden kann.

▪ Traumatisierung

Eine systematische Übersichtsarbeit kam zu dem Ergebnis, dass psychisch erkrankte Menschen ein 2,3 bis 140,4 mal so hohes Risiko haben, Opfer von Kriminalität zu werden, wobei die Raten bei Alkohol- und Drogenabhängigen, Obdachlosen, Menschen mit besonders schweren psychopathologischen Symptomen und Menschen, die selbst kriminell waren, besonders hoch waren (Maniglio 2009). Eine neuere Befragung in Großbritannien ergab, dass 40 % der psychisch kranken Menschen Opfer von Kriminalität und 19 % Opfer von gewalttätigen Übergriffen geworden waren, wobei die Raten in der Allgemeinbevölkerung nur bei 14 % und 3 % lagen. Insbesondere psychisch erkrankte Frauen hatten ein erhöhtes Risiko, Opfer von Gewalt im Allgemeinen, häuslicher Gewalt und sexueller Gewalt zu werden (Khalifeh et al. 2015). Diese Ergebnisse bestätigen die Ergebnisse einer zuvor durchgeführten Fall-Kontroll-Studie aus Schweden, bei welcher psychisch erkrankte Menschen ein etwa sechsmal höheres Risiko als Gesunde hatten, Opfer von Gewalt zu werden, wobei das Risiko bei Frauen sogar auf das Zehnfache erhöht war (Sturup et al. 2011).

Teilweise treten traumatische Erfahrungen auch im Zusammenhang mit Behandlung und psychiatrischen Institutionen auf (Frueh et al. 2005). Ein Teil der Traumatisierungen betrifft ungenügende Privatsphäre, ungewollte sexuelle Annäherungsversuche und sexuelle Übergriffe durch andere Patientinnen und Patienten, andere Personen und auch Mitarbeitende von Einrichtungen (Frueh et al. 2005). Von diesem Teil traumatischer Erfahrungen sind Frauen ebenfalls gehäuft betroffen, während Männer eher Opfer von körperlichen Gewalterfahrungen sind (Frueh et al. 2005). Vergleichbare Studien aus dem deutschen Sprachraum liegen bisher nicht vor.

■ Aufnahme gegen den Willen der Betroffenen

In einer multizentrischen finnischen Studie zeigte sich, dass Fremdgefährdung bei Männern haufiger der Einweisungsgrund oder der Anlass von Zwangsmaßnahmen war (Tuohimaki et al. 2003). Dies konnte in einer deutschen Studie bestätigt werden. Dabei wurden Männer signifikant häufiger wegen Fremd- und Frauen signifikant häufiger wegen Eigengefährdung gegen ihren Willen aufgenommen (Kirschenbauer et al. 2008). Unfreiwillig aufgenommene Frauen berichteten in einer Studie aus Schweden über höhere Ausprägung von Zwang bei der Aufnahme als Männer (Salander Renberg et al. 2007). Ob derartige Ergebnisse auf andere Kulturkreise und Versorgungssysteme übertragbar sind, ist unklar.

■ Zwangsmedikation

Es gibt sowohl Hinweise, dass Frauen seltener betroffen sind (Leggett und Silvester 2003), als auch solche mit gegenteiligem Ergebnis (Wynn 2002). In einer multizentrischen europäischen Studie waren Frauen mit Schizophrenie häufiger von Zwangsmedikation betroffen, während Männer hingegen häufiger isoliert oder fixiert wurden (Nawka et al. 2013).

■ Festhalten

In Studien aus Japan und Norwegen waren jeweils Männer häufiger betroffen (Odawara et al. 2005; Wynn 2002), wiederholtes Festhalten kam aber bei Frauen häufiger vor (Knutzen 2007). Ein Review über das Festhalten von psychisch erkrankten Menschen fand vier Studien, in denen die Mehrzahl der festgehaltenen Menschen männlich war (55–94 %), allerdings wurde in einer dieser Studien auch berichtet, dass der Anteil von überhaupt festgehaltenen Patientinnen und Patienten unter den Frauen höher war (43 %) als unter den Männern (31 %, Stewart et al. 2009).

■ Fixierung

Auch hinsichtlich Fixierungen sind die Ergebnisse vorliegender Studien inkonsistent. Teilweise wurden Frauen häufiger fixiert (Coşkun et al. 2010), teilweise waren Männer häufiger von Fixierungen betroffen (Knutzen 2007). In einer Studie aus Deutschland waren 12.5 % der männlichen und 9.3 % der weiblichen Patienten bzw. Patientinnen von mindestens einer Zwangsmaßnahme betroffen. Dieser Unterschied war nicht signifikant.

Allerdings wurden Frauen signifikant seltener fixiert und hatten insgesamt weniger Zwangsmaßnahmen (Flammer et al. 2013). In einer norwegischen Studie waren Männer häufiger, Frauen aber häufiger wiederholt betroffen (Knutzen 2007). Andere Studien fanden keinen Unterschied in der Häufigkeit zwischen Männern und Frauen (Smith et al. 2005; Sajatovic et al. 2002). Auch hinsichtlich der Dauer wurden in einer dänischen Studie keine Unterschiede gefunden (Engberg 1992).

▪ Isolierung

Auch bezüglich der Isolierung sind geschlechtsspezifische Befunde heterogen. Einige Studien zeigen einen höheren Anteil weiblicher Betroffener (Leggett und Silvester 2003; Way und Banks 1990; Mason 1998), andere Studien fanden Männer häufiger betroffen (El-Badri und Mellsop 2002; van de Sande et al. 2013), andere fanden keine Geschlechtsunterschiede (Sajatovic et al. 2002; Smith et al. 2005; Flammer et al. 2013). In der forensischen Psychiatrie ergaben sich signifikante Unterschiede beim Zimmereinschluss nur bei bestimmten Alters- und Diagnosegruppen (Mathias und Hirdes 2015). Eine weitere Studie aus der forensischen Psychiatrie, welche Isolierungsdauern von geistig behinderten und nicht geistig behinderten Männern und Frauen untersuchte, kam zu dem Ergebnis, dass Männer etwa doppelt so lange isoliert sind wie Frauen (Turner und Mooney 2016). Auch in einer deutschen Studie, die sechs psychiatrische Kliniken miteinander verglich, waren Frauen signifikant kürzer fixiert und isoliert als Männer (Ketelsen et al. 2011).

▪ Einstellungen der Mitarbeitenden

Die Anwesenheit männlicher Mitarbeiter vermittelt Kolleginnen und Kollegen häufig ein Gefühl von Wehrhaftigkeit und Sicherheit. Eine Untersuchung konnte aber weder signifikante Unterschiede bei aggressiven Vorfällen noch bei Isolierungen in Abhängigkeit von der Schichtbesetzung mit männlichen oder weiblichen Pflegenden finden (Daffern et al. 2006).

Mason und Whitehead (2001) fanden, dass das Entkleiden von Patientinnen und Patienten vor einer Isolierung (sofern dies praktiziert wird) bei Mitarbeitenden häufig im Sinne einer Sicherheitsmaßnahme rationalisiert wird.

Expertenkonsens

Hinsichtlich der Wahrscheinlichkeit aggressiven Verhaltens in psychiatrischen Institutionen und der Wahrscheinlichkeit, Zwangsmaßnahmen zu erleiden, können keine sicheren geschlechtsspezifischen Risiken festgestellt werden. Psychisch erkrankte Menschen tragen allgemein ein deutlich höheres Risiko physischer und sexueller Traumatisierungen nicht nur bei stationärer Behandlung, sondern generell (Lifetime-Prävalenz). Bei psychisch erkrankten Frauen liegt im Vergleich zu Männern eine noch höhere Prävalenz sexueller Traumatisierungen vor. Bei beiden Geschlechtern muss diesem Aspekt bei Maßnahmen gegen den Willen der Betroffenen, insbesondere Zwangsmaßnahmen, in besonderem Maße Rechnung getragen werden. Besonders sorgfältige Überlegungen mit einer entsprechenden zurückhaltenden Abwägung von Sicherheitserfordernissen und möglichen Traumatisierungen sind bei Maßnahmen des Entkleidens vor Interventionen wie z. B. Isolierung und bei intramuskulären Injektionen erforderlich. Auch die Einstellung von Mitarbeitenden zu Zwangsmaßnahmen kann geschlechtsspezifische Besonderheiten aufweisen, die wahrgenommen und ggf. kritisch reflektiert werden sollten.

Konsens 89 % Zustimmung in der Onlineabstimmung

Mitarbeiterschulungen und Deeskalation

T. Steinert, S. Hirsch, *S3-Leitlinie Verhinderung von Zwang: Prävention und Therapie aggressiven Verhaltens bei Erwachsenen*, https://doi.org/10.1007/978-3-662-58684-6_11

11.1 Allgemeine Aspekte

Die Thematik des aggressiven Verhaltens psychiatrischer Patientinnen und Patienten spielte lange Zeit in der Fachweiterbildung für Ärztinnen und Ärzte sowie in der Ausbildung für Pflegende eine lediglich marginale Rolle. Es existierten keine standardisierten Ausbildungsmodule, die Mitarbeitende psychiatrischer Einrichtungen adäquat auf diese Problematik vorbereiteten. Allerdings haben sich im Weiterbildungsbereich Trainingsprogramme zur Schulung von Mitarbeitenden zur Prävention und Bewältigung aggressiven Patientenverhaltens seit Mitte der 1990er-Jahre etabliert. In den 2000er-Jahren wurden diese zudem den spezifischen Bedürfnissen von Pflegeschülerinnen und -schülern und Studierenden angepasst (Nau et al. 2009, 2010).

Eine Umfrage unter deutschen, schweizerischen und englischen Stationsleitungen ergab, dass auf 91 % der englischen, 68 % der deutschen und 60 % der schweizerischen Stationen spezielles Training zum Umgang mit Gewalt durchgeführt wird (Lepping et al. 2009). In Deutschland ist diese Rate in den letzten Jahren noch angestiegen: Bei einer Onlinebefragung psychiatrischer Kliniken gaben 86 von 88 Kliniken an, ihre Mitarbeitenden in Deeskalationstechniken zu schulen (Steinert et al. 2014).

11.2 Inhalte von Trainingsmaßnahmen

Die Integration von Deeskalation und körperlichen Techniken kann gegenwärtig als das Standardprogramm bezeichnet werden. Die Kombination von deeskalierenden Maßnahmen und körperlichen Interventionen folgt auch den zeitlichen und logischen Abläufen einer Gewaltsituation im Gesundheitswesen (Breakwell 1998). In der überwiegenden Zahl der Gewaltsituationen kann von einer Eskalation ausgegangen werden, die etwa anhand von Frühwarnzeichen wie verbaler Aggression, Verringerung der Körperdistanz und Ähnlichem identifiziert werden kann. Jedoch kann auch davon ausgegangen werden, dass nicht alle Konflikte deeskaliert werden können. Ein kleiner, aber wegen der Auswirkungen nicht zu vernachlässigender Anteil dieser Situationen ist nur durch die Anwendung von körperlichem Zwang zu bewältigen.

11.2.1 Körperliche Abwehrtechniken

Im Laufe der Zeit wurden Techniken zur Selbstverteidigung an die spezifischen Bedürfnisse von psychiatrischen Einrichtungen und Einrichtungen der Behindertenhilfe angepasst. Die spezifischen Bedürfnisse bestehen im Wesentlichen darin, die körperliche Abwehr mit den in diesen Einrichtungen vorherrschenden therapeutischen Vorstellungen kompatibel zu gestalten. In diesem Zusammenhang ist auch die nicht unerhebliche Problematik der Schmerzverursachung, z. B. durch Hebeltechniken, wie sie in Großbritannien beim „physical restraint" (Immobilisierung durch Festhalten) angewendet werden, von besonderer Bedeutung (Whittington et al. 2006).

In der Literatur über Körpertechniken werden die folgenden Komponenten beschrieben (Fuchs 1998; Mason und Chandley 1999; Richter et al. 2001; Wesuls et al. 2003; Wright 2003; NICE 2015):

- Befreiungstechniken (z. B. aus Umklammerungen)
- Abwehrtechniken (gegen Tritte und Schläge)

- Immobilisationstechniken (hierbei sollten Techniken, bei denen die Patientin oder der Patient auf dem Bauch liegend festgehalten wird, vermieden werden s. ▶ Kap. 14)
- Fixierungstechniken
- Isolierungstechniken
- Haltetechniken (z. B. für Fixierungen oder Injektionen)
- Zwangsmedikation

11.2.2 Deeskalationstechniken

Eine erste Übersichtsarbeit über Deeskalationstechniken aus verschiedenen professionellen Bereichen beschrieb die folgenden Aspekte (Richter 2006):
- Stress- und Ärgermanagement
- Grundregeln der Deeskalation (frühzeitige Intervention, Zeitgewinn, Fairness etc.)
- Nonverbale Kommunikation (Körpersprache, Mimik, Gestik)
- Verbale Deeskalationstechniken (Aktives Zuhören, Verzicht auf Provokationen, Stärkung des Selbstwertgefühls etc.).

Grundregeln der Deeskalation

Das Ziel der Deeskalation in psychiatrischen Einrichtungen ist die Vermeidung aggressiver Auseinandersetzungen zwischen Mitarbeitenden und psychisch erkrankten Menschen. Zentrales Medium zur Reduktion aggressiver Spannungen ist dabei das Verhalten der Mitarbeitenden. Dies bedeutet jedoch nicht, dass Mitarbeitende entstehende Aggressionen aktiv befördern. Die meisten Situationen entstehen unter erheblichem subjektivem Stress und Druck. Eine der relevanten Interventionen besteht daher im Stressmanagement der Mitarbeitenden. Beschäftigte in psychiatrischen Einrichtungen sollten lernen, den eigenen Stress und den eigenen Ärger zu kontrollieren. Nach Hücker (1997) sind dabei folgende Aspekte relevant:
1. Umgang mit eigenen Emotionen (die Entwicklung emotionaler Stabilität, z. B. die Vermeidung negativer Einstellungen gegenüber psychisch erkrankten Menschen),
2. Rollendistanz (die Reflexion und ggf. Modifikation von Normen und Anforderungen, die mit dem Beruf behaftet sind, z. B. rigide Hygienevorschriften),
3. Empathie/Perspektivenwechsel (das Einfühlen in die andere Seite, die andere Sichtweise nachvollziehen können),
4. Ambiguitäts-Toleranz (die Fähigkeit, in Konfliktsituationen andere Positionen auszuhalten zu können).

Ein weiterer Punkt ist der Umgang mit dem eigenen Ärger, der im Rahmen von emotional engagierten Situationen entstehen kann. Selbst-Instruktionen können ein Weg sein, diesen Ärger zu regulieren, beispielsweise: „Dieser Patient ärgert mich, aber ich bleibe ruhig und bin in der Lage, die Situation zu bewältigen" (Nay 2004). In einigen Programmen wurden neben Mitarbeitenden auch die psychisch erkrankten Menschen selbst im Umgang mit Ärger geschult, um eine aggressive Eskalation kritischer Situationen zu vermeiden (Visalli und McNasser 2000; Putkonen et al. 2013).

Angesichts der vielfältigen und z. T. sehr unterschiedlichen Settings psychiatrischer Behandlungen können an dieser Stelle nur einige wenige grobe Hinweise zu konkreten Interventionstechniken gegeben werden. Für die Deeskalation ist es hingegen wichtig, bestimmte Grundregeln zu kennen und zu beachten. Folgende basale Regeln haben sich als sinnvoll herausgestellt, wobei festzuhalten ist, dass diese Empfehlungen nicht ausreichend empirisch gesichert sind, sondern lediglich im Sinne einer guten klinischen Praxis zu verstehen sind:

- Deeskalation soll durch eine Haltung vermittelt werden, die Empathie, Sorge, Respekt, Ernsthaftigkeit und Fairness signalisiert.
- Deeskalation sollte durch eine adäquate Risikoabschätzung begleitet werden; einige Situation lassen sich nicht deeskalieren, sondern können nur durch die Anwendung physischer Mittel bewältigt werden.
- Risikoeinschätzungen und Interventionen sollten möglichst mit weiteren Mitarbeitenden abgesprochen werden.
- Deeskalation hat das Ziel, die Situation zu kontrollieren, aber nicht die Patientin oder den Patienten zu kontrollieren.
- Deeskalation ist am erfolgversprechendsten, wenn sie als frühe Intervention erfolgt. Je weiter die Eskalation vorangeschritten ist, desto geringer sind die Chancen.
- Ein zentrales Mittel der Deeskalation ist der Zeitgewinn bei Entscheidungen und Reaktionen.
- Deeskalierende Maßnahmen sollten mit dem notwendigen Selbstvertrauen und der entsprechenden Sicherheit vorgenommen werden, ohne jedoch provozierend zu wirken.

▪ Verbale und nonverbale Interventionen

Die eskalierende bzw. deeskalierende Wirkung der Mitarbeitenden in gespannten Situationen wird durch eine Reihe von Faktoren bestimmt. Die nonverbale Kommunikation ist dabei mindestens genauso wichtig wie explizite verbale Interventionen (Ekman 1993). Nonverbale Kommunikation wird im Wesentlichen über die Mimik und Gestik ausgedrückt. Die Körperhaltung, einschließlich des Kopfes, spielt dabei eine große Rolle. Beispielsweise haben gesenkte Arme und offene Handflächen generell eine eher positive Ausstrahlung als der erhobene Arm.

Verbale Deeskalationstechniken haben ebenfalls zum Ziel, die emotionale Anspannung aus der Situation zu nehmen. In diesem Zusammenhang spielen die Lautstärke sowie die Tonhöhe eine nicht zu unterschätzende Rolle; beides wird – wie auch Mimik und Gestik – eher unbewusst gesteuert. Der bewussten Kontrolle eher zugänglich sind konkrete Äußerungen. Dabei geht es um eine Kommunikation, die das Selbstwertgefühl und das Vertrauen der anderen Person eher befördert, indem signalisiert wird, dass die emotionale Botschaft und die dadurch mitgeteilte Sorge oder Befürchtung ernst genommen und möglicherweise geteilt wird und dass die Anwendung jeder Form von Zwang bedauert wird.

Ein Instrument (English Modified De-Escalating Aggressive Behaviour Scale, EMDABS), das entwickelt wurde, um die Fähigkeiten zur Deeskalation von Mitarbeitenden zu beurteilen, nennt sieben Komponenten, die für eine erfolgreiche Durchführung wichtig sind. Diese Verhaltensweisen wurden mittels eines Literaturreviews aus 19 erfolgreichen Programmen und Studien zur Deeskalation zusammengestellt (Mavandadi et al. 2016). Dabei handelt es sich konkret um

- **Wertschätzen des Gegenübers:** aktives Zuhören, Interesse zeigen, Nicken, zum Weitersprechen ermutigen, verständnisvoll und empathisch kommunizieren, Gefühle des Gegenübers validieren, eigene Sorgen ausdrücken, abwertende, überhebliche, verniedlichende oder bagatellisierende Äußerungen vermeiden
- **Ruhe bewahren:** mit leiser und ruhiger Stimme sprechen, nicht zu schnell sprechen, wichtige Dinge wiederholen und zusammenfassen, eigene Gefühle kontrollieren und selbstsicher auftreten

- **Angst beim Gegenüber reduzieren:** hohe Anforderungen vermeiden, Versprechungen und Drohungen vermeiden, Hilfe anbieten, Ich-Botschaften verwenden, gemeinsam positive Ziele definieren wie die Besserung des Zustandes, Hoffnung vermitteln
- **Wünsche und Ängste erfragen:** Gründe für Wut oder aggressives Verhalten, Emotionen und Kognitionen erfragen, Verständnis zeigen
- **Lösungen ausarbeiten:** Auswahlmöglichkeiten anbieten, zu Kooperation ermutigen, Kompromisse und beste Lösung für alle Beteiligten finden, flexibel sein, unterschiedliche Sichtweisen akzeptieren, Machtkämpfe vermeiden
- **Sicherheit schaffen (bzw. Risiken vermeiden):** Abstand halten, Gegenüber nicht umzingeln, Möglichkeiten zum Verlassen der Situation schaffen (Position zur Tür)
- **dem Gegenüber eine gemeinsame Haltung anbieten:** Alternativen zu aggressivem Verhalten aufzeigen, Interventionen zur Entspannung und Ablenkung anbieten

11.3 Wissenschaftliche Evidenz der Effektivität von Trainingsmaßnahmen für Mitarbeitende

In den letzten fünfzehn Jahren wurden Trainingsprogramme zu Abwehr- und Deeskalationstechniken vermehrt wissenschaftlich evaluiert. Es liegen mehrere systematische Reviews vor (Richter und Needham 2007; Livingston et al. 2010; Price et al. 2015). Ein aus der Schweiz stammendes Review, das Trainingsprogramme in Psychiatrie und Behindertenhilfe untersuchte, schloss insgesamt 39 Studien bis 2004 ein, davon drei RCTs (Needham et al. 2005a; Phillips und Rudestam 1995; Smoot und Gonzales 1995), zwölf weitere kontrollierte Studien und 23 Prä-Post-Vergleiche (Richter und Needham 2007). Livingston und Kollegen schlossen hingegen nur Arbeiten aus psychiatrischen Kliniken und nur solche in englischer Sprache ein. Insgesamt wurden 29 Studien eingeschlossen, davon 14, die nicht im Richter-Review enthalten waren (eine prospektive Kohortenstudie, 7 Prä-Post-Vergleiche, 2 Zeitreihenanalysen und 4 Beobachtungsstudien ohne Vergleich und statistische Testung). Teilweise handelt es sich dabei auch um Patiententrainings oder um komplexe Interventionen, die neben Trainings für Mitarbeitende auch andere Interventionen enthalten, um Zwang, Gewalt, Verletzungen beim Personal und andere Endpunkte positiv zu beeinflussen.

Price und Kollegen evaluierten Trainingsprogramme nicht in Hinblick auf klinische Endpunkte, sondern in Hinblick auf den Lernerfolg der Teilnehmenden. Das Review schloss 12 kontrollierte Studien, 23 prospektive Studien ohne Kontrollgruppe und drei retrospektive Fall-Kontroll-Studien ein. 12 Studien waren noch nicht in die beiden älteren Reviews eingeflossen. Positive Effekte ergaben sich auf das Wissen der Mitarbeitenden und ihre Zuversicht, mit Aggressivität adäquat umgehen zu können, sowie auf die Leistungen der Mitarbeitenden in Deeskalationsübungen während der Trainings. Ebenso wie in den beiden erstgenannten Reviews blieben die Ergebnisse in Bezug auf Übergriffe, Verletzungen und freiheitsbeschränkenden Maßnahmen im klinischen Alltag uneindeutig (Price et al. 2015).

In den Kapiteln Prävention (▶ Kap. 10) und evidenzbasierte Interventionen zur Reduktion freiheitsbeschränkender Maßnahmen (▶ Kap. 15) findet sich weitere Evidenz zur Prävention von Gewalt und Zwang durch die gezielte Schulung von Mitarbeitenden, die teilweise auch Komponenten komplexer Behandlungsprogramme zur Reduktion von Gewalt und Zwang sind. Für das vorliegende Kapitel sowie das ▶ Kap. 15 wurden eigene systematische Reviews durchgeführt, bzw. ein Update für das Review von Richter und

Needham erstellt. Im Zuge dieser Reviews wurden weitere vier bzw. weitere zehn Studien gefunden, die gezielt Mitarbeitertrainings untersuchten, davon zwei RCTs (Testad et al. 2005; Huizing et al. 2006).

11.3.1 Effekte von Trainingsprogrammen zur Deeskalation

In einer cluster-randomisierten Studie ergaben sich positive Effekte eines Deeskalationstrainings auf die Krankheitstage der Mitarbeitenden und die Anzahl der von Patientinnen und Patienten eingereichten Beschwerden, außerdem konnten freiheitsbeschränkende Maßnahmen und aggressive Übergriffe auf Mitarbeitende reduziert werden (Smoot und Gonzales 1995). Im Kontrollgruppenvergleich ergab sich nur bei einer (Whittington und Wykes 1996) von zwei berücksichtigten Studien (Nijman et al. 1997; Whittington und Wykes 1996) ein Unterschied in Richtung einer Reduzierung aggressiver Vorfälle.

Bei den Prä-Post-Studien (Colenda und Hamer 1991; Hoeffer et al. 1997; Maxfield et al. 1996; Shah und De 1998; Jones 1997; Laker et al. 2010; Richmond et al. 1996) wurde überwiegend ein Rückgang der registrierten Vorfälle gefunden. In einer Studie kam es zwar zu mehr Vorfällen, aber zu weniger Verletzungen, was auf tendenziell minder schwere Vorfälle und ein besseres Reporting hindeuten kann (Wilkinson 1999). Pflegeschülerinnen und Pflegeschüler schnitten nach einem Deeskalationstraining im Umgang mit simulierten Situationen mit aggressivem Verhalten des Gegenübers besser ab als vor dem Training (Nau et al. 2010). Nachdem eine Studie gezeigt hatte, dass Pflegende, die empathischer gegenüber den psychisch erkrankten Menschen waren, seltener freiheitsbeschränkende Maßnahmen einleiteten, wurde versucht, freiheitsbeschränkende Maßnahmen mittels Empathie-Trainings weiter zu reduzieren, was aber nicht gelang (Yang et al. 2014).

Einige Studien kombinierten Schulungen zu Deeskalation mit anderen Maßnahmen zur Vermeidung von Zwang und Gewalt, wobei freiheitsbeschränkende Maßnahmen in allen Prä-Post-Vergleichen reduziert werden konnten (Fisher 2003; Jonikas et al. 2004; McCue et al. 2004; Sullivan et al. 2005; Ashcraft und Anthony 2008; Sclafani et al. 2008). Unklar blieb hier, inwieweit die Reduktion auf das Mitarbeitertraining zurückgeführt werden kann und inwieweit die anderen Maßnahmen eine Rolle spielten.

Bei den Befragungen zu Wissen und Zuversicht konnten in einer Prä-Post-Studie positive Effekte identifiziert werden (Maxfield et al. 1996; für Auszubildende: Nau et al. 2009), in einer weiteren keine Veränderungen (Cowin et al. 2003).

11.3.2 Effekte von Trainingsprogrammen zu Abwehrtechniken

Im Prä-Post-Design wurde ein Rückgang aggressiver Vorfälle registriert (Mortimer 1995; St. Thomas Psychiatric Hospital 1976; Walters und Kay 2004), dies gilt auch für Verletzungen von Mitarbeitenden (Ausnahme: Parkes 1996) sowie Ausfalltage und freiheitsbeschränkende Maßnahmen (Forster et al. 1999; St. Thomas Psychiatric Hospital 1976; Walters und Kay 2004).

Interessanterweise waren in einer Studie mit simulierten Angriffen zwar 80 % der Mitarbeitenden in der Lage, sich rasch aus Umklammerungen zu befreien, nur 14 % verwendeten dazu aber die geschulten Techniken. Mitarbeitende, die erst kürzlich geschult wurden, schlossen nicht besser ab als solche, deren Training schon einige Monate zurücklag

(Dickens et al. 2009). Dies wirft die Frage auf, inwieweit aufwändige Schulungen körperlicher Techniken, die dann im Alltag nur sehr selten zum Einsatz kommen, hilfreich sind.

Positive Effekte wurden in zwei Befragungsstudien hinsichtlich der Zuversicht, schwierige Situationen zu beherrschen, gemessen (McGowan et al. 1999; Bloor et al. 2004).

11.3.3 Effekte von Kombinationsprogrammen (Deeskalation und Abwehrtechniken)

In einer Cluster-randomisierten Studie ergaben sich weniger schwere Gewalt-Ereignisse (nicht jedoch eine geringere Gesamtzahl von Gewalt-Ereignissen) sowie weniger freiheitsbeschränkende Maßnahmen im experimentellen Arm (Needham et al. 2005a). In einer randomisierten Studie mit insgesamt 24 männlichen Mitarbeitern, bei der eine Gruppe, die nur Informationen über Aggression und Deeskalation erhielt, mit einer Kontrollgruppe und einer Gruppe, die Informationen und zusätzlich ein Training in Selbstverteidigung und Ärgermanagement erhielt, verglichen wurde, kam es in der Kombinationsgruppe zu weniger aggressiven Vorfällen. Die Aggressivität der Mitarbeiter in der Kombinationsgruppe nahm ab und ihr Wissen bzgl. der geschulten Themen nahm zu. Keine signifikanten Unterschiede ergaben sich zwischen der Kontrollgruppe ohne Training und der Gruppe, die nur Informationen erhalten hatte (Phillips und Rudestan 1995).

In Studien mit Kontrollgruppenvergleichen ergab sich ein gemischtes Bild: In einer Studie verzeichnete die Interventionsgruppe weniger Vorfälle (Infantino und Musingo 1985), in einer Studie waren mehr Vorfälle in der Interventionsgruppe zu verzeichnen (Rice et al. 1985) und zwei fanden keine Unterschiede (Carmel und Hunter 1990; van Rixtel et al. 1997). Bei Verletzungen (Carmel und Hunter 1990; Infantino und Musingo 1985) und Ausfalltagen (Rice et al. 1985) erschweren die geringe Anzahl der Studien und die nicht gleichförmigen Resultate eine Trendaussage.

In Studien mit Prä-Post-Vergleichen ist die Befundlage sehr heterogen. Es finden sich sowohl Studien, die einen Rückgang ergeben (Calabro et al. 2002; Gertz 1980), als auch Studien, die einen Anstieg verzeichnen (Lehmann et al. 1983; Martin 1995) und solche, die keine Unterschiede registriert haben (Bowers et al. 2006; Needham et al. 2004; Sjöström et al. 2001). Wie bei den Studien zu Deeskalationstrainings kann davon ausgegangen werden, dass Programme besonders hilfreich sind, die Mitarbeitertrainings mit anderen Interventionen wie Datennutzung, Nachbesprechungen und Risikobeurteilung kombinieren. Mit einem solchen Programm konnten bei einem Prä-Post-Vergleich in einer psychiatrischen Klinik die Verletzungen von Mitarbeitenden signifikant reduziert werden, die Reduktion bei aggressiven Übergriffen war nicht signifikant (Meehan et al. 2006).

Bei den Fragebogenstudien hinsichtlich Wissen und Zuversicht ergibt sich im Kontrollgruppendesign ein Vorteil für die Interventionsbedingungen (Hurlebaus und Link 1997; Infantino und Musingo 1985; Needham et al. 2005b; Rice et al. 1985; Thackrey 1987; Grenyer et al. 2004). Keine Veränderungen bei der Zuversicht fanden zwei Studien (Hurlebaus und Link 1997; van Rixtel et al. 1997). Eine neuere kontrollierte Studie ergab ebenfalls keine Veränderungen bezüglich der Einstellungen zum Umgang mit aggressivem Verhalten bei Mitarbeitenden, die ein entsprechendes Training erhalten hatten. Die Teilnehmenden waren zwar der Auffassung, dass Kommunikations- und Deeskalationsmethoden noch besser eingesetzt werden könnten, waren aber weiterhin hauptsächlich von der Wirksamkeit von Interventionen wie Isolierung und Fixierung zum Umgang mit Aggressionen überzeugt (Hahn et al. 2006).

Im Prä-Post-Design finden sich bei den Befragungen zu Trainingsprogrammen im Hinblick auf Wissen und Zuversicht ausschließlich Studien, die positive Effekte berichteten (Beech und Leather 2003; Calabro et al. 2002; Ilkiw-Lavalle et al. 2002; Lehmann et al. 1983; Paterson et al. 1992; Perkins und Leadbetter 2002).

Empfehlungsgrad A, Evidenzgrad 3

Im Rahmen von Aggressionsmanagement-Trainings sollen alle Mitarbeitenden in Deeskalationstechniken und Strategien zum Umgang mit aggressivem Verhalten geschult und trainiert werden.

Gründe für die Heraufstufung: Hoher Expertenkonsens
(Price et al. 2015)
Konsens 94 % Zustimmung in der Onlineabstimmung.

Empfehlungsgrad A, Evidenzgrad 2

Es sollen Techniken vermittelt werden, die den Mitarbeitenden in jeder Phase der Eskalation aggressiven Verhaltens deeskalierende und sicherheitsfördernde Optionen bieten. Es soll eine Kombination von Deeskalationstechniken mit Abwehrtechniken und sicheren Interventionen zur Durchführung von freiheitsbeschränkenden Maßnahmen geschult werden.

(Phillips und Rudestan 1995; Needham et al. 2005a)
Konsens 94 % Zustimmung in der Onlineabstimmung.

Expertenkonsens

Es besteht aus Expertensicht ein Bedarf an Alternativen zur Freiheitsbeschränkung durch mechanische Fixierung oder Isolierung. Es wird empfohlen, Erfahrungen mit alternativen Immobilisierungstechniken (Festhalten) zu sammeln. Schmerzverursachende Hebeltechniken sollen vermieden werden.

Konsens 88 % Zustimmung in der Onlineabstimmung.

11.4 Nachbetreuung für von Patientenübergriffen betroffene Personen

Psychische Belastung von Mitarbeitenden nach Patientenübergriffen

Insbesondere im angelsächsischen Raum gibt es eine wachsende Zahl von Forschungsprojekten und Publikationen zum Thema Gewalt am Arbeitsplatz im Gesundheitswesen. Besondere Beachtung finden dabei psychiatrische Krankenhäuser und Notaufnahmen. In einer Studie in einem forensisch-psychiatrischen Krankenhaus in den USA gaben 99 % der befragten Mitarbeitenden an, Konflikte mit Patientinnen und Patienten gehabt zu haben, 70 % berichteten, im vergangenen Jahr von psychisch erkrankten Menschenangegriffen worden zu sein (Kelly et al. 2015).

Hinsichtlich der Auswirkungen von Patientenübergriffen auf Mitarbeitende wurden bis vor wenigen Jahren lediglich körperliche Beschwerden registriert. Seit einigen Jahren werden nun aber auch die psychischen Folgen von Patientenübergriffen genauer untersucht.

Studien konnten zeigen, dass Symptome einer posttraumatischen Belastungsstörung – je nach Erhebungsinstrument und Zeitraum nach dem Übergriff – bei von Patientenübergriffen betroffenen Mitarbeitenden in unterschiedlicher Ausprägung vorhanden sind, bis hin zu einem kleinen Teil betroffener Mitarbeitender mit chronischen Krankheitsbildern, die noch ca. eineinhalb Jahre nach dem Vorfall vorhanden waren. In psychiatrischen Kliniken in Nordrhein-Westfalen litten bspw. auch sechs Monate nach einem gewalttätigen Übergriff noch 11,4 % der Beschäftigten an Symptomen einer posttraumatischen Belastungsstörung (Richter und Berger 2001). Besonders gefährdet sind nach heutigem Stand Mitarbeitende, die wiederholt Opfer von Gewalt am Arbeitsplatz werden oder auch in anderen Lebensbereichen (Kindheit, Partnerschaft) Gewalt erfahren (Cavanaugh et al. 2014).

Nachsorge für Mitarbeitende

Bei der Prävention psychischer Folgestörungen nach einem Übergriff sollten nach dem bisherigen Stand der Konzeptentwicklung drei Strategien und Phasen unterschieden werden, die zeitlich aufeinander folgen können und miteinander verknüpft sein müssen:

- eine unmittelbar nach dem Übergriff einsetzende kollegiale Unterstützung der Betroffenen,
- speziell geschulte Debriefing-Teams und bei Bedarf eine längerfristig wirksame Nachsorge durch die Einrichtung,
- ein psychotherapeutisches Angebot für Mitarbeitende bei Manifestation einer Posttraumatischen Belastungsstörung oder einer anderen Anpassungsstörung.

Die unmittelbare Unterstützung nach dem Übergriff sollte idealerweise durch die direkten Kolleginnen und Kollegen in der Einrichtung erfolgen. Erfahrungen in Kliniken, die eine entsprechende Strategie anbieten, haben gezeigt, wie sehr die Betroffenen die direkte Unterstützung schätzen und diese einfordern, wenn sie nicht gewährleistet wird.

Die meisten Mitarbeitenden durchlaufen einen kognitiven Anpassungsprozess, indem sie sich mit dem Ereignis auseinandersetzen. Nach der Theorie von Taylor sind dafür drei Komponenten bedeutsam (Chapman et al. 2010):

- **Finding meaning.** Die Betroffenen versuchen den Angriff zu erklären und mit äußeren und inneren Umständen in Verbindung zu bringen (bspw. „der Mensch, der mich angegriffen hat, war schwer dement und konnte nichts dafür", „ich war zu unerfahren").
- **Gaining Mastery.** Die Betroffenen erleben, dass sie die Kontrolle über die Situation wiedererlangen konnten, indem sie sich Hilfe geholt haben (Nachsorgeteam s. u.) oder entsprechende Behandlungs- oder freiheitsbeschränkende Maßnahmen eingeleitet haben.
- **Self-Enhancement.** Häufig ist das Selbstbewusstsein der Betroffenen nach einem gewalttätigen Übergriff beeinträchtigt. Um dieses wieder aufzubauen, entwickeln sie häufig Strategien, sich selbst bspw. im Vergleich zu Kolleginnen und Kollegen positiv darzustellen („gut, dass das mir passiert ist und nicht der schwächeren, unerfahreneren Kollegin") oder positive Folgen des Ereignisses zu betonen („aus Fehlern lernt man").

11

Nur ein Teil der von einem Übergriff betroffenen Mitarbeitenden benötigen eine weitergehende Nachsorge. Als adäquate Unterstützungsform haben sich auch hierfür Nachsorgeteams herausgestellt, die aus Kolleginnen und Kollegen der gleichen Hierarchiestufe bestehen (Paterson et al. 1999). Die zentrale Funktion der Nachsorgeteams besteht in der aktiven Aufrechterhaltung des Kontakts zu den Übergriffsopfern und im Angebot von Gesprächskontakten. Eine therapeutische Funktion im engeren Sinne ist damit in der Regel nicht verbunden. Die älteste standardisierte Form solcher Nachsorgestrategien ist das sog. Critical Incident Stress Debriefing (CISD), ein in sieben Abschnitte gegliedertes Debriefing-Gespräch, durchgeführt von einem CISD-Team, das sowohl aus Professionellen (bspw. Psychologinnen und Psychologen) als auch aus Laien, i. d. R. Kolleginnen und Kollegen, besteht (Metaanalyse zur Wirksamkeit in verschiedenen Populationen: Everly und Boyle 1999; Artikel zur Anwendung in Krankenhäusern: Antai-Otong 2001). Der entscheidende Vorteil von kollegialen Teams gegenüber hierarchisch höher gestellter Unterstützung besteht nach den einschlägigen Erfahrungen in der größeren Bereitschaft der Betroffenen, sich zu öffnen und sich anzuvertrauen. Dies ist bei Vorgesetzten verständlicherweise zumeist nicht der Fall. Auf der anderen Seite kann eine Nachbesprechung gemeinsam mit den Vorgesetzten auch als Fürsorge des Arbeitgebers aufgefasst werden und Vorgesetzte erhalten so die Möglichkeit von Verbesserungen in der Zukunft. In der Metaanalyse ergab sich eine große Effektstärke für Nachbesprechungen im kollegialen Team (Everly und Boyle 1999), wobei eine aktuelle randomisierte Studie zeigte, dass zumindest bei Betroffenen mit PTBS-Symptomatik eine EMDR-Behandlung wirksamer war als ein reines Debriefing (Tarquino et al. 2016).

Sollte von den Nachsorgenden festgestellt werden, dass die bestehenden Unterstützungsleistungen für die Regeneration nicht ausreichen, können sie hilfreich bei der Vermittlung professioneller therapeutischer Angebote sein. Es hat sich als günstig herausgestellt, wenn die Einrichtungen Absprachen mit Psychotherapeutinnen und Psychotherapeuten getroffen haben, wonach betroffene Mitarbeitende bei entsprechend vorliegendem Bedarf unverzüglich und komplikationslos in eine ambulante Psychotherapie gehen können. Seit 2012 gibt es das sog. Psychotherapeutenverfahren der berufsgenossenschaftlichen Unfallversicherungen, das den Zugang zu probatorischen psychotherapeutischen Sitzungen zur Sicherstellung adäquater Diagnostik und Therapie psychischer Folgen von Arbeitsunfällen, wozu auch Gewalt am Arbeitsplatz gehört, sicherstellt (Nienhaus et al. 2016).

Auch psychisch erkrankte Menschen werden wahrscheinlich häufig Opfer von aggressiven Angriffen ihrer psychisch erkrankten Mitpatientinnen und -patienten. Zur Nachbetreuung dieser Gruppe liegt aber leider keine Evidenz vor.

Expertenkonsens

Psychiatrische Einrichtungen sollten eine systematische Nachsorge für von Patientenübergriffen betroffene Mitarbeitende sicherstellen, die auf die Prävention psychischer Folgeerkrankungen zielt.

Konsens 94 % Zustimmung in der Onlineabstimmung.

▪ Nachsorge für Angehörige

Angehörige eines psychisch erkrankten Menschen, die durch eine krankheitsbedingte Handlung körperlich oder psychisch geschädigt worden sind oder wo Dritte entsprechend geschädigt wurden, sollten im Sinne der sekundären und tertiären Prävention über die Vermeidung künftiger krankheitsbedingter Risiken aggressiven Verhaltens aufgeklärt und beraten werden.

Intervention

T. Steinert, S. Hirsch, *S3-Leitlinie Verhinderung von Zwang: Prävention und Therapie aggressiven Verhaltens bei Erwachsenen*, https://doi.org/10.1007/978-3-662-58684-6_12

12.1 Allgemeine Aspekte

12.1.1 Ethische Grundlagen

Interventionen bei aggressivem Verhalten psychisch erkrankter Menschen erfolgen grundsätzlich in zwei Intentionen: zum Zweck der Behandlung und zum Zweck der Sicherung bzw. Gefahrenabwehr.

Die Sicherungsaufgaben psychiatrischer Einrichtungen haben eine starke historische Tradition. Psychiatrischen Einrichtungen wurden – zunächst implizit, erst nach dem zweiten Weltkrieg in zunehmendem Maße gesetzlich geregelt (Brink 2010) – gesellschaftliche Ordnungsaufgaben und zugleich Durchsetzungsbefugnisse gegenüber den dort behandelten Personen übertragen. Am augenfälligsten gilt dies für die forensische Psychiatrie, deren zweispuriges System von Sicherung und Besserung seinen Ursprung bereits im sog. Gewohnheitsverbrechergesetz von 1933 hatte und deren Zweigliedrigkeit bis heute mit der Veränderung der Reihenfolge der Begriffe in Besserung und Sicherung beibehalten wurde. Bei der öffentlich-rechtlichen Unterbringung geht es um die Abwehr von akuter krankheitsbedingter Eigen- und/oder Fremdgefährdung. Das zunehmend gestärkte und gleichermaßen rechtlich, ethisch und im Bewusstsein der Gesellschaft verankerte Prinzip der Patientenautonomie ebenso wie die Entwicklung psychiatrischer Klinken von vorwiegenden (Verwahr-)Anstalten hin zu therapeutisch orientierten Krankenhäusern und neuerdings die Forderungen der UN-Behindertenrechtskonvention nach rechtlicher Gleichstellung werfen allerdings neue Fragen auf. Die traditionelle – polizeirechtliche – Funktion der PsychKGs ist in den letzten Jahrzehnten zunehmend durch eine Betonung des Hilfesystems abgelöst worden. Diese Modernisierung haben noch nicht alle Ländergesetze vollzogen (Brink 2010; Marschner 2011).

12 Entscheidungen des Bundesverfassungsgerichts der letzten Jahre zur Anwendung von Zwang haben die ethische Debatte um Zwang und die Behandlung psychisch erkrankter Menschen neu angestoßen und intensiviert. In den letzten Jahren sind mehrere Stellungnahmen zur Anwendung von Zwang erarbeitet worden (u. a. DGPPN 2012a, b, 2014; DGSP 2012; ZEKO 2013, in Vorbereitung Stellungnahme des Deutschen Ethikrates). Die aktuelle ethische Diskussion rankt sich vor allem um die Frage der Rechtfertigung von Zwang bei Gefahr der Selbstschädigung. Hinzu gesellt sich die Frage, ob die Gesellschaft tatenlos zusehen muss, wenn jemand sein Leben in Unfreiheit verbringt und sein Freiheitsinteresse krankheitsbedingt nicht ausreichend wahrnimmt. Diese Fragestellung fokussiert aus ethischer Sicht das Freiheitsinteresse des psychisch erkrankten Menschen und nimmt allenfalls mittelbar Bezug auf (gefährdete) Dritte. Das Spannungsverhältnis von Freiheit und Sicherheit wurde insoweit vor allem unter den Aspekten Autonomie, Fürsorge und Nichtschadensgebot in Bezug auf die betroffene Person selbst und ihre Gesundheit behandelt. Herausforderndes Verhalten und Aggressionen gegen Dritte berühren aber auch die Schutzinteressen anderer, die in die Überlegungen mit einzubeziehen sind. Diese Dritten sind innerhalb wie außerhalb der Psychiatrie betroffen. Damit sind aber für die ethische Debatte unterschiedliche, voneinander zu trennende Ebenen angesprochen: Die erste Ebene betrifft die Interessen des psychisch erkrankten Menschen, nämlich den Schutz seiner körperlichen Integrität, sein Persönlichkeitsrecht und sein Freiheitsinteresse. Die zweite Ebene betrifft den Schutz Dritter, also den Schutz der körperlichen Integrität von anderen Personen. Es stellt sich allerdings die Frage, ob der Psychiatrie (außerhalb der forensischen Psychiatrie) aus ethischer Sicht überhaupt die Aufgabe zukommt, ihr Handeln nicht an den Interessen des Patienten auszurichten, sondern an den Interessen Dritter. Diese Sicherungsaufgabe psychiatrischer Einrichtungen oder gar des

Fachgebiets Psychiatrie, unabhängig von therapeutischen Aufgabenstellungen (die sogenannte „Doppelfunktion" der Psychiatrie), wird zunehmend kritisch in Frage gestellt (Pollmächer 2013, 2015, 2016; Schalast 2016; Steinert 2017a, b). Dies wird auch im Zusammenhang mit der Frage diskutiert, wie (und wo) Menschen untergebracht werden sollen, die derzeit nach PsychKG untergebracht werden, sich aber jeder Form von Behandlung verschließen und bei denen auch nicht die gesetzlichen Voraussetzungen für eine Zwangsbehandlung vorliegen. Gerade bei dieser Personengruppe stellen sich ethische Fragen der Gerechtigkeit, auch im Hinblick auf die Übernahme der Kosten durch die Gemeinschaft der Krankenversicherten. Viele Professionelle, Betroffene und Angehörige wünschen sich heute eine weitgehende Beschränkung der Psychiatrie auf therapeutische Aufgaben.

Einen anderen Blickwinkel nimmt man dann ein, wenn die Frage gestellt wird, welche Konsequenz aus der Nichtbehandlung der untergebrachten Person abgeleitet wird. Hier wird man zum einen die Frage zu stellen haben, mit welchen Erfolgschancen eine Behandlung verbunden ist, d. h. ob die Behandlung voraussichtlich tatsächlich bewirkt, dass es zu einer Entlassung bzw. einer Aufhebung der Beschränkung von Freiheitsrechten kommen kann. Auch wird einzubeziehen sein, wie nachhaltig ggf. Erfolge sein werden. Für die in der Psychiatrie Tätigen kann es einen großen ethischen Konflikt bedeuten, psychisch erkrankte Menschen nicht zu behandeln, obwohl sie eine Chance zur Verbesserung des Gesundheitszustands durch die Behandlung sehen. Andere gelangen zu einer anderen Gewichtung und sehen den Eingriff in die körperliche Integrität unter Zwang als den noch weitergehenden Eingriff in die Persönlichkeitsrechte als die Freiheitsentziehung an. Im Hinblick auf diese divergierenden Positionen werden auch die Entscheidungen des Bundesverfassungsgerichts auszulegen sein, sodass diese Diskussion auch mit der Novellierung der Landesgesetze gerade erst am Anfang steht. Dort wo eine Behandlung nicht wegen der Gefahr für Dritte, sondern zur Wiedererlangung der Selbstbestimmungsfähigkeit zugelassen wird, kann die ethische Rechtfertigung der Zwangsbehandlung weiterhin über das Interesse des psychisch erkrankten Menschen gerechtfertigt werden und dieses Begründungsmuster scheint auch besser mit dem Auftrag der Ärztin oder des Arztes und des Behandlungsteams, die ihrer Patientin bzw. ihrem Patienten verpflichtet sind, zu passen.

Wo eine Zwangsbehandlung dagegen auch bei Gefahr für Dritte zugelassen wird, muss die Diskussion anders verlaufen. Bei den meisten psychischen Erkrankungen geht eine Gefahr für Dritte allerdings auch mit einer Gefährdung der eigenen Gesundheit einher. So rechtfertigt sich die Unterbringung des als gefährlich eingeschätzten psychisch erkrankten Betroffenen auch durch das intensive und wiederholte Angebot einer Behandlung im stationären Rahmen. Eine Behandlung ausschließlich im Interesse Dritter, die nicht auch zur Verbesserung der Gesundheit der betroffenen Person führt, dürfte in der Praxis selten sein, ist aber vorstellbar (z. B. wenn sich die Umgebung eines Menschen mit Demenz durch ständiges Rufen gestört fühlt und mit Medikamenten eine Beruhigung erreicht werden soll). An dieser Stelle erscheint wiederum die öffentlich-rechtliche Unterbringung wegen Fremdgefährdung *ohne* gleichzeitige Behandlung besonders problematisch, weil diese – auch nach gegenwärtiger Rechtslage – im ausschließlichen Interesse des Schutzes der Rechte Dritter erfolgen kann, ohne das primäre Ziel, den Gesundheitszustand der betroffenen Person zu verbessern. Darin sehen Ärztinnen und Ärzte teilweise einen grundsätzlichen ethischen Konflikt mit dem ärztlichen Auftrag.

Ein weiterer ethischer Konflikt entsteht dann, wenn von Betroffenen immer wieder eine Gefahr für Dritte ausgeht und sie wiederholt mit einem Unterbringungsbeschluss in die psychiatrische Klinik kommen, das fremdaggressive Verhalten sich aber in der Klinik rasch legt. Dabei stellt sich die Frage, in welchem Ausmaß behandelnde Ärztinnen und Ärzte (jenseits der forensischen Psychiatrie, wo dies zu den Kernaufgaben gehört) abstrakte mögliche künftige Gefährdungen Dritter in ihre Entscheidungen z. B. bezüglich Fortdauer einer Unterbringung oder ggf. Behandlung einbeziehen oder andere Hilfsmaßnahmen installieren sollten.

Psychiatrische Einrichtungen sind keine Sondereinrichtungen mit selbst definierten Rechten und dürfen keine Sanktionierungsaufgaben und -befugnisse für bestimmte Personengruppen außerhalb der allgemeinen Gesetzgebung haben, auch wenn derartige Erwartungen noch weit verbreitet sind. Deshalb müssen alle in psychiatrischen Einrichtungen erfolgenden Handlungen – insbesondere Maßnahmen gegen den Willen der psychisch erkrankten Menschen, aber auch Aufklärung, Einsicht in Akten usw. – genauen gesetzlichen Regelungen unterliegen.

Dass für Patientinnen und Patienten dieselben gesetzlichen Rechte und Beschränkungen gelten wie für andere Menschen, impliziert auch, dass gravierende Verletzungen der Rechte Dritter zur Anzeige gebracht werden ohne eine a priori-Unterstellung von Schuldunfähigkeit (Dreßing und Dreßing 2013). Die Möglichkeit einer Strafanzeige sollte insbesondere auch Mitpatientinnen und -patienten, die von anderen Mitpatientinnen und -patienten Gewalt erfahren mussten, eröffnet werden. Auch Angehörigen, die sich in diesem Zusammenhang vor Schuldzuweisungen fürchten, steht dieses Recht zu.

Expertenkonsens

Die möglicherweise divergierenden Aspekte psychiatrischen Handelns – z. B. Behandlung im Interesse des psychisch erkrankten Menschen einerseits, Sicherung im Interesse Dritter andererseits – soll psychiatrisch Tätigen in der Konfrontation mit aggressiven Verhaltensweisen bewusst sein.

Sie sollen bedenken, dass Menschen mit psychischen Erkrankungen häufig traumatisiert sind und dass freiheitsbeschränkende Maßnahmen zu weiteren erheblichen psychischen Folgen und einer Erschwerung künftiger psychiatrischer Behandlung führen können. Soweit die rechtlichen Rahmenbedingungen Entscheidungsspielraum lassen, soll geprüft werden, ob ein völliger Verzicht auf Zwang (z. B. mit Entlassung aus der Behandlung) eine verantwortbare und möglicherweise mittelfristig bessere Alternative darstellt. Freiheitsbeschränkende Maßnahmen dürfen nicht als Sanktion missbraucht werden.

Starker Konsens 100 % Zustimmung in der Onlineabstimmung

Expertenkonsens

Entscheidungen über freiheitsbeschränkende oder freiheitsentziehende Maßnahmen gegen den Willen von Patienten bedürfen immer ethischer Klärungen:

- Ist im Rahmen einer psychischen Erkrankung die Entscheidungsfähigkeit der Patientinnen und Patienten aktuell eingeschränkt?
- Sind die beabsichtigten Maßnahmen verhältnismäßig im Hinblick auf das angestrebte Ziel?
- Welche Form der Anwendung von Zwang ist am wenigsten eingreifend in die Rechte des Betroffenen und im individuellen Fall das „mildeste Mittel", wenn Alternativen ohne Zwang nicht realisierbar sind?

Konsens 94 % Zustimmung in der Konsensuskonferenz

Expertenkonsens
Die Anwendung rechtlicher Mittel (z. B. Strafantrag) gegenüber psychisch erkrankten Menschen bei erheblichen aggressiven Übergriffen ist vor dem Hintergrund der gegenwärtigen Auffassungen über Autonomie und Verantwortlichkeit ethisch vertretbar. Sie soll stets unter den Gesichtspunkten des Einzelfalls geprüft und beurteilt werden.
Starker Konsens 100 % Zustimmung in der Onlineabstimmung

Expertenkonsens
Die in den psychiatrischen Kliniken Verantwortlichen sollen sich über die gesetzlichen Vorgaben hinaus um eine größtmögliche Transparenz gegenüber Patientinnen und Patienten, Bevollmächtigten bzw. rechtlichen Betreuern, Angehörigen und der Öffentlichkeit bemühen. Dabei müssen die Grenzen beachtet werden, die einer möglichst weitgehenden Transparenz durch den Datenschutz und die Rechte Dritter gesetzt werden. Zur Transparenz kann u. a. gehören, dem psychisch erkrankten Menschen regelhaft Einsicht in die Behandlungsunterlagen anzubieten.
Starker Konsens 100 % Zustimmung in der Konsensuskonferenz

12.1.2 Rechtliche Grundlagen

Die Darstellung der rechtlichen Grundlagen erfolgt unter Bezugnahme auf die höchstrichterliche Rechtsprechung, weil sich für die Praxis hieraus richtungsweisende Vorgaben ergeben. Abweichende, noch nicht geklärte oder bestrittene Positionen werden kenntlich gemacht, soweit dieses für die Darstellung innerhalb einer Leitlinie für erforderlich erachtet wird. Im Kontext von Zwang stehen im Fokus: Unterbringung, Zwangsbehandlung und freiheitsbeschränkende wie freiheitsentziehende Maßnahmen (Fixierung, Isolierung, medikamentöse Ruhigstellung in der Wirkung einer Fixierung, Festhalten). Dabei wird zu unterscheiden sein, welches Rechtsregime Anwendung findet. Entscheidend ist nämlich, unter welchen rechtlichen Voraussetzungen die Person untergebracht ist. Hieraus ergeben sich die weiteren rechtlichen Voraussetzungen.

Zu beachtende rechtliche Grundlagen ergeben sich aus den verfassungsrechtlichen Anforderungen nach dem Grundgesetz, der UN-Behindertenrechtskonvention (UN-BRK), dem Bürgerlichen Gesetzbuch (BGB), den landesrechtlichen Regelungen der Psychisch-Kranken-Gesetze in ihren jeweiligen Bezeichnungen (PsychKG, PsychKHG, UBG) sowie in verfahrensrechtlicher Hinsicht dem Gesetz über Verfahren in Familiensachen und in den Angelegenheiten der freiwilligen Gerichtsbarkeit (FamFG). Der UN-BRK kommt die Wirkung eines einfachen Gesetzes zu.

Aus dem Grundgesetz sind vor allem der Schutz der körperlichen Integrität, das Recht auf freie Entfaltung der Persönlichkeit (Art. 2 Abs. 1 i. V. m. Art 1 Abs. 1 GG), der Schutz der Menschenwürde (Art. 1 Abs. 1 GG) und das Freiheitsrecht (Art. 2 Abs. 2 S. 2 i. V. m. Art. 104 GG) zu nennen. In die Rechte nach Art. 2 Abs. 1 GG darf nur aufgrund eines Gesetzes eingegriffen werden, sodass stets für einen Eingriff eine entsprechende Ermächtigungsgrundlage zu suchen ist. Nach Art. 104 Abs. 1 S. 1 GG ist ein Eingriff in die Freiheitsrechte einer Person ebenfalls nur dann möglich, wenn die Freiheitsentziehung sich auf eine gesetzliche Grundlage stützen kann. Nach Art. 104 Abs. 2 GG entscheidet über Zulässigkeit und Fortdauer einer Freiheitsentziehung ein Gericht.

Aus der UN-BRK sind vor allem Art. 12 (Gleiche Anerkennung vor dem Recht), Art. 14 (Freiheit und Sicherheit der Person) und Art. 15 (Freiheit von Folter oder grausamer, unmenschlicher oder erniedrigender Behandlung oder Strafe) zu nennen, die in der Debatte um Zwang stark in der Diskussion stehen. Art. 12 UN-BRK garantiert dem einzelnen Menschen Handlungsfreiheit. Aus Art. 12 UN-BRK leitet sich die Forderung nach unterstützenden Maßnahmen bei gleichzeitiger Ablehnung von ersetzenden Maßnahmen ab (Art. 12 Abs. 3). Ersetzende Maßnahmen sind dann anzutreffen, wenn der Gesetzgeber Maßnahmen gegen den Willen des psychisch erkrankten Menschen zulässt. Manche leiten aus der UN-BRK das Verbot sämtlicher freiheitsbeschränkender Maßnahmen ab (Aichele 2013; Lehmann 2015, vgl. auch Mendez-Report). Auch hat die Bundesrepublik im letzten Staatenbericht deutliche Kritik erfahren (CRPD, General Comment No.1, 2014). Dennoch sehen viele, auch das Bundesverfassungsgericht, das geltende System als UN-BRK-konform an, fordern aber eine striktere Beachtung der aus der BRK abzuleitenden Grundsätze (Vorrang entscheidungsunterstützender Maßnahmen vor ersetzenden) bei der Auslegung der Vorschriften zum Betreuungsrecht und zum Zwang (Schmahl 2016; Marschner 2013a, b). Das Bundesverfassungsgericht hatte sich zur Bedeutung der UN-BRK in Bezug auf die Zwangsbehandlung im Betreuungsrecht zuletzt im Jahr 2016 geäußert und betont sogar die Notwendigkeit der Möglichkeit einer Behandlung gegen den Willen des psychisch erkrankten Menschen. Denn es sieht auch eine staatliche Schutzpflicht zur Bereitstellung einer Möglichkeit der Fremdbestimmung im Sinne einer ersetzenden Entscheidung, wenn die Person krankheitsbedingt ihre eigenen Gesundheitsinteressen nicht wahrnehmen kann. Das Bundesverfassungsgericht betont allerdings, wie in anderen Entscheidungen zur Zwangsbehandlung (insb. aus 2011 und 2013), dass dieses nur unter sehr engen Voraussetzungen gelte und betont erneut unter Bezugnahme auf den Verhältnismäßigkeitsgrundsatz das Verständnis von Zwang als letztes Mittel. Auch in der Entscheidung des Bundesverfassungsgerichts zur Fixierung in der öffentlich-rechtlichen Unterbringung (2018) nimmt das Gericht erneut die Einwände auf, betont aber zugleich, dass die Äußerungen des Ausschusses für die Rechte von Menschen mit Behinderungen sowie des Sonderberichterstatters zwar erhebliches Gewicht hätten, aber weder für internationale noch nationale Gerichte verbindlich seien. Das Bundesverfassungsgericht hält in Anbetracht einer von einem psychisch erkrankten Menschen ausgehenden unmittelbaren Gefahr für Leben und körperliche Unversehrtheit des Betroffenen selbst oder Dritter die pauschale Charakterisierung jeglicher Art der Fixierung als Folter oder erniedrigende und unmenschliche Behandlung für zu weitreichend und sieht die Fixierung unter strengen Voraussetzungen als zulässig an (BVerfG, Urt. d. Zweiten Senats vom 24.7.2018, Az. 2 BvR 309/15, Rn. 91 f.).

Das Verfahren einer Unterbringung ist – sowohl für die öffentlich-rechtliche als auch für die zivilrechtliche Unterbringung – in den §§ 312 ff. FamFG geregelt. Die Zuständigkeit bei Volljährigen liegt beim Betreuungsgericht. Für die Unterbringung Minderjähriger ist das Familiengericht zuständig. Maßgebliche Rechtsgrundlage für die Unterbringung von Kindern und Jugendlichen ist neben der öffentlich-rechtlichen Unterbringung die vom Familiengericht gemäß § 1631b BGB zu genehmigende freiheitsentziehende Unterbringung. Im Rahmen der Inobhutnahme durch das Jugendamt sind freiheitsbeschränkende Maßnahmen im Falle akuter Selbst- oder Fremdgefährdung ohne gerichtliche Genehmigung nur kurzfristig zulässig (§ 42 Abs. 5 SGB VIII). Die Unterbringung Minderjähriger wird im Folgenden keine Rolle mehr spielen, weil sich diese Leitlinie auf den Zwang bei Volljährigen beschränkt.

Die Anwendung von Zwang in der psychiatrischen Behandlung muss sich auf eine rechtliche Grundlage stützen lassen. Bei allen freiheitsbeschränkenden und -entziehenden Maßnahmen muss der Grundsatz der Verhältnismäßigkeit beachtet werden mit der Überprüfung, ob nicht ein milderes, weniger belastendes Mittel zur Verfügung steht, das angestrebte Ziel zu erreichen (Marschner et al. 2010; Jürgens 2014). Die rechtliche Grundlage für die Anwendung von Zwang lässt sich den öffentlich-rechtlichen Unterbringungsgesetzen der Länder (PsychKG, PsychKHG, UBG) sowie dem Betreuungsrecht entnehmen. Entscheidend ist für die Prüfung der jeweiligen Rechtsgrundlage, auf welchem Weg die Unterbringung in der Klinik erfolgte. Die Grundlage der Unterbringung bildet eine Art Weichenstellung für die weitere Prüfung. Ob ein psychisch erkrankter Mensch auf Grundlage der öffentlich-rechtlichen Bestimmungen oder betreuungsrechtlich nach § 1906 BGB untergebracht ist, bestimmt das weitere Rechtsregime. Es ist daher eine wichtige Aufgabe der Behandelnden, die beiden zur Anwendung stehenden Gesetze zu unterscheiden und diese Unterscheidung durchzuhalten. Dabei ist es durchaus möglich, dass sich das Unterbringungsregime während der Unterbringung ändert. Dies erfordert jedoch eine Änderung der Unterbringungsanordnung durch das Gericht.

Dargestellt wird im Folgenden das Betreuungsrecht und in wesentlichen Zügen das öffentlich-rechtliche Unterbringungsrecht. Zu nennen ist außerdem der allgemeine Rechtfertigungsgrund aus dem Strafgesetzbuch, Notstand gemäß § 34 StGB, der eine gegenwärtige, nicht anders abwendbare Gefahr sowie eine Abwägung der sich gegenüberstehenden Interessen verlangt. In engen Ausnahmefällen, vor allem in Notfällen, in denen ein Betreuer oder ein Gericht nicht bzw. nicht rechtzeitig erreichbar ist, kann eine Maßnahme sich auch unter Rückgriff auf § 34 StGB (Notstand) rechtfertigen lassen. Allerdings ist die generelle Anwendbarkeit von § 34 StGB rechtlich nicht unumstritten (Henki 2014; Henking und Mittag 2013). Bei einem direkten Angriff durch einen psychisch erkrankten Menschen kann auch eine Rechtfertigung über den Rechtfertigungsgrund der Notwehr (§ 32 StGB) in Betracht kommen.

Die Unterscheidung betreuungsrechtliche und öffentlich-rechtliche Unterbringung ergibt sich u. a. aus den unterschiedlichen Schutzrichtungen. Die Unterbringung nach Landesrecht ist sowohl aufgrund der Eigen- als auch der Fremdgefährdung möglich. Die Unterbringung nach Betreuungsrecht kommt ausschließlich bei Eigengefährdung in Betracht (§ 1906 Abs. 1 BGB). Das Betreuungsrecht kennt die Drittgefahr nicht und verfolgt nur die Interessen des Betreuten selbst. Das Betreuungsrecht ist am Wohl und Interesse des psychisch erkrankten Menschen orientiert, insbesondere bezogen auf die Gestaltung seines Lebens nach eigenen Wünschen und Vorstellungen (§ 1901 Abs. 2 und 3 BGB). Die Unterbringung nach § 1906 Abs. 1 BGB erfolgt mit Einwilligung des Betreuers sowie einer gerichtlichen Genehmigung. In Eilfällen kann die Unterbringung auch ohne gerichtliche Genehmigung erfolgen, diese ist dann aber nachträglich einzuholen (§ 1906 Abs. 2 S. 2 BGB). Weitere, zusätzliche freiheitsbeschränkende Maßnahmen in der Unterbringung erfordern dieses Vorgehen. § 1906 Abs. 4 BGB sieht vor, dass es einer Genehmigung des Betreuungsgerichts bedarf, wenn die freiheitsbeschränkende Maßnahme (z. B. Fixierung, Isolierung, medikamentöse Ruhigstellung) einen längeren Zeitraum andauert (in der Regel sind hier 24 Stunden zugrunde zu legen, näheres s. u.) oder wiederholt erfolgt (z. B. immer nachts). Festzuhalten bleibt, dass das Betreuungsrecht am Wohl und am Interesse des Betreuten ausgerichtet ist. Damit ist eine Unterbringung zum Schutz Dritter ausgeschlossen. Auch lässt sich der Eigenschutz mit dem vermeintlichen Interesse des Betreuten, Dritte nicht zu verletzten, nicht in Einklang mit den Bestimmungen des Betreuungsrechts begründen. Nur in sehr engen Grenzen wird diskutiert, ob die Gefahr der Verletzung anderer das Eigeninteresse begründen kann. Dabei wird vorausgesetzt, dass eine Notwehr-Situation bevorstehen muss.

Die Unterbringung nach PsychKG (PsychKHG, UBG) kann sowohl bei Eigengefährdung als auch bei Fremdgefährdung erfolgen. Die öffentlich-rechtlichen Unterbringungsvorschriften haben sich historisch aus dem Polizeirecht entwickelt. Moderne Psychisch-Kranken-Gesetze verstehen sich (auch) als Hilfe für den psychisch erkrankten Menschen (Marschner et al. 2010). Sie sind durch 16 unterschiedliche Landesgesetze geregelt mit einer großen Varianz zwischen den Gesetzestexten der einzelnen Bundesländer (Martin und Steinert 2005; Weig und Cording 2003). Hier gilt es, sich mit den Vorschriften des eigenen Landesgesetzes vertraut zu machen. Welche Behandlungspraxis mit diesen unterschiedlichen gesetzlichen Regelungen umgesetzt wird, ist bislang nicht untersucht (Steinert und Kallert 2006).

Im Folgenden werden die rechtlichen Grundlagen bezogen auf Unterbringung, freiheitsbeschränkende und -entziehende Maßnahmen und medikamentöse Zwangsbehandlung für Volljährige dargestellt (vgl. Henking und Mittag 2015, Bienwald et al. 2016; Jürgens 2014; Marschner et al. 2010).

▪ Unterbringung

Der Begriff Unterbringung wird oftmals synonym mit dem Wort Zwangseinweisung verwendet. Der korrekte, aus dem Gesetz entnommene Begriff ist der der Unterbringung. Das Betreuungsrecht definiert in § 1906 Abs. 1 BGB nicht, was unter einer Unterbringung zu verstehen ist. Der Bundesgerichtshof verwendet einen sogenannten „engen Unterbringungsbegriff". Danach ist eine freiheitsentziehende Unterbringung in diesem Sinne gegeben, wenn ein Betroffener gegen seinen Willen oder im Zustand der Willenlosigkeit in einem räumlich begrenzten Bereich eines geschlossenen Krankenhauses, einer anderen geschlossenen Einrichtung oder dem abgeschlossenen Teil einer solchen Einrichtung festgehalten, sein Aufenthalt ständig überwacht und die Kontaktaufnahme mit Personen außerhalb des Bereichs eingeschränkt wird (vgl. BGH vom 11.10.2000, Az.: XII ZB 69/00 bzw. BGHZ 145, 297). Dabei kommt es nicht auf die Bezeichnung – offen oder geschlossen – an. Entscheidend ist die tatsächliche Wirkung (Marschner et al. 2010; Henking 2016, 2017).

12

Die Unterbringung nach dem **Betreuungsrecht** darf nur zum Wohl des Betreuten erfolgen: Sie wird also wegen ausschließlich aggressiven Verhaltens, das sich gegen Dritte richtet, nicht in Betracht kommen, sofern nicht eine beträchtliche Selbstgefährdung hinzutritt. Voraussetzung einer betreuungsrechtlichen Unterbringung ist die Bestellung eines Betreuers mit den Aufgabenkreisen Aufenthaltsbestimmung (teilweise auch bezeichnet mit Aufenthaltsregelung oder Unterbringung) sowie Gesundheitssorge. Die Einwilligung in eine Unterbringung bedarf einer Genehmigung durch das Betreuungsgericht. Kann diese nicht rechtzeitig eingeholt werden, ist sie unverzüglich nachträglich einzuholen (§ 1906 Abs. 2 S. 2 BGB) (s. o.). Eine Unterbringung kann auch durch einen Bevollmächtigten bei schriftlich erteilter Vollmacht, die eine Unterbringung ausdrücklich mit einschließt, erfolgen (§ 1906 Abs. 5 BGB).

Voraussetzung für eine betreuungsrechtliche Unterbringung ist das Bestehen einer psychischen Krankheit oder geistigen oder seelischen Behinderung (§ 1906 Abs. 1 BGB). Die Unterbringung muss aus einem der beiden folgenden Gründe erfolgen und darf nicht anders abwendbar sein:

1. Zur Abwendung einer erheblichen Selbstgefährdung, d. h., dass auf Grund einer psychischen, geistigen oder seelischen Behinderung des Betreuten die Gefahr besteht, dass er sich selbst tötet oder erheblichen gesundheitlichen Schaden zufügt (§ 1906 Abs. 1 Nr. 1 BGB) oder

2. Zur Durchführung notwendiger Untersuchungen des Gesundheitszustandes, einer Heilbehandlung oder eines ärztlichen Eingriffs, die ohne die Unterbringung des Betreuten nicht durchgeführt werden können, und der Betreute auf Grund seiner psychischen Krankheit oder geistigen oder seelischen Behinderung die Notwendigkeit der Unterbringung nicht einsehen oder nach dieser Einsicht nicht handeln kann (§ 1906 Abs. 1 Nr. 2 BGB).

Bei der Unterbringung nach § 1906 Abs. 1 Nr. 1 BGB wird manchmal auch von einer „Verwahrunterbringung" gesprochen, weil bei ihr zunächst der Sicherungsaspekt im Vordergrund steht. Die Sicherung soll durch die Unterbringung (mit dem entsprechenden Versorgungsangebot) erfolgen. Denn hier kommt es primär auf die Unterbringung zum Selbstschutz in Angrenzung zu § 1906 Abs. 1 Nr. 2 BGB, der die Unterbringung zum Zwecke der Heilbehandlung (oder Diagnostik, Untersuchung etc.) vorsieht, an. § 1906 Abs. 1 Nr. 1 setzt eine ernstliche und konkrete, mit anderen Worten unmittelbare bevorstehende Gefahr der Selbsttötung oder der ernsthaften gesundheitlichen Gefahr voraus. Dieser Gefahr soll durch die Unterbringung begegnet werden. Auf eine Linderung oder Besserung des Gesundheitszustands zielt diese Unterbringung nicht. Im Gegensatz dazu erfolgt die Unterbringung nach § 1906 Abs. 1 Nr. 2 zum Zwecke der Heilbehandlung (oder Diagnostik, Untersuchung etc.). Selbstredend erfolgt auch bei der Unterbringung nach Abs. 1 Nr. 1 eine Behandlung. Oftmals greift die Vorschrift vornehmlich in Fällen, bei denen eine Heilung des Grundleidens nicht mehr erreicht werden kann (z. B. stark vorangeschrittene Demenz, Intelligenzminderung).

Die **landesrechtlichen Regelungen** sehen eine Definition der Unterbringung vor. Danach liegt eine Unterbringung vor, wenn der Betroffene ohne oder gegen seinen natürlichen Willen am Verlassen eines bestimmten räumlichen Bereiches gehindert wird. Inzwischen sehen einige landesrechtliche Vorschriften auch ausdrücklich die Unterbringung mit „offenen Türen" vor, wobei zugleich aber sichergestellt werden muss, dass sich der Betroffene der Unterbringung nicht entzieht. Trotz gewisser Differenzen in den Landesgesetzen kann festgehalten werden, dass Voraussetzung für eine **öffentlich-rechtliche Unterbringung** das Vorliegen einer psychischen Krankheit und das hieraus resultierende Vorliegen einer erheblichen gegenwärtigen Gefahr für die bedrohten Rechtsgüter ist. Darunter werden in der Regel das Leben oder die Gesundheit des psychisch erkrankten Menschen (Selbstgefährdung) oder bedeutende Rechtsgüter anderer (Fremdgefährdung) verstanden mit weitgehender Übereinstimmung zwischen den Ländergesetzen (Martin und Steinert 2005; Marschner et al. 2010). Aufgrund der Eingriffstiefe ist eine „… erhebliche oder hohe Wahrscheinlichkeit" im Hinblick auf den Schadenseintritt zu fordern. Dies bedeutet, dass mit einer Beeinträchtigung der bedrohten Rechtsgüter mit hoher Wahrscheinlichkeit und jederzeit gerechnet werden muss (Marschner et al. 2010). Die Landesgesetze sehen zudem die Möglichkeit der sog. „fürsorglichen Zurückhaltung" vor. Danach ist die Zurückhaltung des bisher nicht untergebrachten psychisch erkrankten Menschen in der Klinik oder seine sofortige Aufnahme bei entsprechender Gefährdungslage möglich. Eine gerichtliche Entscheidung ist kurzfristig einzuholen. Die entsprechende Frist wird in den Landesgesetzen unterschiedlich geregelt, vgl. nur § 16 Abs. 4 BW-PsychKHG „Ablauf des zweiten Tages nach der Aufnahme oder Zurückhaltung" einschließlich einer „Wochenendregelung".

▪ Freiheitsbeschränkende und -entziehende Maßnahmen

Nach dem **Betreuungsrecht** handelt es sich bei Freiheitsentziehungen durch mechanische Vorrichtungen, Medikamente oder andere Weisen (§ 1906 Abs. 4 BGB) um sog. unterbringungsähnliche Maßnahmen. Neben Fixierungen und Isolierungen zählt auch die

Gabe von Medikamenten hierzu, wenn sie gezielt dazu verwendet werden, den Betreuten am Verlassen der Einrichtung zu hindern (§ 1906 Abs. 4 BGB). Medikamente, die zu Heilzwecken gegeben werden, werden von dieser Regelung nicht erfasst und sind der Behandlung und ggf. der Zwangsbehandlung zuzuordnen. Die unterbringungsähnlichen Maßnahmen sind nach dem Betreuungsrecht nur mit Einwilligung des Betreuers zulässig. Der Betreuer muss im Übrigen über den Aufgabenkreis Aufenthaltsbestimmung (oder die Entscheidung über Freiheitsbeschränkungen) verfügen. Ebenso kann ein Bevollmächtigter nach § 1906 Abs. 5 BGB bei schriftlich erteilter Vollmacht in diese Maßnahmen rechtswirksam einwilligen. Erforderlich ist, dass die Vollmacht die genannten Maßnahmen ausdrücklich umfasst. Die Maßnahme ist ärztlich anzuordnen bzw. ihre Anordnung ist ggf. unverzüglich nachträglich einzuholen.

Wenn diese Maßnahmen regelmäßig (stets zur selben Zeit wie z. B. immer nachts oder aus wiederkehrenden Anlass) oder über einen längeren Zeitraum durchgeführt werden, ist daneben eine betreuungsgerichtliche Genehmigung erforderlich (§ 1906 Abs. 4 BGB). Was unter einem „längeren Zeitraum" zu verstehen ist, ist differenziert nach dem Mittel der Freiheitsentziehung zu betrachten (Bienwald et al. 2016; Jürgens 2014). Bei einer Fixierung kann die Genehmigungspflicht bereits bei nach einem Tag oder auch bei einer Nacht bestehen (Jürgens 2014). Vielfach wird als Höchstfrist spätestens der Tag nach dem Beginn der freiheitsbeschränkenden Maßnahme angesehen (in Anlehnung an § 128 Strafprozessordnung und Art. 104 Abs. 2 S. 3 GG, Jürgens 2014; Spickhoff 2014).

Im **öffentlichen Unterbringungsrecht** der Länder sind die Bestimmungen zur Durchführung von freiheitsbeschränkenden Maßnahmen unter „besonderen Sicherungsmaßnahmen" aufgeführt bzw. teilweise unter „Maßnahmen des unmittelbaren Zwangs". Voraussetzung ist in der Regel eine erhebliche Eigen- oder Fremdgefährdung. Die Maßnahme ist durch einen Arzt oder eine Ärztin anzuordnen und ist zu dokumentieren. In einigen Bundesländern sind Anordnung und Dokumentation von freiheitsbeschränkenden Maßnahmen mit den einzelnen Maßnahmen wie Fixierung, Isolierung (Absonderung), Festhalten und medikamentöse, einer Fixierung gleichkommenden Ruhigstellung, ausdrücklich benannt. Dabei divergieren die Landesgesetze inhaltlich; so haben nicht alle die Maßnahmen expliziert aufgeführt oder lassen aufgrund einer abschließenden Regelung einzelne Maßnahmen nicht zu. Auch die Formen der Kontrolle einer Fixierung innerhalb der Klinik variieren. So sieht z. B. das PsychKG-NRW ein Verbot von Videoüberwachung vor und schreibt stattdessen eine ständige persönliche Bezugsbegleitung und die Kontrolle von Vitalparametern vor (§ 20 Abs. 3 PsychKG-NRW). Zudem sieht das PsychKG-NRW als erstes Landesgesetz nunmehr für diese Maßnahmen eine gerichtliche Genehmigung in Anlehnung der Regelung des § 1906 Abs. 4 BGB vor. Festzuhalten ist an dieser Stelle, dass die Landesgesetze sämtlich eine Rechtsgrundlage für Maßnahmen wie Fixierungen und Isolierungen vorsehen. Die genaue Ausgestaltung der Rechtsgrundlage fällt in den Landesgesetzen hingegen durchaus recht unterschiedlich aus.

Durch die Entscheidung des Bundesverfassungsgerichts vom 24.07.2018 (Urteil des Zweiten Senats vom 24. Juli 2018, Az. 2 BvR 309/15) sind die Landesgesetzgeber nun gehalten, für eine Änderung der landesrechtlichen Ermächtigungsgrundlagen zu sorgen. Das Bundesverfassungsgericht hat sich in seiner Entscheidung zwar lediglich mit den Regelungen von Baden-Württemberg und Bayern befasst, aber die Inhalte der Entscheidung werden sich auf die anderen Landesgesetze auswirken. Wie die einzelnen Landesgesetze ausgestaltet sein werden, kann zu diesem Zeitpunkt nicht benannt werden, aufgegeben hat das Bundesverfassungsgericht einen Regelungsauftrag zur Ausgestaltung eines Richtervorbehalts. Das Bundesverfassungsgerichts sieht jedenfalls in der 5-Punkt- und 7-Punkt-Fixierung von nicht nur kurzfristiger Dauer eine Freiheitsentziehung, die nicht von der Freiheitsentziehung in Form der Unterbringung gedeckt ist und einer eigenständigen richterlichen Genehmigung bedarf. Von einer kurzfristigen Maßnahme ist demnach in der Regel auszugehen, wenn sie absehbar die Dauer von ungefähr einer halben Stunde unterschreitet. Für die Praxis bedeutet dies in Zukunft, dass vor einer Fixierung, die absehbar länger als eine halbe Stunde andauern wird, eine gerichtliche Genehmigung einzuholen ist. Sollte das im Einzelfall nicht möglich sein, ist die Genehmigung nachträglich einzuholen. Das Gericht setzt sich mit der besonderen Intensität einer 5-Punkt- als auch einer 7-Punkt-Fixierung auseinander. Bei dieser Form der Fixierung werde eine Fortbewegungsfreiheit nach jeder Richtung vollständig aufgehoben und damit gehe diese Maßnahme über die Beschränkung der Bewegungsfreiheit auf die Räumlichkeiten der Unterbringungseinrichtung deutlich hinaus. Durch die Fixierung werde der Betroffene von der Hilfe anderer abhängig. Diese Überlegung lässt sich auf andere Fixierungsformen übertragen, über die das Gericht in seiner Entscheidung nicht zu urteilen hatte. Eine Fixierung kann aufgrund drohender gewichtiger Gesundheitsschädigung sowohl des Betroffenen wie der anderer Personen in der Psychiatrie gerechtfertigt sein. Das Gericht mahnt die Beachtung des Verhältnismäßigkeitsgrundes an. Die Fixierung dürfe nur als letztes Mittel in Betracht kommen, wenn mildere Mittel nicht zur Verfügung stünden. Es weist allerdings darauf hin, dass eine Isolierung nicht in jedem Fall ein milderes Mittel darstelle. Zugleich verlangt es die Anordnung und Überwachung der Maßnahme durch einen Arzt sowie eine grundsätzliche Eins-zu-Eins-Betreuung durch therapeutisches oder pflegerisches Personal.

Im Übrigen legt es den Kliniken die Verpflichtung auf, den Betroffenen nach Beendigung der Maßnahmen auf die Möglichkeit hinzuweisen, die Zulässigkeit der Maßnahmen gerichtlich überprüfen zu lassen.

Medikamentöse Zwangsbehandlung

Die medikamentöse Zwangsbehandlung ist seit den Entscheidungen des Bundesverfassungsgerichts im Jahr 2011 (BVerfGE 128, 282 ff.; BVerfGE 129, 269 ff.) und 2013 (BVerfGE 133, 112 ff.) auf eine neue Grundlage gestellt worden. Dies gilt sowohl für das Betreuungsrecht wie für die öffentlich-rechtliche Unterbringung. Aufgrund der Eingriffstiefe in die Grundrechte auf körperliche Unversehrtheit und Selbstbestimmung hat das Bundesverfassungsgericht eine ausreichend klare Ermächtigungsgrundlage gefordert und erklärt, dass es sich bei der Behandlung gegen den Willen einer Person um einen tiefen Eingriff in die Grundrechte der Person handelt. Eine Zwangsbehandlung hat das Gericht dennoch nicht per se für unzulässig angesehen, jedoch strenge Anforderungen aufgestellt und betont, dass eine Zwangsbehandlung nur als letztes Mittel unter Ausschöpfung anderer Mittel in Betracht komme.

Die wesentlichen Vorgaben für die Behandlung gegen den Willen des psychisch erkrankten Menschen lauten: Erforderlichkeit einer hinreichend klaren Ermächtigungsgrundlage, fehlende Krankheitseinsicht und daraus resultierende fehlende Einsicht in die Notwendigkeit einer Behandlung, vorausgehender ernsthafter Überzeugungsversuch, Risiko-Nutzen-Abwägung, Zwang als letztes Mittel bei Abwesenheit schonenderer Mittel, Möglichkeit der Anrufung einer unabhängigen Kontrollstelle rechtzeitig vor Durchführung der Maßnahme.

Die Entscheidungen, die den Maßregelvollzug betrafen, hatten Auswirkungen auf das Betreuungsrecht und die Vorschriften zu Zwangsbehandlungen der Landesregelungen, die sämtlich die verfassungsrechtlichen Vorgaben nicht zu erfüllen vermochten (Henking und Mittag 2013). Bisher haben noch nicht alle Bundesländer Neuregelungen erlassen

(Stand 27.07.2018) und die bisherigen Umsetzungen sind trotz der Vorgaben des Bundesverfassungsgerichts nicht einheitlich. Das Bundesverfassungsgericht hat inzwischen bestätigt, dass die Vorgaben aus den Entscheidungen aus den Jahren 2011 und 2013 auch auf die öffentlich-rechtliche Unterbringung übertragbar sind. Manche Landesgesetze sehen eine Zwangsbehandlung nur bei Selbstgefährdung, andere bei Selbst- und Fremdgefährdung, wieder andere bei Fremdgefährdung nur in sehr engen Grenzen oder als Sicherungsmaßnahme vor. Manche Landesgesetze halten explizite Notfallregelungen vor.

Im Betreuungsrecht wurde mit §§ 1906 Abs. 3, 3a BGB eine neue Rechtsgrundlage geschaffen, die inzwischen aufgrund einer weiteren Entscheidung des Bundesverfassungsgerichts (BVerfG, Beschluss vom 26. Juli 2016, Az. 1 BvL 8/15) durch § 1906a BGB abgelöst wurde. Hintergrund der Entscheidung aus 2016 war die teilweise Verfassungswidrigkeit des seit 2013 geltenden § 1906 Abs. 3 BGB, wonach eine Zwangsbehandlung nur bei Personen in Betracht kam, die nach § 1906 Abs. 1 Nr. 2 BGB untergebracht sind. Dieses ist nunmehr auf Personen, die sich in stationärer Behandlung in einem Allgemeinkrankenhaus bzw. einer nicht-psychiatrischen Station befinden, erweitert worden. § 1906a BGB sieht nunmehr folgende, kumulative Voraussetzungen vor:

> *§ 1906a BGB [Genehmigung des Betreuungsgerichts bei ärztlichen Freiheitsbeschränkende Maßnahmen]*
> *(1) Widerspricht eine Untersuchung des Gesundheitszustands, eine Heilbehandlung oder ein ärztlicher Eingriff dem natürlichen Willen des Betreuten (ärztliche Freiheitsbeschränkende Maßnahme), so kann der Betreuer in die ärztliche Freiheitsbeschränkende Maßnahme nur einwilligen, wenn*
> *1. die ärztliche Freiheitsbeschränkende Maßnahme zum Wohl des Betreuten notwendig ist, um einen drohenden erheblichen gesundheitlichen Schaden abzuwenden,*
> *2. der Betreute auf Grund einer psychischen Krankheit oder einer geistigen oder seelischen Behinderung die Notwendigkeit der ärztlichen Maßnahme nicht erkennen oder nicht nach dieser Einsicht handeln kann,*
> *3. die ärztliche Freiheitsbeschränkende Maßnahme dem nach § 1901a zu beachtenden Willen des Betreuten entspricht,*
> *4. zuvor ernsthaft, mit dem nötigen Zeitaufwand und ohne Ausübung unzulässigen Drucks versucht wurde, den Betreuten von der Notwendigkeit der ärztlichen Maßnahme zu überzeugen,*
> *5. der drohende erhebliche gesundheitliche Schaden durch keine andere den Betreuten weniger belastende Maßnahme abgewendet werden kann,*
> *6. der zu erwartende Nutzen der ärztlichen Freiheitsbeschränkende Maßnahme die zu erwartenden Beeinträchtigungen deutlich überwiegt und*
> *7. die ärztliche Freiheitsbeschränkende Maßnahme im Rahmen eines stationären Aufenthalts in einem Krankenhaus, in dem die gebotene medizinische Versorgung des Betreuten einschließlich einer erforderlichen Nachbehandlung sichergestellt ist, durchgeführt wird.*
> *[…]*
> *(2) Die Einwilligung in die ärztliche Freiheitsbeschränkende Maßnahme bedarf der Genehmigung des Betreuungsgerichts.*

Sämtliche Voraussetzungen müssen kumulativ vorliegen. § 1906a BGB ist eine Erweiterung des 2013 eingeführten §§ 1906 Abs. 3 und 3a BGB, der nun aus § 1906 herausgenommen und in eine eigene Vorschrift überführt wurde. Eine Zwangsbehandlung ist danach nicht mehr an die Unterbringung nach § 1906 Abs. 1 Nr. 2 BGB gekoppelt, sondert erfordert nunmehr lediglich einen stationären Aufenthalt. Dieser stationäre Aufenthalt braucht nicht in einem psychiatrischen Krankenhaus zu erfolgen, sondern gewollt war gerade auch die Erweiterung auf das Allgemeinkrankenhaus zur Behandlung von somatischen Erkrankungen bei Vorliegen der übrigen genannten Punkte.

Die Genehmigung der freiheitsbeschränkenden Maßnahme setzt eine Einwilligung des Betreuers voraus. Der Betreuer hat damit die Voraussetzungen für eine Zwangsbehandlung zu prüfen und erst wenn er zum Ergebnis gelangt, dass diese sämtlich vorliegen, kann er seine Einwilligung erklären und hierfür die Genehmigung des Gerichts beantragen.

Zwei wichtige Punkte, die zu prüfen sind, sind noch einmal gesondert herauszugreifen: Es muss ein ernsthafter Überzeugungsversuch stattfinden. Die Voraussetzung ist in § 1906a Abs. 1 Nr. 4 BGB noch einmal präzisiert worden. Dazu braucht es eine überzeugungsbereite und geeignete Person. Dies braucht nicht zwingend eine Ärztin oder ein Arzt zu sein, sodass hier der Praxis ein Gestaltungsspielraum zukommt. Ob zwischen Unterbringung und durchzuführender Behandlung eine Wartezeitzeit (teilweise werden 10 bis 14 Tage vertreten) erforderlich ist, wird aktuell von den Gerichten (und in der rechtswissenschaftlichen Literatur) unterschiedlich bewertet. Bedeutend ist zudem die gründliche Risiko-Nutzen-Abwägung. Es ist also zu bedenken, welche Mittel dem entsprechenden psychisch erkrankten Menschen bisher geholfen haben und welche nicht, mit welchen Risiken und unerwünschte Arzneimittelwirkungen (UAW) gerechnet werden muss und welcher Nutzen erwartet wird. Hier ist jeweils auch die Wirkung von Zwang mit zu berücksichtigen. Für die Einwilligung des Betreuers in die Zwangsbehandlung ist eine gerichtliche Genehmigung erforderlich. Grundsätzlich ist zu bedenken, dass das Betreuungsrecht den Interessen des Betreuten verpflichtet ist. Damit kommt seinem Willen – sowohl dem aktuell geäußerten natürlichen Willen, aber auch seinem mutmaßlichen Willen mit der Überlegung, wie der Betroffene in dieser Situation wohl behandelt hätte werden wollen – eine hohe Bedeutung zu. Der Gesetzgeber betont dies noch einmal durch Hinweis auf § 1901a BGB (Patientenverfügung).

Für besonders dringende Fallkonstellationen ist auf die Möglichkeit eines Eilverfahrens hinzuweisen. Diese Möglichkeit ist zunächst zu prüfen, bevor an den rechtfertigenden Notstand nach § 34 StGB gedacht wird (zu § 34 StGB siehe oben).

Eine Zwangsbehandlung ist ebenfalls nach Maßgabe der öffentlich-rechtlichen Vorschriften möglich. Da die Unterbringung neben der Eigengefahr auch wegen Fremdgefährdung erfolgen kann, stellt sich die Frage, ob sich auch eine Zwangsbehandlung wegen einer Fremdgefahr legitimieren lässt. Das Bundesverfassungsgericht hat unter Hinweis auf den Erforderlichkeitsgrundsatz erklärt (BVerfGE 128, 282 ff.; BVerfGE 129, 269 ff.), dass es einer Zwangsbehandlung zum Schutz Dritter nicht bedürfe, weil der Schutz Dritter auch durch die Unterbringung selbst erreicht werden könne. Diese Vorgabe ist nicht von allen Neuregelungen beachtet worden, auch weil es unterschiedliche Interpretationen der Entscheidung in Bezug auf Dritte innerhalb der Einrichtungen gab. Hieraus erklärt sich, dass die Landesgesetze hier zum Teil deutlich voneinander abweichen und den Drittschutz teilweise als Behandlung erfassen, teilweise nur unter sehr hohen weiteren Anforderungen und teilweise die Drittgefahr nur in Form von Sicherungsmaßnahmen, um diesen Bereich ähnlich den Konstellationen von Notwehr/Notstand zu erfassen. Auch sind Unterschiede für Notfälle und im Hinblick auf die Behandlung der Anlasserkrankung und der interkurrenten Erkrankung zu vermerken. Erfasst ist neben der erheblichen Gefahr für die Gesundheit des psychisch erkrankten Menschen die Wiederherstellung seiner Selbstbestimmungsfähigkeit. Selbstbestimmungsfähigkeit ist kontextbezogen dahingehend zu verstehen, dass die Person außerhalb der Einrichtung, sprich in Freiheit, leben kann.

Festzustellen ist, dass in vielen Bundesländern eine Zwangsbehandlung aus Gründen der Fremdgefährdung ausscheidet. Sie kommt vielfach nur noch in notstandsähnlichen

Fallkonstellationen in Betracht. Dann ist sie aber wiederum nicht als Behandlung, sondern als Sicherungsmaßnahme zu verstehen. Dies bedeutet, dass bei der Verabreichung des Medikaments es dann nicht auf die heilende Wirkung ankommt, sondern auf die Wirkung zum unmittelbaren Schutz des Dritten z. B. in Form der Ruhigstellung. Bezüglich des jeweils aktuellen Stands der Ländergesetze zur öffentlichen Unterbringung wird auf das Onlineangebot der DGPPN verwiesen

(► https://www.dgppn.de/schwerpunkte/menschenrechte/uebersicht-psychKGs.html).

▪ Patientenverfügungen, § 1901a BGB

Die Regelungen des § 1901a BGB gelten auch für psychiatrische Patientenverfügungen. Denn § 1901a Abs. 3 BGB legt fest, dass die Regelung unabhängig von Art und Stadium der Erkrankung gilt. Sofern die Tatbestandsvoraussetzungen des § 1901a BGB vorliegen (schriftliche Verfügung eines zum Zeitpunkt des Abfassens der Erklärung einwilligungsfähigen Volljährigen, Bestimmtheit, Übereinstimmung mit der Behandlungs- und Lebenssituation), entfaltet die Patientenverfügung direkte Bindungsverfügung und ist zwingend zu beachten. Einige landesrechtliche Regelungen verweisen ebenfalls auf die Regelung des § 1901a BGB, sodass für diese Bundesländer die Frage der rechtlichen Bedeutung von Patientenverfügung bei der Unterbringung nach den Psychisch-Kranken-Gesetzen geklärt ist. Allerdings kann der Betroffene mittels einer Patientenverfügung die Bereiche regeln, die vom Selbstbestimmungsrecht erfasst sind, mit anderen Worten: Sobald es um die Rechte Dritter geht, greift die Patientenverfügung nicht. Im Hinblick auf Behandlungsvereinbarungen gilt, dass auch diese zumindest in Teilen die Wirkung einer Patientenverfügung haben (vgl. Henking und Bruns 2014; Diener 2013; Brosey 2010; Olzen 2017).

Patientenverfügungen haben das Bestimmtheitsgebot zu beachten. Es muss also aus der Verfügung hervorgehen, dass die Person klar benannte und damit bestimmte Maßnahmen wünscht oder ablehnt. Das Vorliegen einer Patientenverfügung entbindet nicht von der Verpflichtung, eine Genehmigung des Gerichts einzuholen. Kann der psychisch erkrankte Mensch von der Behandlung überzeugt werden und stimmt er – wenn auch im einwilligungsunfähigen Zustand – der Maßnahme zu, dann liegt keine Zwangsbehandlung vor. Hat der psychisch erkrankte Mensch im Rahmen einer Patientenverfügung für den Fall seiner Einwilligungsunfähigkeit erklärt, bestimmte Maßnahmen auch gegen seinen dann geäußerten natürlichen Willen zu wollen, so liegt eine Zwangsbehandlung vor. Der Verfahrensschutz, vornehmlich die gerichtliche Genehmigung, darf dann nicht herabgesenkt werden. Bei der Entscheidung ist dann der Inhalt der Verfügung zu berücksichtigen, um dem Willen und den Interessen des psychisch erkrankten Menschen gerecht zu werden.

Die sehr komplexe Frage einer ambulanten Zwangsbehandlung wird in dieser Leitlinie nicht behandelt, weil sie in Deutschland, anders als in diversen anderen europäischen Ländern, nicht zulässig ist.

12.2 Zwangseinweisung

12.2.1 Vorbemerkungen

Zwangsaufnahmen in ein psychiatrisches Krankenhaus können bei verschiedenen klinischen Situationen erforderlich werden: Im Einzelnen kann dies aggressive, erregte, intoxikierte, verwirrte oder suizidale psychisch erkrankte Menschen betreffen. Die nachfolgenden für eine Akutsituation geltenden Ausführungen sollten sich auch auf den „Normalfall" der Unterbringungsvorbereitung übertragen lassen. Zu berücksichtigen sind die in den einzelnen Bundesländern unterschiedlichen Regelungen nach den landeseigenen Psychisch Kranken (PsychKG)- bzw. Unterbringungsgesetzen oder nach dem Betreuungsgesetz. Die Verfahren unterscheiden sich in den einzelnen Bundesländern zum Teil erheblich, u. a. in Abhängigkeit davon, ob der sozialpsychiatrische Dienst auch über Ärztinnen und Ärzte verfügt und hoheitliche Aufgaben hat, aber auch im Hinblick auf die Rolle von Gesundheitsamt, Ordnungsamt und Polizei. Die Darstellung gliedert sich in die von den involvierten Berufsgruppen zu leistenden Aufgaben und benennt auch diesbezügliche Verhaltens- bzw. Vorgehensweisen.

Eine Zwangseinweisung stellt einen erheblichen Eingriff in die Grundrechte eines Menschen dar. Ein solcher Eingriff ist gemäß der UN-BRK nicht aufgrund einer Erkrankung möglich (UN-BRK §§ 14). Die gegenwärtigen Fassungen der Landesunterbringungsgesetze postulieren als Einweisungsvoraussetzung teilweise nur eine kausale Verknüpfung von Krankheit („aufgrund") mit einer Selbst- oder Fremdgefährdung. Die DGPPN fordert dagegen in einem Eckpunktepapier, dass die Unterbringung einwilligungsfähiger Menschen, sowohl im Hinblick auf die UN-BRK als auch aus ethischen Gründen, nicht möglich sein dürfe (DGPPN 2014). Einige Landesgesetze fordern dementsprechend auch das Fehlen von Einsichts- und Steuerungsfähigkeit. Bevor eine Unterbringung in die Wege geleitet wird, müssen alle anderen gesetzlich verankerten Hilfen wie Beratung, Betreuung, ärztliche und psychotherapeutische Behandlung, Selbsthilfe und sozialarbeiterische Unterstützung ausgeschöpft sein (PsychKGs der Länder sowie Betreuungsrecht). Zwischen psychisch erkrankten Menschen und Behandelnden ausgehandelte Behandlungsvereinbarungen und Krisenpläne haben sich in einer Metaanalyse, die 13 RCTs einschloss, als wirksam zur Vermeidung von Zwangseinweisungen erwiesen (de Jong et al. 2016).

12.2.2 Personen- bzw. funktionsunabhängige Aufgaben

Die PsychKGs (bzw. PsychKHGs) der Länder sehen als Regelverfahren vor, dass das Unterbringungsverfahren durch einen Antrag an das Amtsgericht, dem ein Attest einer Fachärztin oder eines Facharztes beigefügt ist, eröffnet wird. Das Gericht prüft die Unterlagen und lädt dann den psychisch erkrankten Menschen zu einer Anhörung ein, aufgrund derer dann die richterliche Entscheidung erfolgt. In akuten Krisensituationen, in denen eine vorherige richterliche Entscheidung nicht herbeigeführt werden kann, kann eine notfallmäßige Einweisung erfolgen. Dies wird über die Ordnungsbehörde (bzw. in manchen Bundesländern den Sozialpsychiatrischen Dienst des Gesundheitsamtes, in anderen Ländern durch die Polizei) eingeleitet. Das Gericht hat dann innerhalb einer definierten Frist zu entscheiden, ob diese Anordnung bestätigt wird, und den psychisch erkrankten Menschen anzuhören. De facto ist allerdings dieses juristische Ausnahmeverfahren das Regelverfahren. Für das Unterbringungsverfahren ist es nötig, dass alle in eine solche Entscheidungsfindung einbezogenen Ansprechpartner (vor allem Ärztinnen, Ärzte und Gerichte) kontinuierlich (auch an Wochenenden und Feiertagen) zur Verfügung stehen. Es ist günstig, wenn sowohl fachärztliche als auch sozialarbeiterische/pflegerische Kompetenz vor Ort ist und insbesondere die Einschätzung einer unmittelbaren Gefährdung nicht alleine durch Verwaltungspersonal erfolgt, ganz besonders dann, wenn auch kein Facharzt oder keine Fachärztin für Psychiatrie und Psychotherapie verfügbar ist. Sofern außerhalb der Regelarbeitszeit psychosoziale Fachkräfte (sozialpsychiatrischer Dienst, Mitarbeitende des betreuten Wohnens) bzw. ein Krisendienst verfügbar sind, sollten sie zum Einsatz kommen. Die von den einbezogenen Personen in dem Verfahren eingenommenen Funktionen bzw. professionellen Rollen sind frühzeitig und transparent gegenüber dem psychisch erkrankten Menschen sowie auch Familienangehörigen zu kommunizieren bzw. zu verdeutlichen.

Grundsätzlich muss die Kommunikation dem Zustand des psychisch erkrankten Menschen angepasst sein. Wenn möglich sollten nach Eintreffen in die Klinik eventuell angelegte Handschließen abgenommen werden. Der Patientin bzw. dem Patienten sollte ein Sitzplatz und etwas zu trinken angeboten werden. Die gesamte Prozedur sollte zeitlich begrenzt werden, weil sie für den psychisch erkrankten Menschen sehr belastend sein kann. Insofern gilt das Grundprinzip, eine rasche und klare Entscheidung im Interesse der Patientin bzw. des Patienten zu finden. Allerdings kann es sowohl vor wie während der Krankenhausaufnahme erforderlich sein, keinen zu großen Zeitdruck zu erzeugen, wenn dadurch eine vorhandene partielle Compliance gefährdet werden könnte. Für den psychisch erkrankten Menschen sollte es in jedem Stadium der Prozedur möglich sein, Angehörige beizuziehen. Auch deren Interesse nach einer schnellen und klaren Entscheidungsfindung (der ja eine hohe Angehörigenbelastung über schon längere Zeit vorausgehen kann) sollte angemessen berücksichtigt werden. Die sich aus dem Lebensumfeld des psychisch erkrankten Menschen ergebenden aktuellen Verpflichtungen (z. B. Versorgung von Kindern oder Haustieren) müssen bei der Einweisung beachtet werden. Diesbezügliche Hilfsangebote helfen erfahrungsgemäß, die Situation wesentlich zu entspannen. Allen Beteiligten sollten Fortbildungsmöglichkeiten für die Erfüllung ihrer situationsspezifischen Aufgaben angeboten werden.

12.2.3 Aufgaben der vor der Krankenhausaufnahme hinzugezogenen Ärztin bzw. des Arztes

Nach Möglichkeit sollte die vertraute behandelnde Ärztin bzw. der Arzt, die bzw. der den psychisch erkrankten Menschen und seine Ressourcen kennt, in einer Notfallsituation die Krisenintervention durchführen. Muss eine Ärztin oder ein Arzt, der den Menschen nicht kennt, z. B. der KV-Notdienst, zugezogen werden, sei es, dass die behandelnde Ärztin oder der behandelnde Arzt nicht verfügbar ist oder dass es sich um einen Erstkontakt zum psychiatrischen Versorgungssystem handelt, ist zusätzlich zur Kontaktaufnahme mit dem psychisch erkrankten Menschen, soweit möglich, eine Fremdanamnese bei den bereits in die Situation einbezogenen Angehörigen, Helferinnen und Helfern und/oder Behördenmitarbeitenden zu erheben. Schriftlich vorliegende Polizeiberichte können hilfreich sein. Insbesondere sollten bereits vorhandene Informationen, z. B. über krankheitsbedingte Fehlhandlungen, die als peinlich erlebt werden können, der Ärztin oder dem Arzt zur Verfügung gestellt werden. Dabei kann sich als problematisch erweisen, dass Informantinnen und Informanten, vor allem wenn es sich um nahestehende Angehörige handelt, nicht genannt sein wollen und eine ausführliche Exploration des psychisch erkrankten Menschen dann unumgänglich ist. Auch in diesen Situationen gilt das Gebot der begrenzten zeitlichen Beanspruchung.

Eine Exploration der Patientin bzw. des Patienten ist, wenn irgend möglich und verantwortbar, unter vier Augen vorzunehmen. Eventuell kann eine Vertrauensperson des psychisch erkrankten Menschen hinzugezogen werden. Die Durchführung einer ausführlicheren körperlichen Untersuchung ist dann zu unterlassen, wenn dadurch eine Eskalation der Situation zu befürchten ist. Generell sind die Betonung der Arztrolle bzw. ärztliche Handlungen an die jeweilige Situation anzupassen. Neben der Abwendung der Gefährdung des psychisch erkrankten Menschen, seiner Angehörigen und der Mitarbeitenden sind in solch einer Situation auch die Freiheitsrechte des psychisch erkrankten Menschen zu wahren und die negativen Folgen, die sich durch Verlust der sozialen Bezüge bei unangepasstem Verhalten auf der einen Seite und Traumatisierung durch Einsatz von Zwang auf der anderen ergeben können, möglichst gering zu halten.

Auf eine Deeskalation der Situation ist unbedingt zu achten. Ein besonderer Schwerpunkt liegt auf der Situationsgestaltung und diesbezüglich klaren Handlungsanweisungen der polizeilichen Einsatzkräfte bei akuter Fremdgefährdung im präklinischen Bereich bzw. der Ärztin oder des Arztes im Krankenhaus, dem in dieser Situation die Verantwortung für das Wohl des psychisch erkrankten Menschen zukommt. Hierunter wird z. B. verstanden, dass beim Zusammenpacken von persönlichen Dingen, die in die Klinik mitgenommen werden sollen, oder bei der Exploration und körperlichen Untersuchung so wenige Personen wie möglich beteiligt sind, dass rasche und klare Handlungsanweisungen z. B. betreffend die Gabe einer Medikation gegeben werden, dass – je nach Erfordernis – eine klare Be- oder Entschleunigung der Situation vorgenommen wird, dass Angehörige/Nahestehende mit einbezogen oder in aktuelle Konflikte involvierte Personen aus der Situation herausgehalten werden.

Alternativen zur Klinikeinweisung sind immer zu prüfen. Die Krankenhausaufnahme ist so sorgfältig als in der Situation möglich vorzubereiten (Beispiele: Kleidung, Körperpflegemittel, Papiere, Versichertenkarte, Geld, Zigaretten, voraussichtlich in der Krankenhausapotheke nicht vorhandene Medikamente, Patientenverfügung, Information an Angehörige, ggf. Wohnungsschlüssel hinterlegen etc.). Ein ärztliches Zeugnis ist entsprechend den Richtlinien des jeweils vorgegebenen Formulars detailliert und in deskriptivem Duktus zu erstellen. Besonders wichtig ist, die in der Untersuchung feststellbaren Krankheitssymptome, die ursächlich für das Eintreten der Gefährdungstatbestände sind, zu benennen und die Äußerungen bzw. Verhaltensweisen, aus denen sie deutlich werden, zu beschreiben.

Informationen aus der Situation vor Krankenhausaufnahme müssen an die weiterbetreuenden Einrichtungen, insbesondere an die weiterbetreuende Klinik, weitergegeben werden. Bei einer ärztlichen Einweisung sollten diese auf dem Einweisungsschein oder Notarztprotokoll auch schriftlich vermerkt werden. Wenn möglich ist die Patientin bzw. der Patient vorab telefonisch im Krankenhaus anzumelden. Transportanordnungen (Fixierung, Medikation, Instruktion der eventuell hinzugezogenen Notärztin oder des Notarztes etc.) sind zu treffen, wenn möglich ist der Transport ärztlich zu begleiten. Oberste Handlungsmaxime ist es hierbei, die Würde des psychisch erkrankten Menschen nicht zu beschädigen. Fachliche Standards, die sich auf Indikation und Durchführung weiterer freiheitsbeschränkender Maßnahmen beziehen, sind – so sie etabliert sind – unbedingt zu berücksichtigen. Als problematisch erweist sich, dass der Wunsch nach Transportbegleitung durch Angehörige versicherungsrechtlich nicht geregelt ist. Eine persönliche Übergabe der transportbegleitenden Ärztin oder des Arztes an die zuständigen Kolleginnen und Kollegen der Klinik ist höchst wünschenswert.

12.2.4 Aufgaben von und Erwartungen an Polizei/Ordnungsamt/Vollzugsbehörde

Ergibt sich für die Einsatzkräfte der Eindruck, dass das Verhalten eines Menschen auf einer psychischen Störung beruht, ist die entsprechende Behörde zuzuziehen. In vielen Bundesländern ist nicht die Polizei, sondern es sind die Ordnungsbehörde oder bestimmte Mitarbeitende des Gesundheitsamtes als Vollzugsbeamte für die Einschätzung der Gefährdung und die Anordnung von Schutzmaßnahmen zuständig. Die Gefahrbeurteilung vor Ort und deren Abwehr sollte mit den am wenigsten einschneidenden Mitteln erfolgen. Für die ärztliche Einschätzung einer zugrundeliegenden psychischen Störung wird je nach den rechtlichen Bestimmungen des Bundeslandes auf die behandelnde Fachärztin oder den behandelnden Facharzt, den KV-Notdienst, die Dienstärztin oder den Dienstarzt einer psychiatrischen Klinik, die Ärztin oder den Arzt des Sozialpsychiatrischen Dienstes oder des psychiatrischen Krisendienstes (falls vorhanden) zurückgegriffen. Gibt es einen psychosozialen Krisendienst, ist dieser vorrangig einzuschalten. Die Spezifika der angetroffenen Situation und der getroffenen Maßnahmen sind schriftlich zu dokumentieren. Diese Informationen sind den vorgegebenen Stellen, inklusive dem aufnehmenden Krankenhaus, zuzuleiten. Die Transportdurchführung hat mit den am wenigsten einschneidenden Mitteln (nach Möglichkeit sitzend und ohne Fixierung) und ggf. gemäß ärztlichen Empfehlungen zu erfolgen.

Ist zuerst die Polizei am Einsatzort, ist anzustreben, dass die Krisenintervention dort erfolgen kann, insbesondere wenn es sich um die Häuslichkeit des psychisch erkrankten Menschen handelt, weil dort bei erfolgreicher Intervention ggf. auf Angehörige zurückgegriffen werden kann, auch wenn dies bedeuten kann, dass die Einsatzkräfte länger gebunden werden. Wenn der psychisch erkrankte Mensch stattdessen auf die Wache gebracht wird, entfallen diese Möglichkeiten.

Polizeivollzugsbeamtinnen und -beamte werden in alleiniger originärer Zuständigkeit gemäß den hierfür geltenden gesetzlichen Bestimmungen tätig. Dabei obliegt den Polizeibeamten die Feststellung von Tatsachen, Sachbeweisen oder Verhaltensweisen, aus denen sich die unmittelbare Gefahr ergibt; Sofern das entsprechende Landesgesetz eine zwangsweise Vorführung in einer Klinik durch die Polizei gestattet, ist zudem die Feststellung vorzunehmen, dass die zwangsweise Vorführung die einzige Möglichkeit ist, um die unmittelbare Gefahr zu beseitigen. Die Vorführung ist eine freiheitsbeschränkende Maßnahme. Die Entscheidung liegt allein bei der Polizeibeamtin bzw. beim Polizeibeamten. Im Regelfall bedarf die Vorführung der Anwendung unmittelbaren Zwanges, dessen Anwendung gemäß Polizeigesetz dem Polizeivollzugsdienst obliegt. In einigen PsychKGs wird allerdings bereits zur Vorführung ein richterlicher Beschluss gefordert. Es wäre wünschenswert, dass die Richterin bzw. der Richter den psychisch erkrankten Menschen dazu schon zu Hause trifft. Nur im Notfall sollte die richterliche Einschätzung erst am Folgetag in der Klinik geschehen. Hierzu ist aber Voraussetzung, dass ein richterlicher Bereitschaftsdienst zur Verfügung steht. Um eine ausreichende Gefahrenabschätzung in der Übergabe-Situation (polizeiliche Zuführung auf die aufnehmende Station oder in die Ambulanz) zu ermöglichen, wäre ein Verbleiben der Beamtinnen und Beamten in der Situation wünschenswert, bis diese Abschätzung durch die Klinikärztin oder den Klinikarzt erfolgt ist. Bei einigen psychisch erkrankten Menschen ist die Polizei nur in der Wohnung der Betroffenen zugegen und erscheint nicht mit auf der Station des Krankenhauses. In diesen unklaren Fällen ist es in besonderer Weise geboten, dass unverzüglich durch die Ärztin oder den Arzt geklärt wird, ob eine psychiatrische Erkrankung vorliegt und ob der psychisch erkrankte Mensch freiwillig in der Klinik verbleibt oder ob die Voraussetzungen einer Unterbringung vorliegen. Zur Beurteilung der Gefährdung sollte im Zweifelsfall der Polizeibericht angefordert werden.

12.2.5 Aufgaben von und Erwartungen an Betreuer und Bevollmächtigte im betreuungsrechtlichen Verfahren

Außerhalb von akuten Notfällen und wenn die Eigengefährdung im Vordergrund steht, sollte die Unterbringung bei betreuten Menschen durch den Betreuer erfolgen. Im optimalen Fall hat der Betreuer im Gegensatz zu Ärztin oder Arzt im Notdienst und Richterin oder Richter eine persönliche Beziehung zu dem psychisch erkrankten Menschen und kennt die Lebens- und Krankheitsgeschichte. Wenn der Betreuer nicht erreichbar ist, das Betreuungsgericht keinen Bereitschaftsdienst hat oder aber Fremdgefährdung im Vordergrund steht, kann eine Unterbringung nach öffentlichem Recht auch bei betreuten Personen erforderlich werden.

Sollte eine Unterbringung notwendig werden, stellt der Betreuer den Antrag auf Genehmigung einer Unterbringung bei Gericht. Ein entsprechendes ärztliches Gutachten oder Attest muss eingeholt werden und das Betreuungsgericht muss über den Antrag entscheiden. Im Eilfall kann nach kurzfristig erfolgter Anhörung und auf Grund eines ärztlichen Zeugnisses eine Unterbringung durch einstweilige Anordnung des Gerichts beschlossen werden. Bei akuter gesundheitlicher Gefährdung kann dies ausnahmsweise auch nachträglich geschehen. Der Betreuer allein kann nicht über die geschlossene Unterbringung im Krankenhaus entscheiden. Sollte auch eine Behandlung gegen den Willen des Betreuten erforderlich werden, ist dies in einem gesonderten Verfahren zu beantragen und zu prüfen. Ein ärztliches Gutachten eines nicht an der Behandlung des Patienten beteiligten Facharztes bzw. Fachärztin ist erforderlich.

Der Betreuer hat stets im Sinne und entsprechend der Präferenzen und dem mutmaßlichen Willen des Betreuten entscheiden. Eine ersetzende Entscheidung gegen den frei geäußerten Willen des Betreuten ist nicht möglich.

12.2.6 Aufgaben von und Erwartungen an das Klinikpersonal in der Aufnahmesituation

In der Klinik ist eine „Kultur des Empfangs" (Blair und Moulton-Adelman 2015) zu etablieren. Schon zu Beginn der Aufnahme sind deeskalierende Maßnahmen unter Einbeziehung des Pflegepersonals von großer Bedeutung. Eine Übergabe, ebenfalls unter Beteiligung des Pflegepersonals, ist von den bisher in den Prozess involvierten Personen bzw. Instanzen entgegenzunehmen. Ggf. muss die Klinikärztin oder der Klinikarzt auf einer formellen Übergabe bestehen bzw. eine solche Übergabesituation herbeiführen oder gestalten.

Erfolgt die Aufnahme außerhalb der Regelarbeitszeit, ist sicherzustellen, dass sämtliche in der Aufnahmesituation übergebene Informationen auch dem im Regeldienst zuständigen Personal zugänglich und bekannt sind. Eine Durchsuchung auf Waffen, sonstige gefährliche Gegenstände, Drogen und mitgebrachte Medikamente ist zwingend erforderlich, falls dies nicht bereits durch die Polizei erfolgt ist. Eine sofortige Eingangsuntersuchung ist unabdingbar und dient vor allem der Prüfung der Unterbringungsvoraussetzungen, dem Ausschluss einer vitalen Gefährdung durch medizinische Begleitumstände und der Erstellung eines vorläufigen Behandlungsplans. Je nach Zustand des psychisch erkrankten Menschen kann es aus Deeskalationsgründen jedoch erforderlich werden, körperliche Untersuchung und invasive Diagnostik hintenanzustellen. Hier muss im Allgemeinen eine Güterabwägung erfolgen. Die zurückgestellten Untersuchungen sollten sobald wie möglich nachgeholt werden. In verschiedenen Landesgesetzen ist vorgeschrieben, dass die Betroffenen unverzüglich zu beurlauben bzw. zu entlassen sind, wenn die Eingangsuntersuchung ergibt, dass die Unterbringungsvoraussetzungen nicht (mehr) vorliegen. Hierüber sind auf jeden Fall das Gericht sowie die anderen verfahrensbeteiligten Stellen zu informieren.

Angehörige sind, wenn der psychisch erkrankte Mensch einwilligt, möglichst frühzeitig in den Aufnahmeprozess einzubeziehen. Dies kann sowohl ihrer emotionalen Entlastung als auch der Erhebung einer Fremdanamnese dienen. Für die Aufnahmesituation und erste Betreuungsmaßnahmen erforderliche Informationen sind an Pflegepersonal und im PsychKG bzw. UBG vorgeschriebene Stellen und, soweit vom psychisch erkrankten Menschen benannt, an Vertrauenspersonen weiterzureichen. Behandlungsplan und Rechtsgrundlage (zumindest für 24 Stunden) müssen der Patientin bzw. dem Patienten erläutert werden. Dabei sind bestehende und zur Kenntnis gebrachte Behandlungsvereinbarungen und Patientenverfügungen zu beachten (s. ▶ Abschn. 10.5). Anordnungen zum Schutz der Patientin bzw. des Patienten und anderer Patientinnen und Patienten sind zu treffen (inklusive der Häufigkeit von Kontrollen/Betreuungsintensität durch das Personal). Freiheitsbeschränkende Maßnahmen sind, so erforderlich, persönlich anzuordnen, zu supervidieren und zu dokumentieren. Ggf. ist ärztliche Mithilfe bei der Durchführung erforderlich. Eine genaue Dokumentation der Aufnahmesituation und der dabei durchgeführten Maßnahmen (v. a. auch von weiteren freiheitsbeschränkenden Maßnahmen) ist unerlässlich.

In den Gerichtsanhörungen, zu denen die Ärztin oder der Arzt hinzugezogen werden sollte, sind die medizinischen Sachverhalte sachlich-neutral, aber ausführlich und detailgenau zu schildern, was sich auch auf die Mitteilung konkreter Umstände und Ereignisse vor und nach der Aufnahme bezieht. Es muss dafür Sorge getragen werden, dass Interessensvertreter des psychisch erkrankten Menschen (Verfahrenspfleger, Patientenfürsprecher, Patientenanwälte) Gelegenheit haben, an der Anhörung teilzunehmen.

12.2.7 Anforderungen an die richterliche Verfahrensgestaltung

Die Anhörung des psychisch erkrankten Menschen sollte diesem selbst sowie allen an der Anhörung sonst Beteiligten angekündigt werden und nach Möglichkeit innerhalb von 24 Stunden und möglichst in Anwesenheit eines Verfahrenspflegers stattfinden. Der psychisch erkrankte Mensch sollte eine Vertrauensperson/einen Angehörigen zu der Anhörung beiziehen können.

Das ärztliche Gutachten sollte mündlich im Laufe der Anhörung in Gegenwart des psychisch erkrankten Menschen bekanntgegeben werden. Nur in begründeten Ausnahmefällen kann es unter Ausschluss der Betroffenen abgegeben werden. Psychisch erkrankte Menschen sollten von der Richterin oder vom Richter eine genaue und verständlich mitgeteilte Begründung der Unterbringungsentscheidung erhalten. Auf der Klinikstation sollte diese Anhörung in einem separaten Raum durchgeführt werden.

Empfehlungsgrad A, Evidenzgrad 1
Zur Reduktion von Zwangseinweisungen sollen Behandlungsvereinbarungen und Krisenpläne zwischen psychisch erkrankten Menschen und Behandelnden ausgehandelt und schriftlich festgehalten werden.
(de Jong et al. 2016)
Konsens 94 % Zustimmung in der Onlineabstimmung

12.3 Psychotherapeutische und psychosoziale Interventionen

Zu unterscheiden sind einerseits strukturierte Therapieprogramme in Einzel- oder Gruppentherapie oder gemischt und andererseits situativ erfolgende Interventionen in konkreten Situationen, in denen gewalttätige Eskalationen drohen. Die letztgenannten haben unter dem Begriff „Deeskalation" eine weite Verbreitung gefunden und werden im ▶ Kap. 11 dargestellt. Die therapeutische Beziehung und die Beziehung in der Pflege haben ebenfalls Aspekte psychotherapeutischer und psychosozialer Interventionen; sie sind in ▶ Abschn. 10.3 ausführlich dargestellt.

Bezüglich der Wirksamkeit strukturierter Therapieprogramme liegen aus jüngerer Zeit ein Cochrane Review (Ali et al. 2015) für Menschen mit geistigen Behinderungen und ein systematisches Review für Menschen mit schweren psychischen Erkrankungen (serious mental illness, Rampling et al. 2016) vor. Alle vorliegenden Studien weisen mehr oder weniger große methodische Probleme auf, z. B. fehlende Randomisierung, ungeeignete Kontrollgruppen, hohe Verlustraten von Studienteilnehmerinnen und -teilnehmern, kleine Fallzahlen u. a. Ein großer Teil der Studien wurde außerdem in forensisch-psychiatrischen Kliniken oder Haftanstalten (mit entsprechend langen Aufenthaltszeiten) oder Einrichtungen für Menschen mit geistiger Behinderung durchgeführt. Sämtliche in beiden Reviews eingeschlossenen Studien stammen außerdem nicht aus dem deutschen Versorgungssystem. Eine Aussage zur Wirkung der genannten Verfahren unter Bedingungen der stationären oder ambulanten klinischen Regelversorgung in Deutschland ist daher nahezu nicht ableitbar. Die vorliegenden Übersichtsarbeiten zeigen jedoch recht gut die Vielfalt der möglichen und bereits erprobten therapeutischen Ansätze.

In dem Cochrane Review über verhaltenstherapeutische und kognitiv-verhaltenstherapeutische Ansätze zur Behandlung aggressiven Verhaltens bei Menschen mit geistigen Behinderungen (Ali et al. 2015) wurden sechs Studien mit 309 Teilnehmern bei Populationen von Erwachsenen eingeschlossen. Drei Studien bezogen sich auf Ärger-Management (eine mit Einzel-, zwei mit Gruppentherapien), eine auf Entspannungsverfahren, eine auf Problemlösungstraining und eine auf Achtsamkeit auf der Basis von Meditation. Es ergaben sich teilweise Hinweise auf verbesserte Ärgerkontrolle und eine Verringerung der Häufigkeit aggressiver Vorfälle während der Dauer der Behandlung. Meditation und Entspannungsverfahren zeigten recht gute kurzzeitige Ergebnisse bezüglich der Häufigkeit aggressiver Vorfälle. Eine vergleichende Bewertung unterschiedlicher Verfahren im Hinblick auf die Wirksamkeit ist wegen unterschiedlicher Studiendesigns, Populationen und Ergebnismaße jedoch nicht möglich.

Rampling et al. (2016) schlossen in ihr systematisches Review über nicht-pharmakologische Interventionen zur Reduktion von Aggression und Gewalt bei Menschen mit schweren psychischen Erkrankungen 23 Studien über diverse psychotherapeutische und praktische Interventionen ein, darunter 7 RCTs. Auch diese Studien stammen ausnahmslos nicht aus dem deutschen Versorgungssystem, überwiegend handelt es sich um Studien an forensisch-psychiatrischen Populationen in Großbritannien, teilweise mit der Diagnose Psychosen, teilweise auch mit der Diagnose Persönlichkeitsstörungen. Eine Übertragbarkeit der Ergebnisse auf die Bedingungen der psychiatrischen Versorgung in Deutschland ist deshalb nur mit großer Vorsicht möglich. Auch hier wiesen die Studien mehr oder weniger große methodische Schwächen der zuvor genannten Art und teils kleine Fallzahlen auf. Obwohl die Autorinnen und Autoren insgesamt zu der Schlussfolgerung kamen, dass die Evidenz für nicht-pharmakologische Interventionen zur Reduktion von Gewalt in dieser Population nicht schlüssig sei, dass Langzeitergebnisse fehlten und gute randomisierte klinische Studien erforderlich seien, ergaben sich dennoch einige Hinweise auf die Wirksamkeit und wiederum ist die Vielfalt bereits verfügbarer Methoden und Ansätze von Interesse.

Kognitive Verhaltenstherapie kam überwiegend bei Menschen mit den Diagnosen Persönlichkeitsstörungen und Psychosen zum Einsatz, allerdings mit unsicherem Erfolg. Einige Studien zeigten signifikante günstige Effekte, wie bspw. ein RCT, das 77 Menschen mit Psychose und aggressivem Verhalten einschloss. Allerdings ergaben sich in anderen Studien auch Hinweisen auf negative Auswirkungen bei einigen Therapieabbrechern mit Persönlichkeitsstörungen in der forensischen Psychiatrie (McMurran et al. 2010). Relativ intensiv beforscht wurde das sogenannte Reasoning & Rehabilitation-Programm, das ebenfalls auf kognitiver Verhaltenstherapie basiert und zur Reduzierung der Rückfallgefahr psychisch kranker Straftäterinnen und Straftäter entwickelt wurde. Es erfuhr Modifikationen sowohl für Menschen mit psychotischen Erkrankungen als auch mit ADHS in Großbritannien. Dieses Programm wurde in mehreren Studien evaluiert und zeigte Besserungen sowohl hinsichtlich gewalttätigen Verhaltens als auch entsprechender Einstellungen. Eine kleine Studie wurde an acht männlichen forensischen Patienten mit dialektisch-behavioraler Therapie durchgeführt, wesentliche Effekte auf gewalttätiges Verhalten konnten nicht nachgewiesen werden. Kognitiv-verhaltenstherapeutische Therapieprogramme zur Ärgerkontrolle wurden ebenfalls in forensisch-psychiatrischen Einrichtungen durchgeführt ohne statistische Hinweise auf Wirksamkeit. Zwei kleine Studien untersuchten die Wirksamkeit von Schematherapie bei forensisch-psychiatrischen Populationen ohne konsistente Ergebnisse. Günstige Ergebnisse, auch im Follow-up nach drei Monaten, berichtete eine vierarmige Studie mit 90 chronisch psychisch kranken Teilnehmerinnen und Teilnehmern und 10 wöchentlichen Gruppensitzungen bei der Gruppe von 24 Patientinnen und Patienten, welche eine Pferde-gestützte Therapie mit geeignet ausgebildeten Pferden erhalten hatten (Nurenberg et al. 2015). Nur zwei Studien untersuchten speziell weibliche Populationen, keine konnte eine Wirksamkeit nachweisen. Auch für psychosoziale Maßnahmen wie Wohnunterstützung (supported housing) konnte eine Wirksamkeit auf aggressives Verhalten, möglicherweise aufgrund methodischer Schwächen, nicht nachgewiesen werden.

Kürzlich wurde aus einer forensisch-psychiatrischen Einrichtung in den USA ein sehr komplexer, im weiteren Sinne verhaltenstherapeutischer Ansatz („Positive Behavioral Support") beschrieben, welcher ähnlich wie die komplexen Interventionen zur Reduktion von freiheitsbeschränkenden Maßnahmen viele Aspekte von der Gestaltung der Umwelt über Trainingsmaßnahmen, Verwendung von Daten und eigentliche verhaltenstherapeutische Techniken bis hin zur Implementierung eines zusätzlichen Spezialistenteams bündelt (Tolisano et al. 2017). Eine Evaluation steht noch aus.

Empfehlungsgrad 0, Evidenzgrad 2
Strukturierte Trainingsprogramme in Einzel- oder Gruppensettings können zur Behandlung wiederkehrenden aggressiven Verhaltens bei unterschiedlichen psychischen Störungen eingesetzt werden.

Begründung für Herabstufung des Empfehlungsgrads: inkonsistente Ergebnisse, keine Studien aus dem deutschen Versorgungssystem

(Rampling et al. 2016)

Starker Konsens 100 % Zustimmung in der Onlineabstimmung

12.4 Pharmakologische Interventionen

12.4.1 Indikation

Im Rahmen der Entwicklung dieser Leitlinie wurde ein systematisches Review zur Behandlung aggressiven Verhaltens erstellt mit besonderer Berücksichtigung der Literatur, die nach 2006 (Recherchezeitpunkt der Vorgängerleitlinie) erschienen ist. Die medikamentöse Behandlung aggressiver Erregungszustände sowie wiederholten aggressiven Verhaltens bei psychischer Erkrankung findet in einem Spannungsfeld komplexer ethischer, rechtlicher und medizinischer Fragestellungen statt, die hier vor Darstellung der Evidenz kurz diskutiert werden sollen.

Aggressives Verhalten stellt per se noch keine Indikation für eine pharmakologische Behandlung dar. Die Indikation für eine Behandlung ergibt sich grundsätzlich erst aus einem kausalen Zusammenhang mit einer Erkrankung. Derartiges aggressives Verhalten geht nahezu immer mit einem *psychomotorischen Erregungszustand* einher. Der Begriff „psychomotorischer Erregungszustand" hat kein direktes Äquivalent in der englischsprachigen Fachliteratur. Hier ist am häufigsten von „agitation" die Rede, wobei Agitation bzw. Agitiertheit in der deutschen Psychopathologie lange wenig gebräuchliche und nur unscharf definierte Begriffe waren. Am ehesten handelt es sich dabei um eine innere Unruhe, welche häufig von einer motorischen Unruhe und Antriebssteigerung begleitet ist. Der psychomotorische Erregungszustand mit aggressivem Verhalten ist die Extremausprägung des agitierten Syndroms.

Vorrangiges Ziel jeder pharmakologischen Intervention ist eine schnelle Sedierung („rapid tranquilisation"), welche in der Regel von einem Abklingen der krankhaft aggressiven Verhaltensäußerungen begleitet ist. Dabei muss Sedierung nicht bedeuten, dass die Patientin oder der Patient schläft. Während dies in der Aufnahmesituation bei einem psychotischen oder manischen Menschen, der bereits einige Tage nicht geschlafen hat, erwünscht sein kann, ist in der Regel eine Beruhigung („Calming") der Patientin oder des Patienten ausreichend. Tiefes Schlafen wird in einigen neueren Studien dann sogar als negatives Outcome gewertet (NICE 2015), unter anderem deshalb, weil dann keine gemeinsame Entscheidungsfindung mit der Patientin bzw. dem Patienten mehr möglich ist. „Rapid tranquilisation" soll hier daher explizit nicht als besonders hoch dosierte Gabe von Pharmaka bis zum Erreichen eines tiefen Schlafes verstanden werden.

Akute aggressive Erregungszustände im Rahmen einer psychiatrischen Erkrankung stellen einen psychiatrischen Notfall dar. Eine Behandlung ist umgehend erforderlich, obwohl nicht immer vorher eine ausreichend sichere Diagnosestellung gelingt. Die Indikationsstellung zur Pharmakotherapie muss daher oft auf syndromaler Ebene gestellt und gegen das Risiko abgewogen werden, mögliche diagnostisch wegweisende Symptome zu verschleiern, insbesondere dann, wenn es sich bei diesem Erregungszustand um den Anlass für den Erstkontakt zum psychiatrischen System handelt.

Für eine mit der Intention der Beruhigung durchgeführte Pharmakotherapie bei aggressivem Verhalten im Rahmen eines akuten Erregungszustandes ist es im Hinblick auf die angestrebte Wirkung von großer Bedeutung, ob das Einverständnis der Patientin bzw. des Patienten gewonnen werden kann oder ob sie/er eine Pharmakotherapie ablehnt. Insofern ist einer (dann meist oralen) Medikation im Einverständnis mit der Patientin oder dem Patienten der Vorzug zu geben, wobei Kompromisse hinsichtlich Substanzwahl und Dosierung bei erfahrenen psychisch erkrankten Menschen im Rahmen des Vertretbaren angestrebt werden sollten. Fast kein Medikament ist für die Behandlung von Aggressivität oder Gewalttätigkeit per se zugelassen (Ausnahme: Risperidon für anhaltende Aggression und Verhaltensstörungen bei Demenz oder geistiger Behinderung). Jedoch sind Melperon, Haloperidol und einige Benzodiazepine für die Behandlung von Erregungszuständen und Aripiprazol parenteral für die Behandlung von Agitiertheit und Verhaltensstörungen bei Schizophrenie zugelassen. Eine Verordnung außerhalb dieser Indikationen ist Off-Label mit entsprechend erweiterten Anforderungen an Aufklärung und Arzthaftung. Patientinnen und Patienten sind dabei grundsätzlich über mögliche UAW aufzuklären. Bei einem aktuell nicht einwilligungsfähigen Patientinnen und Patienten müssen etwa vorhandene Patientenverfügungen berücksichtigt werden.

Lehnt die Patientin oder der Patient im Erregungszustand eine pharmakologische Behandlung ab, ist unter Abwägung medizinischer, rechtlicher (siehe ▶ Abschn. 12.1.2) und ethischer (siehe ▶ Abschn. 12.1.1) Aspekte sorgfältig zu prüfen, ob eine Notfallbehandlung im Sinne eines rechtfertigenden Notstandes (§ 34 StGB) unter Anwendung von Zwang notwendig und vertretbar ist. Wie bei allen Notfallbehandlungen muss die Abwendung einer drohenden Gefährdung gegenüber den Anforderungen an Aufklärung und Einwilligung abgewogen werden. Eine solche Notfallbehandlung in einem aggressiven Erregungszustand ist rechtlich und faktisch eine Zwangsbehandlung, ist aber zu trennen von einer richterlich genehmigten Zwangsbehandlung nach einem entsprechenden Antrags- und Begutachtungsverfahren, die mit entsprechendem zeitlichem Vorlauf bei zumeist nicht erregten Patientinnen und Patienten unter sehr enger Indikationsstellung vorgenommen wird.

Expertenkonsens

Eine medikamentöse Notfallbehandlung unter Anwendung von Zwang erfolgt immer in dem Konflikt zwischen Körperverletzung bei der Entscheidung für eine solche Maßnahme und möglicher unterlassener Hilfeleistung bei einer Entscheidung dagegen. Eine auf den Einzelfall bezogene Abwägung von Nutzen und potenziellem Schaden ist erforderlich und hat sich am vorausverfügten oder mutmaßlichen Willen des Patienten zu orientieren. Diese Abwägung soll dokumentiert werden. Wenn freiheitsbeschränkende Maßnahmen wie Fixierung oder Isolierung unvermeidlich erscheinen, kann eine pharmakologische Behandlung weiteren Zwang bedeuten und die Notwendigkeit muss kritisch geprüft werden. Auf der anderen Seite kann der Verzicht auf eine pharmakologische Behandlung des Erregungszustandes im Einzelfall gesundheitsgefährdend und möglicherweise traumatisierend sein.

Starker Konsens 100 % Zustimmung in der Konsensuskonferenz

Expertenkonsens
Willensäußerungen von Patientinnen und Patienten im Zustand der Einwilligungsfähigkeit, z. B. in Behandlungsvereinbarungen, sog. Krisenpässen oder Patientenverfügungen (siehe ▶ Abschn. 10.5), müssen beachtet werden, soweit sie auf die Situation anwendbar sind. Auch bei einer für erforderlich gehaltenen Behandlung unter Anwendung von Zwang sollen der Patientin bzw. dem Patienten verbleibende Entscheidungsmöglichkeiten mit Alternativen angeboten werden, z. B. hinsichtlich Substanzwahl und Applikationsart.
Konsens 94 % Zustimmung in der Onlineumfrage

Expertenkonsens
Die Wahl der Applikationsart (oral vs. intramuskulär vs. intravenös) soll medizinische und ethische Aspekte berücksichtigen. Entkleiden unter Zwang sollte dabei vermieden werden. Die Würde der Patientin bzw. des Patienten muss gewahrt werden.
Konsens 83 % Zustimmung in der Onlineumfrage

Grundsätzlich anders stellt sich die Indikationsstellung bei der Prophylaxe rezidivierend aggressiven Verhaltens vor dem Hintergrund einer bekannten psychischen Erkrankung dar. In diesen Fällen sind Diagnose und Risikosituationen in der Regel gut bekannt und es handelt sich um die Entscheidung zur Einleitung einer Langzeittherapie. Dabei sind ethische Aspekte sorgfältig abzuwägen. Die Einleitung und Aufrechterhaltung der Therapie bedarf hier in besonderem Maße der Zustimmung und Mitwirkung („informed consent") des Betroffenen, bei fehlender Einwilligungsfähigkeit seines gesetzlichen Vertreters und möglichst des persönlichen Umfeldes. Dies gilt in besonderem Maße, wenn eine Behandlung Off Label, d. h. mit nicht für diese Indikation zugelassenen Medikamenten, erfolgt. In diesen Fällen ist eine besonders gründliche Aufklärung über die erwarteten Aussichten der Behandlung und die möglichen UAW mit partizipativer Entscheidungsfindung erforderlich. Eine Behandlung gegen den geäußerten oder gezeigten (natürlichen) Willen (Zwangsbehandlung) kommt bei dieser Indikation kaum einmal in Frage, ggf. gelten die entsprechenden Rechtsvorschriften.

Je eher die Ursache in einen kausalen Zusammenhang mit einer psychischen Erkrankung oder Störung gebracht werden kann, desto eher lässt sich eine Indikation für eine psychiatrische Behandlung, ggf. auch mit Medikamenten, ableiten. Es muss jedoch berücksichtigt werden, dass aggressives Verhalten auch bei Menschen mit einer psychischen Störung andere, letztlich von dieser Störung unabhängige Ursachen haben kann. Eine Verordnung von Medikamenten, die nicht der Behandlung einer Erkrankung und auch nicht dem Erhalt oder der Verbesserung der sozialen Inklusion dient, sondern Disziplinierungszwecken oder dem Schutz Dritter, ist mit der ärztlichen Berufsordnung nicht zu vereinbaren und ist abzulehnen. Ebenfalls soll eine Medikamentenverordnung bei Menschen mit psychischen Erkrankungen oder Behinderungen bei erhaltener Einsichts- und Steuerungsfähigkeit nicht ersatzweise und ausschließlich deshalb erfolgen, weil eine Strafverfolgung repetitiven aggressiven Verhaltens durch die zuständigen Behörden abgelehnt wird.

Bei allen pharmakologischen Interventionen bei aggressivem Verhalten stellt sich die Frage nach dem Wirkungsmechanismus und unerwünschten Begleitwirkungen. Theoretisch ist eine antipsychotische Wirkung dopaminrezeptorblockierender Substanzen bei eindeutig psychotisch motiviertem Verhalten am ehesten plausibel. Eine unspezifisch affektdistanzierende und damit verhaltensregulierende Wirkung derselben Substanzen unabhängig von einer Sedierung hat ebenfalls eine gewisse Plausibilität, lässt sich aber empirisch bisher von anderen Wirkmechanismen und Substanzen nicht sicher differenzieren. Reine Dopaminrezeptorantagonisten ohne sedierende Begleitwirkung wie Amisulprid müssten unter dieser Vorstellung die Mittel der Wahl sein, diesbezügliche Studien existieren aber nicht. Theoretisch gibt es auch gute Hinweise für eine Assoziation von Aggression und Serotoninungleichgewichten in bestimmten Gehirnregionen, eine spezifische Wirkung von Substanzen, die die Serotoninverfügbarkeit erhöhen (in erster Linie SSRI) ließ sich jedoch bisher für kein Störungsbild überzeugend empirisch belegen. An der Entstehung aggressiven Verhaltens sind wahrscheinlich je nach Grunderkrankung, Art der Aggression (impulshaft, geplant, psychotisch motiviert), aber auch abhängig von Alter und Geschlecht viele unterschiedliche Neurotransmitter- und Hormonsysteme beteiligt (Serotonin, Dopamin, Noradrenalin, Glutamat, GABA, Oxytocin, endogenes Opiatsystem etc.). Es gibt daher Autoren, welche die Verwendung sog. „DirtyDrugs" (Medikamente, die auf mehrere verschiedene Transmittersysteme gleichzeitig wirken) bzw. von Medikamentenkombinationen empfehlen (Comai et al. 2012), was sich auch schon in klinischen Studien zum Beispiel bei autistischen Jugendlichen als wirksam erwiesen hat (Wink et al. 2017), allerdings auch mit einem erhöhten Risiko an Neben- und Wechselwirkungen erkauft wird.

Bei vielen der empirischen Wirksamkeitsnachweise bezüglich aggressiven Verhaltens stellt sich die kaum eindeutig zu beantwortende Frage, ob die Wirkung auf einer bloßen Sedierung beruht und zwangsläufig mit entsprechenden UAW in Bezug auf Vigilanz, Motorik und Kognition erkauft wird. In die Überlegungen zur medikamentösen Behandlung jeglicher Verhaltensstörung wird auch mit einfließen müssen, dass Medikamente einerseits nicht unzureichende personelle oder bauliche Situationen kompensieren sollen, andererseits aber auch manchmal die einzige Möglichkeit sind, eine Versorgung des Patienten in einem möglichst wenig restriktiven Milieu zu ermöglichen.

12.4.2 Behandlung des aggressiven Erregungszustandes: Substanzwahl

Die Behandlung des akuten aggressiven Erregungszustandes beinhaltet zahlreiche situative und Beziehungsaspekte, die Einfluss auf Substanzwahl und Dosierung haben sollten. Die nachfolgend dargestellte verfügbare Evidenz bezüglich verschiedener Substanzen und Kombinationen von Medikamenten erfährt eine wesentliche Einschränkung dadurch, dass die aus Studien ableitbaren Aussagen sich stets auf Patientinnen und Patienten beziehen, die den Einschlusskriterien der Studien entsprachen und einwilligungsfähig waren, was bei einer Notfallbehandlung gegen den geäußerten Willen grundsätzlich nicht der Fall ist. Die externe Validität dieser Studien ist daher gering (Steinert und Hamann 2012). Im Gegensatz zu Studienpopulationen sind gerade in Notfällen mit aggressiven Erregungszuständen häufig z. B. die Bedingungen einer informierten Zustimmung zur

Behandlung nicht gegeben und nicht erreichbar. Auch Intoxikationen und nur zu vermutende Begleitintoxikationen mit unbekannten Substanzen stellen einen regelmäßigen Ausschlussgrund für Studien dar, sind in der Praxis aber häufig anzutreffen. Daraus resultieren für derartige Fälle abweichende Empfehlungen, die sich nur auf klinische Erfahrungen stützen können.

Die verfügbare Evidenz aus klinischen Studien bezieht sich vornehmlich auf diejenigen Substanzen, die in parenteraler Form verfügbar und in psychiatrischer Behandlung gebräuchlich sind (Aripiprazol, Asenapin (sublingual), Flunitrazepam, Haloperidol, Lorazepam, Loxapin (inhalativ), Midazolam, Olanzapin, Promethazin, Sulpirid, Zuclopenthixol und Ziprasidon). Viele dieser Studien wurden von den Herstellern finanziert, was in zwei Cochrane Reviews als kritische Limitation diskutiert wird (Belgamwar und Fenton 2005; Gillies et al. 2013). Einige ältere kontrollierte Studien beziehen sich auf Substanzen, die in Deutschland nicht zugelassen sind (Clotiapin, Droperidol). Bezüglich der Wirksamkeit einer oralen Medikation aus den genannten Substanzgruppen (typische und atypische Antipsychotika, niederpotente Neuroleptika, Antihistaminika oder Benzodiazepine) bei akuten aggressiven Erregungszuständen liegen kaum kontrollierte Studien vor. Nach klinischer Erfahrung können alle Medikamente aus den genannten Substanzgruppen bei Akzeptanz durch die Patientin oder den Patienten eine sehr rasche, nicht allein pharmakologisch erklärbare Wirksamkeit entwickeln.

Einige weitere Substanzen (z. B. Benperidol, Chlorprothixen, Levomepromazin, Diazepam) sind in parenteraler Zubereitung verfügbar und gelten auch als geeignet für die Behandlung akuter aggressiver Erregungszustände. Eine Evidenz aus randomisierten kontrollierten klinischen Studien in dieser Indikation liegt jedoch nicht vor.

Die nachfolgend dargestellten Empfehlungen (Substanzen alphabetisch geordnet) basieren auf randomisierten kontrollierten Studien (RCTs) ganz überwiegend an Patientinnen und Patienten mit psychotischen Störungen. Bezüglich der Akutbehandlung von Erregungszuständen bei anderen psychischen Störungen sowie bei Intoxikationen ist die Evidenz gering und beruht im Wesentlichen auf klinischer Erfahrung.

▪ Aripiprazol

Aripiprazol i. m. wurde in drei RCTs mit Placebo und in einem mit 2 mg Lorazepam sowie in den anderen mit 6,5 mg bzw. 7,5 mg Haloperidol im Hinblick auf die Wirkung bei Erregungszuständen im Rahmen schizophrener, schizoaffektiver bzw. bipolarer Erkrankungen verglichen, wobei sich eine signifikante Überlegenheit gegenüber Placebo und kein signifikanter Unterschied gegenüber den beiden anderen Substanzen in Hinblick auf die Kontrolle der Agitiertheit zeigte. In der Aripiprazolgruppe wurden weniger extrapyramidale UAW als in der Haloperidolgruppe beobachtet (Zimbroff et al. 2007; Andrezina et al. 2006; Tran-Johnson et al. 2007).

Ein Review, welches Studien zu intramuskulär verabreichtem Ziprasidon und Olanzapin mit denen zu Aripiprazol (Andrezina et al. 2006; Tran-Johnson et al. 2007) verglich, fand aber für Ziprasidon und Olanzapin jeweils eine niedrigere „Number needed to treat" als für Aripiprazol (Citrome 2007). In einem neueren direkten Vergleich von Aripiprazol mit Olanzapin war Olanzapin nur initial überlegen, was auch auf die sedierenden Eigenschaften von Olanzapin zurückgeführt werden kann. Nach 24 Stunden ergab sich kein signifikanter Unterschied mehr (Kittipeerachon und Chaichan 2016).

Asenapin

In einem RCT wurde Asenapin sublingual zur Behandlung akuter Agitation eingesetzt und gegen Placebo getestet. Asenapin sublingual war wirksam in der Behandlung von Agitiertheit, wobei ähnliche Effektstärken wie in den Studien zu intramuskulären Antipsychotika erreicht wurden (Pratts et al. 2014). Aufgrund des Applikationsweges ist eine gewisse Kooperation der Patientin bzw. des Patienten erforderlich.

Flunitrazepam

Flunitrazepam wurde in einem RCT mit Haloperidol verglichen (Dorevitch et al. 1999). Es ergaben sich keine eindeutigen Unterschiede im Hinblick auf Sicherheit und Wirksamkeit.

Haloperidol

Ein Cochrane-Review bewertete insgesamt 32 RCTs, in welchen Haloperidol als Monotherapie mit 18 anderen Behandlungsalternativen des aggressiven Erregungszustandes verglichen wurde. Dabei war Haloperidol wirksamer als Placebo und es wurden seltener Nachinjektionen als in der Aripiprazolgruppe notwendig, es kam aber auch häufig zu Dystonien. Beim Vergleich Haloperidol und Lorazepam schliefen nach drei Stunden mehr Patientinnen und Patienten aus der Lorazepamgruppe, ansonsten ergaben sich keine signifikanten Unterschiede. Während Lorazepam die motorischen UAW von Haloperidol nicht abzuschwächen vermochte, war dies wohl für Promethazin der Fall (Powney et al. 2012).

In einem RCT, das Haloperidol in Kombination mit Lorazepam mit Lorazepam als Monotherapie verglich, zeigte sich eine bessere Wirksamkeit der Kombination nach 60 Minuten. Beide Gruppen verbesserten sich über die Zeit, wobei keine signifikanten Unterschiede mehr zwischen den Gruppen zu beobachten waren (Bieniek et al. 1998).

Die Kombination von Haloperidol mit Promethazin wurde in einem Cochrane Review, welches sechs RCTs einschloss, jeweils mit einer der Substanzen Midazolam, Lorazepam, Olanzapin, Ziprasidon und Haloperidol als Monotherapie sowie der Kombination Haloperidol und Midazolam verglichen (Huf et al. 2016). Die Kombination von 5–10 mg Haloperidol und 25–50 mg Promethazin intramuskulär wurde als schnell wirksam und sicher bei sehr guter Evidenzlage beurteilt (Huf et al. 2016). Insgesamt zeigten Kombinationen (Lorazepam plus Haloperidol, Promethazin plus Haloperidol)[1] eine schnellere Wirksamkeit als die jeweiligen Einzelsubstanzen, wobei aber unklar blieb, ob eine entsprechend höhere Dosis einer einzelnen Substanz denselben Effekt erzielt hätte. Bei Haloperidol plus Promethazin waren weniger Nachinjektionen als bei Ziprasidon und Olanzapin erforderlich. Lorazepam und Midazolam waren zwar schnell und gut wirksam, es wurde aber in beiden Gruppen ein Fall von Atemdepression beobachtet. Von der alleinigen Gabe von Haloperidol wurde aufgrund der höheren Inzidenz von UAW (insbesondere Auslösung akuter Dystonien) in beiden Cochrane-Reviews abgeraten (Huf et al. 2016; Powney et al. 2012).

1 Haloperidol soll laut der aktuellen Fachinfo nicht mit anderen QTc-Zeit verlängernden Medikamenten verabreicht werden, wozu auch Promethazin und Biperiden gehören.

Ein neues nicht verblindetes RCT verglich die Kombination Haloperidol und Lorazepam mit Olanzapin (Huang et al. 2015), wobei die Kombination von Haloperidol und Lorazepam nicht unterlegen war.

Haloperidol oral wurde in einem RCT mit Olanzapin und Risperidon oral verglichen (Walther et al. 2014), wobei keine der drei Einzelsubstanzen bezüglich der Behandlung von Agitiertheit signifikant überlegen war.

Haloperidol soll gemäß Herstellerempfehlung wegen möglicher schwerer kardialer UAW (Torsades de pointes) nicht mehr intravenös verabreicht werden. Die parenterale Verabreichung sollte deshalb nur intramuskulär erfolgen, auch wenn ethische Gesichtspunkte (notwendiges Entkleiden unter Zwang) gegen die letztgenannte Applikationsform sprechen. Bei wiederholter intramuskulärer Verabreichung ist eine ständige EKG-Überwachung entsprechend der Herstellerangaben angezeigt. Die Umstellung auf eine orale Gabe soll so bald als möglich erfolgen.

Empfehlungsgrad B, Evidenzgrad 1

Haloperidol sollte bei nicht intoxikierten Patientinnen und Patienten nicht als Monotherapie eingesetzt werden, weil es weniger wirksam und von mehr UAW begleitet ist als andere Medikamente bzw. die Kombinationen mit Promethazin oder Lorazepam.

(Powney et al. 2012; Huf et al. 2016)

Starker Konsens 100 % Zustimmung in der Onlineumfrage

▪ Lorazepam

Lorazepam wurde in vier RCTs mit Haloperidol verglichen (Garza-Trevino et al. 1989; Battaglia et al. 1997; Bieniek et al. 1998; Foster et al. 1997), in zwei Studien mit Olanzapin (Belgamwar und Fenton 2005), in einem RCT mit Aripiprazol (Zimbroff et al. 2007) sowie in einem RCT mit der Kombination Haloperidol und Promethazin (Alexander et al. 2004). Dabei zeigten sich jeweils keine signifikanten Unterschiede der Wirksamkeit gegenüber den Vergleichssubstanzen. Die von Klinikerinnen und Klinikern häufig verwendete Kombination Haloperidol und Lorazepam zeigte sich in einer nicht verblindeten Studie dem atypischen Antipsychotikum Olanzapin im Hinblick auf die Behandlung von Erregungszuständen bei akut psychotischen Patientinnen und Patienten nicht unterlegen (Huang et al. 2015). Ein Vorteil durch die Zugabe von Lorazepam zu Haloperidol bzgl. UAW konnte bisher in Studien nicht gezeigt werden (Powney et al. 2012). Gute Studien zu der klinisch interessierenden Frage, ob eine Kombination von Lorazepam und Haloperidol bei psychotischen Erregungszuständen den jeweiligen Einzelsubstanzen überlegen ist, gibt es bisher nicht.

▪ Loxapin

Loxapin ist das bislang einzige Psychopharmakon, welches inhalativ verabreicht werden kann. Dies setzt allerdings eine gewisse Kooperation der Patientin oder des Patienten voraus und die Präparation ist zudem nur für die Behandlung leichter bis mittelschwerer Agitiertheit zugelassen. Loxapin inhalativ wurde in drei RCTs mit Placebo verglichen (Allen et al. 2011; Kwentus et al. 2012; Lesem et al. 2011) und war Placebo im Hinblick auf die Reduktion von Agitiertheit jeweils überlegen. Aufgrund der Gefahr von Bronchospasmen ist das Medikament bei Asthma, COPD und anderen Atemwegserkrankungen kontraindiziert und darf nur unter besonderen Sicherheitsvorkehrungen verwendet werden.

Empfehlungsgrad 0, Evidenzgrad 2

Loxapin inhalativ kann wegen seiner schnellen Wirksamkeit mit Einverständnis der Patientin bzw. des Patienten ebenfalls eingesetzt werden, kann aber wegen seiner begrenzten Zulassung, der inhalativen Applikation und der respiratorischen UAW in nur wenigen klinischen Situationen angewendet werden.

Begründung für Herabstufung des Empfehlungsgrads: UAW, eingeschränkte Indikation, Preis.

(Allen et al. 2011; Kwentus et al. 2012; Lesem et al. 2011)

Starker Konsens 100 % Zustimmung in der Onlineumfrage

Midazolam

In einem RCT wurde Haloperidol plus Midazolam mit Haloperidol plus Promethazin, Haloperidol allein sowie Ziprasidon und Olanzapin verglichen, wobei verschiedene Vor- und Nachteile für die unterschiedlichen Substanzen gefunden wurden, die Kombination mit Midazolam aber tendenziell unterlegen war (Baldacara et al. 2011). Midazolam zeigte einen rascheren Wirkungseintritt als Haloperidol und die Kombination und war in einer Metaanalyse (Huf et al. 2016) auch schneller wirksam als Lorazepam, jedoch ergaben sich auch Hinweise auf ein höheres Risiko einer übermäßigen Sedierung und Atemdepression. In der Studie von Baldacara et al. wiesen Patientinnen und Patienten, die mit Midazolam behandelt wurden, nach zwölf Stunden höhere Werte bezüglich Aggression und Agitiertheit auf und benötigten häufiger zusätzliche Medikation oder Fixierungsmaßnahmen. In Deutschland ist Midazolam für psychiatrische Indikationen nicht zugelassen.

12

Empfehlungsgrad A, Evidenzgrad 2

Midazolam soll wegen der erhöhten Gefahr der Atemdepression bei psychiatrischen Indikationen nicht verwendet werden.

(Baldacara et al. 2011; Huf et al. 2016)

Starker Konsens 100 % Zustimmung in der Onlineumfrage

Olanzapin

Ein Review (Kishi et al. 2015) schließt 13 RCTs ein, in welchen Olanzapin i. m. mit verschiedenen anderen Medikamenten und Placebo verglichen wird. Hierbei war Olanzapin Placebo überlegen. Im Vergleich zu Lorazepam ergaben sich keine signifikanten Unterschiede bezüglich der Reduktion der Agitiertheit und der UAW. Im Vergleich zu Haloperidol oder Aripiprazol war Olanzapin beim ersten Messzeitpunkt (zwei Stunden) in der Kontrolle von Agitiertheit überlegen, bei der Beherrschung anderer Symptome ergab sich kein signifikanter Unterschied. Nach 24 Stunden zeigte sich kein signifikanter Unterschied mehr. Die Wirksamkeit der oralen „Velotab"-Präparation in dieser Indikation wurde in einer randomisierten Studie untersucht. Dabei waren Olanzapin i. m. und Olanzapin als Schmelztablette wirksamer in der Behandlung von Agitiertheit bei psychisch erkrankten Menschen mit einer Schizophrenie als Haloperidol i. m.

Anlass zur Sorge gab die Beobachtung von 29 Todesfällen nach parenteraler Gabe von Olanzapin, meist wenn Olanzapin zusammen mit anderen Antipsychotika oder

Benzodiazepinen verabreicht wurde (Marder et al. 2010). Die parenterale Gabe von Olanzapin bei gleichzeitiger parenteraler Gabe von Benzodiazepinen oder Antipsychotika, die sich ähnlich ungünstig auf die Hämodynamik und Atmung auswirken wie Olanzapin, wird vom Hersteller nicht mehr empfohlen. Eine retrospektive Studie von 2012 fand keinen Unterschied zwischen Olanzapin als Monotherapie oder in Kombination mit Benzodiazepinen gegenüber Haloperidol bzgl. Blutdruckabfalls. In der Olanzapin plus Benzodiazepin-Gruppe kam es aber häufiger zu Abfällen der Sauerstoffsättigung, wenn die Patientinnen und Patienten alkoholisiert waren, weshalb die Autoren die Kombination zumindest bei alkoholisierten Pat. nicht empfehlen (Wilson et al. 2012).

Empfehlungsgrad A, Evidenzgrad 4

Olanzapin soll parenteral nicht in Kombination mit Benzodiazepinen verabreicht werden.

Begründung für Heraufstufung: Erhebliche Sicherheitsbedenken, vitale Gefährdung.

(Marder et al. 2010; Wilson et al. 2012)

Starker Konsens 100 % Zustimmung in der Onlineumfrage

▪ Risperidon

Ein RCT konnte für die orale Gabe von Risperidon 2 mg in Kombination mit Lorazepam 2 mg gegenüber der intramuskulären Applikation von Haloperidol 5 mg in Kombination mit Lorazepam 2 mg eine vergleichbare Wirksamkeit und Verträglichkeit nachweisen (Currier et al. 2004). Risperidon oral wurde in einem RCT mit Olanzapin und Haloperidol oral verglichen (Walther et al. 2014), wobei ebenfalls keines der Medikamente dem anderen klar überlegen war. Auffällig war in dieser Studie eine signifikant schlechtere Wirksamkeit bei Frauen. Parenteral ist Risperidon für die Akutbehandlung nicht verfügbar.

▪ Sulpirid

Das in Deutschland selten zum Einsatz kommende Sulpirid wurde in einem aktuellen doppelblinden RCT mit Haloperidol verglichen, wobei Haloperidol wirksamer in Bezug auf akut psychotische Symptome und aggressives Verhalten war, allerdings auch mit mehr extrapyramidalen UAW einherging (Lavania et al. 2016).

▪ Ziprasidon

In einem neueren RCT wurde Ziprasidon mit Haloperidol plus Promethazin, Haloperidol plus Midazolam, Haloperidol allein sowie Olanzapin verglichen, wobei verschiedene Vor- und Nachteile für die unterschiedlichen Substanzen gefunden wurden. Ziprasidon schnitt bei der Beherrschung von Aggressionen von allen Substanzen am besten ab. Als UAW trat bei sechs Patientinnen und Patienten Blutdruckabfall auf. Bei Ziprasidon und Olanzapin wurden dabei seltener zusätzliche Medikamentengaben erforderlich, beide waren mindestens gleichwertig gegenüber Haloperidol bei der Reduktion von Agitiertheit bei akut agitierten Patientinnen und Patienten. (Baldacara et al. 2011).

▪ Zuclopenthixolacetat

Abweichend von den anderen genannten Substanzen handelt es sich bei Zuclopenthixolacetat um ein Depotpräparat mit mehrtägiger Wirkung. Das Präparat ist daher als Notfallmedikation ohne richterlichen Beschluss nicht einsetzbar. Ein Cochrane-Review von Jayakody et al. (2012) bewertete neun RCTs gegenüber Placebo oder Haloperidol. Folgeinjektionen in den kommenden sieben Tagen waren signifikant seltener als unter Haloperidol und es wurden weniger Benzodiazepine benötigt. Ansonsten wurden, bei gleichzeitiger Kritik an der als schwach eingeschätzten Studienlage, keine robusten Unterschiede in Wirksamkeit und UAW gegenüber Haloperidol gefunden.

▪ Kombination von Benzodiazepinen und Antipsychotika

Ein Cochrane Review (Gillies et al. 2013) gelangte zu der zurückhaltenden Schlussfolgerung, dass die Datenbasis hinsichtlich einer Entscheidung zwischen Benzodiazepinen, Antipsychotika oder einer Kombination beider Substanzgruppen nicht ausreichend sei. Klinikerinnen und Kliniker vertreten überwiegend die Ansicht, dass eine Monotherapie mit einem Benzodiazepin bei aggressiven Erregungszuständen, bei welchen kein Informed Consent erreicht werden kann, adäquat sei, falls keine psychotische Erkrankung vorliegt. In letzterem Fall wird eine Kombination mit einem Antipsychotikum bevorzugt (Allen und Currier 2004). Bei Personen mit hirmorganischer Vorschädigung, z. B. bei Menschen mit Intelligenzminderung, ist ein erhöhtes Risiko paradoxer Wirkungen von Benzodiazepinen zu erwarten, Studien mit höheren Evidenzrang liegen diesbezüglich jedoch nicht vor. Benzodiazepine sollten bei rezidivierendem aggressivem Verhalten langfristig nicht zum Einsatz kommen, da ihr regelmäßiger Gebrauch mit vermehrtem aggressivem Verhalten einhergeht (Albrecht et al. 2014) und zu Gewöhnung und Abhängigkeit führt.

12

▪ Dosierung und Applikationsart

Eine Übersicht über Dosierungsempfehlungen der Hersteller gibt die ◘ Tab. 12.1 und 12.2. Die Angaben in der Tabelle beziehen sich nur auf Erwachsene. Die Dosierung, Darreichungsform und Dauer der Anwendung müssen an die individuelle Reaktionslage, die Indikation, die Schwere der Krankheit und den individuellen Verlauf angepasst werden. Je nach körperlichem Zustand der Patientin bzw. des Patienten und dem Verabreichungsmodus (z. B. Injektionsgeschwindigkeit, verabreichte Menge) kann der Eintritt der Sedierung individuell unterschiedlich erfolgen. Wenn erforderlich, können abhängig vom klinischen Verlauf und bei weiter bestehender Eigen- oder Fremdgefährdung weitere Dosen individuell nach Bedarf gegeben werden. Vor allem bei der Maximaldosierung ist die zuvor gegebene Medikation und im Falle einer Kombinationstherapie die Begleitmedikation zu berücksichtigen. Es wird angeraten, jedes Medikament in einer getrennten Spritze zu applizieren. Die intramuskuläre Anwendung erfolgt tief i. m.. Bei Behandlung mit Antikoagulanzien darf nicht intramuskulär injiziert werden. Intraarterielle Injektionen sind zu vermeiden (Nekrosen). In Studien wurden vorwiegend intramuskuläre Applikationsarten untersucht. Antipsychotika sind nicht mehr für eine intravenöse Applikation zu gelassen, vorwiegend wegen möglicher kardialer Nebenwirkungen. Bei Benzodiazepinen ist auch eine intravenöse Applikation zugelassen. Wenn zur intramuskulären Applikation ein Entkleiden unter Zwang nötig wäre, sollte die intravenöse Verabreichung bevorzugt werden.

Tab. 12.1 Dosierungsempfehlungen von parenteral applizierbaren Medikamenten zur Behandlung von Erregungszuständen

Präparat	Dosierungsempfehlung bei Psychosen	Dosierungsempfehlung bei Demenz	Wiederholung	Dauer	Maximal-dosierung
Aripiprazol 7,5 mg/ml Injektionslösung	Initial 9,75 mg i. m.	keine Angaben/nicht empfohlen	1–2 mal innerhalb 24 Stunden nach jeweils mindestens 2 Stunden	keine Angabe	29,25 mg
Flunitrazepam Injektionslösung[1]	1–2 mg Flunitrazepam (entsprechend 0,015 bis 0,030 mg pro kg KG) langsam i. v., i. m. oder per infusionem	0,005–0,01 mg pro kg KG, Injektion betont langsam nur unter stat. Bedingungen	Dosis so gering und Behandlungsdauer so kurz wie möglich	wenige Tage	Dosis so gering und die Behandlungsdauer so kurz wie möglich
Haloperidol Injektionslösung	initial 5–10 mg i. m.	initial 0,5–1,5 mg, max. 5 mg/d	keine Angaben	keine Angaben	60 mg/d
Lorazepam Injektionslösung	initial 0,05 mg pro kg langsam i. v. (oder i. m.)[2]	keine Angaben	falls notwendig, kann die gleiche Dosis nach 2 Stunden nochmals verabreicht werden	nur kurzfristige adjuvante Behandlung	keine Angaben
Loxapin Einzeldosiertes Pulver zur Inhalation[3]	Initial 9,1 mg inhalativ	keine Angaben/nicht empfohlen	einmal innerhalb von 24 Stunden mit einem Abstand von mindestens 2 Stunden	höchstens 2 Behandlungen, dann Einleitung einer regulären Therapie	18,2 mg
Midazolam Injektionslösung[1]	initial 0,03–0,3 mg/kg in Schritten von 1–2,5 mg über je 20–30 Sek. im Abstand von 2 Minuten i. v. (oder i. m.)	initial 0,5–1 mg, ggf. wiederholen, max. 3,5 mg	1 mg, i. v.-Erhaltungsdosis: 0,03–0,2 mg/kg/h	keine Angaben	3,5–7,5 mg/d

(Fortsetzung)

Tab. 12.1 (Fortsetzung)

Präparat	Dosierungsempfehlung bei Psychosen	Dosierungsempfehlung bei Demenz	Wiederholung	Dauer	Maximal-dosierung
Olanzapin Pulver zur Herstellung einer Injektionslösung	initial 10 mg oder niedriger i. m.	initial 2,5–5 mg. 2,5–5 mg nach 2 Stunden Max. 3 Inj/d, Max. 20 mg/d[4]	5–10 mg nach 2 Stunden max. 3 Inj./d	bis zu 3 Tage	20 mg/d[1]
Promethazin Injektionslösung	initial 25 mg (langsam, max. 25 mg/min) i. m. oder i. v.	keine Angaben	Wiederholung nach 2 Stunden, wenn weiterhin keine Wirkung 50–100 mg/d	wenige Tage	200 mg/d
Ziprasidon Pulver zur Herstellung einer Injektionslösung	initial 10 (-20) mg i. m.	i. m.-Anwendung bei diesen Patientinnen und Patienten nicht empfohlen	10 mg alle 2 Stunden[5]	bis zu 3 Tage	40 mg/d
Zuclopenthixolacetat Injektionslösung	50–150 mg i. m.	keine Angaben	1–2-mal nach 2–3 Tagen.	s. Wiederholung	s. Wiederholung

[1]keine psychiatrische Indikation angegeben, [2]Cave: i. v. nur verdünnt! [3]darf nur in Krankenhäusern unter Aufsicht von medizinischem Fachpersonal durchgeführt werden, die Möglichkeit zur bronchodilatatorischen Therapie (ß2-Mimetikum) muss gegeben sein. [4]einschließlich aller Olanzapin Darreichungsformen, [5]Wenn initial 20 mg gegeben wurden, soll die nächste Dosis mit 10 mg erst nach 4 Stunden erfolgen, danach weiter mit 10 mg nach 2 Stunden

Tab. 12.2 Zulassungsumfang und relevante Rote-Hand-Briefe parenteral applizierbarer Medikamente zur Behandlung des Erregungszustandes

Präparat	Zulassung	Applikation	Rote-Hand-Brief
Aripiprazol 7,5 mg/ml Injektionslösung	Nur zugelassen zur Kontrolle von Agitiertheit und Verhaltensstörung im Rahmen von Schizophrenie, Manie bei Bipolar-I-Störung. Nicht zugelassen bei Psychosen oder Agitiertheit/Verhaltensstörungen bei Demenz oder anderen Erkrankungen.	i. m.	Rote-Hand-Brief 2005 Dosisabhängig vermehrte cerebraovaskuläre Ereignisse bei Patientinnen und Patienten mit Alzheimerdemenz.
Flunitrazepam Injektionslösung[1]			
Haloperidol Injektionslösung	Zugelassen für psychomotorische Erregungszustände psychotischer Genese.	i. m.	
Lorazepam Injektionslösung	Basissedierung vor und während operativer/diagnostischer Eingriffe. Schwere neurotische Angstsymptomatik und Phobien. Schwere Angst- und Erregungszustände im Rahmen von Psychosen und Depressionen, wenn alleinige Behandlung mit Antipsychotika/Antidepressiva nicht ausreicht. Status epilepticus.	i. v. oder i. m.	
Loxapin Einzeldosiertes Pulver zur Inhalation[3]	Leichte bis mittelschwere Agitiertheit bei erwachsenen Patientinnen und Patienten mit Schizophrenie oder Bipolar-I-Störung.	Inhalativ	
Midazolam Injektionslösung[1]	Analgosedierung, Narkose, Sedierung auf der Intensivstation. Keine psychiatrische Indikation angegeben.	i. v. (bei Kindern auch i. m., rektal)	

(Fortsetzung)

Tab. 12.2 (Fortsetzung)

Präparat	Zulassung	Applikation	Rote-Hand-Brief
Olanzapin Pulver zur Herstellung einer Injektionslösung	Zur schnellen Behandlung von Agitiertheit und gestörtem Verhalten bei Schizophrenie oder manischen Episoden. Nicht zugelassen bei Psychosen oder Agitiertheit/Verhaltensstörungen bei Demenz oder anderen Erkrankungen.	i. m	Rote-Hand-Brief 2004 Auf das Doppelte erhöhte Mortalität und auf das Dreifache erhöhte Inzidenz cerebrovaskulärer Ereignisse bei Behandlungen von Demenz-assoziierten Psychosen und Agitiertheit/Verhaltensstörung bei älteren Patientinnen und Patienten.
Promethazin Injektionslösung	Akute allergische Reaktionen vom Soforttyp, wenn gleichzeitig eine Sedierung erforderlich ist. Akute Unruhe- und Erregungszustände im Rahmen psychiatrischer Grunderkrankungen. Nicht zur Behandlung von Verhaltensstörungen, die mit Demenz zusammenhängen, zugelassen.	i. v. oder i. m.	
Ziprasidon Pulver zur Herstellung einer Injektionslösung	Zur schnelle Behandlung von Erregungszuständen bei Patientinnen und Patienten mit Schizophrenie für die Dauer von 3 Tagen. Nicht zur Behandlung von Verhaltensstörungen, die mit Demenz zusammenhängen, zugelassen.	i. m.	
Zuclopenthixolacetat Injektionslösung	Initialbehandlung akuter Psychosen, einschließlich Manien und Exazerbationen chronischer Psychosen.	i. m	

Expertenkonsens
Eine orale Medikation sollte bei gegebenem Einverständnis der Patientin bzw. des Patienten bevorzugt werden. Dazu werden Antipsychotika und Benzodiazepine empfohlen.
Starker Konsens 100 % Zustimmung in der Onlineumfrage

Expertenkonsens
Insbesondere bei Notfallmedikationen ohne Zustimmung der Patientin oder des Patienten sollte die alleinige Gabe eines Benzodiazepins erwogen werden, um für die Patientin bzw. den Patienten unangenehme UAW wie Frühdyskinesien zu vermeiden.
Starker Konsens 100 % Zustimmung in der Onlineumfrage

Expertenkonsens
Bei aggressiven Erregungszuständen vor dem Hintergrund von Intoxikationen mit Alkohol, Mischintoxikationen, Intoxikation mit unbekannten Substanzen oder diagnostisch unklaren Zustandsbildern ist besondere Zurückhaltung gegenüber einer sedierenden Medikation und eine intensive Überwachung angezeigt. Vergleichsweise sicher ist bei zwingender Indikation einer pharmakologischen Intervention Haloperidol.
Starker Konsens 100 % Zustimmung in der Onlineumfrage

Expertenkonsens
Nach medikamentöser Behandlung aggressiver Erregungszustände soll eine so engmaschige Überwachung durch qualifiziertes Personal erfolgen, dass medizinische Komplikationen frühzeitig erkannt werden können. Die Intensität der Überwachung, ggf. auch unter Einsatz von EKG-Monitor, Pulsoxymetrie u. a., orientiert sich an den medizinischen Erfordernissen.
Konsens 94 % Zustimmung in der Onlineumfrage

Expertenkonsens
Patientinnen und Patienten in dieser Situation sind sowohl durch den Erregungszustand selbst mit maximaler adrenerger Stimulation als auch durch unerwünschte Wirkungen der verabreichten Medikation gefährdet. Besonders kritisch sind Herzrhythmusstörungen zu bewerten. Dies gilt für alle Patientinnen und Patienten, insbesondere aber für ältere, nicht vorbehandelte Patientinnen und Patienten und in der Anflutungsphase. Als typische UAW soll auf extrapyramidale Symptomatik (Frühdyskinesien) sowie bei allen sedierenden Substanzen auf Atemdepression und hypotone Kreislaufdysregulation geachtet werden.
Starker Konsens 100 % Zustimmung in der Onlineumfrage

Expertenkonsens
Biperiden zur Behandlung von Frühdyskinesien und Flumazenil zur Antagonisierung einer Benzodiazepinwirkung sollen mit der Möglichkeit einer intravenösen Applikation zur Verfügung stehen. Bei Verwendung von inhalativem Loxapin soll ein ß2-Mimetikum vorgehalten werden.

Starker Konsens 100 % Zustimmung in der Onlineumfrage

12.4.3 Rezidivierendes aggressives Verhalten bei unterschiedlichen Störungsbildern

12.4.3.1 Rezidivierendes aggressives Verhalten bei psychotischen Störungen

Aggressives Verhalten bei Menschen mit Psychosen kann unterschiedliche Ursachen haben. Neben Handlungen, die in einem kausalen Zusammenhang mit einer Positivsymptomatik wie Wahn oder Halluzinationen stehen, kommt auch aggressives Verhalten in einem Bedingungsgefüge von komorbiden Störungen wie Persönlichkeitsstörungen und Substanzmissbrauch sowie ohne kausalen Bezug zu einer psychischen Störung vor.

Eine wichtige, allerdings keineswegs alleinige Rolle spielt die suffiziente pharmakologische Behandlung. Eine registerbasierte Studie mit der Bevölkerung von Schweden (Vollerhebung aller Patientinnen und Patienten mit der Diagnose einer Schizophrenie von 1972–2006) kam zu dem Schluss, dass Menschen mit Schizophrenie, bipolarer Störung oder einer anderen psychotischen Störung in den Phasen, in denen sie Antipsychotika, insbesondere in höheren Dosen oder als Depotmedikation, verschrieben bekamen, etwa ein Drittel weniger Gewalttaten begingen als in Phasen, in denen sie diese Medikamente nicht einnahmen. Für Stimmungsstabilisierer galt dies nur beim Vorliegen einer bipolaren Erkrankung. Kein Effekt ergab sich für SSRI bzgl. Gewaltverbrechen bei psychotischen Störungen (Fazel et al. 2014). Andererseits zeigen Metaanalysen und Regressionsanalysen aber, dass die Behandlungsadhärenz und mehr noch die psychopathologische Symptomatik insgesamt Merkmale von eher nachgeordneter Bedeutung für das Gewalttatenrisiko bei Menschen mit Schizophrenie sind (Witt et al. 2013, 110 Studien eingeschlossen, davon 8 RCTs, 70 Fallkontrollstudien). Das höchste Risiko, ausgedrückt in Odds Ratios, bestand metaanalytisch für eine Vorgeschichte von Gewalttätigkeit (21,4), gefolgt von psychopathischen Persönlichkeitszügen (17,4) und polytoxikomanem Substanzmissbrauch (10,3). Nicht-Adhärenz mit psychotherapeutischen/psychosozialen Therapien wies eine Odds Ratio von 6,7 auf, fehlende Krankheitseinsicht 2,7 und Nicht-Adhärenz mit Medikamenten 2,0, Verfolgungswahn 1,6 und Halluzinationen 1,2. Eine Metaanalyse mit Regressionsanalysen, die nur Studien an Populationen auf Akutstationen einschloss, kam zu ähnlichen Ergebnissen (Iozzino et al. 2015, 35 Studien eingeschlossen, davon 2 RCTs): Selbst in dieser Auswahl akut erkrankter Menschen waren Gewalt in der Vorgeschichte, männliches Geschlecht, Alkoholmissbrauch sowie unfreiwillige Aufnahme auf Station die Prädiktoren für Gewalt im Krankenhaus.

▪▪ Antipsychotika

Es ist davon auszugehen, dass im Zusammenhang mit Krankheitssymptomen stehendes aggressives Verhalten zurückgeht, wenn die betreffenden Symptome erfolgreich behandelt werden. Die o. g. epidemiologischen Studien mit der Bedeutung der Behandlungsadhärenz weisen darauf hin. Auch bei einer retrospektiven klinischen Studie bei stationärer Behandlung ergaben sich Hinweise, dass das Auftreten von Aggressionen im Behandlungsverlauf stetig zurückging (Steinert et al. 2000). Die beste Evidenz für eine antiaggressive Wirkung gibt es derzeit für Clozapin (s. u.). Wegen dessen ungünstigen Nebenwirkungsprofils und entsprechender Kontraindikationen wurde immer wieder versucht, eine zweitbeste Substanz mit ebenfalls antiaggressivem Effekt zu finden und eine entsprechende Rangfolge unter den Antipsychotika aufzustellen. Im Rahmen der achtzehn Monate dauernden, doppelblinden CATIE-Studie (The Clinical Antipsychotic Trials of Intervention Effectiveness Study) wurden 1445 Patientinnen und Patienten mit Schizophrenie randomisiert entweder mit Perphenazin oder einem atypischen Antipsychotikum behandelt. Bezüglich der Reduktion von Gewalt waren die neueren Antipsychotika (Risperidon, Ziprasidon, Olanzapin, Quetiapin) Perphenazin nicht überlegen, Quetiapin sogar deutlich unterlegen. Medikamentenadhärenz reduzierte das Auftreten von Gewalt, allerdings nicht bei den Patientinnen und Patienten, die bereits in der Kindheit antisoziales Verhalten gezeigt hatten. Neben Verhaltensproblemen in der Kindheit waren auch Substanzmissbrauch, eigene Gewalterfahrungen, Armut und schwierige Lebensumstände Risikofaktoren für Gewalt. Negativsymptomatik war mit weniger Gewalt assoziiert (CATIE-Studie, Swanson et al. 2008). Aripiprazol, für welches es ebenfalls Hinweise für antiaggressive Effekte gibt (s. u.) war zu Beginn der CATIE-Studie noch nicht auf dem Markt und war daher in dieser Analyse nicht enthalten.

Während die CATIE-Studie im Design primär u. a. auch auf die Untersuchung der Wirkung auf aggressives Verhalten angelegt war, sind alle übrigen sehr zahlreichen Studien, die auch in entsprechenden Reviews angeführt werden, dadurch gekennzeichnet, dass es sich entweder um Post hoc-Analysen bei primär anderen Fragestellungen z. T. nur einzelner Items in Skalen handelte, schlecht beschriebene Studienpopulationen eingeschlossen wurden oder die Beobachtungszeiträume sehr kurz waren (systematisches Review zu psychopharmakologischen Behandlungsansätzen bei aggressivem Verhalten, das allein zu Antipsychotika 44 doppelblinde RCTs einschloss und bewertete: Comai et al. 2012). Ob das pharmakologisch dem Clozapin relativ ähnliche Olanzapin ebenfalls spezifische antiaggressive Effekte aufweist, ist noch unklar. Hinweise dafür ergaben sich aus einer kleinen retrospektiven Studie mit der entsprechenden Depotformulierung (Baruch et al. 2014) und aus einer prospektiven Beobachtungsstudie aus dem ambulanten Setting (Swanson et al. 2004). Eine weitere offene Studie ergab positive Effekte von Olanzapin und Quetiapin auf die impulsive, aggressive und psychotische Symptomatik psychisch erkrankten Menschen mit Schizophrenie, wobei die Reduktion der aggressiven Symptomatik allerdings nicht signifikant war (Gobbi et al. 2014).

Empfehlungsgrad A, Evidenzgrad 4

Bei aggressivem Verhalten bei psychotischen Störungen soll primär die Grunderkrankung leitliniengemäß mit Antipsychotika behandelt werden.

(Fazel et al. 2014)

Konsens 93 % Zustimmung in der Onlineumfrage

Empfehlungsgrad B, Evidenzgrad 2, 4

Bei rezidivierendem aggressivem Verhalten und Adhärenzproblemen sollte eine Umstellung auf ein Depotpräparat mit der Patientin bzw. dem Patienten erörtert werden.

Begründung für Herabstufung des Empfehlungsgrades: Uneindeutige Studienlage.

(Fazel et al. 2014; Witt et al. 2013; Iozzino et al. 2015)

Starker Konsens 100 % Zustimmung in der Onlineumfrage

▪▪ Antiaggressiver Effekt von Clozapin

Ein Review über die spezifischen antiaggressiven Effekte von Clozapin schloss 6 Tierexperimente, 4 RCTs, 12 prospektive nicht kontrollierte Studien, 22 retrospektive Studien und vier Fallstudien ein (Frogley et al. 2012). Es zeigte sich, dass Clozapin Gewalt und Aggression langfristig reduzieren konnte, wobei ein Großteil der Evidenz von Patientinnen und Patienten mit Schizophrenie stammte. Es ergaben sich zudem Hinweise, dass es neben dem antipsychotischen und dem sedierenden Effekt auch einen eigenständigen antiaggressiven Effekt gibt. Zu der Frage, ob die antiaggressive Wirkung stärker als bei anderen Antipsychotika ist, war die Evidenzlage uneindeutig. Besonders gut schnitt Clozapin bei therapieresistenten Schizophrenien und bei Schizophrenien mit Komorbidität ab. Eine Reduktion der Schwere der Gewalttaten war in Studien allerdings erst bei ausreichend hoher Dosierung (im Mittel 465,2 mg/d Clozapin) zu beobachten. Auch in der bevölkerungsbasierten Studie aus Schweden, bei der jeder als Kontrolle ohne Behandlung mit sich selbst verglichen wurde, war die Risikoreduktion bei Clozapin stärker als bei anderen Antipsychotika. Clozapin reduzierte das Gewalttatenrisiko etwa um die Hälfte (Fazel et al. 2014). Für Patientinnen und Patienten mit therapieresistenten Schizophrenien sowie bei Patientinnen und Patienten mit Schizophrenie und hohem Gewalt- oder Suizidrisiko ist auf psychopharmakologischer Ebene die Behandlung mit Clozapin hinsichtlich ihrer antiaggressiven Effekte empirisch also gut belegt. Auf der anderen Seite ist Clozapin auch das Antipsychotikum mit dem ungünstigsten Risikoprofil.

Empfehlungsgrad A, Evidenzgrad 1

Bei aggressivem Verhalten im Rahmen von therapieresistenten psychotischen Störungen soll ein Behandlungsversuch mit Clozapin unter Beachtung der üblichen Kontraindikationen und Kontrollen erfolgen. Der Serumspiegel sollte dabei möglichst im oberen Referenzbereich liegen. Außer für Clozapin sind keine klaren Empfehlungen für oder gegen einzelne Substanzen aus der umfangreichen Studienlage abzuleiten.

(Frogley et al. 2012)

Konsens 92 % Zustimmung in der Onlineumfrage

▪▪ Kombinationstherapie und Hochdosistherapie

Nicht alle Patientinnen und Patienten sprechen auf eine Behandlung mit Clozapin im Hinblick auf die psychotischen Symptome ausreichend an. Mit diesen verbundenes schweres aggressives Verhalten kann in Einzelfällen ein schwerwiegendes Problem darstellen. Die Evidenz für Behandlungsempfehlungen in solchen Fällen ist sehr limitiert, weil gerade solche Patientinnen und Patienten auf Grund der typischen Ausschlussgründe (Fehlen einer informierten Zustimmung, Substanzmissbrauch etc.) nicht in Studien eingeschlossen werden. Behandlungserfahrungen gründen daher auf kleineren Beobachtungsstudien (bspw. Hotham et al. 2014), Behandlungsempfehlungen unter anderem auf neurobiologischen Überlegungen bezüglich Rezeptorprofilen (Morrissette und Stahl 2014). Eine zuweilen angewandte Strategie besteht darin, unter Kontrolle der Plasmaspiegel eine Kombinationstherapie oder eine Hochdosistherapie zu versuchen (Morrissette und Stahl 2014; Meyer 2014). Das theoretische Rationale besteht darin, jeweils eine ausreichende Besetzung von D2-Rezeptoren zu gewährleisten und ggf. zusätzliche antiaggressive Effekte auf der Ebene anderer Transmittersysteme zu bewirken, z. B. durch Modulation des Serotoninsystems. Dies wird entweder erreicht durch Kombination von Clozapin, welches nicht zu einer hohen D2-Rezeptorbesetzung führt, mit Substanzen mit einer hohen D2-Affinität wie Amisulprid oder Aripiprazol, oder durch vorsichtige schrittweise zunehmende Höherdosierung einer Einzelsubstanz unter strikter Kontrolle des Plasmaspiegels. Die letztere Strategie kann unter theoretischen Überlegungen nur erfolgreich sein, wenn z. B. auf Grund pharmakogenetischer Besonderheiten des Metabolismus unter den üblichen Dosierungen keine ausreichende Rezeptorbesetzung realisiert wird. Andernfalls ist nur mit einer Zunahme von UAW und unspezifischer Sedierung zu rechnen. Eine Fallserie, die sechs therapieresistente Patienten mit Schizophrenie einschloss, fand Hinweise auf positive Effekte einer Kombination von Clozapin und Amisulprid, wenn aggressive Symptome unter Clozapin alleine nicht ausreichend verbessert werden konnten (Hotham et al. 2014).

Empfehlungsgrad 0, Evidenzgrad 4

Bei aggressivem Verhalten bei therapieresistenten psychotischen Störungen kann eine antipsychotische Kombinationstherapie in Einzelfällen erwogen werden, vorwiegend mit Clozapin und einer Substanz, die eine starke Blockade von D2-Rezeptoren hervorruft.

(Hotham et al. 2014)
Konsens 91 % Zustimmung in der Onlineumfrage

Empfehlungsgrad 0, Evidenzgrad 5

Eine Überschreitung der empfohlenen Dosisobergrenzen kann in Einzelfällen unter Kontrolle des Serumspiegels und sorgfältigem klinischen Monitoring erfolgen.

(Morrissette und Stahl 2014; Meyer 2014, Expertenkonsens)
Konsens 83 % Zustimmung in der Onlineumfrage

■■ Stimmungsstabilisierer

Ein Cochrane Review zum Einsatz von Valproat bei Schizophrenien schloss insgesamt 26 RCTs mit 2184 Patientinnen und Patienten ein. Davon untersuchten 3 RCTs die Wirkung von Valproat auf aggressives Verhalten. Es ergaben sich Hinweise auf Wirksamkeit, allerdings handelte es sich bei allen drei Studien um nicht verblindete Studien sehr niedriger Qualität (Wang et al. 2016). Eine neuere retrospektive Studie, welche Valproat, Topiramat und deren Kombination bei der Behandlung aggressiver psychotischer Patientinnen und Patienten verglich, fand vergleichbare positive Wirkungen von Valproat und Topiramat auf aggressives Verhalten Menschen mit Schizophrenie, wobei aber nicht randomisiert oder verblindet wurde (Gobbi et al. 2006). Auch Carbamazepin wurde in einem aktuellen Cochrane Review nicht zur Behandlung der Schizophrenie empfohlen, weitere Studien insbesondere bei aggressiven Patientinnen und Patienten oder Patientinnen und Patienten mit komorbiden EEG-Veränderungen aber empfohlen (Leucht et al. 2014). Die bevölkerungsbasierte Studie aus Schweden (Fazel et al. 2014) lieferte Hinweise darauf, dass Stimmungsstabilisierer aggressives Verhalten wirksam bei Menschen mit bipolaren Störungen reduzierten, jedoch nicht bei Menschen mit Schizophrenie.

Empfehlungsgrad B, Evidenzgrad 2

Bei aggressivem Verhalten und therapieresistenten psychotischen Störungen sollte unter Beachtung der Kontraindikationen ein Behandlungsversuch zusätzlich zur antipsychotischen Medikation mit Valproat erfolgen, wenn eine affektive Störungskomponente vorliegt (bipolar oder schizoaffektiv).

Begründung für Herabstufung des Empfehlungsgrads: Studien mit großer Power und signifikanten Ergebnissen, aber nur kleine Effektstärken; die große bevölkerungsbasierte Beobachtungsstudie ergibt dagegen Hinweise auf eine Wirksamkeit nur bei bipolarer Störung.

(Fazel et al. 2014; Honglin 2005)

Konsens 90 % Zustimmung in der Onlineumfrage

Betablocker

12

Ein Cochrane-Review über den Einsatz von Betablockern als Add-on-Therapie bei Patientinnen und Patienten mit Schizophrenie, das 5 placebokontrollierte RCTs einschloss, kam zu dem Schluss, dass Betablocker keine suffiziente antipsychotische Wirkung entfalten und auch eine zusätzliche Gabe zu Antipsychotika aufgrund der geringen Evidenz und erheblicher UAW von Betablockern nicht zu empfehlen sei (Wahlbeck et al. 2000). Ein neueres, noch nicht in das Review eingeschlossene RCT ergab zwar eine antiaggressive Wirkung von Pindolol, bei jedoch fehlender Wirkung auf die übrige Symptomatik (Caspi et al. 2001). Die zusätzliche Gabe von Propranolol zu Haloperidol hatte keine signifikanten antiaggressiven Effekte (Maoz et al. 2000).

Empfehlungsgrad B, Evidenzgrad 1

Bei aggressivem Verhalten und therapieresistenten psychotischen Störungen sollte kein Behandlungsversuch mit

- Stimmungsstabilisierern (außer Valproat)
- Beta-Blockern
- Benzodiazepinen

unternommen werden.

(Wahlbeck et al. 2000; Maoz et al. 2000; Caspi et al. 2001; Leucht et al. 2014)

Starker Konsens 100 % Zustimmung in der Onlineumfrage

12.4.3.2 Rezidivierendes aggressives Verhalten bei Persönlichkeitsstörungen

Während man früher die pharmakologische Behandlung von Persönlichkeitsstörungen als wirkungslos ablehnte, geht man heute davon aus, dass bestimmte umschriebene Symptomenkomplexe wie Aggressivität und Impulsivität auf eine pharmakologische Behandlung teilweise ansprechen. Postuliert werden Veränderungen im serotonergen und dopaminergen System, welche in Verbindung mit traumatischen Erfahrungen zu bestimmten Verhaltens- und Interaktionsmustern beitragen können, welche wiederum durch eine entsprechende Pharmakotherapie günstig beeinflusst werden können. Des Weiteren spielen wahrscheinlich Opioide, GABA, Wachstumshormon und Oxytocin eine Rolle. Man geht allerdings davon aus, dass nur impulshafte (und nicht geplante) aggressive Handlungen pharmakologisch beeinflussbar sind. Die meisten Studien gibt es zu Borderlinepersönlichkeitsstörung (BPS), dissozialer Persönlichkeitsstörung und Intermittent Explosive Disorder.

Ein Cochrane-Review zur Pharmakotherapie bei BPS schloss insgesamt 28 RCTs ein, wobei neben Antipsychotika, Antidepressiva und Stimmungsstabilisierern auch Omega-3-Fettsäuren untersucht wurden. Als Outcomes wurden unter anderem die Symptome Impulsivität und Ärger gewählt, wobei Aripiprazol, Topiramat und Lamotrigin positive Effekte bei Impulsivität und Haloperidol und Olanzapin zusätzlich bei Ärger zeigten. Neben den bekannten UAW (bspw. Heißhungerattacken, metabolisches Syndrom) zeigte sich bei Olanzapin allerdings auch eine Verstärkung des selbstverletzenden Verhaltens. Außer für Antipsychotika und Antikonvulsiva ergaben sich auch Hinweise auf eine positive Wirkung von Omega-3-Fettsäuren auf Aggressivität (Stoffers et al. 2010). Zu anderen Antipsychotika der 2. Generation wie Clozapin, Quetiapin und Risperidon gibt es bis jetzt nur kleinere Open-Label-Studien (Clozapin 2 Studien mit insgesamt 27 Patientinnen und Patienten, Quetiapin insgesamt 4 Studien mit 101 Patientinnen und Patienten, Risperidon 1 Studie mit 15 Patientinnen und Patienten), in welchen sich erste Hinweise auf positive Effekte auf Impulsivität, Ärger und Feindseligkeit auch bei Menschen mit Borderlinestörung ergaben (Rosenbluth und Sinyor 2012). In einer weiteren Pilotstudie ergaben sich Hinweise auf positive Wirkungen des Antidepressivums Duloxetin auf Impulsivität und Wutausbrüche (Bellino et al. 2010). Ein RCT, in welchem die Wirkung von Valproat auf impulsives aggressives Verhalten untersucht wurde, ergab insbesondere bei Patientinnen und Patienten mit Cluster-B-Persönlichkeitsstörung positive Ergebnisse (Hollander et al. 2003). In einem neueren RCT zeigte sich Valproat als wirksam gegen viele Symptome bei BPS. Die Kombination von Valproat mit Omega-3-Fettsäuren schnitt aber bei den Outcomes Impulsivität und Wutausbrüchen noch besser ab (Bellino et al. 2014).

Empfehlungsgrad 0, Evidenzgrad 2

Bei rezidivierendem impulshaft aggressivem Verhalten bei Borderline-Persönlichkeitsstörungen kann gemeinsam mit der Patientin/dem Patienten eine Behandlung mit Aripiprazol, Lamotrigin, Valproat, Topiramat oder Omega 3-Fettsäuren erwogen werden.

(Stoffers et al. 2010)

Gründe für die Herabstufung: kleine, nicht replizierte Studien.

Starker Konsens 100 % Zustimmung in der Onlineumfrage

Empfehlungsgrad 0, Evidenzgrad 1
Bei Olanzapin und Haloperidol bestehen Hinweise auf eine Wirksamkeit. in Abwägung des Nutzen-Risiko-Verhältnisses kann ein Behandlungsversuch mit der Patientin bzw. dem Patienten erwogen werden.
(Stoffers et al. 2010; Rosenbluth und Sinyor 2012)
Konsens 92 % Zustimmung in der Onlineumfrage

Empfehlungsgrad 0, Evidenzgrad 4
Bei Quetiapin, Risperidon, und Clozapin bestehen Hinweise auf eine Wirksamkeit. In Abwägung des Nutzen-Risiko-Verhältnisses kann ein Behandlungsversuch mit der Patientin bzw. dem Patienten erwogen werden.
(Rosenbluth und Sinyor 2012)
Konsens 92 % Zustimmung in der Onlineumfrage

Die Evidenz bzgl. der Behandlung von dissozialen Persönlichkeitsstörungen mit Medikamenten ist noch unzureichend, positive Hinweise zumindest auf impulsive Formen von Aggression ergaben sich in einem systematischen Review, das 8 RCTs einschloss, für Phenytoin (Khalifa et al. 2010). Dabei bezogen sich aber alle 8 RCTs auf verschiedene Wirkstoffe, kein Ergebnis wurde bisher repliziert. Eine experimentelle Studie unter Laborbedingungen an gesunden Probandinnen und Probanden ergab, dass sich die Bereitschaft, aggressiv zu reagieren, bei Psychopathie (entsprechend dem Konzept von Hare, nicht identisch mit dem historischen Psychopathiekonzept der deutschen Psychiatrie) durch Gabe des SSRI Paroxetin reduzieren ließ (Fanning et al. 2014). Eine Fallserie an gewalttätigen 7 Männern mit „Psychopathy" in einem Hochsicherheitskrankenhaus in England zeigte positive Effekte von Clozapin auf Impulsivität, Ärger, Aggression und Gewalt (Brown et al. 2014).

Empfehlungsgrad 0, Evidenzgrad 4
Bei dissozialer Persönlichkeitsstörung reicht die Evidenz für konkrete Empfehlungen nicht aus.
(Fanning et al. 2014; Brown et al. 2014)
Starker Konsens 100 % Zustimmung in der Onlineumfrage

Ein neueres Review mit einer gepoolten Metaanalyse von insgesamt 489 Patientinnen und Patienten, das die Behandlung von wiederholter impulshafter Aggressionen bei Intermittent Explosive Disorder (gemäß den amerikanischen Diagnosekriterien, keine direkte Entsprechung in der ICD-10) mit Stimmungsstabilisierern untersuchte, schloss drei RCTs zu Phenytoin, ein RCT zu Lithium und zwei zu Carbamazepin/Oxcarbazepin ein, wobei die Substanzen jeweils mit Placebo verglichen wurden. Es ergaben sich positive Effekte auf aggressives Verhalten für Lithium, Phenytoin, Carbamazepin und Oxcarbazepin, wobei diese Effekte allerdings verschwanden, wenn nur Studien mit hoher Qualität eingeschlossen wurden (Jones et al. 2011). Ein RCT zeigte die Überlegenheit von Fluoxetin gegenüber Placebo zur Behandlung wiederholter impulshafter Aggressionen, allerdings schlossen nur etwa die Hälfte der Studienteilnehmenden die Studie ab (Coccaro et al. 2009). Ein älteres RCT, welches die Auswirkung von Carbamazepin und Propranolol auf Wutausbrüche untersuchte, ergab für beide Substanzen positive Wirkungen, wobei Patientinnen und Patienten mit ADHS eher auf Propranolol und solche mit antisozialer Persönlichkeitsstörung eher auf Carbamazepin ansprachen (Mattes 1990). Kritisch zu bewerten ist die Verwendung von Medikamenten bei Menschen mit Persönlichkeitsstörungen, die sich bei komorbiden Essstörungen auf das Hungergefühl und den Stoffwechsel auswirken (Olanzapin, Topiramat), die eine geringe therapeutische Breite haben und eine gute Compliance voraussetzen (Monoaminoxidaseinhibitoren, Lithium) oder aber die Hemmschwelle für aggressive oder suizidale Handlungen senken (Benzodiazepine).

Empfehlungsgrad 0, Evidenzgrad 2

Bei Persönlichkeitsstörungen mit rezidivierenden impulshaften Aggressionsausbrüchen als Hauptsymptom kann eine Behandlung mit Oxcarbazepin/Carbamazepin, Valproat, Phenytoin, Lithium oder Fluoxetin gemeinsam mit der Patientin oder dem Patienten erwogen werden. Risiken, UAW und Komorbiditäten sollen dabei hinsichtlich der Indikationsstellung besonders beachtet werden.

(Jones et al. 2011; Coccaro et al. 2009)

Starker Konsens 100 % Zustimmung in der Onlineumfrage

12.4.3.3 Rezidivierendes aggressives Verhalten bei demenziellen Erkrankungen

Aggressives Verhalten bei Menschen mit Demenzerkrankungen hat unterschiedliche Ursachen. Krankheitsbedingte Auslöser reichen von kognitiv bedingten Fehlinterpretationen sozialer Situationen über illusionäre Verkennungen auf Grund kognitiver Defizite bis hin zu im engeren Sinne psychotischem Erleben. Davon zu unterscheiden sind berechtigte reaktive Empörung etwa über unsachgemäße Pflege und eine Fortsetzung bereits prämorbid bestehender dissozialer Verhaltensstile. Nicht selten mischen sich verschiedene der genannten Bedingungsfaktoren. Aggressives Verhalten bei an Demenz erkrankten Menschen geht häufig (nicht immer) mit einem Syndrom der Agitiertheit einher, das oft ohne scharfe Abgrenzung zu Aggression Ziel von Interventionen ist.

Eine psychopharmakologische Behandlung aggressiven Verhaltens bei Menschen mit Demenzerkrankung ist nahezu regelmäßig von UAW begleitet, die die kognitive, die motorische, sensorische, kardiovaskuläre und damit die gesundheitliche Situation verschlechtern. Durch die mit der Pharmakotherapie einhergehende Sedierung kommt es häufiger zu Stürzen und zu Immobilisierung mit deren entsprechenden Folgen (Pneumonien, Thrombosen). Insofern ist hier eine besonders sorgfältige Nutzen-Risiko-Abwägung geboten. Evidenz- und konsensbasierte Empfehlungen ersetzen deshalb nie die sehr sorgfältige Überprüfung von Indikation und Dosierung im Einzelfall sowohl vor Beginn einer Therapie als auch in deren Verlauf.

Häufig gibt es behandelbare Ursachen für Agitation und Aggression wie beispielsweise Schmerzen oder Harndrang, welche vor Einleitung einer psychopharmakologischen Therapie suffizient diagnostiziert und behandelt werden sollen (Flo et al. 2014). Die

Einführung einer Schmerztherapie nach Schema konnte in einer clusterrandomisierten klinischen Studie die Agitiertheit von dementen Patientinnen und Patienten deutlich reduzieren (Husebo et al. 2011).

Eine Besonderheit dementieller Erkrankungen ist, dass eine informierte Einwilligung des Patienten häufig aufgrund mangelnder Einwilligungsfähigkeit nicht zu erhalten ist. Wenn auch mit entsprechender Assistenz keine informierte Einwilligung zu erreichen ist, muss der Betreuer die Einwilligung erklären (oder versagen). Dabei muss vorrangig auf den vorausverfügten Willen des Patienten zurückgegriffen werden, der zum Beispiel in einer Patientenverfügung niedergelegt ist und den der Betreuer umsetzen muss. Ist ein vorausverfügter Wille nicht zu eruieren, muss der Betreuer eine Entscheidung treffen, die dem mutmaßlichen Willen des Patienten entspricht. Nur wenn keine subjektiven Präferenzen ermittelbar sind, hat er sich danach zu richten, was voraussichtlich andere Menschen in dieser Situation für sich entscheiden würden. Dabei hat der Betreuer sein Handeln am Wohl des Patienten auszurichten. Die verordnende Ärztin bzw. der verordnende Arzt muss dabei berücksichtigen, dass gemäß der ärztlichen Berufsordnung eine Verordnung nur im Interesse der Patientin bzw. des Patienten, nicht aber im Interesse Dritter zulässig ist. In diese Überlegungen wird allerdings auch häufig mit einfließen müssen, dass Medikamente einerseits nicht unzureichende personelle oder bauliche Situationen kompensieren sollen, andererseits aber auch manchmal die einzige Möglichkeit sind, eine sachgerechte Pflege und Versorgung der Patientin oder des Patienten zu ermöglichen, insbesondere durch einen ebenfalls in der Regel betagten Partner bzw. eine betagte Partnerin. Wenn die Alternative zu einer medikamentösen Behandlung ein von dem an Demenz erkrankten Menschen eigentlich abgelehnter Umzug in eine Pflegeeinrichtung ist, muss auch diese Perspektive in ethische Überlegungen mit einbezogen werden.

In den letzten Jahren wurden diverse Placebo-kontrollierte randomisierte Studien mit verschiedenen Substanzen durchgeführt, wobei der Beobachtungszeitraum mehrheitlich 6 bis 12, in einzelnen Fällen auch bis zu 32 Wochen betrug. Diese Studien wurden mehrheitlich an Menschen mit Alzheimerdemenz durchgeführt. Weniger Studien gibt es für vaskuläre Demenzen sowie für Morbus Parkinson und Lewy-Body-Demenz, wo häufig erschwerend eine Unverträglichkeit für Antipsychotika hinzukommt.

Die Studien zur medikamentösen Behandlung von aggressivem Verhalten haben in der Regel ein kurzes Follow-up (bis zu zwölf Wochen). Die Zulassung beispielsweise für Risperidon bei aggressivem Verhalten gilt nur für sechs Wochen. Ein systematisches Review zur Behandlung von aggressivem Verhalten bei Menschen mit Demenzerkrankungen ergab, dass das Absetzen der Medikamente in der Regel möglich ist, ohne dass es erneut zu aggressivem Verhalten kommt. (Declercq et al. 2013). Ein weiteres systematisches Review ergab, dass die Effekte von Antipsychotika auf aggressives Verhalten nur gering sind (Banerjee 2009). Aussagen zur Langzeitanwendung von Psychopharmaka gegen aggressives Verhalten können auf Grundlage dieser Datenbasis nicht getroffen werden.

Empfehlungsgrad A, Evidenzgrad 2

Die Möglichkeiten der Gestaltung geeigneter Umgebungsbedingungen und zwischenmenschlicher Beziehungen sollen vor der Indikationsstellung für eine Pharmakotherapie ausgeschöpft werden. Eine suffiziente Behandlung von Schmerzen und anderen somatischen Beeinträchtigungen soll gewährleistet werden.

(Husebo et al. 2011)

Starker Konsens 100 % Zustimmung in der Onlineumfrage

Expertenkonsens

Eine Pharmakotherapie darf nicht im ausschließlichen Interesse Dritter stattfinden. Sie bedarf bei nicht gegebener Einwilligungsfähigkeit entweder einer wirksamen Vorausverfügung oder der informierten Einwilligung eines rechtlichen Vertreters.

Konsens 88 % Zustimmung in der Onlineumfrage

Empfehlungsgrad A, Evidenzgrad 1

Bei medikamentöser Behandlung rezidivierenden aggressiven Verhaltens von Menschen mit Demenzerkrankungen soll eine Überprüfung nach vorab definierten Kriterien nach einem Zeitraum von 4–8 Wochen erfolgen.

(Declercq et al. 2013; Banerjee 2009)

Konsens 94 % Zustimmung in der Onlineumfrage

■■ Antipsychotika

In einem Review mit Metaanalyse zum Off Label-Gebrauch von atypischen Antipsychotika bei Erwachsenen (Maher et al. 2011) erwiesen sich Risperidon, Aripiprazol und Olanzapin als wirksam gegen Verhaltensauffälligkeiten bei Menschen mit Demenz im Allgemeinen und Agitation im Speziellen, wobei kleine, aber signifikante Effekte berechnet wurden. Signifikante antipsychotische Wirkung zeigte nur Risperidon. Für alle drei Substanzen gibt es Rote-Hand-Briefe für die Anwendung bei älteren Menschen mit Demenzerkrankung vor allem wegen gehäuft beobachteter cerebrovaskulärer Ereignisse und einer erhöhten Sterblichkeit. Während Risperidon für die Behandlung aggressiven Verhaltens bei Demenz zugelassen ist, ist die Behandlung mit Aripiprazol oder Olanzapin Off-Label. Während der Behandlung mit Quetiapin ergab sich hingegen keine signifikante Verbesserung, allerdings zeigten sich hier negative Effekte auf die Kognition. Im direkten Vergleich zeigte sich keine signifikante Überlegenheit eines der Medikamente über ein anderes. Auch waren die atypischen Antipsychotika Haloperidol metaanalytisch in der Beherrschung von Agitation und Psychose nicht überlegen. Insgesamt zeigte sich eine erhöhte Mortalität bei älteren Menschen, die mit Antipsychotika behandelt wurden (Number needed to Harm (NNH) = 87), ein höheres Risiko für Schlaganfälle (NNH = 53 für Risperidon) und EPMS (NNH = 10 für Olanzapin, NNH = 20 für Risperidon) sowie ein höheres Risiko für Harnwegsinfekte (NNH zwischen 16 und 36). Dabei wurden insgesamt 38 Studien eingeschlossen, 13 davon waren zuvor noch in keinem anderen systematischen Review eingeschlossen worden. In einem Cochrane-Review (Lonergan et al. 2002) wurde die Wirksamkeit von Haloperidol auf Agitation und Aggression bei Menschen mit Demenzerkrankungen bewertet. Die Wirkung auf Aggression war besser als Placebo, nicht aber die Wirkung auf allgemeine Agitation.

Die bei an Demenz erkrankten Menschen gegenüber Placebo bestehende mäßige Erhöhung der Mortalität bei Behandlung mit atypischen Antipsychotika auf das 1,5- bis 1,8-fache und wahrscheinlich eine noch stärkere Erhöhung bei typischen Antipsychotika, blieb bei der Langzeitanwendung, deren Nutzen noch fraglich ist, bestehen und macht diese problematisch (Ballard et al. 2011; Schneeweiss et al. 2007). Die Studienlage ist hier nicht eindeutig: Eine Kohortenstudie, welche 1531 Patientinnen und Patienten mit vaskulärer Demenz umfasste, von welchen 337 mit atypischen Antipsychotika behandelt wurden, konnte keine erhöhte Mortalität bei Letzteren finden (Sultana et al. 2014). In einer anderen Kohortenstudie, bei welcher Menschen mit Alzheimerdemenz untersucht wurden, zeigte sich eine höhere Mortalität und eine frühere Einweisung ins Pflegeheim bei Menschen, die mit Antipsychotika behandelt wurden. Dieser Effekt verschwand aber, wenn die Daten für die Kovariable ‚Psychose', welche per se mit einem ungünstigen Verlauf korreliert ist, korrigiert wurden (Lopez et al. 2013). Von Experten wird eine möglichst kurze Behandlungsdauer mit Antipsychotika bei Demenz favorisiert. Ein Cochrane-Review (Declercq et al. 2013) zeigte, dass Antipsychotika bei älteren Menschen mit Demenz in der Regel abgesetzt werden konnten, ohne dass es zu einer signifikanten Verschlechterung des Verhaltens kam.

Einzig Risperidon hat in Deutschland die spezifische Zulassung, mit Einschränkungen bezüglich Mindestschweregrad („anhaltende Aggression bei Patienten mit mäßiger bis schwerer Alzheimer-Demenz, die auf nichtpharmakologische Methoden nicht ansprechen und wenn ein Risiko für Eigen- und Fremdgefährdung besteht"), Verordnungsdauer (maximal 6 Wochen), Überprüfungsintervall und Dosis (0,5 mg, max. 2 mg).

Für andere in der Praxis häufig eingesetzte Substanzen wie Melperon und Pipamperon liegt keine Evidenz aus Studien von ausreichender Qualität vor. Melperon und Pipamperon sind für die Dämpfung von Unruhe und psychomotorischen Erregungszuständen bei geriatrischen Patientinnen und Patienten zugelassen. Diese Substanzen weisen auf ein bei der Erstellung von Leitlinien typisches Problem hin. Es liegt weder Evidenz für eine gute noch für eine fehlende Wirksamkeit vor, weil für diese und andere lange auf dem Markt befindliche Substanzen kein Interesse an einer Finanzierung von qualitativ hochwertigen Studien besteht. Damit besteht die Gefahr, dass Leitlinienempfehlungen auf Grund der verfügbaren Evidenz neuere und erheblich teurere Substanzen favorisieren, ohne dass deren Überlegenheit erwiesen ist. Melperon führt wahrscheinlich zu einer stärkeren Verlängerung des QTc-Intervalls als Pipamperon und hat daher ein höheres Risiko für Torsades de Pointes. Eine relevante Verlängerung des QTc-Intervalls unter Pipamperon konnte in einer Studie an 8222 Patienten, von denen aber nur 15 Pipamperon erhielten, nicht gefunden werden (van Noord et al. 2009). Ein Fallbericht beschreibt eine erhebliche QTc-Zeit Verlängerung bei Intoxikation mit Pipmaperon (Serumspiegel über das Zehnfache des therapeutischen Bereiches erhöht) in Kombination mit Fluoxetin bei zusätzlich bestehender Hypokaliämie (Bont et al. 1998).

Empfehlungsgrad A, Evidenzgrad 1

Bei aggressivem Verhalten und Agitation bei Demenz soll ein Behandlungsversuch mit Risperidon unter sorgfältiger Abwägung von potentiellem Nutzen und Nebenwirkungen in einschleichender Dosierung mit maximaler Dosis von 2 mg unternommen werden. Die Behandlungsdauer sollte möglichst kurz gehalten werden.

Haloperidol soll nur bei zusätzlichem Delir verwendet werden (Maher et al. 2011)

Konsens 94 % Zustimmung in der Onlineumfrage

Empfehlungsgrad 0, Evidenzgrad 5
Zur Behandlung von Aggression im Rahmen einer Agitiertheit können auch Melperon oder Pipamperon eingesetzt werden, die für diese Indikation zugelassen sind.

Begründung für Hochstufung der Empfehlung: Umfassende klinische Erfahrung liegt vor; qualitativ hochwertige Studien wurden nicht durchgeführt, weil die Substanzen schon sehr lange zugelassen sind. Es gibt keine Studien mit direktem Vergleich zwischen Risperidon und Melperon.

Starker Konsens 100 % Zustimmung in der Onlineumfrage

Betablocker

Ein Review über insgesamt vier RCTs, von denen zwei die Anwendung von Propranolol und zwei von Pindolol bei Patientinnen und Patienten mit Alzheimererkrankung mit Placebo verglichen, bewertete Betablocker als nur mäßig und zeitlich befristet wirksam. Hermann und Lanctôt bewerteten die Evidenz für den Einsatz von Betablockern als unzureichend. Zahlreiche Patientinnen und Patienten schieden wegen Kontraindikationen aus (Herrmann und Lanctot 2007).

Antidementiva

Eine gepoolte Analyse, welche sechs randomisierte, placebokontrollierte, doppelblinde Studien einschloss, zeigte einen positiven Effekt des Antidementivums Memantin auf Aggression und Agitation (Gauthier et al. 2008). Dieser Effekt konnte in zwei neueren doppelblinden RCTs nicht repliziert werden, hier war Memantin Placebo nicht überlegen (Fox et al. 2012; Herrmann et al. 2013). Eine randomisierte, allerdings nicht verblindete Studie ergab für Memantin und Rivastigmin positive Effekte auf neuropsychologische Symptome bei Alzheimerdemenz, wobei sich die größten Effekte auf Agitation und Aggression zeigten (Cumbo und Ligori 2014). In einer multizentrischen retrospektiven Studie ergaben sich Hinweise auf den Nutzen einer Augmentationstherapie in Form der Zugabe von Memantin zu einem Acetylcholinesterasehemmer. Sowohl kognitive als auch neuropsychologische Symptome verbesserten sich. Gleichzeitig trat Agitation aber auch als UAW auf und führte in diesen Fällen zum Behandlungsabbruch (Gareri et al. 2014).

Empfehlungsgrad 0, Evidenzgrad 1
Bei rezidivierendem aggressivem Verhalten bei Alzheimerdemenz kann ein Behandlungsversuch mit Cholinesterasehemmern empfohlen werden, wenn diese auch für die Demenzbehandlung indiziert sind.

Begründung für Herabsetzung des Empfehlungsgrades: Schwache oder widersprüchliche Hinweise auf Wirksamkeit. (Cumbo und Ligori 2014)

Konsens 91 % Zustimmung in der Onlineumfrage

▪▪ Stimmungsstabilisierer

Die beste Evidenz mit drei RCTs und einer Metaanalyse über zwei der RCTs zur Behandlung von Aggression und Agitation bei Demenzerkrankungen hat unter den Stimmungsstabilisierern bis heute Carbamazepin, welches aber aufgrund seiner UAW (Hyponatriämie, Medikamentenwechselwirkungen) erst als Zweitlinientherapie, wenn sich andere Medikamente als unwirksam erwiesen haben, empfohlen wird (Gallagher und Herrmann 2014). Eine randomisierte, Placebo-kontrollierte Studie konnte keinen signifikanten Effekt von Oxcarbazepin (keine Medikamentenwechselwirkungen zu erwarten) auf neuropsychologische Symptome bei schwerer Demenz finden (Sommer et al. 2009).

Ein Review (Gallagher und Herrmann 2014) schloss 4 RCTs ein, in welchen die Verwendung von Valproat bei agitiert-aggressivem Verhalten bei Menschen mit Demenzerkrankungen untersucht wurde. Es wurden vor allem UAW wie schnelleres Voranschreiten der kognitiven Verschlechterung und Hirnatrophie sowie Thrombopenie und Hyperammonämie beobachtet und kein signifikanter positiver Effekt auf neuropsychologische Symptome, weswegen von einer regelhaften Verwendung von Valproat bei agitierten oder aggressiven Menschen mit Demenz abgeraten wurde.

Zu Lithium bei Demenzen gibt es bis jetzt nur Fallserien, welche keine positiven Effekte auf die neuropsychologischen Symptome bei Demenz zeigten (Yeh und Ouyang 2012). Eine Fallserie zur Behandlung von Verhaltensproblemen bei vaskulärer und gemischter Demenz (Menschen mit einem erhöhten Risiko für cerebrovaskuläre Ereignisse, daher Behandlung mit Antipsychotika umstritten) ergab Hinweise auf eine günstige Wirkung von niedrig dosiertem Gabapentin (Cooney et al. 2013). Zu anderen neueren Antikonvulsiva bzw. Stimmungsstabilisierern liegen noch nicht ausreichend Daten vor.

12

Empfehlungsgrad 0, Evidenzgrad 1

Bei rezidivierendem aggressivem Verhalten bei Demenz kann ein Behandlungsversuch mit Carbamazepin unternommen werden, wenn Antipsychotika sich als nicht ausreichend wirksam erwiesen haben.

Begründung für Herabstufung des Empfehlungsgrades: Gute Hinweise für Wirksamkeit, aber ungünstiges Nebenwirkungsprofil. Inkonsistente Ergebnisse.

(Gallagher und Herrmann 2014)

Starker Konsens 100 % Zustimmung in der Onlineumfrage

Empfehlungsgrad B, Evidenzgrad 1

Valproat sollte wegen des als ungünstig eingeschätzten Wirkungs-/Nebenwirkungsprofils in dieser Indikation nicht verwendet werden.

(Gallagher und Herrmann 2014)

Starker Konsens 100 % Zustimmung in der Onlineumfrage

▪▪ Benzodiazepine

Für Benzodiazepine liegen zwar entsprechende RCTs vor, diese wurden aber in einem Review als qualitativ unzureichend bewertet. Aufgrund des Nebenwirkungsprofils (Abhängigkeit, Sedierung, Sturzgefahr, kognitive Verschlechterung) wurde die Anwendung bei Demenz außerhalb von akuten Erregungszuständen nicht empfohlen (Herrmann und Lanctot 2007).

▪▪ Andere Behandlungsansätze

Ein Cochrane-Review (Seitz et al. 2011), welches die Wirkung von Antidepressiva auf Agitation und Psychose bei Demenz untersuchte, ergab Hinweise auf eine positive Wirkung von SSRI und Trazodon auf das Symptom Agitation. Aggression wurde nicht untersucht. In einem neueren RCT, bei welchem zusätzlich zu einem psychosozialen Interventionsprogramm 30 mg Citalopram oder Placebo gegeben wurde, war Citalopram in der Kontrolle von Agitation überlegen, es kam aber unter dieser hohen Dosierung auch zu einer kognitiven Verschlechterung und einer Verlängerung des QTc-Intervalls (Porsteinsson et al. 2014).

Ein Review, welches die Wirkung von Cannabinoiden auf Agitation und Aggression bei Demenz untersuchte, bemängelte zu kleine Studien mit zu kurzer Dauer, welche teilweise keine Placebogruppe hatten, weswegen keine abschließende Bewertung möglich sei (Liu et al. 2015). Eine doppelblinde, randomisierte, Placebo-kontrollierte Studie konnte zumindest für niedrig dosierte Cannabinoide über 21 Tage keine positiven Effekte nachweisen (van den Elsen et al. 2015).

In einer retrospektiven Studie, welche 16 Patientinnen und Patienten einschloss, und einer offenen nicht randomisierten Studie ohne Kontrollgruppe, welche 23 Patientinnen und Patienten einschloss, ergaben sich Hinweise auf die Wirksamkeit von Elektrokonvulsionstherapie bei Agitation und Aggression bei Demenz (Ujkaj et al. 2012; Acharya et al. 2015). Weitere Studien sind erforderlich, um eine Empfehlung bzgl. des Einsatzes von EKT in der Praxis geben zu können.

Ein Review schloss 1 RCT, bei welchem Cyproteronacetat zur Behandlung von Aggressionen bei Alzheimerdemenz mit Haloperidol verglichen wurde, und eine offene Studie an Patientinnen und Patienten mit Alzheimer- oder vaskulärer Demenz ein. Cyproteronacetat war Haloperidol in der Kontrolle von Aggressivität überlegen und verursachte weniger UAW (Bolea-Alamanac et al. 2011).

In einer randomisierten, placebokontrollierten Studie, welche 22 Patientinnen und Patienten einschloss, war Prazosin bei Patientinnen und Patienten mit Alzheimererkrankung, welche aggressives oder agitiertes Verhalten zeigten, in der Kontrolle dieser Symptome überlegen (Wang et al. 2009).

Empfehlungsgrad B, Evidenzgrad 2

Benzodiazepine, ß-Blocker, SSRI, typische Antipsychotika und Quetiapin sollten wegen des als ungünstig eingeschätzten Wirkungs-/Nebenwirkungsprofils in dieser Indikation nicht eingesetzt werden.

Begründung für Herabsetzung des Empfehlungsgrades: Schwache oder widersprüchliche Hinweise auf Wirksamkeit bzw. ungünstiges Nebenwirkungsprofil

(Maher et al. 2011; Herrmann und Lanctot 2007; Seitz et al. 2011; Porsteinsson et al. 2014; Schneeweiss et al. 2007).

Konsens 86 % Zustimmung in der Onlineumfrage

12.4.3.4 Rezidivierendes aggressives Verhalten bei geistigen Behinderungen und autistischen Störungen

Aggressives Verhalten bei Menschen mit Autismus-Spektrum-Störung (ASD) oder geistiger Behinderung hat viele Ursachen. Auslöser reichen von Fehlinterpretationen sozialer Situationen über Reizüberflutung und aversive innere Reize (z. B. Schmerzen) bis hin zu in engerem Sinne psychotischem Erleben bei psychiatrischer Komorbidität. Mangelnde Empathiefähigkeit in potentielle Opfer der Aggression und eingeschränkte verbale Ausdrucks- und Konfliktlösungsmöglichkeiten begünstigen einen oft abrupten Wechsel in aggressive Entäußerungen. Auch eine ungeeignete Beziehungsaufnahme mit der Überschreitung individueller Grenzen oder Konventionen kann in diesem Kontext aggressive Reaktionen auslösen. Eine Studie an Jugendlichen mit ASD und geistiger Behinderung zeigte, dass häufig behandelbare körperliche (epileptische Anfälle, Schmerzen) oder psychische (Psychosen) Komorbiditäten für aggressives Verhalten verantwortlich waren (Guinchat et al. 2015). Eine suffiziente Diagnostik und Therapie der zugrundeliegenden Erkrankung ist unabdingbar. Des Weiteren sollten evidenzbasierte pädagogische und psychotherapeutische Programme zum Einsatz kommen (Im 2016).

Wie bei allen pharmakologischen Interventionen bei aggressivem Verhalten stellt sich die Frage nach dem Wirkungsmechanismus und unerwünschten Begleitwirkungen. Theoretisch ist eine antipsychotische Wirkung dopaminrezeptorblockierender Substanzen bei eindeutig psychotisch motiviertem Verhalten, welches aber nur bei Vorliegen typischer psychopathologischer Symptome angenommen werden kann, am ehesten plausibel. In diesem Fall beruht die Wirkung aber auf einer Behandlung der Grunderkrankung und nicht oder weniger auf einer direkten anti-aggressiven Wirkung.

Ein Großteil der Evidenz zur pharmakologischen Behandlung von aggressivem Verhalten bei autistischen Störungen und geistigen Behinderungen stammt aus dem kinder- und jugendpsychiatrischen Bereich.

In einem Review (Matson und Jang 2014) wurden zur medikamentösen Behandlung von aggressivem Verhalten bei Erwachsenen mit ASD lediglich vier Studien, davon ein Fallbericht, gefunden: Eine offene Studie ohne Kontrollgruppe untersuchte die Verwendung von Buspiron bei aggressivem und selbstverletzendem Verhalten bei 26 autistischen und nicht-autistischen Menschen mit geistiger Behinderung. Es sprachen nur wenige der Patientinnen und Patienten auf die Behandlung an, wobei es auch bei diesen lediglich gelang, dass die Verhaltensweisen seltener auftraten, aber nicht ausblieben oder minder schwer ausgeprägt waren. Während sich in der Gruppe der nicht-autistischen Patientinnen und Patienten eine Verbesserung ergab, ergab sich bei den autistischen Patientinnen und Patienten sogar eine Verschlechterung (King und Davanzo 1996). In einem RCT wurde die Wirkung von Fluvoxamin auf aggressives Verhalten bei autistischen Erwachsenen mit Placebo verglichen (McDougle et al. 1996). Ein weiteres RCT verglich Risperidon mit Placebo (McDougle et al. 1998). Dabei waren sowohl Risperidon als auch Fluvoxamin bei der Reduktion aggressiven Verhaltens Placebo überlegen. Es handelte sich aber jeweils um kleine Studien. Ein Cochrane Review zur Verwendung von SSRI bei Verhaltensauffälligkeiten von Kindern und Jugendlichen mit ASD ergab hingegen keine positiven Effekte (Williams et al. 2013). Auch bei der Indikation ASD muss mit den langfristigen UAW von Risperidon wie Gewichtszunahme gerechnet werden (Aman et al. 2015), positive Auswirkungen auf die autistische Kernsymptomatik sind nicht zu erwarten, wie entsprechende Studien an Kindern und Jugendlichen zeigten (Marrus et al. 2014).

Die Evidenz zur Behandlung von aggressivem Verhalten bei geistigen Behinderungen ist besonders rar. Sohanpal et al. kritisieren in ihrem Review zum Einsatz von Antidepressiva bei Verhaltensauffälligkeiten bei geistig behinderten Erwachsenen das Fehlen von RCTs, zu kleine Studien, fehlende Kontrollgruppen, das Problem, dass viele Menschen mit schwerer geistiger Behinderung nicht einwilligungsfähig sind und daher gar nicht in Studien eingeschlossen werden, sowie zu allgemeine und zu subjektive Outcomes (Sohanpal et al. 2007). Die Autoren kommen zu dem Schluss, dass insbesondere SSRI aggressives und anderes Problemverhalten in weniger als 50 % der untersuchten Fälle verbessern könnten und vor allem dann wirksam seien, wenn diesem Problemverhalten eine psychische Komorbidität zugrunde liege, für welche SSRI sowieso zugelassen sind (Zwangsstörung, Angststörung).

Risperidon verfügt über eine Zulassung zur Kurzzeitbehandlung von Kindern und Jugendlichen mit aggressiven Verhaltensweisen. Ein RCT (Tyrer et al. 2008) fand keine Überlegenheit von Risperidon oder Haloperidol gegenüber Placebo bei der Behandlung von Aggressionen bei geistig behinderten Menschen. Ähnlich ernüchternd ist die Evidenz für die Verwendung von Aripiprazol: Ein Review beklagt ebenfalls die schlechte Qualität vieler Studien, die subjektiven Outcomes sowie zu kurze Nachuntersuchungen (Deb et al. 2014). RCTs gibt es nur für Kinder. Outcome ist häufig Irritabilität, wobei Irritabilität neben Agitation und Aggressionen auch Symptome wie Depression und Weinen enthält. Ein Review, welches den Zusammenhang von Aggression und Psychose sowie die antiaggressive Wirkung von Antipsychotika untersuchte, kam zu dem Ergebnis, dass ein Großteil der aggressiven Verhaltensweisen bei Menschen mit geistiger Behinderung auf nicht-psychotische Störungen oder Umweltfaktoren zurückzuführen sei und dass es keine Evidenz aus Grundlagenstudien gebe, dass Antipsychotika per se antiaggressiv wirkten (Tsiouris 2010). Eine Behandlung von nicht-psychotisch motivierter Aggression mit Antipsychotika wurde daher vom Autor abgelehnt.

In unretardierter Form ist Zuclopenthixol neben Risperidon das einzige Antipsychotikum mit einer speziellen Zulassung zur Behandlung von psychomotorischen Erregungszuständen bei Menschen mit Intelligenzminderung. In einem RCT zeigte sich Zuclopethixol in dieser Indikation mit einer Dosierung von 20mg/Tag effektiv und nebenwirkungsarm. Eine neuere Absetzstudie ergab, dass Patientinnen und Patienten, die über zwei Jahre kontinuierlich mit Zuclopenthixol behandelt wurden, mehr profitierten als die Drop-outs (Haessler et al. 2007, 2011).

Ein Review zur Behandlung von Verhaltensauffälligkeiten bei Menschen mit geistiger Behinderung nannte auch zwei retrospektive Studien, die positive Auswirkungen von Valproat und Topiramat auf Aggressionen bei Menschen mit geistiger Behinderung fanden (Hassler und Reis 2010). Lithium erwies sich in einer älteren nicht randomisierten doppelblinden Studie als wirksam bei aggressivem Verhalten bei Menschen mit geistiger Behinderung (Craft et al. 1987). Die Ergebnisse eines Reviews, das vierzehn Studien einschloss (kein RCT), stützen die Wirkung von Betablockern auf aggressives Verhalten bei geistig behinderten Menschen (Ward et al. 2013).

Expertenkonsens

Bei aggressivem Verhalten von Menschen mit geistiger Behinderung sollen primär möglicherweise zugrundeliegende körperliche oder psychische Erkrankungen behandelt werden. Ohne Vorliegen einer solchen Komorbidität soll die Indikation für eine Pharmakotherapie besonders kritisch gestellt werden. Heilpädagogische Interventionen sollen vorrangig zum Einsatz kommen. Eine Pharmakotherapie kann erwogen werden, wenn nur dadurch restriktive Maßnahmen verhindert oder Inklusion erhalten oder gefördert werden können. Eine möglichst niedrige Dosierung soll angestrebt werden, die Notwendigkeit einer Fortführung der Behandlung soll in angemessenen Zeiträumen auch mittels Reduktions- bzw. Absetzversuchen überprüft werden.

(Guinchat et al. 2015; Im 2016)

Starker Konsens 100 % Zustimmung in der Onlineumfrage

Empfehlungsgrad 0, Evidenzgrad 2

Wenn eine Pharmakotherapie indiziert ist, kann eine Behandlung mit einem Antipsychotikum oder einem SSRI erwogen werden.

Begründung für Herabstufung der Empfehlung: kleine Studien, Übertragbarkeit von Kindern auf Erwachsene fraglich.

(McDougle et al. 1996, 1998; Haessler et al. 2007, 2011)

Konsens 92 % Zustimmung in der Onlineumfrage

Empfehlungsgrad 0, Evidenzgrad 4

Wenn eine Pharmakotherapie indiziert ist, kann eine Behandlung mit einem Stimmungsstabilisierer oder einem Betablocker erwogen werden.

Begründung für Herabstufung der Empfehlung: kleine Studien, Übertragbarkeit von Kindern auf Erwachsene fraglich.

(Hassler und Reis 2010; Ward et al. 2013)

Konsens 92 % Zustimmung in der Onlineumfrage

12.4.3.5 Rezidivierendes aggressives Verhalten bei Chorea Huntington

12

Ein aktuelles Review zu aggressivem Verhalten bei Chorea Huntington berichtet von hohen Raten von Aggressivität bei betroffenen Patientinnen und Patienten (Fisher et al. 2014). Zur Behandlung derartiger Verhaltensstörungen wurden verschiedene Medikamente in Studien untersucht (Lithium, Neuroleptika, Betablocker, Parkinsonmedikamente, Antidepressiva, Buspiron, Stimmungsstabilisierer, Benzodiazepine und Hormone). Das Review schloss 17 kleine Studien (1–6 Teilnehmer pro Studie) zu Medikamenten ein, davon 10 Fallberichte, 6 Fallserien und nur eine Studie mit Kontrollgruppe aus dem Jahr 1975, welche eine Überlegenheit der Kombination Haloperidol und Lithium gegenüber Placebo zeigte. Bei den meisten Studien wurden rein subjektive Outcomes gewählt und keine Signifikanzlevels festgelegt, sodass die Autorinnen und Autoren des Reviews mit Verweis auf die schlechte Evidenzlage keine spezifischen Empfehlungen für die Behandlung von Aggressionen im Rahmen von Chorea Huntington machten.

Expertenkonsens

Evidenz-basierte Empfehlungen zur Behandlung von Aggression bei Chorea Huntington sind auf der Basis des derzeitigen Wissensstandes nicht möglich.

Wenn aggressives Verhalten als Begleitsymptom einer organischen Psychose bei Chorea Huntington auftritt, sollte primär die antipsychotische Behandlung erfolgen.

(Fisher et al. 2014)

Starker Konsens 100 % Zustimmung in der Onlineumfrage

12.4.3.6 Aggressives Verhalten bei Delir

Delire sind Syndrome mit zumeist akutem Beginn mit Störungen des Bewusstseins und der Aufmerksamkeit, globalen Störungen der Kognition, illusionären Verkennungen und zumeist optischen Halluzinationen, affektiven und psychomotorischen Störungen sowie

Störungen des Schlaf-Wach-Rhythmus. Aggressives Verhalten kann, auch unvorhersehbar, im Rahmen allgemeiner Agitation und auch als Folge von illusionären Verkennungen, Fehlinterpretationen oder sonstigen psychotischen Erlebensweisen auftreten. Die Ursachen sind vielfältig.

Bei aggressivem Verhalten und Agitation im Rahmen eines Alkoholentzugsdelirs gelten die Therapieempfehlungen für das Alkoholentzugssyndrom gemäß der S3-Leitlinie „Screening, Diagnose und Behandlung alkoholbezogener Störungen" (AWMF Register Nr. 076-001 2016).

Nach einem Schädel-Hirn-Trauma (SHT) kann es, abhängig vom Schweregrad, in der postkomatösen Phase zu einem deliranten Syndrom mit Desorientiertheit, Agitiertheit, illusionären Verkennungen und wahnhaften Fehlinterpretationen kommen (früher als „Durchgangssyndrom" bezeichnet). Zu aggressiven Handlungen kann es im Rahmen der Agitation und auch als subjektive Abwehrhandlung gegen vermeintliche Bedrohungen kommen. Um die erforderliche umfangreiche medizinische Versorgung zu gewährleisten, können eine Fixierung und eine pharmakologische Sedierung erforderlich werden. Dabei müssen einerseits die Sicherheit der Patientin bzw. des Patienten und des Personals, andererseits aber auch potentielle Auswirkungen der Medikamente auf die weitere Rehabilitation berücksichtigt werden. Benzodiazepine und Antipsychotika haben z. B. eher ungünstige Wirkungen auf die Kognition und das Gedächtnis und besonders nach Hirnschädigungen ein höheres Risiko paradoxer Reaktionen bzw. eines malignen neuroleptischen Syndroms.

Eine französische Arbeitsgruppe recherchierte die Literatur zur pharmakologischen Behandlung von Verhaltensstörungen nach SHT und formulierte in einem Konsensusprozess aktuelle Leitlinienempfehlungen, welche hier übernommen werden sollen (Leitlinienadaptation). Es wurden insgesamt 76 Studien zur Pharmakotherapie von Verhaltensstörungen nach SHT ausgewählt, davon 16 hochwertige Metaanalysen, systematische Reviews, RCTs bzw. Vergleichsstudien. Vier Studien zu Betablockern (1 RCT, 3 Cross-over-Studien) ergaben, dass Betablocker gegen Agitiertheit und Aggression nach traumatischer Hirnschädigung wirksam sind, wobei teilweise hohe Dosierungen gewählt wurden. Es wurden vier Studien zu Antipsychotika (Olanzapin, Clozapin, Quetiapin, Ziprasidon) eingeschlossen, wobei es sich vor allem um kleine offene Studien und Fallberichte handelte. Teilweise ergaben sich positive Effekte auf Aggressionen und psychotische Symptome. Vier eingeschlossene Studien untersuchten die Wirkung von Antidepressiva auf Agitiertheit und Aggressivität, davon nur eine Studie mit Randomisierung und Kontrollgruppe (Sertralin vs. Placebo), welche allerdings nur 15 Tage dauerte und keine signifikanten Effekte ergab (Wirklatenz von SSRI). Zehn Studien zur Wirkung von Stimmungsstabilisierern auf Aggression und Agitiertheit sowie drei weitere zu anderen neuropsychologischen Symptomen (pathologisches Lachen/Weinen, Depression, Anfälle) wurden eingeschlossen. Es gab nur ein RCT mit Placebogruppe, das unter anderem auch Patientinnen und Patienten mit Schädel-Hirn-Trauma einschloss, und die Wirkung eines Stimmungsstabilisieres (Oxcarbazepin) explizit auf Aggressivität untersuchte. Oxcarbazepin war Placebo in der Kontrolle von Aggressivität überlegen. Am günstigsten bewertet wurden Valproat und Carbamazepin, die UAW auf Kognition und Motorik wurden in den Studien unterschiedlich bewertet. Vier der eingeschlossenen Studien zum Parkinsonmedikament Amantadin untersuchten auch dessen Wirkung auf Agitation und Aggression, wobei Amantadin in einigen Fällen positive Wirkungen hatte. In einer prospektiven, randomisierten, doppelblinden Studie ergaben sich signifikante Unterschiede zu Placebo, welche aber in einer multizentrischen Studie nicht repliziert werden konnten. Zwei retrospektive Studien und zwei Fallstudien ergaben zudem Hinweise auf positive Effekte von

Buspiron auf Aggressivität und Agitiertheit. Keine Untersuchungen gibt es bis jetzt zum Nutzen von Benzodiazepinen bei der Behandlung von Aggression und Agitation nach SHT (Plantier und Luaute 2016; Luaute et al. 2016).

Weitere Ursachen von Deliren sind Medikamentenentzugssyndrome, körperliche Erkrankungen (insbesondere Operationen) und Multimorbidität, vorwiegend bei bereits vorbestehender Demenz. Bei der Behandlung von Agitation und Aggressivität muss die vermutete Ursache berücksichtigt werden. Medikamente haben immer auch unerwünschte Begleitwirkungen, insofern die ohnehin gestörte Vigilanz und Kognition immer tendenziell negativ beeinflusst werden und die Sturzgefahr erhöht wird. Im Einzelfall müssen die Möglichkeiten beruhigender Umgebungseinflüsse und notfalls mechanischer Sicherung gegen die Vor- und Nachteile zusätzlicher Medikamente abgewogen werden. Bei Verdacht auf ein anticholinerges Delir muss z. B. auf die anticholinerge Wirkung der eingesetzten Substanzen geachtet werden, um dieses nicht zu verstärken. Behandelbare körperliche Ursachen sollten erkannt und behandelt werden (Bozeman et al. 2013; Kaufman et al. 2014; Roberts et al. 2012).

Bei einem exzitativen Delir zum Beispiel nach der Einnahme oder dem Entzug von synthetischen Drogen mit serotonerger und sympathomimetischer Wirkung sind Patientinnen und Patienten durch Dehydrierung, Rhabdomyolyse (Muskelzelluntergang), Nierenversagen und Herzrhythmusstörungen besonders gefährdet (Penders et al. 2012). Sowohl Fixierungen als auch Antipsychotika können die klinische Situation ggf. weiter verschlechtern, ebenso aber ein Fortbestehen der Agitation ohne Behandlung. Eine Therapieplanung muss deshalb alle Gegebenheiten des individuellen Falls berücksichtigen. Ein Review, das derartige Intoxikationen zum Thema hat, beklagt eine unzureichende Studienlage. Am ehesten üblich sei die Sedierung mit Benzodiazepinen, diskutiert wird auch der Einsatz von Antipsychotika und Ketamin (Dean et al. 2013).

Expertenkonsens

Bei aggressivem Verhalten im Rahmen von Deliren soll die Behandlung des Delirs und ggf. der diesem zugrundeliegenden Erkrankungen im Vordergrund stehen. Bezüglich Agitation und Aggressivität haben beruhigende Interventionen mit Sicherstellung einer stabilen, freundlichen und möglichst bekannten Umgebung die oberste Priorität. Wenn dies nicht ausreicht, soll der Einsatz von freiheitsbeschränkenden Maßnahmen gegenüber Medikamenten kritisch abgewogen werden, da alle Medikamente gerade in solchen oft mit einer vitalen Gefährdung einhergehenden Zuständen die Gefahr von zusätzlichen Kreislaufnebenwirkungen, Stürzen und weiterer kognitiver Verschlechterung bergen.

(Kaufman et al. 2014; Roberts et al. 2012)

Starker Konsens 100 % Zustimmung in der Onlineumfrage

Empfehlungsgrad B, Evidenzgrad 1

Bei aggressivem Verhalten nach Schädel-Hirn-Trauma sollte Propranolol eingesetzt werden.

Begründung für Herabsetzung des Empfehlungsgrades: Übertragbarkeit von den untersuchten Populationen ungewiss. (Leitlinienadaptation Plantier und Luaute 2016; Luaute et al. 2016)

Starker Konsens 100 % Zustimmung in der Onlineumfrage

Empfehlungsgrad 0, Evidenzgrad 4

Wenn eindeutiges psychotisches Erleben handlungsleitend ist, sollten Antipsychotika mit fehlendem oder geringem anticholinergem Potential beim Delir bei SHT in niedriger Dosierung eingesetzt werden. Bei aggressivem Verhalten ohne psychotische Symptome gibt es keine Belege für einen Nutzen, eher sogar Hinweise auf schädliche Wirkungen von Antipsychotika mit akzentuierten Nebenwirkungen nach SHT und einer ungünstigen Wirkung auf die Neuroplastizität. Die Evidenzlage ist nicht ausreichend, Empfehlungen für oder gegen bestimmte Substanzen auszusprechen.

(Leitlinienadaptation: Plantier und Luaute 2016; Luaute et al. 2016)

Starker Konsens 100 % Zustimmung in der Onlineumfrage

Empfehlungsgrad B, Evidenzgrad 1

Bei aggressivem Verhalten bei Alkoholentzugsdelir sollte primär das Entzugsdelir leitliniengemäß mit Benzodiazepinen oder Clomethiazol ggf. in Kombination mit Antipsychotika (insbesondere Butyrophenonen wie Haloperidol) behandelt werden.

Herabstufung des Empfehlungsgrades, da nicht in der Indikation aggressives Verhalten überprüft.

(Leitlinienadaptation S3-LL Alkoholbezogene Störungen)

Starker Konsens 100 % Zustimmung in der Onlineumfrage

Empfehlungsgrad 0, Evidenzgrad 2

Oxcarbazepin oder Amantadin können zur Behandlung aggressiven Verhaltens im Rahmen von Deliren eingesetzt werden.

(Leitlinienadaptation: Plantier und Luaute 2016; Luaute et al. 2016)

Starker Konsens 100 % Zustimmung in der Onlineumfrage

Empfehlungsgrad 0, Evidenzgrad 4

Carbamazepin, Valproat oder Buspiron können zur Behandlung aggressiven Verhaltens im Rahmen von Deliren eingesetzt werden.

(Leitlinienadaptation: Plantier und Luaute 2016; Luaute et al. 2016)

Starker Konsens 100 % Zustimmung in der Onlineumfrage

Statement

Benzodiazepine werden zur Behandlung von Deliren verbreitet eingesetzt. Es liegen jedoch nur wenige Belege für den Nutzen (außer bei Entzugsdeliren), aber viele Hinweise für ungünstige Effekte auf Kognition und Motorik vor. Es gibt keine Evidenz für die Wirksamkeit von Benzodiazepinen nach SHT.

Konsens 87 % Zustimmung in der Onlineumfrage

Expertenkonsens

Eine Verwendung von Benzodiazepinen soll deshalb sehr kritisch abgewogen werden. Sie können beim exzitativen Delir (z. B. medikamentenbedingt, oder Intoxikation) bzw. beim Entzugssyndrom mit Delir (Entzug von Alkohol oder anderen psychotropen Substanzen wie synthetischen Drogen) und/oder ausgeprägter ängstlicher Symptomatik eingesetzt werden.

Neben paradoxen Reaktionen und reduzierter Neuroplastizität soll ggf. auch die ungünstige Auswirkung auf die respiratorische Situation berücksichtigt werden.

(Leitlinienadaptation: Plantier und Luaute 2016; Luaute et al. 2016)

Konsens 93 % Zustimmung in der Onlineumfrage

Freiheitsbeschränkende und freiheitsentziehende Maßnahmen

T. Steinert, S. Hirsch, *S3-Leitlinie Verhinderung von Zwang: Prävention und Therapie aggressiven Verhaltens bei Erwachsenen*, https://doi.org/10.1007/978-3-662-58684-6_13

13.1 Arten freiheitsbeschränkender und freiheitsentziehender Maßnahmen

Definitionen

Fixierung Festbinden eines Menschen mit breiten Leder- oder Stoffgurten. Fixierung erfolgt am häufigsten im Bett liegend (Bettfixierung), ist grundsätzlich jedoch auch sitzend im Stuhl möglich (Maßnahme in der Gerontopsychiatrie bei Sturzgefährdung). Eine Fixierung kann an unterschiedlich vielen Körperteilen erfolgen, von der Ein-Punkt-Fixierung (nur Bauchgurt) bis zur 11-Punkt-Fixierung (teilweise sogar einschließlich Kopf). Auch das Festhalten eines Menschen ist eine Form der Fixierung (im Englischen „physical restraint" im Gegensatz zum „mechanical restraint" mit Gurten). Häufig werden in Studien auch nur Maßnahmen, die es dem Menschen nicht erlauben, eine von ihm gewünschte Körperhaltung einzunehmen (insbesondere Gurte, Stuhltische) als Fixierung bezeichnet (Bleijlevens et al. 2016). Das Bundesverfassungsgericht hat jedenfalls die 5-Punkt- und die 7-Punkt-Fixierung in seinem Urteil vom 24.07.2018 zur Fixierung in der öffentlich-rechtlichen Unterbringung als freiheitsentziehende Maßnahme in Abgrenzung zu nur „freiheitsbeschränkenden" Maßnahmen definiert und die besondere „Eingriffstiefe" hervorgehoben (siehe S. 137 f.). Wir verwenden nachfolgend „freiheitsbeschränkende Maßnahmen" als Oberbegriff und beziehen dabei immer auch die Fixierung als „freiheitsentziehende" Maßnahme ein.

Isolierung Verbringen eines Menschen in einen abgeschlossenen Raum ohne unmittelbaren Personalkontakt. Üblicherweise verbunden mit weiteren Sicherheitsmaßnahmen (Entfernung gefährlicher Gegenstände, gesicherte Fenster) und Betreuung z. B. durch Sichtfenster, direkte Kontaktaufnahme oder Videokamera. Die im Einverständnis mit dem psychisch erkrankten Menschen getroffene Absprache, dass dieser sich in einen nicht abgeschlossenen Raum, in der Regel sein Zimmer, zurückzieht und dort für einen abgesprochenen Zeitraum bzw., bis er sich beruhigt hat, verbleibt, ist keine Isolierung, sondern wird i. d. R. als **Time-out** bezeichnet (Bowers et al. 2012).

Ein **Netzbett** ist ein Krankenhausbett, über dem ein abschließbares Metallgestänge aufgebracht ist, über das wiederum ein Netz gespannt ist. Die betroffenen Menschen werden in dieses Bett verbracht und können es nicht verlassen (Whittington und Richter 2006).

Ausgangsbeschränkungen jeder Art sind freiheitsbeschränkende Maßnahmen, wenn sie ohne Einverständnis erzwungen werden, z. B. durch geschlossene Türen oder ständige Begleitung (1:1-Betreuung).

Eine Medikation, auch *Zwangsmedikation* (siehe ▶ Abschn. 12.1 und 12.4), sollte primär nie der Bewegungseinschränkung dienen. Solange eine primär therapeutische Indikation gegeben ist, handelt es sich aus psychiatrischer Sicht eindeutig nicht um freiheitsbeschränkende Maßnahmen, auch deshalb, weil in therapeutischen Dosen die Bewegungsfreiheit nicht gravierend eingeschränkt wird. In der Gerontopsychiatrie gibt es jedoch Grenzbereiche, in denen ein therapeutischer Nutzen von Medikamenten fraglich ist und dieselben primär zur Beruhigung und Schlafinduktion verordnet werden.

Der medizinische Begriff „Indikation" wird in diesem Zusammenhang weitestgehend vermieden, weil er dazu führen könnte, dass freiheitsbeschränkende Maßnahmen als therapeutische Intervention verstanden werden. Freiheitsbeschränkende Maßnahmen dienen als reine Sicherungsmaßnahme zum Schutz der Patientin, des Patienten oder der Umgebung.

13.2 Häufigkeit und Verhältnismäßigkeit

Die Häufigkeit der Anwendung von freiheitsbeschränkenden Maßnahmen im internationalen Vergleich variiert in einem entsprechenden Review stark von 0 % (Island) bis zu 55,8 % (Klinik in Japan) betroffener psychisch erkrankter Menschen in Klinikpopulationen (Noorthoorn et al. 2015). Derartige Übersichtsarbeiten beziehen sich aber stets auf zufällig ausgewählte Studienpopulationen, was einen Teil der großen Variabilität erklären könnte. Bei der Analyse von Registern für freiheitsbeschränkende Maßnahmen ganzer Länder oder Regionen ergaben sich im europäischen Vergleich geringere Unterschiede: In den Niederlanden waren 8,1 % der Menschen in psychiatrischen Kliniken von freiheitsbeschränkenden Maßnahmen betroffen, in Irland 6,04 %, in Deutschland 5,76 % und in Wales 5,73 % (Lepping et al. 2016). Im Rahmen einer großen europäischen Studie zu Zwang in der Psychiatrie (EUNOMIA, Kallert et al. 2005) wurden bei unfreiwillig eingewiesenen Menschen erwartungsgemäß deutlich höhere Quoten ermittelt: In Deutschland waren 43 % von Zwangsmaßnahmen wie Fixierung, Isolierung oder Zwangsmedikation betroffen, wohingegen es in Spanien nur 21 %, in Polen aber 59 % waren (Kalisova et al. 2014). Es gibt Hinweise, dass dabei lokale Einflüsse eine große Rolle spielen (Anteil junger Männer an der Bevölkerung, Dichte der unterschiedlichen kulturellen und ethnischen Hintergründe, s. auch ► Kap. 10). Dass eine gute gemeindepsychiatrische Versorgung außerhalb der Klinik Zwangseinweisungen und -maßnahmen verhindern kann, wird stets betont, überzeugende empirische Evidenz liegt dafür aber kaum vor. In einer Stichprobe von 200.000 Behandlungsfällen in Nordrhein-Westfalen war ein gutes soziales Netz mit Wohnung, Arbeit, engem Kontakt zum SpDi und Fachärztin bzw. Facharzt ein Schutz vor unfreiwilligen Einweisungen nach PsychKG (Juckel und Haußleiter 2015).

Die WHO, das „White Paper" der Arbeitsgruppe des Europarats für Bioethik (CEBP), das European Committee for the Prevention of Torture and Inhumane or Degrading Treatment or Punishment (CPT) und andere Autorinnen und Autoren geben zahlreiche Empfehlungen, die nicht auf empirischer Evidenz beruhen, sondern sich auf einen Expertenkonsens berufen. Freiheitsbeschränkende Maßnahmen werden als die Möglichkeit der letzten Wahl („last resort") gesehen, die nur dann angewendet werden dürfen, wenn alle Deeskalationsversuche fehlgeschlagen sind (Freeman und Pathare 2005; CEBP 2000; European Committee for the Prevention of Torture and Inhuman or Degrading Treatment or Punishment 2004; Niveau 2004; Curie 2005; Huckshorn 2006; Marder 2006; Nelstrop et al. 2006).

Über einige Grundsätze in der Anwendung von freiheitsbeschränkenden Maßnahmen herrscht hohe Übereinstimmung, dementsprechend wurden sie auch wiederholt von Fachgesellschaften und internationalen Organisationen betont. Die *Verhältnismäßigkeit* der freiheitsbeschränkenden Intervention zum Anlass ist stets besonders sorgfältig abzuwägen (Dyer 2003; Allen et al. 2003; Niveau 2004). Freiheitsbeschränkende Maßnahmen sollten nur dann angewendet werden, wenn weniger restriktive Interventionen nicht zielführend sind oder wenn die Risiken von alternativen Interventionen die Risiken von freiheitsbeschränkenden Maßnahmen übersteigen (American Psychiatric Association 2004a). Auf gewalttätiges Verhalten von Seiten psychisch erkrankten Menschen sollte mit einem abgestuften Vorgehen reagiert werden (CEBP 2000).

Die Maßnahmen müssen ärztlich angeordnet werden oder im Falle eines rechtfertigenden Notstandes unmittelbar von einer Ärztin oder einem Arzt überprüft werden (CEBP 2000; CPT 2003).

Die Dauer der freiheitsbeschränkenden Maßnahmen muss so kurz als möglich gehalten und in von den Einrichtungen zu definierenden Abständen ärztlich überprüft werden (CPT 2003; APA 2004a). Teilweise sind die Überprüfungsabstände auch verbindlich in den Landesgesetzen festgelegt. Es wird empfohlen, dass eine Isolierung in der Regel nicht länger als 1 Stunde dauern und Festhalten nicht länger als 10 Min. erfolgen sollte (Curie 2005). Auch Fixierungen sollten einen Zeitraum von wenigen Stunden nicht überschreiten (CPT 2007).

Vor der Durchführung von freiheitsbeschränkenden Maßnahmen sollten psychisch erkrankten Menschen nach Möglichkeit gefragt werden, welche freiheitsbeschränkende Maßnahme für sie am ehesten erträglich wäre (s. auch ▶ Abschn. 10.5 Behandlungsvereinbarungen). Freiheitsbeschränkende Maßnahmen dürfen nur von speziell geschulten Mitarbeitenden durchgeführt werden (Curie 2005; CPT 2003; APA 2004b). Eine mögliche Beendigung der Maßnahme muss in regelmäßigen Abständen überprüft werden (CPT 2003). Bei Isolierung ist ein angemessener zwischenmenschlicher Kontakt sicherzustellen (CPT 2003). Hier sind die rechtlichen Bedingungen innerhalb Deutschlands unterschiedlich. In Nordrhein-Westfalen ist beispielsweise die Videoüberwachung bei bestehender Isolierung nicht zulässig, sondern es wird eine ständige Beobachtung durch Personal gefordert (PsychKG NRW § 20 (3)). Experten halten generell jenseits der aktuellen Gesetzeslage eine kontinuierliche Betreuung auch bei Isolierungen für geboten. Die „Betreuung" bei Fixierungen und Isolierungen sollte aber aus psychiatrischer Sicht nicht so verstanden werden, dass lediglich eine Person neben dem psychisch erkrankten Menschen sitzt, die eine Kontroll- oder Sicherungsfunktion einnimmt. Vielmehr ist eine persönliche, therapeutische Begleitung durch qualifiziertes Personal, das bei der Bewältigung der Krise hilft und zur Linderung der negativen Folgen der freiheitsbeschränkenden Maßnahme beiträgt, erforderlich. Nachdem das Bundesverfassungsgericht (2018) bei Fixierungen eine 1:1-Betreuung durch therapeutisches oder pflegerisches Personal vorsieht, wird eine solche zukünftig in den Landesgesetzen vorgeschrieben werden und soll schon aktuell praktiziert werden. An der Begleitung von freiheitsbeschränkenden Maßnahmen können grundsätzlich auch andere Berufsgruppen beteiligt werden. Beispielsweise können Physiotherapeuten Menschen, die länger fixiert sind, sinnvolle Angebote machen. Freiheitsbeschränkende Maßnahmen dürfen nicht als Strafe oder Disziplinarmaßnahme angewendet werden (CEBP 2000; CPT 2003; APA 2004a, Curie).

Expertenkonsens

Freiheitsbeschränkende und freiheitsentziehende (Zwangs-)Maßnahmen dürfen nur als Intervention der letzten Wahl auf ärztliche Anordnung von geschulten Mitarbeitenden durchgeführt werden, wenn zuvor alle Deeskalationsversuche erfolglos blieben und akute Gefahr zum unmittelbaren Eingreifen nötigt. Der Grundsatz der Verhältnismäßigkeit zwischen Zweck und Risiken der freiheitsbeschränkenden bzw. -entziehenden Maßnahmen muss sorgfältig abgewogen werden. Die Dauer soll so kurz als möglich gehalten, die Möglichkeit einer Beendigung soll regelmäßig geprüft werden. Die Entscheidung über die Beendigung einer Maßnahme sollte interprofessionell getroffen werden und kann auf entsprechend qualifizierte Mitarbeitende aus der Pflege delegiert werden.

Konsens 76 % Zustimmung in der Onlineumfrage

13.3 Wirkung und Komplikationen

▪ Wirkung

Das Cochrane Review „Seclusion and restraint for people with serious mental illnesses", das bisher einzige zu diesem Thema, kam auch bei seiner letzten Aktualisierung 2012 zu dem Schluss, dass es keine wissenschaftlich hochwertigen Studien gibt, die freiheitsbeschränkende Maßnahmen untereinander oder gegen Alternativen überprüfen (inzwischen wurden allerdings mehrere RCTs publiziert). Die fortgesetzte Anwendung sei deshalb in Frage zu stellen (Sailas und Fenton 2012). Die Frage nach der „Wirksamkeit" und die Erstellung eines Cochrane Reviews impliziert allerdings, dass es sich um eine Therapiemaßnahme handelt. Freiheitsbeschränkende Maßnahmen können als Sicherungsmaßnahmen in einem therapeutischen Kontext vorkommen, z. B. als letztes Mittel zur Verhinderung von Selbstbeschädigung. Gleichwohl werden auch freiheitsbeschränkende Maßnahmen durchgeführt, die ausschließlich Sicherungsmaßnahmen zum Schutz Dritter sind. Die „Wirkung" von solchen Maßnahmen besteht dann nur im Nicht-Eintreten der abzuwendenden Gefahr, ohne dass die Patientin oder der Patient direkt gesundheitlich profitiert.

Maßnahmen, deren Unterlassung mutmaßlich zu erheblichen Gefährdungen von Gesundheit oder Leben führen kann, können aus naheliegenden Gründen nicht in randomisierten kontrollierten Studien evaluiert werden, außer gegenüber anderen, mutmaßlich gleichermaßen sicheren (Zwangs-)Maßnahmen, wie dies auch in den in den letzten Jahren erfolgten RCTs praktiziert wurde (Bergk et al. 2011; Huf et al. 2012). Geeignete Outcomes für die „Wirksamkeit" sind in diesem Kontext nicht Maße eines therapeutischen Nutzens, sondern subjektive oder objektive Variablen, die eine Beurteilung ermöglichen, welche Maßnahme mit geringerer psychischer und/oder körperlicher Beeinträchtigung einhergeht. Ob Maßnahmen unterschiedlich sicher sind (siehe nächster Abschnitt), lässt sich dagegen nur in Beobachtungsstudien mit großen Fallzahlen klären.

▪ Komplikationen

Die gefundenen Studien untersuchten die Häufigkeit der Anwendung, in der Regel von Isolierung, Festhalten oder Fixierung, es konnten jedoch keine Vergleichsstudien zwischen einzelnen freiheitsbeschränkenden Maßnahmen gefunden werden. Die Rate von „Komplikationen" von Fixierungen betrug in einer Studie aus einem Emergency Department aus den USA an 298 Patientinnen und Patienten 7 % (Zun 2003). Davon wurde „Versuch, sich aus der Fixierung zu befreien" am häufigsten genannt (10), es folgten „Erbrechen" (3), „verletzte andere" (2), „spucken" (2), „verletzte sich selbst" (1), „zunehmende Agitation" (1). Diese Befunde wurden als eine geringe Rate an „minor complications" interpretiert. Ebenfalls aus den USA wurde dagegen über 115 Todesfälle im Zusammenhang mit Fixierung zwischen 1995 und 2004 berichtet (Masters und Wandless 2005). Auch bei korrekter Anwendung wurden einzelne Todesfälle berichtet (Morrison und Sadler 2001; Hem et al. 2001; Mohr und Petti 2003; Paterson et al. 2003). Es bestehen Bedenken hinsichtlich der Wirkung von Fixierung auf Personen, die einen sexuellen Missbrauch in der Vorgeschichte aufweisen (Gallop et al. 1999). Nach einer Fixierung können sowohl Mitarbeitende wie psychisch erkrankte Menschen unter Traumatisierung und Stress leiden (Bonner et al. 2002).

Die meisten Komplikationen und Schäden durch Fixierung, die in der Literatur beschrieben werden (Strangulation, Asphyxie, Aspiration, Selbstverbrennung), lassen sich durch eine kontinuierliche Einzelbetreuung, wie sie inzwischen in den meisten öffentlich-rechtlichen Gesetzen zur Unterbringung verlangt wird (nicht aber im Betreuungsrecht), sicher vermeiden. Die häufigsten internistischen Komplikationen durch Immobilisierung (Thromboembolie, Pneumonie) werden am besten durch eine möglichst kurze Dauer der Maßnahme verhindert. Eine Thromboseprophylaxe ist in Abhängigkeit von der Dauer der Fixierung und weiteren Risikofaktoren erforderlich.

Festhalten bzw. Immobilisierung kommt bei der Einleitung einer Fixierung zur Anwendung, aber auch als eigenständige Technik, um eine Fixierung zu ersetzen („physical restraint" in Großbritannien, wo mechanische Fixierung verboten ist). Bestimmte Festhalte-Techniken, insbesondere das Festhalten in Bauchlage und Druck auf den Thorax („prone position" (Parkes 2008)), gaben Anlass zur Besorgnis in den USA und in Großbritannien. In der britischen NICE-Guideline (2015) wird empfohlen, zusätzlichen auf Brustkorb, Bauch oder Hüfte ausgeübten Druck zu vermeiden, insbesondere wenn der psychisch erkrankte Mensch sich fortgesetzt wehrt, um Atmung und Blutzirkulation nicht zu beeinträchtigen. Eine Studie über 4828 Polizeieinsätze in Kanada, bei denen Festhalten zum Einsatz kam, konnte aber keine erhöhte Sterblichkeit beim Festhalten in Bauchlage gegenüber Festhalten in Rückenlage finden. Berichtet wurde von 10 Toten, die aber alle nach Festhalten in Rückenlage verstarben (Hall et al. 2015). Bei gesunden Probanden wurde in RCTs kein klinisch bedeutsamer Unterschied bezüglich der Vitalparameter in verschiedenen Fixierungspositionen gefunden (Sloane et al. 2014; Savaser et al. 2013), teilweise konnte aber eine Abnahme des Atemvolumens und eine Vena-cava-Kompression gemessen werden (Parkes 2008; Michalewicz et al. 2007; Ho et al. 2011). Bei somatischen Komorbiditäten wie COPD ist besonders auf die Atemfunktion zu achten (Meredith et al. 2005). Im Zusammenhang mit Deliren oder Kokainintoxikationen kam es in Situationen mit fortgesetztem Wehren gegen das Festhalten bei nicht ausreichender Sedierung zu Laktatazidosen mit vegetativer Instabilität und Herzrhythmusstörungen („excited delirium", Alshayeb et al. 2010). Wiederholt wurde über Asphyxien (bspw. Nissen et al. 2013) und andere plötzliche Todesfälle im Zusammenhang mit freiheitsbeschränkenden Maßnahmen berichtet. Ein gewaltsames Nach-Hinten-Beugen („hyperflexion"), z. B. in sitzender Position, gab ebenfalls Anlass zu Bedenken in Großbritannien und den USA und sollte vermieden werden. Vitalzeichenkontrolle muss durchgeführt werden, Kopf und Hals sollten unterstützt werden und die Atemwege müssen freigehalten werden (Whittington und Richter 2006).

13

Der Übergang zwischen Festhalten und Fixierung ist v. a. bei heftig sich wehrenden Menschen als kritische Phase anzusehen. Dabei sollte besondere Rücksicht auf die gefährdeten Körperpartien (Kopf, Hals, Brust, Bauch, Extremitäten, insbesondere Finger und Gelenke) genommen werden. Die Anwendung von Hebeltechniken zur Immobilisierung, die bei Widerstand Schmerzen erzeugen, ist in Großbritannien gängige Praxis, wird aber in Deutschland aus ethischen Gründen und wegen potentieller Verletzungsgefahr abgelehnt.

Nicht zwischen Isolierung und Fixierung differenziert wurde in einer Publikation über Berichte von Todesfällen während freiheitsbeschränkender Maßnahmen, die nach (umstrittenen, Appelbaum 1999) Hochrechnungen in den USA zwischen 50 und 150 Fällen pro Jahr aufgrund von falscher Technik oder schlechter Überwachung betragen sollen (Busch und Shore 2000). Bei der Beurteilung von Komplikationen bei der Durchführung von freiheitsbeschränkenden Maßnahmen muss jedoch berücksichtigt werden, dass ein akuter Erregungszustand schon mit einer erhöhten Mortalität einhergeht und dass die Intervention, die zeitlich unmittelbar zuvor ausgeführt wurde, nicht auch die

Todesursache sein muss. Dies ist insbesondere, wie oben berichtet, bei Deliren, Intoxikationen aber auch somatischen Komorbiditäten zu beachten.

Zu Komplikationen bei Isolierungen gibt es kaum wissenschaftliche Untersuchungen. Nach klinischer Erfahrung besteht aber durchaus ein erhebliches Selbstgefährdungspotenzial auch in der Isolierung (durch nicht erkanntes Einbringen gefährlicher Gegenstände, Schlagen der Extremitäten oder des Kopfes gegen Wände und Türen, Stürze etc).

Hinsichtlich des konkreten Vorgehens bei der Einleitung derartiger freiheitsbeschränkender Maßnahmen wird auf die Deeskalationstrainings und Schulungsmaßnahmen (▶ Kap. 11) verwiesen.

13.4 Freiheitsbeschränkende und -entziehende Maßnahmen im Vergleich

Außer der Frage, unter welchen Umständen freiheitsbeschränkende Maßnahmen überhaupt ethisch zu rechtfertigen sind, stellt sich praktisch häufig das Problem, welchen Maßnahmen ggf. der Vorzug vor anderen zu geben ist, wenn freiheitsbeschränkende Maßnahmen tatsächlich unverzichtbar erscheinen. Diese Frage kann aus zwei unterschiedlichen Perspektiven beantwortet werden: auf Grund abstrakter ethischer Überlegungen und auf Grund der Ergebnisse von Studien (Evidenz). Letztere beinhalten Beobachtungsstudien einerseits und Befragungen von psychisch erkrankten Menschen andererseits.

▪ Medizinethische Überlegungen

Seit den Entscheidungen des Bundesverfassungsgerichts von 2011 wird die Diskussion geführt, ob eine Zwangsbehandlung oder freiheitsbeschränkende Sicherungsmaßnahmen als eher zumutbar anzusehen seien. Teilweise wurde argumentiert, freiheitsbeschränkende Maßnahmen seien der geringere Eingriff in die Selbstbestimmungsrechte der Person, während eine Zwangsmedikation einen tieferen Eingriff und eine direkte Verletzung der Körpergrenzen darstelle und insofern immer noch einen zusätzlichen Zwang bedeute (Wiesing 2013). Dies ist allerdings umstritten. Im Gegensatz zu freiheitsbeschränkenden Maßnahmen ist eine Zwangs- bzw. Notfallmedikation, die der Behandlung einer zugrundeliegenden Erkrankung oder eines Erregungszustandes mit massiver Agitation dient, grundsätzlich geeignet, den Zustand zu beenden, der die Anwendung von Zwang notwendig machte. Dies gilt für freiheitsbeschränkende Maßnahmen, von den unmittelbaren freiheitsbeschränkenden Maßnahmen bis zur freiheitsentziehenden Unterbringung auf einer geschlossenen Station oder in einem psychiatrischen Krankenhaus, nicht oder nur in sehr viel geringerem Maße. Grundsätzlich ist daher zu prüfen, ob eine Zwangsmedikation zusätzlichen Zwang bedeutet oder geeignet ist, andere Formen der Ausübung von Zwang kurz- oder zumindest mittelfristig entbehrlich zu machen, indem der Gesundheitszustand verbessert wird. Dies ist zumindest bei psychotischen Erkrankungen häufig der Fall. Dann ist dem invasiven Charakter einer Zwangsmedikation der Verlust von Freiheitsrechten und sozialer Partizipation gegenüberzustellen, den der psychisch erkrankte Mensch bei fortgesetzten freiheitsbeschränkenden Maßnahmen zu erleiden hätte (Steinert et al. 2016). Je wirksamer eine Therapie voraussichtlich ist, desto eher können medizinethische Überlegungen sogar für die Präferenz einer Zwangsbehandlung, die freilich eine entsprechende gerichtliche Entscheidung voraussetzt, sprechen (DGPPN 2014).

Dies gilt allerdings nicht, wenn Medikamente nicht primär zum Zweck der Behandlung, sondern lediglich zu einer „Ruhigstellung" eingesetzt werden, wie es manche Gesetze zur öffentlich-rechtlichen Unterbringung und das Betreuungsgesetz in Deutschland vorsehen. Eine Ruhigstellung, die nicht mit einem Heilzweck verbunden ist (etwa bei Menschen mit Persönlichkeitsstörungen), ist medizinethisch sehr problematisch, primär keine ärztliche Aufgabe und es existieren auch keine für diesen Zweck zugelassenen Medikamente (Steinert 2014). In Einzelfällen könnte eine solche Maßnahme bei sehr kritischer Prüfung dennoch gerechtfertigt sein, wenn nur so gewisse Freiheiten und soziale Partizipation ermöglicht würden; dann würde es sich möglicherweise aber auch doch wieder um eine Behandlung handeln.

Für die Anwendung unterschiedlicher freiheitsbeschränkender und –entziehender Maßnahmen werden unterschiedliche Präferenzen formuliert. Die Befürworter einer bestimmten Maßnahme berufen sich in der Regel auf ethische Positionen, die aber jeweils stark von regionalen und kulturgebundenen Traditionen beeinflusst sind (Bowers et al. 2004). In weiten Teilen Deutschlands wird der Fixierung gegenüber der Isolierung der Vorzug gegeben, letztere wird als unsicher und gefährlich angesehen. In der Schweiz dagegen wird der Isolierung der Vorzug gegeben, in einigen Kantonen ist Fixierung sogar gesetzlich verboten. In Dänemark wiederum ist die Isolierung verboten, weil sie als unmenschlich gilt. In Großbritannien ist die Fixierung gesetzlich verboten, Isolierungen sind relativ selten; anstelle dessen wird mit mehreren Personen festgehalten („physical restraint"). Eine Arbeit zu Netzbetten und Fixierungen aus Slowenien mit einem Prä-Post-Vergleich nach dem Verbot von Netzbetten zeigte, dass bei Fixierungen die psychisch erkrankten Menschen psychopathologisch schwerer beeinträchtigt waren, dass der häufigste Anlass für Fixierung Gewalttätigkeit war und dass in dieser Gruppe die Diagnose Schizophrenie häufiger gestellt wurde. Im Gegensatz dazu wurden Netzbetten häufiger bei Delir angewendet und die psychisch erkrankten Menschen waren psychopathologisch weniger schwer beeinträchtigt. Insgesamt führte das Verbot von Netzbetten und die damit einhergehende vermehrte Aufmerksamkeit zu einer Reduzierung von freiheitsbeschränkenden Maßnahmen allgemein (Tavcar et al. 2005).

Bezüglich der Anwendung unterschiedlicher freiheitsbeschränkender Maßnahmen hat das Bundesverfassungsgericht in der Entscheidung vom 24.07.2018 Maßstäbe gesetzt. Demnach stellt eine 5-Punkt-Fixierung oder 7-Punkt-Fixierung im Gegensatz zu anderen Maßnahmen nicht nur eine Freiheitsbeschränkung, sondern eine Freiheitsentziehung im Sinne des Art. 104 Abs. 2 GG und somit die Maßnahme mit der größten „Eingriffstiefe" dar. Allerdings führte das Bundesverfassungsgericht, bezugnehmend auf die nachfolgend dargestellte Evidenz, auch aus, dass „die Isolierung des Betroffenen nicht in jedem Fall als milderes Mittel anzusehen ist, weil sie im Einzelfall in ihrer Intensität einer 5-Punkt- oder 7-Punkt-Fixierung gleichkommen kann". Aus medizinethischer Sicht ist deshalb keine generelle Festlegung möglich, welche Maßnahme als „milderes Mittel" anzusehen ist. Vielmehr sind stets die Umstände des Einzelfalls in Rechnung zu stellen.

Fixierung muss in einem separaten Raum, uneinsehbar durch Mitpatientinnen und -patienten, erfolgen und es muss eine ständige und unmittelbare persönliche Betreuung erfolgen, um auf Bedürfnisse des fixierten Menschen so schnell und gut wie möglich einzugehen. Unter solchen Bedingungen wird Fixierung akzeptabler. Bei der Isolierung wiederum kommt es darauf an, ob und wie eine kontinuierliche Betreuung realisiert wird, die in dieser Leitlinie mit hohem Konsens empfohlen wird, rechtlich bisher aber nicht explizit gefordert ist. Auch die Ausstattung der Räumlichkeiten spielt eine große Rolle. Diese reicht von kleinen Isolierzellen mit schlechter Belüftung bis zu großen Einheiten mit mehreren Räumen und eigenem Außengelände sowie kompletten sanitären Anlagen auf modernen Intensivstationen in den Niederlanden (Mierlo et al. 2013). Vermutlich ist bei kurz dauernden Maßnahmen ohne intensive begleitende Therapieerfordernis (auch Blutdrucküberwachung etc.) die Isolierung die weniger eingreifende Maßnahme, die auch durch Reizabschirmung zur Beruhigung beitragen kann. Je länger die Maßnahme andauert, desto unzumutbarer erscheint der Charakter der dauerhaften zwischenmenschlichen Isolation, der bei einer Fixierung mit 1:1-Betreuung so nicht besteht. Maßgeblich für die Entscheidung für die eine oder andere Maßnahme werden auch die konkreten Umstände der Selbst- und/oder Fremdgefährdung sein. Naheliegend im ethischen Dilemma der Entscheidung zwischen solchen Maßnahmen ist die Forderung, bei der unvermeidlichen Notwendigkeit einer freiheitsbeschränkenden Maßnahme und sonst fehlenden Präferenzen in erster Linie die Präferenz des psychisch erkrankten Menschen zu erfragen.

▪ Ergebnisse von Studien mit der Befragung von Patienten

Menschen, die freiheitsbeschränkende Maßnahmen erfahren mussten, können bezüglich ihrer Erfahrungen befragt werden, nachdem sich ihr psychischer Zustand wieder gebessert hat. Dieser Ansatz wurde in einer Reihe von Studien auch systematisch verfolgt. Dies sollte wichtige Hinweise bezüglich der ethisch und rechtlich gebotenen Wahl des mildesten Mittels („least restrictive alternative“) geben.

Bei psychisch erkrankten Menschen zeigten sich in Interviews nach Fixierung Ärger, das Gefühl, ungerecht behandelt worden zu sein, und die Überzeugung, die Fixierung sei ungerechtfertigt gewesen (Sequeira Halstead 2002; Armgart et al. 2013). Psychisch erkrankte Menschen und ihre Angehörige nehmen Isolierung und Fixierung größtenteils als untherapeutisch wahr. In einer qualitativen Studie wurde in neun von zehn Fokusgruppen mit psychisch erkrankten Menschen und ihren Angehörigen zum Thema Isolierung und Fixierung das Thema Menschenrechtsverletzung besprochen. Häufig wurden freiheitsbeschränkende Maßnahmen auch dann als Menschenrechtsverletzungen gewertet, wenn sie als notwendig zur Abwendung von Risiken anerkannt wurden. Weitere Themen waren die Traumatisierung, Isolierung, unmenschliche und entwürdigende Behandlung der psychisch erkrankten Menschen, der Versuch des Personals, Kontrolle zu erlangen, übertriebene Anwendung von Gewalt, mangelnde Kommunikation und Empathie sowie eine zu paternalistische Einstellung (Brophy et al. 2016). Auch in anderen Studien beschrieben psychisch erkrankte Menschen, selbst wenn sie sonst mit der Krankenhausbehandlung zufrieden waren, Isolierung und Fixierung als unnötig (Soininen et al. 2013). Andere beschrieben sie als bestrafend oder eine Art Schocktherapie (Kontio et al. 2012).

Eine kürzlich publizierte Befragung von psychisch erkrankten Menschen aus Deutschland, die freiheitsbeschränkende Maßnahmen erfahren hatten, zeigte, dass diesen durchaus andere Maßnahmen angeboten wurden, wobei Mitarbeitende aber häufig versuchten, die psychisch erkrankten Menschen von der Einnahme von Medikamenten zu überzeugen oder Sedierung anzubieten, was diese als weniger hilfreich erlebten als andere Maßnahmen wie das Anbieten von Gesprächen oder Bewegung (Heumann et al. 2017).

Auffällig ist die große Diskrepanz in der Bewertung von freiheitsbeschränkenden Maßnahmen zwischen Personal und psychisch erkrankten Menschen. Ein Review über Studien, welche die Einstellungen von Personal und psychisch erkrankten Menschen zu Isolierung untersuchte, konnte zeigen, dass psychisch erkrankte Menschen Isolierung grundsätzlich negativ bewerteten, während das Personal davon ausging, Isolierung habe einen therapeutischen Effekt (bspw. Schutz, Reizabschirmung). Das Personal war überwiegend der Auffassung, dass Isolierungen bedauerlich aber notwendig seien (van der

Merwe et al. 2013). In dieser Studie aus den Niederlanden schienen Mitarbeitende Isolierung als freiheitsbeschränkende Maßnahme gegenüber Fixierung zu bevorzugen. Weniger Betreuungs- und Pflegeaufwand oder auch weniger Körperkontakt bei der Überwältigung und dem Halten/Festbinden eines psychisch erkrankten Menschen könnten mögliche Gründe sein. Eine norwegische Untersuchung ergab dagegen, dass die meisten Mitarbeitenden Festhalten favorisierten, auch wenn sie vermuteten, dass diese Intervention von den psychisch erkrankten Menschen am ehesten abgelehnt wird. Die Mehrheit der Mitarbeitenden glaubte, dass Festhalten und Isolieren zur Beruhigung der psychisch erkrankten Menschen beitrugen und keine Aggressionen, Ängste oder Verletzungen verursachten, obwohl ca. 70 % von ihnen im Zusammenhang mit freiheitsbeschränkenden Maßnahmen von psychisch erkrankten Menschen angegriffen worden waren (Wynn 2003).

In verschiedenen Studien wurde der Versuch unternommen, die Einstellungen von psychisch erkrankten Menschen, die bereits freiheitsbeschränkende Maßnahmen erfahren hatten, durch Vorlegen von Bildern oder Schilderungen verschiedener Szenarien zu eruieren. In einer älteren amerikanischen Studie ergab sich, basierend auf Szenarien, aus der Sicht der psychisch erkrankten Menschen und Mitarbeitenden die folgende Rangreihe von zunehmender Freiheitsbeschränkung: Festhalten und orale Medikation mit (relativ) geringer Beschränkung, Entkleiden müssen, i. m.-Injektion und Isolierung und zuletzt Fixierung mit kontinuierlicher Betreuung als am stärksten beschränkenden Maßnahme (Harris et al. 1989). In zwei Studien aus Deutschland und Großbritannien wurden betroffenen psychisch erkrankten Menschen Bilder von Fixierung, Isolierung, Festhalten durch Personen („physical restraint") und Netzbetten gezeigt. Sowohl in der deutschen als auch in der britischen Studie wurden Fixierung und Netzbetten am negativsten bewertet (Bergk et al. 2009; Whittington et al. 2009). Die teilweise relativ positiven Einschätzungen zu Isolierung müssen aber in Frage gestellt werden, weil früher isolierte psychisch erkrankten Menschen und Mitarbeitende eine weit weniger positive Einstellung zu Isolierung hatten als die Mitarbeitenden und psychisch erkrankten Menschen, die noch nie isoliert wurden. Ein in Finnland durchgeführter Versuch, bei welchem sich zwei Mitarbeitende freiwillig isolieren ließen, kam zu dem Ergebnis, dass selbst freiwillige Isolierungen unter geordneten und planbaren Bedingungen bei gesunden Menschen als extrem unangenehm, angsteinflößend und frustrierend erlebt werden (Kuosmanen et al. 2015).

Interessante Ergebnisse vermittelte schließlich eine Beobachtungsstudie aus den Niederlanden, die die Coercion Experience Scale, einem validierten Fragebogeninstrument, das viele Aspekte vom Erleben des Ausmaßes von Zwang über die Beeinträchtigung der Menschenwürde bis hin zu aversiven Begleiterscheinungen wie Unannehmlichkeiten im Zusammenhang mit Ausscheidungen erfasst, verwendete. Hier wurden psychisch erkrankte Menschen befragt, die eine Zwangsmedikation erhalten hatten, solche, die eine Isolierung erhalten hatten, und solche, die mehrere Maßnahmen kombiniert erhalten hatten. Es zeigte sich, dass die subjektive Beeinträchtigung bei den psychisch erkrankten Menschen, die eine Zwangsmedikation erhalten hatten, etwa halb so hoch war wie bei denen, die eine Isolierung erfuhren. Am höchsten fiel die Beeinträchtigung bei denjenigen aus, die kombinierte Maßnahmen, ggf. auch noch mit Fixierung, erhalten hatten (Georgieva et al. 2012).

Bereits vor über 20 Jahren wurde an der Universitätsklinik Basel eine Reihe von Studien zur Zwangsbehandlung durchgeführt, bei denen auch dieser Aspekt Berücksichtigung fand. Eine retrospektive Studie mit der Befragung von 54 Menschen, die eine Zwangsmedikation erfahren hatten (Finzen et al. 1993) ergab Folgendes: 40 % beschrieben die Zwangsmedikation auch im Nachhinein als schwere Demütigung und Kränkung, 31 % als

Strafe, 13 % allerdings auch als Erlösung. Rückblickend hielten 20 % die Zwangsmedikation für schlimmer als Isolierung, 13 % aber für weniger schlimm. Nötig fanden die Medikation im Nachhinein 18 %, 33 % meinten, es sei im Moment schrecklich gewesen, habe aber Erleichterung gebracht. Immerhin 44 % fanden die Medikation auch im Nachhinein sinnlos. Bei einer Befragung von 90 Menschen mit schizophrenen oder affektiven Psychosen zogen die meisten eine Zwangsmedikation einer freiheitsbeschränkenden Maßnahme vor (Mielau et al. 2017). Dies bestätigt teilweise entsprechende Befunde aus älteren Studien. An einer Stichprobe in Kalifornien wurde untersucht, welche Intervention psychisch erkrankte Menschen als die am wenigsten restriktive Alternative ansehen würden. Es zeigte sich, dass psychotrope Medikation bevorzugt wurde, dann Isolierung und zuletzt Fixierung genannt wurden (Sheline und Nelson 1993). Auch in einer weiteren US-amerikanischen Studie wurde medikamentöse Intervention als die bevorzugte und am wenigsten restriktive Methode angesehen (Terpstra et al. 2001). In einer Studie aus den Niederlanden wurden 104 psychisch erkrankten Menschen, die entweder eine Isolierung oder eine Zwangsmedikation erhalten hatten, anschließend nachbefragt, welche Maßnahme sie als unangenehmer erlebten und welche sie ggf. vorziehen würden. Es zeigten sich aus der Sicht der psychisch erkrankten Menschen insgesamt keine Unterschiede in der subjektiven Belastung und in der Wirksamkeit; insbesondere wurde aber deutlich, dass die psychisch erkrankten Menschen klare, wenngleich unterschiedliche Präferenzen hatten: Jeweils die Hälfte bevorzugte die eine oder die andere Maßnahme; Männer bevorzugten eher Isolierung, Frauen eher Medikation (Veltkamp et al. 2008).

In einer randomisierten kontrollierten Studie wurden psychisch erkrankte Menschen, bei denen eine freiheitsbeschränkende Maßnahme unumgänglich war, nach einem Zufallsverfahren entweder fixiert oder isoliert, wenn weder Ärztin oder Arzt noch Patientin oder Patient eine Präferenz äußerten (Bergk et al. 2011). Die subjektive Belastung wurde in einem Interview mit der Coercion Experience Scale erfasst (Bergk et al. 2010). Insgesamt zeigte sich ein hohes Maß subjektiver Beeinträchtigung mit teils auch sehr drastischen Schilderungen der psychisch erkrankten Menschen über Gefühle der Erniedrigung, Hilflosigkeit und auch Todesangst, insbesondere im Zusammenhang mit gleichzeitigem psychotischem Erleben. Jedoch zeigten sich zwischen Fixierung und Isolierung bei der anschließenden Befragung während des stationären Aufenthaltes keine signifikanten Unterschiede. Anders stellte sich die Situation jedoch bei einer Nachbefragung von 60 der Studienteilnehmerinnen und -teilnehmer nach einem Jahr dar. In diesem zeitlichen Abstand beschrieben psychisch erkrankte Menschen, die eine Fixierung erlebt hatten, wesentlich mehr Belastungen als diejenigen, die eine Isolierung erlebt hatten. Gefühle wie Hilflosigkeit, Anspannung, Wut, Ängste, Entsetzen und Scham fanden sich jeweils bei einem bis zwei Dritteln der von freiheitsbeschränkenden Maßnahmen betroffenen Menschen (Steinert et al. 2013). Ein weiteres RCT verglich Isolierung und Fixierung in Hinblick auf die Notwendigkeit anderer Sicherheitsmaßnahmen, Dauer der Maßnahme und Zufriedenheit der psychisch erkrankten Menschen (Huf et al. 2012). In der Isolierungsgruppe waren 17 % mit der Behandlung zufrieden, in der Fixierungsgruppe nur 11,1 %. Der Unterschied war aber nicht signifikant.

▪ Ergebnisse von Beobachtungsstudien

Die Beobachtung der unterschiedlichen Praxis in vielen Ländern zeigt bereits, dass jede einzelne Form von in der Psychiatrie angewandten freiheitsbeschränkenden Maßnahmen im Grunde verzichtbar ist, aber eben nicht freiheitsbeschränkende Maßnahmen an sich. In den USA werden Zwangseinweisungen und forensisch-psychiatrische Unterbringungen deutlich restriktiver gehandhabt als in Europa. Allerdings leben viele Menschen mit psychischen Erkrankungen ohne Behandlung und Versorgung in der Obdachlosigkeit oder sind in Gefängnissen inhaftiert. In Österreich gibt es fast keine geschlossenen psychiatrischen Stationen. Dafür werden allerdings untergebrachte psychisch erkrankte Menschen, die die Station verlassen wollen, notfalls auch mit Fixierung daran gehindert. In den Niederlanden war eine Zwangsbehandlung viele Jahre aufgrund der Gesetzeslage kaum durchführbar und auch in Teilen Deutschlands 2012/2013 nicht genehmigungsfähig. In Teilen der Schweiz und der Niederlande sowie in Großbritannien wird vollständig auf Fixierungen verzichtet, Isolierungen wiederum sind in Dänemark verboten und in vielen deutschen Kliniken ungebräuchlich (Steinert 2016). In Großbritannien besteht zudem die Möglichkeit der ambulanten Zwangsbehandlung bzw. die Möglichkeit, wirtschaftliche Hilfen an Behandlungsbereitschaft zu koppeln. Jeweils stellt sich ethisch die Frage, ob dies tatsächlich ein Gewinn oder nur eine Einschränkung des Spektrums der Möglichkeiten ist, mit der Folge, dass die nicht praktizierte Maßnahme dann eben durch andere ersetzt wird. Die sehr begrenzte Datenlage spricht eher für Letzteres. In Deutschland führten die Entscheidungen des Bundesverfassungsgerichts von 2011 und 2013 und des Bundesgerichtshofs zur Zwangsbehandlung von 2012 dazu, dass eine solche sieben Monate lang in manchen Bundesländern nicht mehr genehmigungsfähig war (bis zur Novellierung des Betreuungsrechts im Februar 2013). Eine Auswertung der Daten in mehreren Kliniken in Baden-Württemberg zeigte, dass dies zwar nicht zu einem Anstieg der Zahl der psychisch erkrankten Menschen führte, die überhaupt von einer freiheitsbeschränkenden Maßnahme irgendeiner Art betroffen waren, bei eben diesen aber zu einer starken Zunahme der freiheitsbeschränkenden bzw. –entziehenden Maßnahmen (Fixierung und Isolierung) und einer Verdoppelung aggressiver Übergriffe (Flammer und Steinert 2015). Dies galt auch dann, wenn man nur die Menschen einbezog, die sowohl vor als auch nach der wegweisenden Entscheidung des Bundesgerichtshofs stationäre Aufnahmen aufzuweisen hatten.

In dieselbe Richtung weisen Ergebnisse aus den Niederlanden. Dort gab es seit Ende der 1990er-Jahre sowohl in der verbreiteten ethischen Auffassung als auch in der Gesetzgebung eine Haltung, Zwangsbehandlung extrem einzugrenzen und als tendenziell unethisch anzusehen. Anstelle dessen wurde überwiegend isoliert, was als weniger invasiv angesehen wurde. Die Folge war jedoch ein Anstieg der Isolierungen auf im internationalen Vergleich extrem lange Dauern und zugleich sehr hohe Raten von Patientenübergriffen auf Personal und Mitpatientinnen und -patienten. Infolgedessen wurde in den letzten Jahren eine Kehrtwendung eingeleitet, Zwangsbehandlungen wurden wieder ermöglicht. Auch in Folge gezielter Programme konnte die Dauer von Isolierungen wieder reduziert werden (Vruwink et al. 2012; Noorthoorn et al. 2015). In einer randomisierten kontrollierten Studie zeigte sich, dass die Wahrscheinlichkeit einer Isolierung sich um 50 % reduzierte, wenn man als Mittel der ersten Wahl nicht die Isolierung, sondern eine Medikation einsetzte (Georgieva et al. 2013).

Eine Untersuchung aus England verglich Isolierung und freiwilliges Time-out in einer Analyse von zufällig ausgewählten Fällen auf 84 Stationen in 31 englischen Krankenhäusern und fand dabei keine wesentlichen Unterschiede zwischen den Fällen und in der Wirksamkeit bezüglich der Kontrolle gefährlichen Verhaltens. Daraus wurde abgeleitet, dass sich ein großer Teil der Isolierungen durch weniger einschränkende Maßnahmen ersetzen ließe (Bowers et al. 2012). Das allgemeine Ziel muss weiterhin sein, die Anwendung von freiheitsbeschränkenden Maßnahmen auf ein Minimum zu reduzieren (Szmukler 2015).

Empfehlungsgrad A, Evidenzgrad 2

Wenn freiheitsbeschränkende bzw. -entziehende Maßnahmen wegen aggressiven Verhaltens unvermeidlich sind, soll unter Berücksichtigung der Gesamtsituation und individueller Patientenpräferenzen, ggf. auch festgelegt in Vorausverfügungen, entschieden werden, welche Maßnahme am wenigsten einschränkend und am ehesten angemessen ist. Das Spektrum reicht vom Time-out über 1:1-Betreuung, Isolierung, Verabreichung von Medikation und Festhalten bis zur Fixierung. Psychiatrische Einrichtungen sollen die Möglichkeit vorhalten, verschiedene Formen freiheitsbeschränkender Maßnahmen durchzuführen.

(Bergk et al. 2011; Huf et al. 2012)

Konsens 88 % Zustimmung in der Onlineumfrage

Empfehlungsgrad B, Evidenzgrad 2/4

Festhalten sollte durch mindestens drei Personen im Stehen oder Sitzen erfolgen. Liegend auf dem Boden sollte nur dann festgehalten werden, wenn anderweitig keine ausreichende Sicherheit zu gewährleisten ist. Der psychisch erkrankte Mensch sollte mit dem Gesicht nach oben gehalten werden. Bei Haltetechniken im Liegen soll unbedingt zusätzlicher Druck auf Thorax und Bauch vermieden werden.

Begründung für Hochstufung des Empfehlungsgrads: Hoher Expertenkonsens, sicherheitsrelevant

(Fallserien: Alshayeb et al. 2010; Hem et al. 2001; Hall et al. 2015; Masters und Wandless 2005; Morrison und Sadler 2001; Mohr und Petti 2003; Nissen et al. 2013; Paterson et al. 2003; Zun 2003

RCTs mit Surrogatmarkern als Outcome: Sloane et al. 2014, Savaser et al. 2013; Parkes 2008; Michalewicz et al. 2007; Ho et al. 2011)

Starker Konsens 100 % Zustimmung in der Onlineumfrage

▪ Exkurs Netzbett

Netzbetten waren in Deutschland bis in die 1980er-Jahre in der Akutpsychiatrie in Gebrauch. Ohne formelles Verbot verschwanden sie aus der klinischen Praxis, erleben aber inzwischen wieder eine gewisse Renaissance in der Gerontopsychiatrie. Ein Artikel im British Medical Journal berichtete 2003 vom Gebrauch von Netzbetten in 4 europäischen Ländern (Slowenien, Ungarn, Slowakei und Tschechische Republik). Außerdem waren sie in Österreich (seit 2015 nicht mehr empfohlen) und auf Malta in Gebrauch. Die Praxis selbst wurde als entwürdigend, demütigend, gefährlich und als Verletzung der Menschenrechte verurteilt (Krosnar 2003). Auch wenn Netzbetten von Menschenrechtsgruppen missbilligt werden, werden sie von den Mitarbeitenden, die sie gebrauchen, als humaner angesehen als andere freiheitsbeschränkende Maßnahmen (Holt 2004). Eine britische und eine deutsche Umfrage zeigten, dass Netzbetten zusammen mit Fixierung im Vergleich zu anderen freiheitsbeschränkenden Maßnahmen in diesen Ländern die stärkste Ablehnung hervorrufen (Bowers et al. 2004; Bergk und Steinert 2006). Im Gegensatz zur Fixierung kann sich ein Mensch in einem Netzbett allerdings relativ frei bewegen und aufrichten;

anders als bei einer Isolierung ist der direkte Sprechkontakt mit Pflegepersonen ohne weiteres möglich. Diesen praktischen Vorteilen steht aus ethischer Sicht gegenüber, dass die Unterbringung von Menschen in käfigartigen Einrichtungen als besonders entwürdigend angesehen muss, nicht zuletzt, weil Käfige mit Tierhaltung assoziiert werden und damit symbolisch Menschenwürde abgesprochen wird. Für und Wider der Netzbetten waren vor einigen Jahren Gegenstand eines Untersuchungsausschusses in der Stadt Wien, der allerdings zu keiner eindeutigen Schlussfolgerung gelangte. Trotz wiederholter Kritik durch das Europäische Anti-Folter-Komitee blieben Netzbetten, mit der euphemistischen Bezeichnung „Psychiatrisches Intensivbett", zunächst unverändert in Gebrauch. 2015 wurde ihre Abschaffung allerdings per Erlass des Gesundheitsministeriums empfohlen (Sulyok et al. 2016).

13.5 Durchführung und menschenwürdige Gestaltung

Die größtenteils schlechten subjektiven Erfahrungen der von freiheitsbeschränkenden Maßnahmen betroffenen Menschen, die die freiheitsbeschränkenden Maßnahmen häufig als unnötig, ungerechtfertigt, bestrafend und traumatisierend erleben, können vermutlich nicht immer verhindert werden. Im Folgenden werden Empfehlungen aufgeführt, durch die sich möglicherweise das Ausmaß dieser negativen Erfahrungen reduzieren lässt. Qualitative Studien, welche die Sicht der psychisch erkrankten Menschen mit einbezogen haben, haben sich bis jetzt hauptsächlich mit Alternativen zu freiheitsbeschränkenden Maßnahmen (Dipankui et al. 2015; Heumann et al. 2017) sowie der Beschreibung der aktuellen nicht zufriedenstellenden Praxis bei der Durchführung von freiheitsbeschränkenden Maßnahmen (Brophy et al. 2016) und weniger mit der menschenwürdigen Gestaltung der selbigen befasst.

In einer Befragung von psychisch erkrankten Menschen und Mitarbeitenden wurde von beiden Seiten eine bessere Interaktion zwischen Betroffenem und Pflegeperson auch während der Isolierung gefordert. Eine kontinuierliche (i. d. R. 1:1) Betreuung bei Isolierung und Fixierung ist grundsätzlich erforderlich. In der Praxis soll versucht werden, dafür ausreichend personelle Ressourcen zur Verfügung zu stellen. Wenn möglich, sollte der Isolierraum nicht abgeschlossen werden, also ein „Time-out" einer Isolierung vorgezogen werden und es sollten Besuche von wichtigen Angehörigen auch bei bestehender Isolierung erlaubt werden. Zudem wurden Beschäftigungs- und Ablenkmöglichkeiten wie Radio, Fernsehen, Boxsack gefordert. Beschäftigungsmöglichkeiten in der Isolierung und ergotherapeutische Interventionen wie Sensory Modulation (s. u.) sind sinnvoll. Das Schlagen gegen einen Boxsack hat in Studien hingegen das Aggressionspotenzial eher erhöht (Bushman 2002). Als weitere Verbesserung wurde angemahnt, klare Absprachen bzgl. Beendigung der Isolierung zu treffen (wie lange soll die Isolierung dauern oder welches Ziel muss erreicht sein, damit die Isolierung beendet werden kann). Psychisch erkrankte Menschen wünschten sich, in der Isolierung ihre eigene Kleidung tragen zu dürfen. Außerdem forderten sie regelhafte Nachbesprechungen von freiheitsbeschränkenden Maßnahmen (van der Merwe et al. 2013). Als sehr belastend empfanden psychisch erkrankte Menschen den Verlust des Zeitgefühls. Die Dauer einer Maßnahme wurde häufig stark überschätzt mit der Befürchtung, die Maßnahme werde „ewig" andauern (Steinert et al. 2013).

Zwei Pflegende, die sich im Rahmen einer Studie freiwillig isolieren ließen, forderten anschließend ebenfalls die Kontaktmöglichkeiten (bspw. durch ein Fenster), Pflegemaßnahmen und auch Möglichkeiten zur Aktivität (bspw. Radiohören) für psychisch erkrankte Menschen während der Isolierung zu erweitern. Des Weiteren sollten Isolierräume aus ihrer Sicht nicht wie „Gefängniszellen" gestaltet werden, sondern Bett, Stuhl und Tisch enthalten (Kuosmanen et al. 2015).

Es gibt einen Expertenkonsensus zur Durchführung von freiheitsbeschränkenden Maßnahmen aus 11 europäischen Ländern im Rahmen der EUNOMIA-Studie (Kallert et al. 2007). Besondere Berücksichtigung sollte geschlechtsspezifischen Aspekten zukommen. Frauen, v. a. psychisch kranke Frauen, haben eine hohe Prävalenz an posttraumatischen Belastungsstörungen (PTBS). Deshalb sollte immer bedacht werden, dass freiheitsbeschränkende Maßnahmen (Festhalten, Fixierung oder Zwangsinjektion) bzw. Maßnahmen bei deren Durchführung (Entkleiden) zu einer (Re-)Traumatisierung führen können.

Expertenkonsens

Einleitung einer freiheitsbeschränkenden oder freiheitsentziehenden Maßnahme

Bei vielen freiheitsbeschränkenden Maßnahmen besteht unmittelbar vor der Durchführung ein gewisser Handlungsspielraum, um über die Art der freiheitsbeschränkenden oder freiheitsentziehenden Maßnahme (Festhalten, Fixierung, Isolierung, Verabreichung von Medikation als Notfallmaßnahme) zu entscheiden. Es sollte nach Möglichkeit diejenige freiheitsbeschränkende Maßnahme durchgeführt werden, die der psychisch erkrankte Mensch als am wenigsten eingreifend erlebt. Diese kann in manchen Fällen auch direkt vor Durchführung noch erfragt werden oder ist möglicherweise im Rahmen einer Behandlungsvereinbarung oder einer Nachbesprechung bei einer früheren freiheitsbeschränkenden Maßnahme festgelegt worden. Generell sollten das Auftreten der Mitarbeitenden und die Kommunikation mit den psychisch erkrankten Menschen von Respekt vor der Person, Einfühlung in deren Situation und dem Bemühen um eine faire Behandlung geprägt sein. Eine Aufklärung über beabsichtigte Maßnahmen ist erforderlich und es sollte stets versucht werden, die Kooperationsbereitschaft des psychisch erkrankten Menschen wieder zu gewinnen.

Konsens 76 % Zustimmung in der Onlineumfrage

Anordnung

Die Anordnung darf nur von der zuständigen Ärztin oder vom Arzt aufgrund eigener Urteilsbildung am psychisch erkrankten Menschen erfolgen und muss schriftlich dokumentiert werden (s. ▶ Kap. 15 Dokumentation). Erfolgt die freiheitsbeschränkende Maßnahme im Rahmen von Notwehr, eines rechtfertigenden Notstandes oder wegen Gefahr in Verzug ohne vorherige ärztliche Anordnung, ist eine ärztliche Überprüfung der freiheitsbeschränkenden Maßnahme so rasch als möglich nachzuholen. Die weitere Notwendigkeit der freiheitsbeschränkenden Maßnahme muss möglichst engmaschig überprüft werden. Kürzere Überprüfungsintervalle sind geeignet, die Dauer der Maßnahme zu verkürzen.

Konsens 76 % Zustimmung in der Onlineumfrage

Überwältigung

Hinsichtlich des konkreten Vorgehens bei der Überwältigung von psychisch erkrankten Menschen wird auf die Deeskalationstrainings und Schulungsmaßnahmen verwiesen. Einer menschenwürdigen Gestaltung der Maßnahme ist ein hoher Stellenwert einzuräumen.

Das Entfernen persönlicher, auch potentiell gefährlicher Gegenstände (Schmuck etc.) ist nur zu vertreten, wenn medizinische oder Sicherheitsaspekte dies zwingend erforderlich scheinen lassen. Das Entkleiden von Patientinnen und Patienten aus Sicherheitsgründen ist kritisch in Frage zu stellen, weil alle gefährlichen Komplikationen bei ausreichender Betreuung rechtzeitig erkannt werden können. Zusätzlich ist hierbei die Gefahr einer (Re-)Traumatisierung zu berücksichtigen und Alternativen sind anzubieten (z. B. kontinuierliche persönliche Betreuung durch Mitarbeitende).

Starker Konsens 100 % Zustimmung in der Konsensuskonferenz

Durchführung

Einzelheiten des Vorgehens bei der Durchführung von freiheitsbeschränkenden Maßnahmen im Hinblick auf Sicherheitsaspekte sowie der Betreuung während der Maßnahme sollten in institutionsinternen Richtlinien oder Pflegestandards verbindlich geregelt sein und regelmäßig geschult werden.

Bei Fixierung und Isolierung soll grundsätzlich eine kontinuierliche 1:1 Betreuung durch therapeutisches oder pflegerisches Personal mit der ständigen Möglichkeit des persönlichen Kontakts für die Dauer der Maßnahme erfolgen.

Konsens 80 % Zustimmung in der Konsensuskonferenz

Expertenkonsens

In einer freiheitsbeschränkenden oder -entziehenden Maßnahme (Fixierung oder Isolierung) soll sichergestellt werden, dass basale menschliche Bedürfnisse (Trinken, Essen, Hygiene, Ausscheidungen, zeitliche Orientierung, Kontakt) in würdiger Weise realisiert werden können.

Betroffenen Personen sollen die voraussichtliche Dauer der Maßnahme und die Bedingungen, die ihre Aufhebung ermöglichen, mitgeteilt werden. Die Betroffenen sollten dazu stets eine Uhr sehen können.

Konsens 94 % Zustimmung in der Onlineumfrage

13.6 Nachbesprechung von aggressivem Verhalten und freiheitsbeschränkenden Maßnahmen

Die Berücksichtigung der Patientenwahrnehmung ist eine wichtige Voraussetzung zum Verständnis von und zum verbesserten Umgang mit aggressivem Verhalten (Ketelsen und Pieters 2004; Ilkiw-Lavalle und Grenyer 2003; Petti et al. 2001; Meehan et al. 2000). In verschiedenen Projekten zu Reduktion von Zwang und Gewalt erhielten psychisch erkrankte Menschen die Möglichkeit, freiheitsbeschränkende Maßnahmen nachzubesprechen (bspw.

Whitecross et al. 2013). Inzwischen ist eine derartige Nachbesprechung in manchen Bundesländern sogar gesetzlich vorgeschrieben. Nachbesprechungen von aggressivem Verhalten und freiheitsbeschränkenden Maßnahmen bieten die Möglichkeit, systematisch die Erfahrungen und Sichtweisen der psychisch erkrankten Menschen in der Behandlungsplanung zu berücksichtigen, präventive Maßnahmen zu vereinbaren, die psychisch erkrankten Menschen emotional zu entlasten und das möglicherweise traumatisierende Ereignis zu verarbeiten (Ketelsen und Pieters 2004; Petti et al. 2001). Eine Studie, welche die Häufigkeit der Durchführung und die Inhalte von Nachbesprechungen am Beispiel einer psychiatrischen Klinik in Melbourne untersuchte, kam zu dem Schluss, dass Nachbesprechungen zu selten durchgeführt werden und dass es keine ausreichenden Vorgaben gibt, was derartige Gespräche enthalten sollten. Es wurden fünf verschiedene Arten von Nachbesprechungen identifiziert: Beratung (*counselling*), Aussprache (*ventilation*), Unterstützung und Wiedererlangung von Sicherheit (*support and reassurance*), Untersuchung auf körperliche Komplikationen der Maßnahme (*screening for physical adverse effects*) und Psychoedukation (*psychoeducation*) (Needham und Sands 2010). Die Durchführung von strukturierten Debriefings, welche alle diese Elemente beinhalteten und zudem eine Besprechung mit psychisch erkrankten Menschen und Mitarbeitenden, wie solche Maßnahmen in Zukunft vermieden werden könnten, konnte in einer kontrollierten Studie die Häufigkeit und Dauer von freiheitsbeschränkenden Maßnahmen reduzieren, allerdings nicht deren traumatisierende Wirkung verhindern (Whitecross et al. 2013).

Das Erleben von psychisch erkrankten Menschen und Mitarbeitenden bezüglich der Gründe für aggressives Verhalten unterscheidet sich erheblich. Mitarbeitende neigen zur Pathologisierung und nehmen eher die Psychopathologie des psychisch erkrankten Menschen als Auslöser für aggressives Verhalten wahr, psychisch erkrankte Menschen sehen dagegen interpersonale, biographische und Umgebungsfaktoren als ebenso wesentlich an (Ilkiw-Lavalle und Grenyer 2003; Duxbury 2002; Nyttingnes et al. 2016). Daher erscheint es unabhängig von traumatherapeutischen Erwägungen auch relevant zu besprechen, welche Verhaltensweisen von psychisch erkrankten Menschen und Mitarbeitenden zu der freiheitsbeschränkenden Maßnahme geführt haben und wie damit in der Folge besser umgegangen werden kann. Die Durchführung einer freiheitsbeschränkenden Maßnahme auf einer Station kann auch für andere beobachtende psychisch erkrankte Menschen ein aufwühlendes Ereignis sein und muss evtl. entsprechend nachbesprochen werden.

Psychisch erkrankte Menschen nehmen Zwangseinweisungen, Zwangsbehandlungen und freiheitsbeschränkende Maßnahmen jeweils subjektiv wahr: Sie berichten über mehr freiheitsbeschränkende Maßnahmen als in Patientenakten dokumentiert wurden (Poulsen und Engberg 2001), verneinen allerdings teilweise auch, trotz durchgeführter freiheitsbeschränkender Maßnahmen, einer Maßnahme gegen ihren Willen unterworfen gewesen zu sein (Smolka et al. 1997). Das Maß an wahrgenommenem Zwang unterscheidet sich nicht signifikant zwischen freiwillig und unfreiwillig aufgenommenen psychisch erkrankten Menschen (Opsal et al. 2016; O'Donoghue et al. 2014).

Teilweise können sie sich an Zeiträume von mehreren Stunden bis 3 Tage vor und nach der freiheitsbeschränkenden Maßnahme nicht erinnern (Naber et al. 1996), was aber auch an den verabreichten Medikamenten, insbesondere Benzodiazepinen, liegen kann. In einer neueren Studie konnten sich acht von 47 fixierten Menschen nicht einmal erinnern, überhaupt fixiert worden zu sein (Fugger et al. 2016). Gefühle von Angst, Verzweiflung, Scham, Macht- und Hilflosigkeit bei und nach der Durchführung von freiheitsbeschränkenden Maßnahmen werden von Menschen, die freiheitsbeschränkende Maßnahmen erfahren haben, beklagt (s. auch 14.2 Sicherheit, ethische, rechtliche und therapeutische Aspekte – Ergebnisse von Patientenbefragungen: Steinert et al. 2013; Kuosmanen et al. 2015), positive Effekte von freiheitsbeschränkenden Maßnahmen werden nur von einer Minderheit wahrgenommen (Brophy et al. 2016; Kontio et al. 2012; Soininen et al. 2013; van der Merwe et al. 2013; Steinert et al. 2013).

13.7 Traumatisierung

Insbesondere bei der Anwendung von Zwang im Rahmen der stationären Behandlung sind Traumatisierungen in der Vorgeschichte und Symptome einer posttraumatischen Belastungsstörung (PTBS) von besonderer Bedeutung (Ketelsen und Pieters 2004). Missbrauch in der Kindheit ist mit einer erhöhten Wahrscheinlichkeit von psychischen Störungen im Erwachsenenalter assoziiert (Nelson et al. 2002; Bulik et al. 2001; MacMillan et al. 2001; Kendler et al. 2000; de Venter et al. 2013), dies gilt auch für psychotische Symptomatik (Shevlin et al. 2007; Read et al. 2005; Bebbington et al. 2004; Janssen et al. 2004; Bennouna-Greene et al. 2011). Schwer psychisch kranke Menschen haben ein gegenüber der Allgemeinbevölkerung erhöhtes Risiko, Opfer von Gewalt zu werden (Latalova et al. 2014). Häusliche und sexuelle Gewalt ist bei Menschen mit schweren psychischen Erkrankungen häufig. Das Risiko, Opfer von sexueller Gewalt zu werden, war für Menschen mit schwerer psychischer Erkrankung sechsmal so hoch wie in der Allgemeinbevölkerung (Khalifeh et al. 2016). Ein Review zu Traumatisierungen und Traumafolgeerkrankungen bei psychisch Kranken ergab nicht nur erhöhte Risiken für körperliche und sexuelle Misshandlungen bei psychisch Kranken, sondern auch eine Prävalenz der posttraumatischen Belastungsstörung von 30 % bei Menschen mit Schizophrenie, bipolarer Störung oder anderer schwerer psychischer Erkrankung (Mauritz et al. 2013). Trotz der in Untersuchungen festgestellten erhöhten Prävalenz von Traumatisierungen und PTBS bei Menschen mit schweren psychischen Erkrankungen im Vergleich zur Allgemeinbevölkerung wird diese nur selten diagnostiziert (Mueser et al. 1998, 2004b). Ein ungünstigerer Krankheitsverlauf scheint bei Traumatisierung in der Vorgeschichte und Komorbidität von PTBS mit schwerer psychischer Störung vorzuliegen (Neria et al. 2005; Mueser et al. 2004a, b; Darves-Bornoz et al. 1995). Einerseits können psychotische Symptome und die emotionale Belastung durch Behandlungserfahrungen bei Menschen mit Schizophrenie zu posttraumatischen Belastungsstörungen führen (Jackson et al. 2004; Shaw et al. 2002; Meyer et al. 1999), andererseits werden Menschen mit Schizophrenie mit traumatischen Ereignissen in der Vorgeschichte im Rahmen von psychiatrischen Behandlungen häufiger fixiert oder isoliert und sind der Gefahr von Reviktimisierung und Retraumatisierung ausgesetzt (Steinert et al. 2007). Insgesamt erleben Patientinnen und Patienten stationäre psychiatrische Behandlungen in Verbindung mit Zwang als emotional äußerst belastend und verbinden diese Erfahrungen teilweise mit Erinnerungen an frühere traumatische Vorfälle. In einer Studie mit 47 fixierten Patientinnen und Patienten musste bei etwa einem Viertel eine posttraumatische Belastungsstörung nach Fixierung angenommen werden (Fugger et al. 2016). Bei einer Befragung von Menschen, die zehn Jahre zuvor aufgrund einer psychotischen Störung stationär aufgenommen worden waren, gaben 69 % an, diesen Aufenthalt als traumatisch erlebt zu haben (Paksarian et al. 2014).

Unter Berücksichtigung der genannten Aspekte sollten in der Nachbesprechung insbesondere folgende inhaltliche Schwerpunkte beachtet werden:

- Beruhigung und Vermittlung von Sicherheit,

- Austausch der unterschiedlichen Sichtweisen von psychisch erkranktem Menschen und Mitarbeitenden,
- Nacherzählen der Situation durch den psychisch erkrankten Menschen,
- Erklärung des Vorgehens der Mitarbeitenden,
- Absprachen zur Vermeidung zukünftiger Eskalationen,
- Körperliche Folgeerscheinungen, emotionale Belastung der psychisch erkrankten Menschen und evtl. Erinnerungslücken besprechen,
- bei hoher emotionaler Belastung und bei Auftreten von Symptomen einer PTBS Berücksichtigung in der Behandlungsplanung (Ketelsen und Pieters 2004; Needham und Sands 2010; Whitecross et al. 2013).

Teilweise möchten traumatisierte Menschen nicht direkt nach dem Ereignis darüber sprechen oder die Symptome einer PTBS zeigen sich erst im Verlauf. Ein mehrzeitiges Vorgehen ist daher empfehlenswert. Die Betroffenen sollten nach Entlassung die Möglichkeit haben, traumatische Erlebnisse während des stationären Aufenthalts sowohl mit ihren ambulanten Therapeutinnen und Therapeuten als auch mit den Therapeutinnen und Therapeuten der Klinik nachzubesprechen. Die Kliniken sollten solche poststationären Termine anbieten.

Expertenkonsens

Eine Nachbesprechung von aggressiven Vorfällen und Zwangsmaßnahmen soll abhängig vom Befinden des psychisch erkrankten Menschen zeitnah und einige Tage nach der Maßnahme möglichst gemeinsam mit pflegerischer Bezugsperson und zuständigem Therapeuten erfolgen. Dabei soll psychischen Belastungen und den Symptomen einer PTBS auch im Verlauf besondere Aufmerksamkeit zukommen. Die Gesprächsinhalte und getroffene Absprachen sollen in der Patientenakte dokumentiert und in der Behandlungsplanung, auch bei Wiederaufnahmen, berücksichtigt werden. Mitpatientinnen und -patienten, die durch den Vorfall stark belastet sind, sollen Einzelgespräche angeboten werden.

Starker Konsens 100 % Zustimmung in der Onlineumfrage

Evidenz zu Interventionen zur Reduktion von freiheitsbeschränkenden Maßnahmen

T. Steinert, S. Hirsch, *S3-Leitlinie Verhinderung von Zwang: Prävention und Therapie aggressiven Verhaltens bei Erwachsenen*, https://doi.org/10.1007/978-3-662-58684-6_14

Trotz der von allen Seiten beteuerten Haltung, freiheitsbeschränkende Maßnahmen nur als Ultima Ratio einzusetzen, variiert die Häufigkeit von freiheitsbeschränkenden Maßnahmen zwischen verschiedenen Ländern und Settings enorm, ohne dass dies durch Krankheits- und Patientenmerkmale ausreichend erklärt würde. In den letzten dreißig Jahren wurden daher von pflegerischer und ärztlicher Seite, aber auch von Seiten des Managements und der Qualitätssicherung in den Kliniken, Anstrengungen unternommen, freiheitsbeschränkende Maßnahmen zu reduzieren. Dabei sind neben Einzelinterventionen auch komplexe Behandlungsprogramme entstanden, die teilweise wissenschaftlich evaluiert sind und wirksam freiheitsbeschränkende Maßnahmen reduzieren können.

Für diese Leitlinie wurde ein systematisches Review erstellt, das insgesamt 78 Studien einschloss (davon 5 RCTs und 7 weitere kontrollierte Studien), die Interventionen in Hinblick auf Reduktion von freiheitsbeschränkenden Maßnahmen (Isolierung und Fixierung) evaluierten (Hirsch 2017): Insgesamt konnten in 64 der 78 Studien freiheitsbeschränkende Maßnahmen reduziert werden. In 14 konnte keine Reduktion erreicht werden. In 46 Studien konnte die Anzahl der freiheitsbeschränkenden Maßnahmen reduziert werden, in 25 Studien die kumulative Dauer der freiheitsbeschränkenden Maßnahmen, in 11 die durchschnittliche Dauer einer freiheitsbeschränkenden Maßnahme und in 16 Studien die Anzahl der von freiheitsbeschränkenden Maßnahmen betroffenen Patientinnen und Patienten.

Grundsätzlich konnten komplexe Behandlungsprogramme, welche mehrere Interventionen enthielten, von einfachen Interventionen unterschieden werden. Insgesamt wurden 35 Studien identifiziert, die sich mit einer einfachen, klar umrissenen Intervention beschäftigten, 32 Studien beschrieben komplexe Behandlungsprogramme. Weitere 9 Studien beschrieben Änderungen der geltenden Regeln oder Gesetze, eine davon sogar die Transformation eines politischen Systems (Kostecka und Zardecka 1999).

Insgesamt wurden bei der Untersuchung der einzelnen Interventionen, die in den Studien beschrieben wurden, sieben Kategorien identifiziert:

- organisatorische und institutionelle Interventionen,
- Fort- und Weiterbildungsprogramme (s. auch ▶ Kap. 11),
- Gestaltung psychiatrischer Stationen (s. auch ▶ Abschn. 10.1)
- Psychotherapeutische Angebote (s. auch ▶ Abschn. 12.3)
- verhaltenstherapeutische und traumatherapeutische Nachbesprechungen (Debriefings, s. auch ▶ Abschn. 13.6),
- Vorausverfügungen (s. ▶ Abschn. 10.5)
- Risikovorhersage und frühe Interventionen (s. auch ▶ Kap. 6).

Diese Kategorien sowie die kontrollierten Studien, die zu dazu durchgeführt wurden, werden im Folgenden dargestellt.

Organisatorische und institutionelle Interventionen

Auf organisatorischer Ebene ergaben sich Hinweise auf die Wirksamkeit von Instrumenten der Qualitätssicherung wie Benchmarking zum Vergleich verschiedener Kliniken (Steinert et al. 2015). Auch die Reduktion der Stationsgröße (O'Malley et al. 2007) sowie eine bessere Personalausstattung (Donat 2002a) ging in Beobachtungsstudien mit einer Reduktion von freiheitsbeschränkenden Maßnahmen einher. Für die Öffnung von Stationstüren ergaben sich in Beobachtungsstudien bisher widersprüchliche Ergebnisse (Jungfer et al. 2014; Cibis et al. 2017).

■ Fort- und Weiterbildungsprogramme

Neben einer ausreichenden quantitativen Personalausstattung ist auch die regelmäßige Schulung des Personals bzgl. Deeskalationstechniken, freiheitsbeschränkenden Maßnahmen und Selbstschutz wichtig (s. ▶ Kap. 11). Aus Studien liegen unterschiedliche Ergebnisse zur Wirksamkeit solcher Trainings vor. Als günstig hat sich in einer randomisiert-kontrollierten Studie ein Programm erwiesen, bei dem sowohl theoretisches Wissen als auch praktische Fertigkeiten vermittelt werden (Phillips und Rudestam 1995). Wichtig scheint, dass Trainingsprogramme die Mitarbeitenden sensibilisieren, das Risikobewusstsein und die Kommunikation im Team stärken und alternative Maßnahmen zu Fixierung und Isolierung vermitteln (Jones 1997; Richmond et al. 1996; Forster et al. 1999; Stead et al. 2009). Reine Deeskalationstrainings oder Fixierungsübungen konnten freiheitsbeschränkende Maßnahmen hingegen nicht signifikant reduzieren (Laker et al. 2010). Spezielle Teams aus besonders geschulten Mitarbeitenden, die in Krisensituationen hinzugezogen werden können, haben sich in Beobachtungsstudien (Ketelsen et al. 2007; Godfrey et al. 2014) und in einer kontrollierten Studie (Moore 2010) bewährt. Externe Fachkräfte, die im Rahmen einer Supervision das Behandlungsteam beraten, konnten zwar in einer kontrollierten Studie die Häufigkeit von Konflikten auf Station reduzieren, nicht aber die Häufigkeit von freiheitsbeschränkenden Maßnahmen (Bowers et al. 2006, 2008). Nachdem sich in einer Beobachtungsstudie Hinweise darauf ergeben hatten, dass Pflegende, die empathischer gegenüber den psychisch erkrankten Menschen sind, seltener freiheitsbeschränkende Maßnahmen einleiten, wurde versucht, freiheitsbeschränkende Maßnahmen mittels Empathietrainings weiter zu reduzieren, was aber nicht gelang (Yang et al. 2014).

■ Gestaltung psychiatrischer Stationen

Auf den Stationen selbst konnten freiheitsbeschränkende Maßnahmen durch bestimmte architektonische Elemente, insbesondere ausreichend Licht (Olver et al. 2009), ausreichende Privatsphäre für die Patientinnen und Patienten und eine wohnliche Ausstattung, welche weniger krankenhaus- oder gar gefängnistypisch wahrgenommen wird (Rohe et al. 2017), in zwei Beobachtungsstudien reduziert werden.

Ebenfalls empfehlenswert ist hier das Angebot spezieller Räume („Sensory Rooms") mit der Möglichkeit für agitierte psychisch erkrankte Menschen, sich freiwillig Stress oder Reizüberflutung zu entziehen und stattdessen aktiv positiven Reizen (schwere Decken, Aromaöle, Musik) auszusetzen, sog. Sensory Modulation. Dies war in zwei kontrollierten Studien zur Reduktion von freiheitsbeschränkendem Maßnahmen wirksam (Teitelbaum et al. 2007 aus Israel; Llyod et al. 2014 aus Australien). Im Gegensatz zu den Studien, in denen Sensory Modulation weniger wirksam war, wurden psychisch erkrankte Menschen in diesen Studien explizit von geschultem Pflegepersonal oder Ergotherapeutinnen und -therapeuten zur Nutzung des Sensory Rooms angeleitet bzw. sogar währenddessen über Mikrofon/Gegensprechanlage begleitet. Bei einer weiteren kontrollierten Studie zeigten sich diese positiven Ergebnisse nur, wenn Patienten mit besonders vielen freiheitsbeschränkenden Maßnahmen aus der Analyse ausgeschlossen wurden (Cummings et al. 2010). Interessanterweise zeigten zwei weitere Studien mit Prä-Post-Vergleichen keine positiven Ergebnisse (Novak et al. 2012; Smith and Jones 2014). In einer dieser Studien ergaben sich nach Einführung des Sensory Rooms sogar mehr Isolierungen, wobei es sich wieder vor allem um wiederholte Isolierungen einiger besonders schwieriger Patientinnen und Patienten handelte. Ein einzelner Patient war alleine zwölfmal isoliert (32,4 % der Isolierungen). Die Anzahl der isolierten psychisch erkrankten Menschen hatte sich jedoch reduziert (Smith und Jones 2014). Bei der zweiten Studie ist zu erwähnen, dass hier hauptsächlich Frauen den Sensory Room aufsuchten, was die Autoren zu der Vermutung veranlasste, dass dieser Raum Männern evtl. zu wenig angeboten wurde und stattdessen eher früh Isolierungen durchgeführt wurden (Novak et al. 2012).

▪ Psychotherapeutische Angebote

Des Weiteren haben sich verhaltenstherapeutische Programme zum Umgang mit aggressivem Verhalten bewährt (Corrigan et al. 1995; Goodness und Renfro 2002; Lykke et al. 2008). In einer Interventionsstudie, in welcher Mitarbeitende in verhaltenstherapeutischen Programmen (Token Economy und Soziales Kompetenztraining) geschult wurden, konnte die Einstellung der Mitarbeitenden zu Verhaltenstherapie in psychiatrischen Settings verbessert werden. Die Intervention führte dazu, dass mehr Mitarbeitende und psychisch erkrankte Menschen sich an derartigen Programmen beteiligten und dass es zu weniger aggressiven Übergriffen und Fixierungen auf der Station kam. Diese Studie wurde allerdings auf einer Rehabilitationsstation für Menschen mit Schizophrenie und bipolarer Störung durchgeführt und nicht auf einer Aufnahmestation mit entsprechend kurzen Aufenthaltszeiten, wie sie heute üblich sind (Corrigan et al. 1995). Ein ähnliches Programm (Verhaltenstherapie, Token Economy, Dangerousness Management Plans) wurde in einer forensischen Klinik durchgeführt. Dort konnte die durchschnittliche Anzahl von Fixierungen pro Patient und die durchschnittliche Dauer, die eine Patientin oder ein Patient in der Fixierung verbrachte, nahezu halbiert werden (Goodness und Renfro 2002). Gleichzeitig gingen Beschwerden von Patientinnen und Patienten in dieser Zeit deutlich zurück. Auf einer Station für Menschen mit der Doppeldiagnose Psychose und Sucht in Dänemark konnten Fixierungen signifikant reduziert werden, nachdem die sog. „kognitive Milieutherapie" eingeführt wurde. Das Programm besteht aus kognitiver Verhaltenstherapie, sozialem Kompetenztraining, Psychoedukation und verhaltenstherapeutisch orientierten Nachbesprechungen von freiheitsbeschränkenden Maßnahmen (Situationsanalyse, wie kam es zu der Fixierung, welche internen und externen Stimuli waren relevant). Diese Besprechungen finden in der Patientengruppe statt und werden von geschultem Personal angeleitet. Die Anzahl von Fixierung betroffener Patienten konnte in drei Jahren von 19 auf 3 reduziert werden, die Anzahl stattgehabter Fixierungen von 127 auf 5. Im gleichen Zeitraum konnte auch Zwangsmedikation reduziert werden, die Anzahl der Isolierungen blieb in etwa gleich. Das Risiko, von Fixierung betroffen zu sein, reduzierte sich damit durchschnittlich um 50 % pro Jahr, was einer hochsignifikanten Reduktion entsprach. In einer Studie, bei welcher psychisch erkrankte Menschen mit besonders vielen freiheitsbeschränkenden Maßnahmen (mindestens sechs Einzelmaßnahmen oder mindestens 72 Stunden kumulative Dauer) einen verhaltenstherapeutischen Behandlungsplan, der von einem Expertenkomitee erstellt worden war, erhielten, konnten Fixierungen und Isolierungen in den sechs Monaten nach der Einführung solcher Pläne im Vergleich zu den vorangegangenen sechs Monaten um 62 % reduziert werden (Donat 1998). In Folgestudien, in welchen schon bei weniger freiheitsbeschränkenden Maßnahmen oder zeitlich früher interveniert wurde, konnten die Maßnahmen noch einmal deutlich reduziert werden (Donat 2002b, 2003).

Aber auch tiefenpsychologisch fundierte Psychotherapieprogramme waren in zwei Beobachtungsstudien für junge Menschen mit Cluster-B-Persönlichkeitsstörungen wirksam zur Reduktion von Zwang. Ein Behandlungsprogramm, welches auf die Erstellung von Behandlungsplänen, eine bessere interpersonale Interaktion und die Reduktion von

Konflikten auf Station abzielte, konnte die Quoten der von freiheitsbeschränkenden Maßnahmen betroffenen psychisch erkrankten Menschen von 43,7 % vor Einführung des Programms auf 2,7 % nach Einführung reduzieren (Gonzalez-Torres et al. 2014). Ein ähnliches Programm mit Schwerpunkt auf der Beziehungsgestaltung zu Menschen mit Borderline-Persönlichkeitsstörung, bei welchem diese nur selbst über ihre stationäre Aufnahme entscheiden und im Falle einer Aufnahme sofort unbegrenzt Ausgang erhalten, bei aggressivem oder autoaggressivem Verhalten aber entlassen werden, konnte ebenfalls die Zahl der Fixierungen sowie die Zahl der 1:1-Überwachungen und der Selbstverletzungen signifikant reduzieren. Eingeschlossen wurden allerdings nur 27 Patientinnen und Patienten. Interessant ist, dass weiterhin Fixierungen vorkamen und die Anzahl der Isolierungen nahezu unverändert blieb, obwohl das Programm freiheitsbeschränkende Maßnahmen eigentlich grundsätzlich verbietet (Hoch et al. 2006). Eine Behandlung von Patientinnen und Patienten mit Borderline-Persönlichkeitsstörung auf dafür ausgelegten Spezialstationen, auf die auch in Krisensituationen direkt aufgenommen werden kann, scheint ebenfalls hilfreich bei der Reduktion von freiheitsbeschränkenden Maßnahmen. Nach Einführung einer solchen Station in einer deutschen psychiatrischen Klinik reduzierten sich die freiheitsbeschränkenden Maßnahmen bei allen aufgenommen Patientinnen und Patienten mit Persönlichkeitsstörungen innerhalb eines Jahres von 120 auf 17 (Steinert et al. 2009).

Oben genannte Studien geben Hinweise darauf, dass sich auch in psychiatrischen Kliniken die konsequente Einführung von psychotherapeutischen Programmen lohnt. Die Erstellung eines individualisierten Behandlungsplans konnte in Beobachtungsstudien freiheitsbeschränkende Maßnahmen reduzieren. Hierfür sind wahrscheinlich verschiedene Mechanismen wie die Stärkung der therapeutischen Beziehung, aber auch das Gefühl der Kontrolle und Kohärenz bei den psychisch erkrankten Menschen verantwortlich. Bei einer kontrollierten Studie, die 678 Menschen (134 erhielten die Intervention, 544 waren in der Kontrollgruppe) einschloss, wurden mittels des sog. „Methodical Work Approach" gemeinsam mit den psychisch erkrankten Menschen und ihren Familien Behandlungspläne mit expliziten Zielen erstellt und festgehalten, wie diese erreicht werden könnten. Die Pläne wurden regelmäßig überprüft und je nach Stand der Behandlung angepasst. Eingeschlossen wurden Menschen mit der Doppeldiagnose Psychose und Sucht einer niederländischen psychiatrischen Intensivstation, die dort wegen gefährlichen Verhaltens und/oder Versagen der übrigen Therapien behandelt wurden. Auf den Interventionsstationen konnte die Anzahl der Isolierungen signifikant von 15/1000 Patiententage auf 3 gesenkt werden. Die Isolierungsdauer sank ebenfalls signifikant von 934 Stunden/1000 Patiententage auf 62. Auf den Kontrollstationen ergaben sich keine signifikanten Änderungen (Boumans et al. 2014, 2016).

▪ Verhaltenstherapeutische Nachbesprechungen und Traumatherapeutisches Debriefing

Sollte es dennoch zu freiheitsbeschränkenden Maßnahmen kommen, sollten diese im therapeutischen Team (Prescott et al. 2007; s. auch ► Abschn. 12.4) und mit den psychisch erkrankten Menschen (Lykke et al. 2008; Whitecross et al. 2013 s. auch ► Kap. 13) nachbesprochen werden. Auch hier sind unterschiedliche Mechanismen möglich, wie diese Intervention Zwang reduzieren kann. Zum einen könnte die Tatsache, sich nach einer freiheitsbeschränkenden Maßnahme gegenüber den psychisch erkrankten Menschen, den Kolleginnen und Kollegen oder auch Vorgesetzten persönlich verantworten zu müssen, dazu führen, dass Pflegende, Ärztinnen und Ärzte primär weniger freiheitsbeschränkende Maßnahmen durchführen bzw. anordnen. Zum anderen können problematische Entwicklungen im Verhalten des psychisch erkrankten Menschen, in der therapeutischen Beziehung und im Team, die zur Entstehung der Eskalation und der freiheitsbeschränkenden Maßnahme beigetragen haben, im Nachhinein kritisch reflektiert und solche Situationen in Zukunft vielleicht besser und ohne Einsatz von Zwang gelöst werden (Lykke et al. 2008). Nachbesprechungen im therapeutischen Team gemeinsam mit einem Team aus Vorgesetzten und geschulten Mitarbeitenden konnten Fixierungen in einer psychiatrischen Klinik für Erwachsene, Jugendliche und Kinder in den USA in den ersten sechs Wochen nach Beginn der Intervention von 77 auf 49 reduzieren und die Anzahl der Vorfälle mit Festhalten von 79 auf 44 (Prescott et al. 2007). Gegen Ende einer Krankenhausbehandlung oder anschließend in der ambulanten Behandlung kann die Erstellung von Behandlungsvereinbarungen (s. ▶ Abschn. 10.5) sinnvoll sein. Behandlungsvereinbarungen („joint crisis plans") konnten in Studien aus England teilweise Zwangseinweisungen und die Dauer der Krankenhausaufenthalte reduzieren. Die Ergebnisse sind allerdings inkonsistent. Der Nachweis, dass damit auch freiheitsbeschränkende Maßnahmen reduziert werden können, steht bisher aus (Khazaal et al. 2009).

Empfehlungsgrad A, Evidenzgrad 3
Zur Reduktion von freiheitsbeschränkenden Maßnahmen sollen Nachbesprechungen nach Zwangsmaßnahmen angeboten, durchgeführt und dokumentiert werden. Den Patienten sollen als Alternativen zur Isolierung entsprechende Rückzugsräume mit der Möglichkeit zur Beruhigung und Beschäftigung angeboten werden.

(Lykke et al. 2008; Whitecross et al. 2013; Teitelbaum et al. 2007; Lloyd et al. 2014)

Begründung für Heraufstufung des Empfehlungsgrads: besondere Bedeutung des Endpunkts Zwangsmaßnahmen.

Konsens 94 % Zustimmung in der Onlineumfrage

Strukturierte Risikoeinschätzung und frühe Interventionen

Im Umgang mit Patienten hat sich eine regelmäßige strukturierte Risikoeinschätzung (s. ▶ Kap. 6) für aggressives Verhalten als hilfreich bei der Reduktion gewalttätigen Verhaltens und von freiheitsbeschränkenden Maßnahmen auf psychiatrischen Stationen erwiesen. In einer Pilotstudie reduzierten sich die freiheitsbeschränkenden Maßnahmen nach Einführung der Broset Violence Checklist in Verbindung mit einem Aggressionsmanagementtraining deutlich. Die aggressiven Übergriffe konnten nicht signifikant reduziert werden, wurden aber als weniger schwerwiegend eingeschätzt (Needham et al. 2004). Die Einführung der Broset Violence Checklist konnte während der dreimonatigen Studie die Anwendung von Zwang auf einer psychiatrischen Intensivstation in Kanada reduzieren. Ein Follow-up, mit welchem man Aussagen über die Nachhaltigkeit des Effekts treffen könnte, liegt leider nicht vor. Wirksam sind hier wahrscheinlich die frühen Besprechungen im Team und entsprechend eingeleitete Frühinterventionen, bevor eine Situation weiter eskaliert (Clarke et al. 2010). Im Weiteren wurde der Einsatz der Broset Violence Checklist in zwei randomisierten Studien evaluiert. In beiden Studien konnte die Anzahl aggressiver Übergriffe reduziert werden. Nur in einer Studie aus der Schweiz konnte die Anzahl der freiheitsbeschränkenden Maßnahmen signifikant (um 27 %) reduziert werden (Abderhalden et al. 2008), in der anderen aus den Niederlanden reduzierte sich zumindest die Dauer der Maßnahmen (van de Sande et al. 2011).

Empfehlungsgrad A, Evidenzgrad 2
Instrumente zur strukturierten Risikoeinschätzung und Instrumente zur frühen Intervention bei Eskalation sollen in psychiatrischen Kliniken zur Reduktion von Zwang und Gewalt eingesetzt werden.
(Abderhalden et al. 2008; van de Sande et al. 2011)
Starker Konsens 100 % Zustimmung in der Onlineumfrage

Komplexe Behandlungsprogramme

Six Core Strategies

Weil alle genannten Maßnahmen stets nur limitierte Effekte aufweisen, aber an sehr unterschiedlichen Stellen einer Organisation ansetzen, erschien es naheliegend, mehrere Einzelmaßnahmen zu einer komplexen Intervention zu bündeln. Welche der einzelnen Komponenten letztendlich wirksam in der Reduktion von Zwang und Gewalt sind, kann dann selbstverständlich nicht mehr mit Sicherheit gesagt werden. Eine große Übersichtsarbeit extrahierte sechs Faktoren, die sogenannten „Six Core Strategies" (Huckshorn 2006), welche bei wirksamen Programmen zur Reduktion von freiheitsbeschränkenden Maßnahmen in der Regel eine Rolle spielen:

- **Leadership:** Die Programme zur Reduktion von freiheitsbeschränkenden Maßnahmen sollten von der Leitung einer Klinik bzw. Station geplant, verantwortet und überwacht werden.
- **Use of Data:** Die Information, wie viele freiheitsbeschränkende Maßnahmen in welcher Abteilung, bei welchen Patientinnen und Patienten und in welchen Situationen zur Anwendung kommen, kann dabei helfen, Risikosituationen zu identifizieren. Für die Zukunft gesteckte Ziele können mit Hilfe der Daten zu Anzahl und Dauer der freiheitsbeschränkenden Maßnahmen überprüft werden.
- **Workforce Development:** Die Ausbildung des Personals in modernen psychiatrischen Konzepten wie Trauma-informed Care, Recovery, Behandlungsplanung und Kommunikation sowie die Supervision des Behandlungsteams spielen ebenfalls eine zentrale Rolle.
- **Use of Seclusion/Restraint Prevention Tools:** Spezielle Instrumente zur Risikoeinschätzung, zur Dokumentation von Gewalt und Zwang und zur Durchführung strukturierter Debriefing-Gespräche sollten ebenso eingesetzt werden wie Hilfsmittel zur Emotionsregulation, wobei neben positiven Gruppenaktivitäten und Sensory Modulation auch spezielle Patiententrainings eingeführt werden können.
- **Consumer Roles in Inpatient Settings:** Die Rollen, die psychisch erkrankte Menschen selbst und ihre Bezugspersonen während einer stationären Behandlung einnehmen, werden als wesentlich für die Vermeidung von Zwang angesehen. Patientinnen und Patienten, Angehörige und rechtliche Vertreter, aber auch Peers werden in Programmen zur Reduktion von Zwang in die Behandlungsplanung und andere Gespräche eingebunden.
- **Debriefing Techniques:** Debriefings (Nachbesprechungen) sollten in der Regel in zwei Schritten erfolgen, einmal direkt nach dem Ereignis und dann in ausführlicher Form einige Tage später. Debriefings sollten zwei Hauptaufgaben erfüllen: Traumafolgestörungen bei den Beteiligten reduzieren und Informationen einholen, um Zwang in Zukunft zu reduzieren.

Die Six Core Strategies (6CS) wurden zwischenzeitlich in verschiedenen Ländern und in verschiedenen Settings evaluiert. In einer Interventionsstudie in einer forensischen psychiatrischen Abteilung in den USA konnten die Anzahl und die Dauer der Isolierungen durch Einsatz der 6CS reduziert werden. Allerdings stiegen die Isolierungen nach Ende der Studie wieder etwas an. Die Anzahl der von Isolierung betroffenen Patienten reduzierte sich jedoch kaum. Weiterhin gab es Spitzen mit vielen Isolierungen, wenn neue Patientinnen und Patienten aufgenommen wurden (Maguire et al. 2012). Eine cluster-randomisierte Studie aus der forensischen Psychiatrie in Finnland verglich zwei Interventionsstationen, auf welchen Komponenten der 6CS eingeführt wurden, mit zwei Kontrollstationen. Nicht nur das Personal, auch die psychisch erkrankten Menschen selbst wurden intensiv geschult. Auf den Interventionsstationen kam es zu einer deutlichen Reduktion der Zwangs- und Überwachungsmaßnahmen und deren Dauer. Auf den Kontrollstationen nahm die Anzahl dieser Maßnahmen zwar ebenfalls leicht ab, die Dauer stieg allerdings an. Der Unterschied zwischen Interventions- und Kontrollgruppe war signifikant. Bei aggressiven Übergriffen ergab sich keine signifikante Änderung (Putkonen et al. 2013). Auch außerhalb der forensischen Psychiatrie konnten die 6CS in Europa freiheitsbeschränkende Maßnahmen und die Anzahl der von freiheitsbeschränkenden Maßnahmen betroffenen Patienten wirksam reduzieren. Auf einer spanischen Aufnahmestation kam es nach Einführung von 4 der 6CS (Diskussionsgruppen, Verbesserung der Dokumentation von freiheitsbeschränkenden Maßnahmen, Deeskalationstrainings, Identifizierung und spezielles Monitoring von Risikopatienten) zu einer signifikanten Reduktion der freiheitsbeschränkenden Maßnahmen, allerdings stieg deren durchschnittliche Dauer leicht an (Guzman-Parra et al. 2016).

Eine weitere kontrollierte, allerdings nicht randomisierte Studie, welche 43 psychiatrische Institutionen in den USA untersuchte, die alle 6CS zumindest teilweise eingeführt hatten, ergab, dass freiheitsbeschränkende Maßnahmen vor allem dann wirksam reduziert werden können, wenn die 6CS dauerhaft eingeführt werden und nach der Einführung stabil weiter eingesetzt werden können. Ständige Änderungen der Praktiken und Regeln einer Station scheinen hingegen eher ungünstig (Wieman et al. 2014).

Neben den 6CS gibt es viele weitere komplexe Behandlungsprogramme, die ähnliche Ansätze verfolgen, teilweise in die 6CS eingegangen sind und unterschiedlich gut evaluiert sind. Ein RCT aus Dänemark untersuchte die Auswirkung von integrierten Behandlungsprogrammen bei Menschen mit der Erstmanifestation einer schizophrenen Psychose auf freiheitsbeschränkende Maßnahmen. 167 Menschen mit Psychose in der Interventionsgruppe erhielten eine aufsuchende Behandlung in der Gemeinde sowie soziale Kompetenztrainings und psychoedukative Gruppen gemeinsam mit ihren Familien. Es ergaben sich keine signifikanten Unterschiede bei der Anzahl der Fixierungen. Die Anzahl der Isolierungen war so gering, dass keine statistische Untersuchung vorgenommen wurde. Auch bei anderen freiheitsentziehenden und freiheitsbeschränkenden Maßnahmen (Zwangseinweisung, Zwangsbehandlung) ergaben sich keine signifikanten Unterschiede (Øhlenschlæger et al. 2008).

Alle übrigen komplexen Interventionen sind bisher nur über die Zeit mit Zeitreihen oder Vorher-Nachher-Vergleichen evaluiert worden. Kontrollierte Studien liegen nicht vor.

Engagement Model

Vergleichsweise gut evaluiert ist das sog. Engagement Model, welches in den USA in einem psychiatrischen Krankenhaus mit Hilfe einer Unternehmensberatung eingeführt wurde, um Zwang zu reduzieren (Murphy und Bennington-Davis 2005).

Die Stationen wurden durch Pflanzen, neue Tapeten, Möbel und Alltagsgegenstände verschönert. Die Mitarbeitenden waren angehalten, sich auf den Stationen bei den psychisch erkrankten Menschen aufzuhalten und nicht in den Dienstzimmern. Die Klinik bezahlte die Essen der Mitarbeitenden, wenn diese gemeinsam mit den psychisch erkrankten Menschen eingenommen wurden. Des Weiteren wurde ein wertschätzenderes, weniger stigmatisierendes Vokabular eingeführt. Freiheitsbeschränkende Maßnahmen und Indikatoren zur Bewertung der Behandlung wurden konsequent dokumentiert und überprüft. Erfolge, bspw. die Reduktion von Zwang, wurden ritualisiert im Team gefeiert. Zweimal am Tag wurden „Community Meetings" abgehalten, bei welchen sich psychisch erkrankte Menschen, Pflegende, Ärztinnen und Ärzte zur Besprechung wichtiger Themen trafen. Auch in diesem Modell spielt die Leitung eine wichtige Rolle. Freiheitsbeschränkende Maßnahmen werden als Problem des gesamten Systems interpretiert. Bei Fixierungen und Isolierungen wurden ärztlicher Direktor und Verwaltungsdirektor sofort informiert. Diese entschuldigten sich dann unabhängig von den üblichen Dienstzeiten persönlich bei dem von der freiheitsbeschränkenden Maßnahme betroffenen Menschen. Mit Hilfe dieser Änderungen konnten Isolierungen über die Jahre kontinuierlich von 200 im Jahr 2000 auf 0 in den Jahren 2005–2007 reduziert werden. Die kumulative Dauer aller Isolierungen sank von 1400 Minuten (etwa 23 Stunden) im Jahr 2000 auf 10 Minuten 2004. Ebenso fiel die Anzahl von Verletzungen von Mitarbeitenden im Dienst von 60 im Jahr 2000 auf 2 im Jahr 2005 (Murphy und Bennington-Davis 2005). In einer Follow-up-Studie zeigte sich nach 2007 wieder ein leichter Anstieg der Isolierungen auf 30 bzw. 13 im Jahr 2012 bzw. 2013, was aber noch deutlich unter den Ausgangswerten liegt (Blair und Moulton-Adelman 2015). Das Modell wurde später in einer Universitätsklinik in den USA ebenfalls eingeführt. Dabei wurde ein sog. Multiple-Baseline-Design verwendet, d. h. die unterschiedlichen Interventionen wurden nacheinander und in unterschiedlichen Reihenfolgen auf verschieden Stationen eingeführt (Borckardt et al. 2007). Die Anzahl der freiheitsbeschränkenden Maßnahmen konnte um 82,7 % reduziert werden. Dabei reduzierte sich die Anzahl der Maßnahmen bereits deutlich während der Baselineerhebung (Beobachtungseffekt). Von den durchgeführten Einzelinterventionen war lediglich die Verschönerung der Station mit einer signifikanten Reduktion von freiheitsbeschränkenden Maßnahmen verbunden (Borckardt et al. 2011). Eine Follow-up Studie zeigte, dass diese Reduktion bis viereinhalb Jahre später erhalten blieb (Madan et al. 2014).

Komplexe Interventionen waren in der Regel wirksam in der Reduktion von Zwang (33 von 34 Interventionsprogrammen in Studien wirksam). Auch ein großer Teil der Einzelinterventionen (30 von 44 Interventionen in Studien wirksam) war bei der Reduktion von freiheitsbeschränkenden Maßnahmen erfolgreich. Es wurden nur wenige Studien identifiziert, in denen die Programme unwirksam waren. Mit der Ausnahme der Intervention „Vorausverfügungen" wurden stets mehrere Studien mit dem Endpunkt Reduktion von freiheitsbeschränkenden Maßnahmen für jede Intervention identifiziert. Bis auf die Intervention „Vorausverfügungen" wurde keine Intervention gefunden, bei der die Anzahl der Studien ohne Effekt die Anzahl der Studien mit Effekt überwog. Die Wirksamkeit nach Interventionen ist in ◻ Tab. 14.1 zusammenfassend dargestellt (Studien mit komplexen Interventionen sind teilweise bei mehreren Interventionen aufgeführt, weshalb die Summe in der letzten Zeile (alle eingeschlossenen Studien) nicht der Summe der anderen Zeilen entspricht).

Tab. 14.1 Reduktion freiheitsbeschränkender Maßnahmen

Intervention	Studien einfache I.	Studien komplexe I.	Studien gesamt	Anteil wirksam einfache I.	Anteil wirksam komplexe I.	Anteil wirksam gesamt
Organisation	5	22	27	3/5, 60 %	21/22, 95,5	24/27, 88,9 %
Fortbildung	10	27	37	6/10, 60 %	27/27, 100 %	33/37, 89,2 %
Gestaltung	7	12	19	4/7, 57,1 %	12/12, 100 %	16/19, 84,2 %
Psychoth.	5	9	14	5/5, 100 %	8/9, 88,9 %	13/14, 92,9 %
Debriefing	1	11	12	1/1, 100 %	11/11, 100 %	12/12, 100 %
Risiko	4	16	20	4/4, 100 %	16/16, 100 %	20/20, 100 %
Voraus-verfügung	1	0	1	0/1, 0 %	0/0, –	0/1, 0 %
Gesetze	11	9	20	7/11, 63,6 %	9/9, 100 %	16/20, 80 %
Σ	44	34	78	30/44 (68,2 %)	33/34 (97,1 %)	63/78 (80,8 %)

Empfehlungsgrad A, Evidenzgrad 2
Komplexe, strukturierte Behandlungsprogramme zur Reduktion von Zwang sollen durchgeführt und von der Klinikleitung ausdrücklich unterstützt werden.
(Putkonen et al. 2013)
Starker Konsens 100 % Zustimmung in der Onlineumfrage.

14

Safewards

Zum Programm Safewards, das vor allem auf eine bessere Atmosphäre auf Station durch wertschätzende Kommunikation abzielt, gibt es bisher keine ausreichende Evidenz bezüglich der Vermeidung von Zwangsmaßnahmen, das Programm wird aber aktuell in verschiedenen Ländern, Versorgungssystemen und Settings evaluiert.

Dokumentation und Evaluation

T. Steinert, S. Hirsch, *S3-Leitlinie Verhinderung von Zwang: Prävention und Therapie aggressiven Verhaltens bei Erwachsenen*, https://doi.org/10.1007/978-3-662-58684-6_15

In der medizinischen Versorgung besteht eine Dokumentationspflicht, die gesetzlich geregelt ist. Darüber hinaus existiert in Deutschland seit 1993 eine gesetzliche Verpflichtung zur Qualitätssicherung, die im Gesundheitsstrukturgesetz festgelegt ist. Nach § 137 SGB V müssen Krankenhäuser sich an Maßnahmen beteiligen, die sich auf die Qualität der Behandlung, der Versorgungsabläufe und der Behandlungsergebnisse erstrecken und einen Klinikvergleich ermöglichen.

■ Evaluation und Bedeutung als Qualitätsindikator

Freiheitsbeschränkende oder -entziehende Maßnahmen

Der Vergleich der im Rahmen von stationären psychiatrischen Behandlungen durchgeführten freiheitsbeschränkenden Maßnahmen ermöglicht bei starker Varianz in der Häufigkeit eine interne und externe Qualitätssicherung an psychiatrischen Kliniken/Abteilungen (Steinert et al. 2011).

Geeignete Qualitätsindikatoren für die psychiatrische Versorgung sollten sich für interne und externe Vergleiche eignen, aus Routinedaten abbildbar, valide zu erheben sowie adjustierbar bezüglich der versorgten Klientel, anschaulich und plausibel sein (Grossimlinghaus et al. 2013). Da alle bisher vorgeschlagenen Qualitätsindikatoren diese Anforderungen nicht erfüllten, erfolgte eine gesetzlich verbindliche Vorgabe über den Gemeinsamen Bundesausschuss bisher noch nicht (Stand Ende 2018). In der deutschen und internationalen Literatur zu diesem Thema wird die quantitative Erfassung von freiheitsbeschränkenden Maßnahmen in diesem Zusammenhang stets genannt und als unverzichtbar angesehen. Wegen der Komplexität der Problematik kann ein einzelner Indikator das Gesamtgeschehen nur unzureichend abbilden. Im ersten offiziellen deutschen Register für freiheitsbeschränkende Maßnahmen in psychiatrischen Kliniken, dem seit 2013 in Baden-Württemberg gesetzlich vorgeschriebenen und von einer Ombudsstelle geleiteten Register, werden für freiheitseinschränkende Maßnahmen (Fixierung, Isolierung, Festhalten) folgende Maße berechnet und ausgewertet, die sich auf Fälle (Behandlungsepisoden) beziehen und nach ICD-10 Diagnosehauptgruppen darstellbar sind:

1. Anteil der von freiheitsbeschränkenden Maßnahmen betroffenen Fälle (%)
2. Durchschnittliche Dauer einer Maßnahme
3. Durchschnittliche kumulative Dauer der freiheitsbeschränkenden Maßnahmen bei einem betroffenen Fall
4. Anteil der Zeit in freiheitsbeschränkenden Maßnahmen an der gesamten Behandlungszeit (in %).

Außerdem wird der Anteil von einer gerichtlich genehmigten oder notfallmäßig verabreichten Zwangsmedikation betroffener Fälle sowie der Anteil öffentlich-rechtlich sowie nach Betreuungsrecht untergebrachter Patientinnen und Patienten erfasst (Flammer und Steinert 2016). Diese Maßzahlen eignen sich gut für Vergleiche mit der vorliegenden wissenschaftlichen Literatur und sehr gut für die Evaluation von Veränderungen *innerhalb* klinischer Einheiten. Ob sie auch für einen Qualitätsvergleich *zwischen* unterschiedlichen Kliniken geeignet sind, kann dagegen bezweifelt werden. Unterschiede der versorgten Klientel auf Grund der Merkmale der Population und der gemeindepsychiatrischen Versorgung im Einzugsgebiet, Wanderungsbewegungen von Patientinnen und Patienten, Spezialisierungen des klinischen Angebots für bestimmte Patientengruppen, die Anzahl verfügbarer Krankenhausbetten und andere Faktoren mehr haben maßgeblichen Einfluss auf die genannten Kennzahlen. Diese erlauben deshalb nur sehr bedingt einen Rückschluss auf tatsächliche „Qualität". Die reine Beschränkung auf derartige Indikatoren birgt außerdem die Gefahr, die ebenfalls außerordentlich wichtigen qualitativen Aspekte des Umgangs mit freiheitsbeschränkenden Maßnahmen (Räumlichkeiten, Begleitung, Nachbesprechung) nicht ausreichend zu berücksichtigen.

Aggressive Übergriffe

Die Erfassung aggressiven Verhaltens bzw. von Patientenübergriffen ist durch eine fehlende einheitliche Definition/Operationalisierung von Aggression und Gewalt erschwert mit daraus resultierender teilweise problematischer Datenqualität (Richter 2004). Eine möglichst einheitliche Dokumentation ist anzustreben (s. u.). Jegliche vergleichende Evaluation sollte stets sowohl aggressive Übergriffe als auch freiheitsbeschränkende Maßnahmen umfassen, zumal eine Reduktion der Vorfälle in einem der beiden Bereiche zu Lasten des anderen nicht als erstrebenswertes Ziel gelten kann. Eine Zunahme von Patientenübergriffen in Verbindung mit Bemühungen um eine Reduktion von freiheitsbeschränkenden Maßnahmen wurde beschrieben (Khadivi et al. 2004), aber auch eine Reduktion von freiheitsbeschränkenden Maßnahmen ohne eine Zunahme von aggressiven Vorfällen nach Durchführung eines Aggressionsmanagementtrainings (Needham et al. 2004; Smith et al. 2015). Berücksichtigt werden muss auch die Gefahr von Dunkelziffern bei der Erfassung aggressiver Übergriffe (Lion et al. 1976; Steinert et al. 1995; Iverson und Hughes 2000; Ehmann et al. 2001; Sjostrom et al. 2001; De Niet et al. 2005).

Für alle vergleichenden Evaluationen von aggressiven Übergriffen und freiheitsbeschränkenden Maßnahmen, die vergleichsweise häufige Ereignisse bei psychiatrischer Behandlung mit entsprechend großen Fallzahlen darstellen, ist die Dokumentation in einer elektronischen Krankenakte, aus der eine zentral auswertbare Datenbank generiert werden kann, als wünschenswerte Lösung anzusehen. Andernfalls werden erhebliche Ressourcen für die manuelle Dateneingabe und -auswertung benötigt.

Eine Vielzahl von Instrumenten wurde zur Erfassung und Quantifizierung aggressiven Verhaltens entwickelt (Bowers 1999; Bowers et al. 2002, 2007; Steinert und Gebhardt 1998; Steinert et al. 2000). Für die klinische Dokumentation und die Verwendung als Qualitätsindikator ist maßgeblich, dass es sich um ein validiertes und gebräuchliches Instrument handelt, das einfach, reliabel und mit geringem Zeitaufwand auszufüllen ist und die klinisch relevanten Situationen adäquat abbildet. Für diesen Zweck hat sich in Deutschland und Europa die Staff Observation Aggression Scale (revised) SOAS-R (Nijman et al. 1999, 2005) verbreitet durchgesetzt, in den USA dagegen die Modified Staff Observation Aggression Scale MOAS (Kay et al. 1988). Neuere Entwicklungen wie die Quantification of Violence Scale QVOS (Tyrer et al. 2007) oder die Attempted and Actual Assault Scale attacks (Bowers et al. 2002, 2007) sind möglicherweise mindestens gleichermaßen geeignet, der Nachteil ist jedoch das weitgehende Fehlen vielfältiger Vergleichsdaten, wie sie bei der SOAS-R vorliegen.

Auch die DGPPN-BADO sieht eine Erfassung aggressiven Verhaltens in mehreren Items vor. Nachteile sind jedoch gegenüber den genannten Instrumenten die nur kategoriale Erfassung und die vermutlich geringere Datenqualität bei einer retrospektiven Evaluation nach Ende eines stationären Aufenthalts.

Expertenkonsens

Freiheitsbeschränkende Maßnahmen sind weitgehende Eingriffe in die Grundrechte und müssen zuverlässig und vollständig im Hinblick auf Anlass, vorherige Deeskalationsversuche, Rechtsgrundlage, Art und Dauer der Maßnahme dokumentiert werden. Hierbei sind die gesetzlichen Regelungen, je nach Rechtsgrundlage und Bundesland, zu beachten. Auch aggressive Übergriffe von Patientinnen und Patienten sollten mit einer standardisierten Dokumentation erfasst werden. Eine vergleichende Verwendung als Qualitätsindikator sollte beide Aspekte und für eine sinnvolle Interpretation die Besonderheiten der jeweiligen klinischen Einheit berücksichtigen.

Nach einer Fixierung in der öffentlich-rechtlichen Unterbringung ist dem Betroffenen die Möglichkeit bekannt zu geben, die Zulässigkeit der Maßnahme gerichtlich überprüfen zu lassen.

Konsens 94 % Zustimmung in der Onlineumfrage.

Externe/unabhängige Beratung und Kontrolle

T. Steinert, S. Hirsch, *S3-Leitlinie Verhinderung von Zwang: Prävention und Therapie aggressiven Verhaltens bei Erwachsenen*, https://doi.org/10.1007/978-3-662-58684-6_16

16.1 Wahrung von Patientenrechten

Bei notwendigen, nicht durch Hilfen abzuwendenden freiheitsbeschränkenden Maßnahmen sind die Patientenrechte in verbindlicher Orientierung an den juristischen Vorgaben zu wahren.

Interventionen mit freiheitsbeschränkenden Maßnahmen erfolgen in einem grundsätzlich konflikthaften Raum und gefährden deshalb die Wahrung von Patientenrechten. Notwendiges professionelles Handeln zur Abwendung von Gefährdungen der psychisch erkrankten Menschen oder durch die Betroffenen Menschen selbst steht häufig im Widerspruch zu deren subjektivem Erleben und zu deren Einschätzung der Gefährdung in Relation zur Wahrung ihrer (Menschen-)Rechte. Andererseits ist die verantwortliche Abwägung der Verhältnismäßigkeit von freiheitsbeschränkenden Maßnahmen in nicht unbedeutendem Maß abhängig von der fachlichen und persönlichen Kompetenz und der subjektiven Situationsbewertung des oder der Professionellen und deshalb fehleranfällig.

Es ist ein Verdienst des demokratischen Deutschlands, die Durchführung von freiheitsbeschränkenden Maßnahmen im Rahmen der psychiatrischen Behandlung als ein Konfliktfeld zu sehen, in dem den psychisch erkrankten Menschen auch gegenüber wohlmeinenden Interventionen Rechtsmittel an die Hand gegeben sind und in jedem Fall unabhängigen Gerichten die Letztentscheidungen obliegen.

Professionelle Helferinnen und Helfer müssen sich auch in komplexen oder in sie gefährdenden Situationen daran orientieren. Diese Vorgabe, die durch grundlegende und ständige situationsbezogene Fortbildungsprogramme und Supervisionen bestmöglich zu gewährleisten ist, hat zugleich eine therapeutische Qualität: Die psychisch erkrankten Menschen werden in angemessener und notwendiger Weise ernst genommen – eine Grundvoraussetzung für die therapeutische Beziehungsgestaltung und zugleich wichtigste Vorbeugung gegen Machtmissbrauch durch unrechtmäßige wie antitherapeutische Vorgehensweisen. Das Recht auf juristische Überprüfung steht zu den therapeutischen Maßnahmen, die in dieser Leitlinie im Rahmen der Vorbereitung, der Durchführung und der Nachbearbeitung von freiheitsbeschränkenden Maßnahmen vorgeschlagen werden, keineswegs im Widerspruch, sondern stellt für diese unter der Perspektive der grundgesetzlich verbrieften Freiheitsrechte eine unabdingbare Grundlage dar.

Psychisch erkrankte Menschen haben das verbriefte Recht, die Einhaltung der gesetzlichen Normen in ihrem konkreten Einzelfall rechtlich überprüfen zu lassen, soweit sie eine Maßnahme (oder einen Teil davon) als Übergriff bzw. Rechtsbruch erlebt haben. Sie sollen dazu tendenziell beraten und ermutigt werden. Die intervenierenden Professionellen sollten Wünsche bzw. bereits eingeleitete juristische Überprüfungen seitens der psychisch erkrankten Menschen nicht als Ablehnung verstehen, sondern vorrangig als Ausdruck eines begrüßenswerten Selbstbehauptungswillens – auch dann, wenn aus medizinischer Sicht die Einsichtsfähigkeit eingeschränkt ist.

Zur Rechtssicherheit gehört auch, dass die Umsetzung von freiheitsbeschränkenden Maßnahmen nicht als willkürlich und beliebig wahrgenommen wird. Aus Patienten- und Angehörigensicht ist es schwer nachvollziehbar, wenn in einer Klinik eine freiheitsbeschränkende Maßnahme wie die Erstanordnung einer Fixierung 2 Stunden, in einer anderen Klinik 6 Stunden und in einer dritten Klinik bis zu 24 Stunden betragen kann. Hier haben alle Kliniken dafür zu sorgen, dass stets das mildeste Mittel mit der geringsten und kürzesten Beschränkung der Freiheits- und Grundrechte zum Tragen kommt.

Die Förderung und Sicherung des Rechts zur Überprüfung von freiheitsbeschränkenden Maßnahmen kann als Qualitätskriterium dafür gelten, dass sich psychiatrische Einrichtungen nicht als rechtsfreier Raum verstehen. Dies gilt auch dann, wenn die gegenwärtigen Regelungen nicht als optimal anzusehen sind (Kallert et al. 2007a). Umgekehrt sind selbstverständlich auch die Rechte der Professionellen zu wahren. So können – unter Abwägung der Angemessenheit – schwere Übergriffe seitens der Patientinnen und Patienten möglicherweise einer strafrechtlichen Beurteilung aufgrund einer Strafanzeige seitens des psychiatrischen Personals unterzogen werden (siehe: Juristische Konsequenzen).

Der Wahrung von Patientenrechten im Kontext von freiheitsbeschränkenden Maßnahmen dienen schließlich auch die im Gesetz über das Verfahren in Familiensachen und in den Angelegenheiten der freiwilligen Gerichtsbarkeit (FamFG) enthaltenen Vorschriften für das gerichtliche Verfahren, das vor rechtswidrigen oder unverhältnismäßigen Eingriffen in die Grundrechte der Betroffenen schützen soll. Hervorzuheben sind insbesondere folgende Vorschriften: Bestellung eines Verfahrenspflegers zur Wahrnehmung der Interessen des Betroffenen (§ 317 FamFG), Pflicht zur persönlichen Anhörung des Betroffenen durch das Gericht (§ 319 FamFG), Einholung eines Gutachtens nach persönlicher Untersuchung oder Befragung (§ 321), Möglichkeit der Anrufung des Gerichts wegen Rechtsverletzung durch eine Vollzugsmaßnahme (§ 327 FamFG), Rechtsbehelfsbelehrung (§ 39 FamFG), Beschwerderecht des Betroffenen (§ 58 FamG) und Verfahrensfähigkeit des Betroffenen ohne Rücksicht auf seine Geschäftsfähigkeit (§ 316 FamFG).

Die Wahrung von Patientenrechten kann neben den bereits genannten Einrichtungen von Besuchskommissionen und Patientenfürsprechern auch gefördert werden durch:

- eine patientengerechte Information über die Rechte als Patientin bzw. Patient. Die kürzeste Information ist die Broschüre des Dachverbandes Gemeindepsychiatrie e. V. über Patientenrechte psychisch erkrankter Menschen (Burfeind 2014),
- eine professionelle Aktenführung/Dokumentation und die Gewährung einer Einsichtnahme in diese Akten gemäß dem Patientenrechtegesetz. Dabei sollte die Patientenakte laienverständlich und wertschätzend geschrieben sein und die Ergebnisse richterlicher Anhörungen sowie die Übermittlung dieser Ergebnisse (z. B. Unterbringungsbeschluss) sollten standardisiert dokumentiert werden.
- die an anderer Stelle (▶ Abschn. 10.5) angesprochenen Behandlungsvereinbarungen.

Immer wieder zu beobachtende mehr oder weniger organisierte Versuche, die Psychiatrie durch juristische Überprüfungen von freiheitsbeschränkenden Maßnahmen in Misskredit zu bringen (u. a. seitens der Scientology-Sekte) sollten durch die positive Bewertung der Ermöglichung und Unterstützung juristischer Schritte in konkreten Einzelfällen gegenstandslos gemacht werden, indem die Psychiatrie durchgehend für die notwendige Transparenz ihres Vorgehens in diesem sensiblen Feld sorgt. Dies gelingt am ehesten dann, wenn die psychiatrischen Professionellen den psychisch erkrankten Menschen (und ihren Bezugspersonen) respektvoll, zuwendend und „auf gleicher Augenhöhe“ begegnen, wenn sie für die Indikationsstellung und Durchführung von freiheitsbeschränkenden Maßnahmen gut qualifiziert sind, wenn sie freiheitsbeschränkende Maßnahmen in jedem Fall mit den Patienten nachbearbeiten und sich selbstverständlich möglichen Beschwerden und ggf. auch einer juristischen Überprüfung stellen.

Expertenkonsens

Die Möglichkeiten juristischer Überprüfungen sind ein wesentliches Instrument zur Wahrung der Patientenrechte und sollten unterstützt werden. Patientinnen und Patienten sollen über ihre Rechte aufgeklärt werden.

Starker Konsens 100 % Zustimmung in der Onlineumfrage

16.2 Menschenrechtsorganisationen

Seit einigen Jahren hat die Debatte um die Anwendung von freiheitsbeschränkenden Maßnahmen in psychiatrischen Einrichtungen durch starke Impulse von Menschenrechtsorganisationen noch einmal neue Akzentuierungen erhalten. Dabei werden in der Fachöffentlichkeit regelmäßig kontroverse Debatten geführt. Diese münden zwar derzeit noch nicht in konkrete Behandlungsempfehlungen, müssen aber hier zum Verständnis des Hintergrundes zumindest in groben Zügen skizziert werden.

16.2.1 Europäisches Komitee zur Verhütung von Folter und unmenschlicher oder erniedrigender Behandlung oder Strafe (CPT)

Das beim Europarat angesiedelte Komitee besucht gemäß seinem Mandat insbesondere Haftanstalten und psychiatrische Kliniken, um zu prüfen, wie Personen, denen die Freiheit entzogen ist, behandelt werden und ggf. den Staaten Verbesserungen vorzuschlagen. Die Besuche werden von Delegationen durchgeführt, die in der Regel aus zwei oder mehr CPT-Mitgliedern bestehen, und werden von Mitgliedern des CPT-Sekretariats und ggf. von Sachverständigen und Dolmetschern begleitet. Das gewählte Mitglied des besuchten Landes nimmt nicht an dem Besuch teil. Die Delegationen des CPT besuchen die Vertragsstaaten in regelmäßigen Abständen, können jedoch „Ad-hoc"-Besuche organisieren falls notwendig. Das Komitee benachrichtigt den betroffenen Staat, muss jedoch nicht genau angeben, wie viel Zeit zwischen der Benachrichtigung und dem tatsächlichen Besuch liegt, der in Ausnahmefällen sofort nach der Benachrichtigung erfolgen kann. Nach der Europäischen Konvention zur Verhütung von Folter und unmenschlicher oder erniedrigender Behandlung oder Strafe haben die Delegationen des CPT unbeschränkten Zugang zu allen Orten, an denen sich Personen befinden, denen die Freiheit entzogen ist, einschließlich des Rechts, sich innerhalb dieser Orte ungehindert zu bewegen. Sie befragen Personen, denen die Freiheit entzogen ist, ohne Zeugen und können sich ungehindert mit jeder Person in Verbindung setzen, die ihnen sachdienliche Auskünfte geben kann. Die Empfehlungen, die das CPT, ausgehend von den bei dem Besuch festgestellten Tatsachen, abgeben kann, werden in einem Bericht zusammengefasst, der an den betroffenen Staat geschickt wird. Da Vertraulichkeit und Zusammenarbeit die wesentlichen Leitlinien des CPT darstellen, steht die Zusammenarbeit mit der nationalen Behörde im Zentrum der Konvention, tagt das Komitee unter Ausschluss der Öffentlichkeit und sind seine Berichte streng vertraulich. Veröffentlichungen der Berichte erfolgen in der Regel zusammen mit einer Stellungnahme der betreffenden Vertragspartei und sind im Internet (▶ www.cpt.coe.int) – mit z. T. beträchtlicher Latenz zwischen Besuch und Veröffentlichung – zugänglich.

Betreffend Visitationen deutscher psychiatrischer Kliniken sind bislang (Stand: Mitte 2019) Berichte von 9 CPT-Besuchen publiziert (▶ http://www.cpt.coe.int/en/states/deu.htm). Die Empfehlungen des CPT (CPT-Report 12 March 2003) nach dem ersten Besuch im Dezember 2000 gingen dahin, die Fixierungspraxis in psychiatrischen Einrichtungen generell einer kritischen Analyse zu unterziehen, spezifische Register für die Durchführung dieser Maßnahmen in psychiatrischen Einrichtungen zu etablieren, und Patientenfürsprecher zu ermutigen, Patientinnen und Patienten – nicht nur auf deren Anforderung hin – regelmäßig aufzusuchen, insbesondere dann, wenn sie freiheitsbeschränkenden Maßnahmen ausgesetzt sind; zudem schrieb das CPT regelmäßigen Besuchen psychiatrischer Einrichtungen durch unabhängige externe Kommissionen beträchtliche Bedeutung zu.

Die vom CPT ausgesprochenen Empfehlungen (CPT-Report 18. April 2007) nach dem Besuch 2005 fokussierten in diesem Bericht vor allem auf Behandlungsmaßnahmen und -abläufe. Dem Personal sei zu vermitteln, dass Gewaltanwendung bei der Beschränkung der Freiheit gewalttätiger/erregter Patientinnen und Patienten sich auf das unbedingt erforderliche Maß beschränken sollte und dass jede Form von Misshandlung – einschließlich verbaler Beschimpfung – von Patientinnen und Patienten nicht akzeptabel sei und entsprechend geahndet werden müsse. Zudem sei die Ausbildung des Pflegepersonals im Hinblick auf den Umgang mit gewalttätigen/erregten Patientinnen und Patienten (z. B. mittels Deeskalationsmethoden, ungefährlicher Sicherungs- und freiheitsbeschränkender Maßnahmen) zu verbessern. Sicherzustellen seien die angemessene Anwendung im Sinne einer letztmöglichen Option, die ausdrückliche und unmittelbare ärztliche Anordnung, die korrekte Verwendung des Fixierungsmaterials, die Anwendung einer Fixierung für den kürzest möglichen Zeitraum, die Durchführung außerhalb der Sichtweite anderer Personen (mit der Ausnahme von Pflege- bzw. ansonsten erforderlichem medizinischen Personal), die Dokumentation der Maßnahme in einem speziellen Register, die umfassende Information der Betroffenen über die Gründe der Maßnahme, die Verwendung formaler schriftlicher Leitlinien zur Durchführung von Fixierungen, die kontinuierliche und unmittelbare Betreuung einer fixierten Person durch ein definiertes Mitglied des Personals im Sinne einer Einzelbetreuung und die Nachbesprechung mit Betroffenen in möglichst kurzem Abstand nach Beendigung der Fixierung. In dem Kommentar der Bundesregierung zu diesem CPT-Bericht wurde noch darauf hingewiesen, dass die vom Ausschuss geforderte generelle Einzelbetreuung (Sitzwache) von fixierten Patientinnen und Patienten aufgrund der Personalausstattung nur schwer leistbar sei und mitunter auch zu Lasten der Betreuung anderer auf Station befindlicher Patientinnen und Patienten gehen werde. Die Forderungen des CPT von 2007 wurden bereits in der Vorgängerversion dieser Leitlinie von 2010 vollumfänglich berücksichtigt und finden sich inzwischen auch in den reformierten Landesgesetzen zur öffentlich-rechtlichen Unterbringung ohne Abstriche wieder, mit z. T. sehr detaillierten Ausführungen zur Notwendigkeit der kontinuierlichen Betreuung bei Fixierungen und zur Verbindlichkeit von Nachbesprechungen.

Expertenkonsens

In der psychiatrischen Versorgung von psychisch erkrankten Menschen mit aggressivem Verhalten ist eine externe/unabhängige Kontrolle notwendig. Befugnisse und Kompetenzen externer/unabhängiger Beratungs- und Kontrollinstanzen/-instrumente sollen klar definiert werden und sie sollen mit ausreichenden Mitteln ausgestattet sein, um ihre Aufgaben erfüllen zu können. Darüber hinaus sollen Form und Inhalt ihrer Informationspflicht gegenüber der Öffentlichkeit klar definiert sein.

Konsens 80 % Zustimmung in der Onlineumfrage

16.2.2 Deutsches Institut für Menschenrechte und Berichterstatter der Vereinten Nationen für Folter und andere grausame, unmenschliche oder demütigende Behandlung oder Bestrafung

Anlässlich des Gesetzentwurfs zur Reformierung der Zwangsbehandlung nach dem Betreuungsrecht auf Grund der Entscheidungen des Bundesverfassungsgerichts von 2011 richtete die Monitoring-Stelle zur UN-Behindertenrechtskonvention am Deutschen Institut für Menschenrechte Ende 2012 schwerwiegende Bedenken an die Bundesregierung. Der „Ansatz, wonach eine psychiatrische Behandlung ohne freie und informierte Zustimmung der betroffenen Person, allein legitimiert über die Entscheidung Dritter, vorgenommen werden" solle, sei „menschenrechtlich in Frage gestellt". Die Monitoring-Stelle empfahl der Bundesregierung damals, den Gesetzentwurf abzulehnen, eine erneute Psychiatrie-Enquête in Auftrag zu geben und das Betreuungsrecht zu reformieren.

Dieselben Argumente führte ein Bericht des Sonderberichterstatters für Folter und andere grausame, unmenschliche oder demütigende Behandlung oder Bestrafung, Juan E. Mendez, an die Vollversammlung der Vereinten Nationen an. Auch hier wurde im Wesentlichen auf den Artikel 12 der UN-Behindertenrechtskonvention Bezug genommen. „Deprivation of legal capacity", d. h. die Absprache der Fähigkeit, seine rechtlichen Interessen zu vertreten, wurde in Zusammenhang mit Folter gestellt. Ausdrücklich wurden psychiatrische freiheitsbeschränkende Maßnahmen („forced psychiatric interventions") dahingehend eingestuft, dass sie sowohl hinsichtlich der Absicht als auch des Zwecks unter den Begriff der Folter fielen, trotz angeblich „guter Absichten" medizinischer Professioneller. Die „Doktrin einer medizinischen Notwendigkeit" könne solche Praktiken nicht rechtfertigen. Sowohl längerdauernde Isolierung als auch Fixierung könnten daher Folter darstellen. Es wurde ein vollständiges Verbot („absolute ban") solcher freiheitsbeschränkender Maßnahmen gefordert (wobei nicht ganz klar ist, ob sich dies ausschließlich auf längerdauernde („prolonged") Maßnahmen bezieht). Freiheitsbeschränkende Maßnahmen würden oft fälschlich gerechtfertigt durch Theorien der Einsichtsunfähigkeit („incapacity") und therapeutischer Notwendigkeit und genössen sogar breite öffentliche Unterstützung unter der Vorstellung eines Handelns „im besten Interesse" der betreffenden Personen. Da dies aber nicht der Fall sei, seien Gesetzgebungen, die freiheitsbeschränkende Maßnahmen erlaubten, zu ändern. Dies gelte auch für alle Gesetze, die eine ersetzte Entscheidungsfindung („substituted decision making") durch Betreuung oder andere stellvertretende Formen der Entscheidung ermöglichten.

Nach den darauffolgenden intensiven fachöffentlichen Diskussionen wurde 2014, erneut unter dem Signum der Vereinten Nationen, noch ein präzisierender „General Comment" publiziert. Darin wird ausgeführt, das Konzept der Einwilligungsfähigkeit („mental capacity") sei genauso abhängig von sozialen und politischen Bedingungsfaktoren wie die Disziplinen, Professionen und Praktiken, die bei der Feststellung der Einwilligungsfähigkeit eine dominante Rolle spielten. Wie bereits zuvor festgestellt, sei eine erzwungene Behandlung durch psychiatrische oder medizinische Professionelle eine Verletzung des Rechts auf gleiche Behandlung vor dem Gesetz und verletze die Rechte persönlicher Integrität und der Freiheit von Folter, Gewalt und Missbrauch. Diese Praxis verleugne die Fähigkeit einer Person, über die medizinische Behandlung zu entscheiden. Das Fehlen der Einsichtsfähigkeit („legal capacity") werde in vielen Staaten einfach auf der Basis des Vorliegens einer Diagnose festgestellt oder weil man vermute, dass die Entscheidungen der Person zu schädlichen Folgen führten. Der Artikel 12 der UN-BRK erlaube derartige Differenzierungen nicht. Bei notwendigerweise ersetzender Entscheidungsfindung müsse die

Vorstellung des vermeintlich wohlverstandenen Interesses („best interest") durch die „beste Interpretation des Willens und der Präferenzen" ersetzt werden.

Zusammenfassend lautet die Interpretation der UN-Behindertenrechtskonvention durch die Kritiker jeglicher freiheitsbeschränkenden Maßnahmen, das Konzept einer verminderten oder aufgehobenen Einwilligungsfähigkeit sei darin nicht beschrieben und folglich auch nicht zulässig. Da aber alle psychiatrischen freiheitsbeschränkenden Maßnahmen letztlich mit diesem Konzept und der daraus abgeleiteten Vorstellung eines „Handelns im besten Interesse" gerechtfertigt würden, seien freiheitsbeschränkende Maßnahmen grundsätzlich nicht zulässig. Gegner dieser Auffassung führen die folgenden Argumente an:

- Die Verfechter einer solchen Auslegung der UN-BRK haben bisher keine überzeugenden Ausführungen dazu gemacht, wie alternativ mit krankheitsbedingter Selbst- oder Fremdgefährdung umzugehen sei. Eine ersatzweise Überantwortung aller selbst- und fremdgefährdenden Personen in die ausschließliche Verantwortung von Polizei und Justiz bzw. sie ansonsten sich selbst zu überlassen, würde einen großen zivilisatorischen Rückschritt darstellen.
- Das Bundesverfassungsgericht hat in seiner Entscheidung vom 23.03.2011 explizit ausgeführt: „Die Regelungen der Konvention [...] verbieten jedoch nicht grundsätzlich gegen den natürlichen Willen gerichtete Maßnahmen, die an eine krankheitsbedingt eingeschränkte Selbstbestimmungsfähigkeit anknüpfen. Dies ergibt sich deutlich unter anderem aus dem Regelungszusammenhang des Artikel 12 Absatz 4 BRK, der sich gerade auf Maßnahmen bezieht, die den Betroffenen in der Ausübung seiner Rechts- und Handlungsfähigkeit beschränken. Solche Maßnahmen untersagt die Konvention nicht allgemein; vielmehr beschränkt sie ihre Zulässigkeit [...]". Diese Auffassung hat das Bundesverfassungsgericht in seiner Entscheidung vom 25.08.2016 noch einmal bekräftigt.
- Das deutsche Betreuungsrecht sieht keineswegs einen generellen Entzug der Entscheidungsfähigkeit vor, sondern regelt situationsbezogen die Zuständigkeit eines gesetzlichen Betreuers, wenn die betreute Person Entscheidungen nicht selbst treffen kann. Diese Sichtweise wird auch von der Monitoring-Stelle beim Deutschen Institut für Menschenrechte anerkannt.
- Wie ethische Prinzipien sind auch Menschenrechte nicht ausschließlich absolut zu sehen, sondern können in Konflikt zueinander geraten und bedürfen einer Abwägung, etwa das Recht auf freie Meinungsäußerung und das Recht auf Schutz vor Bedrohung, Herabwürdigung und Verunglimpfung. So ist außer dem Artikel 12 der UN-BRK auch der Artikel 19 (unabhängige Lebensführung und Einbeziehung in die Gemeinschaft) in Rechnung zu stellen. Dieser sichert allen Menschen mit Behinderungen zu, „mit gleichen Wahlmöglichkeiten wie andere Menschen in der Gemeinschaft zu leben" und dass sie „nicht verpflichtet sind, in besonderen Wohnformen zu leben"; Menschen mit Behinderungen sollten Zugang zu Unterstützung zur „Verhinderung von Isolation und Absonderung von der Gemeinschaft" haben. Eine unbehandelte psychische Erkrankung kann aber eben diese Inklusion, auf die ein Anspruch besteht, verhindern und sogar zum Freiheitsentzug führen. In manchen Fällen wird dies notwendigerweise zu einer Abwägung der Verhältnismäßigkeit gegenüber dem Eingriff zum Beispiel einer Zwangsbehandlung führen müssen.

Die Diskussion ist nicht als abgeschlossen zu betrachten, verschiedene Rechtsauffassungen stehen teilweise unvereinbar gegenüber. Auch wenn psychiatrische Professionelle diverse Forderungen als Extrempositionen ohne ausreichenden Realitätsbezug kritisieren, werden sie einräumen müssen, dass die menschenrechtliche Diskussion in den letzten Jahren wichtige Impulse gebracht hat. So wurde der Kritik des europäischen Anti-Folter-Komitees an der Praxis von freiheitsbeschränkenden Maßnahmen in Deutschland innerhalb der vergangenen 10 Jahre mit den gesetzlichen Neuregelungen der öffentlich-rechtlichen Unterbringung verbreitet Rechnung getragen und die Diskussion um die UN-Behindertenrechtskonvention hat wichtige Impulse in weite Teile der psychiatrischen Versorgung gebracht, die womöglich erst den Anfang eines längeren Prozesses darstellen.

16.3 Einrichtungen und Ausschüsse in Deutschland

Die Durchführung der externen – und nicht durch gerichtsinstanzliche Einzelfallprüfungen definierten – Beobachtungsprozesse der Anwendung von freiheitsbeschränkenden Maßnahmen, wobei die Beurteilung von Angemessenheit und Rechtmäßigkeit derselben im Mittelpunkt steht, ist in der Bundesrepublik Deutschland zwei unabhängigen Autoritäten übertragen (Hegendörfer et al. 2006). Die einen sind dem parlamentarischen System eingegliedert, die Etablierung der zweiten ist in den Psychisch- Kranken- bzw. Unterbringungsgesetzen der Bundesländer definiert.

16.3.1 Enquête-Kommissionen

In der Zeit von 1975 bis 1991 hat der Bundestag oder das Bundesministerium für Gesundheit drei Kommissionen eingesetzt und diesen die Aufgabe übertragen, jeweils das gesamte psychiatrische Versorgungssystem zu beurteilen. Im Einzelnen handelte es sich um: die Enquête-Kommission (Deutscher Bundestag 1975), die Expertenkommission der Bundesregierung zur Reform der Versorgung im psychiatrischen und psychotherapeutisch/psychosomatischen Bereich 1988 (Bundesminister für Jugend, Familie, Frauen und Gesundheit 1988) sowie die Kommission zur Beurteilung der Situation der Psychiatrie in der ehemaligen Deutschen Demokratischen Republik (Bundesministerium für Gesundheit 1991).

Keine der Kommissionen hat detaillierte Vorschläge zur Anwendung von freiheitsbeschränkenden Maßnahmen in psychiatrischen Versorgungseinrichtungen etabliert oder die diesbezügliche Praxis differenzierter kritisiert. Die Vorschläge zu der Thematik galten insbesondere der Etablierung von Rechtssicherheit und von zwischen den einzelnen Bundesländern vergleichbaren Regelungen in den Psychisch- Kranken- bzw. Unterbringungsgesetzen; dies ist mittlerweile umgesetzt.

16.3.2 Petitionsausschüsse der Parlamente

Sowohl der Bundestag wie auch die Parlamente der einzelnen Bundesländer haben entsprechende Gremien etabliert, an die sich jede Bürgerin und jeder Bürger wenden kann, falls Menschen- oder Bürgerrechte gefährdet sind oder missachtet wurden.

16.4 Unabhängige Kontrolle psychiatrischer Institutionen

16.4.1 Besuchskommissionen

Mittlerweile finden sich in 15 der 16 Psychisch- Kranken- bzw. Unterbringungsgesetze der deutschen Bundesländer Festlegungen zur externen „Inspektion" psychiatrischer Versorgungseinrichtungen. Wo seit den Entscheidungen des Bundesverfassungsgerichts zur Zwangsbehandlung 2013 Novellierungen erfolgten, wurde die Einrichtung von multiprofessionellen Besuchskommissionen vorgesehen, soweit sie bisher noch nicht vorhanden waren. In den Gesetzen von acht der Länder wird explizit die Vertretung von Psychiatrieerfahrenen und/oder deren Angehörigen in der Besuchskommission vorgeschrieben (Baden-Württemberg, Berlin, Bremen, Hessen, Mecklenburg-Vorpommern, Sachsen, Schleswig-Holstein und Thüringen). Die Besuche in psychiatrischen Versorgungseinrichtungen, worunter Krankenhäuser und auch Heimeinrichtungen verstanden werden, sollen in regelmäßigen Abständen (die in den gesetzlichen Festlegungen zwischen sechs Monaten und drei Jahren schwanken) und i. d. R. unangekündigt stattfinden. Im Rahmen dieser Besuche und der dabei erfolgenden Beurteilung von Qualitätsstandards der Behandlung gilt besonderes Augenmerk der Durchführung und Dokumentation aller freiheitsbeschränkenden Maßnahmen, um den Schutz von Patientenrechten zu gewährleisten.

Gegenüber der früheren Gesetzgebung geht der Trend in den einzelnen Bundesländern dahin, dass die Berichte dieser Besuchskommissionen direkt den Landesparlamenten zugänglich gemacht werden. Im Bereich der psychiatrischen Versorgungsanbieter gibt es bislang kein Forum, das die Ergebnisse dieser Berichte regelmäßig und systematisch diskutiert und bewertet.

16.4.2 Patientenfürsprecher

Ein zweites Instrument für die „externe" Inspektion ist die Ernennung von Patientenfürsprechern, die allerdings nur in einigen Bundesländern verankert ist. Die Verantwortung für die Ernennung liegt in der Regel bei der Ordnungsbehörde, die für das Versorgungsgebiet der psychiatrischen Versorgungseinrichtung, insbesondere der psychiatrischen Krankenhäuser, zuständig ist. In der Regel kündigen Patientenfürsprecher Präsenz- und Sprechzeiten in den Krankenhäusern so an, dass dies allen dort behandelten Patientinnen und Patienten bekannt sein sollte. In diesen Zeiten können Patientenfürsprecher im Vier-Augen-Kontakt von Patientinnen und Patienten aufgesucht werden und nehmen deren behandlungsbezogene Beschwerden und Verbesserungswünsche entgegen. Patientenfürsprecher haben das Recht, alle Teile eines Krankenhauses aufzusuchen und in direkter Weise mit allen Patientinnen und Patienten zu sprechen. Falls sie schwerwiegendere Probleme in der Behandlungsqualität feststellen, informieren sie i. d. R. die Leiterin oder den Leiter sowie den Träger der Einrichtung und darüber hinaus auch die zuständige Besuchskommission.

16.4.3 Unabhängige Beschwerdestelle

Trägerübergreifende, regional zuständige Beschwerdestellen, die sich der von den psychisch erkrankten Menschen als nicht sachgerecht wahrgenommenen Handlungen von professionellen Helfern annehmen, haben die Aufklärung der differierenden Situationsbewertungen sowie die Vermeidung vergleichbarer Situationen zum primären Ziel. Die Deutsche Gesellschaft für Soziale Psychiatrie (DGSP) hat zur Beförderung dieses Aspekts zur Wahrung der Patientenrechte eine eigene Beratungsinstitution geschaffen (siehe die Seite: ► www.beschwerde-psychiatrie.de).

Serviceteil

T. Steinert, S. Hirsch, *S3-Leitlinie Verhinderung von Zwang: Prävention und Therapie aggressiven Verhaltens bei Erwachsenen*, https://doi.org/10.1007/978-3-662-58684-6

Literatur

Kapitel 2

Bleijlevens MHC, Wagner LM, Capezuti E, Hamers JPH (2016) Physical restraints: consensus of a research definition using a modified Delphi technique. J Am Geriatr Soc 64(11):2307–2310. https://doi.org/10.1111/jgs.14435

Burfeind C (2014) Patientenrechte – Therapie und Selbstverantwortung in psychischen Krisen, 1. Aufl. Dachverband Gemeindepsychiatrie e.V., Bonn

Rubio-Valera M, Huerta-Ramos E, Baladon L, Aznar-Lou I, Ortiz-Moreno JM, Luciano JV et al (2016) Qualitative study of the agitation states and their characterization, and the interventions used to attend them. Actas Esp Psiquiatr 44(5):166–177

Schwarz C, Volz A, Li C, Leucht S (2008) Valproate for schizophrenia. Cochrane Database Syst Rev (3):CD004028. https://doi.org/10.1002/14651858.CD004028.pub3

Steinert T (2013) Was ist eine Zwangsmedikation? Psychiatr Prax 40(07):397. https://doi.org/10.1055/s-0033-1336877

Tyrer P, Oliver-Africano PC, Ahmed Z, Bouras N, Cooray S, Deb S et al (2008) Risperidone, haloperidol, and placebo in the treatment of aggressive challenging behaviour in patients with intellectual disability: a randomised controlled trial. Lancet 371(9606):57–63. https://doi.org/10.1016/S0140-6736(08)60072-0

Kapitel 4

Bundesregierung der Bundesrepublik Deutschland (2007) Response of the German government to the report of the European Committee for the prevention of torture and inhuman or degrading treatment or punishment (CPT) on its visit to Germany from 20 November to 2 December 2005. https://rm.coe.int/1680696308. Zugegriffen am 26.01.2018

European Committee for the Prevention of Torture and Inhuman or Degrading Treatment or Punishment (CPT) (Hrsg) (1993) Report to the German government on the visit to Germany carried out by the European Committee for the prevention of torture and inhuman or degrading treatment or punishment (CPT) from 08.12 to 20.12.1991 (CPT/Inf (1993)). Zugegriffen am 26.01.2018

European Committee for the Prevention of Torture and Inhuman or Degrading Treatment or Punishment (CPT) (Hrsg) (2007) Report to the German government on the visit to Germany carried out by the European Committee for the prevention of torture and inhuman or degrading treatment or punishment (CPT) from 20.11 to 02.12.2005 (CPT/Inf (2007)). https://rm.coe.int/1680696304. Zugegriffen am 26.01.2018

Fazel S, Gulati G, Linsell L, Geddes JR, Grann M (2009) Schizophrenia and violence: systematic review and meta-analysis. PLoS Med 6(8):e1000120. https://doi.org/10.1371/journal.pmed.1000120

Gesundheitsministerkonferenz der Länder (2007) Psychiatrie in Deutschland – Strukturen, Leistungen, Perspektiven. https://www.lpk-bw.de/archiv/news2007/pdf/070803_gmk_psychiatrie_bericht_2007.pd. Zugegriffen am 26.01.2018

National Institute for Health and Care Excellence (NICE) (Hrsg) (2015) Violence and aggression: short-term management in mental health, health and community settings: updated edition. British Psychological Society, London

Witt K, van Dorn R, Fazel S (2013) Risk factors for violence in psychosis: systematic review and meta-regression analysis of 110 studies. PLoS One 8(2):e55942. https://doi.org/10.1371/journal.pone.0055942

Kapitel 5

Deutsche Gesellschaft für Psychiatrie und Psychotherapie, Psychosomatik und Nervenheilkunde (DGPPN) 2006 S3-Praxisleitlinien in Psychiatrie und Psychotherapie. Steinkopff, Darmstadt

Kapitel 6

Abderhalden C, Needham I, Dassen T, Halfens R, Haug H-J, Fischer J (2006) Predicting inpatient violence using an extended version of the Broset-Violence-Checklist: instrument development and clinical application. BMC Psychiatr 6:17. https://doi.org/10.1186/1471-244X-6-17

Abderhalden C, Needham I, Dassen T, Halfens R, Haug H-J, Fischer JE (2008) Structured risk assessment and violence in acute psychiatric wards: randomised controlled trial. Br J Psychiatr J Ment Sci 193(1):44–50. https://doi.org/10.1192/bjp.bp.107.045534

Albrecht B, Staiger PK, Hall K, Miller P, Best D, Lubman DI (2014) Benzodiazepine use and aggressive behaviour: a systematic review. Aust N Z J Psychiatr 48(12):1096–1114. https://doi.org/10.1177/0004867414548902

Almvik R, Woods P (1999) Predicting inpatient violence using the Broset Violence Checklist (BVC). Int J Psychiatr Nurs Res 4(3):498–505

Almvik R, Woods P, Rasmussen K (2007) Assessing risk for imminent violence in the elderly: the Broset Violence Checklist. Int J Geriatr Psychiatr 22(9):862–867. https://doi.org/10.1002/gps.1753

Bjorkdahl A, Olsson D, Palmstierna T (2006) Nurses' short-term prediction of violence in acute psychiatric intensive care. Acta Psychiatr Scand 113(3):224–229. https://doi.org/10.1111/j.1600-0447.2005.00679.x

Chu CM, Thomas SDM, Daffern M, Ogloff JRP (2013) Should clinicians use average or peak scores on a dynamic risk-assessment measure to most accurately predict inpatient aggression? Int J Ment Health Nurs 22(6):493–499. https://doi.org/10.1111/j.1447-0349.2012.00846.x

Clarke DE, Brown A-M, Griffith P (2010) The Broset Violence Checklist: clinical utility in a secure psychiatric intensive care setting. J Psychiatr Ment Health Nurs 17(7):614–620. https://doi.org/10.1111/j.1365-2850.2010.01558.x

Golomb BA, Dimsdale JE, Koslik HJ, Evans MA, Lu X, Rossi S et al (2015) Statin effects on aggression: results from the UCSD statin study, a randomized control trial. PLoS One 10(7):e0124451. https://doi.org/10.1371/journal.pone.0124451

Griffith JJ, Daffern M, Godber T (2013) Examination of the predictive validity of the dynamic appraisal of situational aggression in two mental health units. Int J Ment Health Nurs 22(6):485–492. https://doi.org/10.1111/inm.12011

Hvidhjelm J, Sestoft D, Skovgaard LT, Bue Bjorner J (2014) Sensitivity and specificity of the Brøset Violence Checklist as predictor of violence in forensic psychiatry. Nord J Psychiatry 68(8):536–542. https://doi.org/10.3109/08039488.2014.880942

Madler C, Jauch KW, Werdan K, Siegrist J, Pajonk FG (Hrsg) (2005) Das NAW-Buch. Akutmedizin der ersten 24 Stunden. Urban & Fischer, München/Jena

Mavrogiorgou P, Juckel G (2015) Erregungszustände. Nervenarzt 86(9):1111–1119. https://doi.org/10.1007/s00115-014-4149-9

Piedad J, Rickards H, Besag FMC, Cavanna AE (2012) Beneficial and adverse psychotropic effects of antiepileptic drugs in patients with epilepsy: a summary of prevalence, underlying mechanisms and data limitations. CNS Drugs 26(4):319–335. https://doi.org/10.2165/11599780-000000000-00000

van de Sande R, Nijman HLI, Noorthoorn EO, Wierdsma AI, Hellendoorn E, van der Staak C, Mulder CL (2011) Aggression and seclusion on acute psychiatric wards: effect of short-term risk assessment. Br J Psychiatry J Ment Sci 199(6):473–478. https://doi.org/10.1192/bjp.bp.111.095141

Sharma T, Guski LS, Freund N, Gotzsche PC (2016) Suicidality and aggression during antidepressant treatment: systematic review and meta-analyses based on clinical study reports. BMJ (Clinical research ed) 352:i65. https://doi.org/10.1136/bmj.i65

Singh J, Fazel S (2010) Forensic risk assessment – a metareview. Crim Justice Behav 37(9):965–988. https://doi.org/10.1177/0093854810374274

Singh JP, Grann M, Fazel S (2011a) A comparative study of violence risk assessment tools: a systematic review and metaregression analysis of 68 studies involving 25,980 participants. Clin Psychol Rev 31(3):499–513. https://doi.org/10.1016/j.cpr.2010.11.009

Singh JP, Serper M, Reinharth J, Fazel S (2011b) Structured assessment of violence risk in schizophrenia and other psychiatric disorders: a systematic review of the validity, reliability, and item content of 10 available instruments. Schizophr Bull 37(5):899–912. https://doi.org/10.1093/schbul/sbr093

Singh JP, Grann M, Lichtenstein P, Langstrom N, Fazel S (2012) A novel approach to determining violence risk in schizophrenia: developing a stepped strategy in 13,806 discharged patients. PLoS One 7(2):e31727. https://doi.org/10.1371/journal.pone.0031727

Steinert T, Kohler T (2005) Aggression, Gewalt und antisoziales Verhalten. In: Madler C, Jauch KW, Werdan K, Siegrist J, Pajonk FG (Hrsg) Das NAW-Buch. Akutmedizin der ersten 24 Stunden. Urban & Fischer, München/Jena, S 765–773

Vaaler AE, Iversen VC, Morken G, Flovig JC, Palmstierna T, Linaker OM (2011) Short-term prediction of threatening and violent behaviour in an acute psychiatric intensive care unit based on patient and environment characteristics. BMC Psychiatry 11:44. https://doi.org/10.1186/1471-244X-11-44

Kapitel 7

Abderhalden C, Needham I, Dassen T, Halfens R, Fischer JE, Haug H-J (2007) Frequency and severity of aggressive incidents in acute psychiatric wards in Switzerland. Clin Prac Epidemiol Ment Health CP & EMH 3:30 https://doi.org/10.1186/1745-0179-3-30

Bennouna-Greene M, Bennouna-Greene V, Berna F, Defranoux L (2011) History of abuse and neglect in patients with schizophrenia who have a history of violence. Child Abuse Negl 35(5):329–332. https://doi.org/10.1016/j.chiabu.2011.01.008

Bo S, Forth A, Kongerslev M, Haahr UH, Pedersen L, Simonsen E (2013) Subtypes of aggression in patients with schizophrenia: the role of personality disorders. Crim Behav Mental Health CBMH 23(2):124–137. https://doi.org/10.1002/cbm.1858

Böker W, Häfner H (1973) Gewalttaten Geistesgestörter: eine psychiatrisch-epidemiologische Untersuchung in der Bundesrepublik Deutschland. Springer, Berlin

Bosqui TJ, Shannon C, Tiernan B, Beattie N, Ferguson J, Mulholland C (2014) Childhood trauma and the risk of violence in adulthood in a population with a psychotic illness. J Psychiatr Res 54:121–125. https://doi.org/10.1016/j.jpsychires.2014.03.011

Bowers L (2014) Safewards: a new model of conflict and containment on psychiatric wards. J Psychiatr Ment Health Nurs 21(6):499–508. https://doi.org/10.1111/jpm.12129

Bruce M, Cobb D, Clisby H, Ndegwa D, Hodgins S (2014) Violence and crime among male inpatients with severe mental illness: attempting to explain ethnic differences. Soc Psychiatry Psychiatr Epidemiol 49(4):549–558. https://doi.org/10.1007/s00127-013-0760-5

Chan BW-Y (2008) Violence against caregivers by relatives with schizophrenia. Int J Forensic Ment Health 7(1):65–81

Cornaggia CM, Beghi M, Pavone F, Barale F (2011) Aggression in psychiatry wards: a systematic review. Psychiatry Res 189(1):10–20. https://doi.org/10.1016/j.psychres.2010.12.024

Dack C, Ross J, Papadopoulos C, Stewart D, Bowers L (2013) A review and meta-analysis of the patient factors associated with psychiatric in-patient aggression. Acta Psychiatr Scand 127(4):255–268. https://doi.org/10.1111/acps.12053

Elbogen EB, Swanson JW, Swartz MS, van Dorn R (2005) Family representative payeeship and violence risk in severe mental illness. Law Hum Behav 29(5):563–574. https://doi.org/10.1007/s10979-005-7120-2

Erb M, Hodgins S, Freese R, Muller-Isberner R, Jockel D (2001) Homicide and schizophrenia: maybe treatment does have a preventive effect. Crim Behav Mental Health CBMH 11(1):6–26

Evler A, Scheller M, Wagels L, Bergs R, Clemens B, Kohn N et al (2016) Gendergerechte Versorgung von GewaltopfernGender-inclusive care of victims of violence. Nervenarzt 87(7):746–752

Fazel S, Gulati G, Linsell L, Geddes JR, Grann M (2009) Schizophrenia and violence: systematic review and meta-analysis. PLoS Med 6(8):e1000120. https://doi.org/10.1371/journal.pmed.1000120

Fazel S, Wolf A, Palm C, Lichtenstein P (2014) Violent crime, suicide, and premature mortality in patients with schizophrenia and related disorders: a 38-year total population study in Sweden. Lancet Psychiatry 1(1):44–54. https://doi.org/10.1016/S2215-0366(14)70223-8

Fazel S, Wolf A, Chang Z, Larsson H, Goodwin GM, Lichtenstein P (2015) Depression and violence: a Swedish population study. Lancet Psychiatry 2(3):224–232. https://doi.org/10.1016/S2215-0366(14)00128-X

Finlayson J, Jackson A, Mantry D, Morrison J, Cooper S-A (2015) Types and causes of injuries of carers of adults with intellectual disabilities: observational study. J Policy Prac Intellect Disabil 12(3):181–189

Fleischman A, Werbeloff N, Yoffe R, Davidson M, Weiser M (2014) Schizophrenia and violent crime: a population-based study. Psychol Med 44(14):3051–3057. https://doi.org/10.1017/S0033291714000695

Flynn S, Rodway C, Appleby L, Shaw J (2014) Serious violence by people with mental illness: national clinical survey. J Interpers Violence 29(8):1438–1458. https://doi.org/10.1177/0886260513507133

Haller R, Kemmler G, Kocsis E, Maetzler W, Prunlechner R, Hinterhuber H (2001) Schizophrenie und GewalttätigkeitErgebnisse einer Gesamterhebung in einem österreichischen Bundesland. Nervenarzt 72(11):859–866. https://doi.org/10.1007/s001150170020

Hanzawa S, Bae J-K, Bae YJ, Chae M-H, Tanaka H, Nakane H et al (2013) Psychological impact on caregivers traumatized by the violent behavior of a family member with schizophrenia. Asian J Psychiatr 6(1):46–51. https://doi.org/10.1016/j.ajp.2012.08.009

Hauser W, Schmutzer G, Brahler E, Glaesmer H (2011) Maltreatment in childhood and adolescence: results from a survey of a representative sample of the German population. Dtsch Arztebl Int 108(17):287–294. https://doi.org/10.3238/arztebl.2011.0287

Hsu M-C, Tu C-H (2014) Adult patients with schizophrenia using violence towards their parents: a phenomenological study of views and experiences of violence in parent-child dyads. J Adv Nurs 70(2):336–349. https://doi.org/10.1111/jan.12194

Huang S-S, Lee M-C, Liao Y-C, Wang W-F, Lai T-J (2012) Caregiver burden associated with behavioral and psychological symptoms of dementia (BPSD) in Taiwanese elderly. Arch Gerontol Geriatr 55(1):55–59. https://doi.org/10.1016/j.archger.2011.04.009

Iozzino L, Ferrari C, Large M, Nielssen O, de Girolamo G (2015) Prevalence and risk factors of violence by psychiatric acute inpatients: a systematic review and meta-analysis. PLoS One 10(6):e0128536. https://doi.org/10.1371/journal.pone.0128536

Jackson D, Turner-Stokes L, Murray J, Leese M, McPherson KM (2009) Acquired brain injury and dementia: a comparison of carer experiences. Brain Inj 23(5):433–444. https://doi.org/10.1080/02699050902788451

Kageyama M, Yokoyama K, Nagata S, Kita S, Nakamura Y, Kobayashi S, Solomon P (2015) Rate of family violence among patients with schizophrenia in Japan. Asia Pac J Public Health 27(6):652–660. https://doi.org/10.1177/1010539515595069

Kageyama M, Solomon P, Kita S, Nagata S, Yokoyama K, Nakamura Y et al (2016) Factors related to physical violence experienced by parents of persons with schizophrenia in Japan. Psychiatry Res 243:439–445. https://doi.org/10.1016/j.psychres.2016.06.036

Ketelsen R, Zechert C, Driessen M, Schulz M (2007) Characteristics of aggression in a German psychiatric hospital and predictors of patients at risk. J Psychiatr Ment Health Nurs 14(1):92–99. https://doi.org/10.1111/j.1365-2850.2007.01049.x

Khalifeh H, Moran P, Borschmann R, Dean K, Hart C, Hogg J et al (2015) Domestic and sexual violence against patients with severe mental illness. Psychol Med 45(4):875–886. https://doi.org/10.1017/S0033291714001962

Khalifeh H, Oram S, Osborn D, Howard LM, Johnson S (2016) Recent physical and sexual violence against adults with severe mental illness: a systematic review and meta-analysis. Int Rev Psychiatr (Abingdon) 28(5):433–451. https://doi.org/10.1080/09540261.2016.1223608

Kivisto AJ, Watson ME (2016) 12-month prevalence, trends, gender differences, and the impact of mental health services on intimate partner violence perpetration among discharged psychiatric inpatients. J Fam Violence 31(3):379–385

Kontio R, Lantta T, Anttila M, Kauppi K, Valimaki M (2017) Family involvement in managing violence of mental health patients. Perspect Psychiatr Care 53(1):55–66. https://doi.org/10.1111/ppc.12137

Kudumija Slijepcevic M, Jukic V, Novalic D, Zarkovic-Palijan T, Milosevic M, Rosenzweig I (2014) Alcohol abuse as the strongest risk factor for violent offending in patients with paranoid schizophrenia. Croat Med J 55(2):156–162

Labrum T (2017) Factors related to abuse of older persons by relatives with psychiatric disorders. Arch Gerontol Geriatr 68:126–134. https://doi.org/10.1016/j.archger.2016.09.007

Lange R, Brickell T, French L, Lippa S (Hrsg) (2017) Factors affecting burden in family caregivers of military service members with traumatic brain injury. Taylor & Francis Inc, Philadelphia

Langeveld J, Bjorkly S, Auestad B, Barder H, Evensen J, Velden Hegelstad W t et al (2014) Treatment and violent behavior in persons with first episode psychosis during a 10-year prospective follow-up study. Schizophr Res 156(2–3):272–276. https://doi.org/10.1016/j.schres.2014.04.010

Latalova K (2014) Violence and duration of untreated psychosis in first-episode patients. Int J Clin Pract 68(3):330–335. https://doi.org/10.1111/ijcp.12327

Latalova K, Kamaradova D, Prasko J (2014) Violent victimization of adult patients with severe mental illness: a systematic review. Neuropsychiatr Dis Treat 10:1925–1939. https://doi.org/10.2147/NDT.S68321

Lejoyeux M, Nivoli F, Basquin A, Petit A, Chalvin F, Embouazza H (2013) An investigation of factors increasing the risk of aggressive behavior among schizophrenic inpatients. Front Psych 4:97. https://doi.org/10.3389/fpsyt.2013.00097

Loughland CM, Lawrence G, Allen J, Hunter M, Lewin TJ, Oud NE, Carr VJ (2009) Aggression and trauma experiences among carer-relatives of people with psychosis. Soc Psychiatry Psychiatr Epidemiol 44(12):1031–1040. https://doi.org/10.1007/s00127-009-0025-5

Mauritz MW, Goossens PJJ, Draijer N, van Achterberg T (2013) Prevalence of interpersonal trauma exposure and trauma-related disorders in severe mental illness. Eur J Psychotraumatol 4. https://doi.org/10.3402/ejpt.v4i0.19985

McCausland B, Knight L, Page L, Trevillion K (2016) A systematic review of the prevalence and odds of domestic abuse victimization among people with dementia. Int Rev Psychiatr (Abingdon) 28(5):475–484. https://doi.org/10.1080/09540261.2016.1215296

McGrath M, Oyebode F (2005) Characteristics of perpetrators of homicide in independent inquiries. Med Sci Law 45(3):233–243. https://doi.org/10.1258/rsmmsl.45.3.233

Meiland FJM, Kat MG, van Tilburg W, Jonker C, Droes R-M (2005) The emotional impact of psychiatric symptoms in dementia on partner caregivers: do caregiver, patient, and situation characteristics make a difference? Alzheimer Dis Assoc Disord 19(4):195–201

Mori T, Ueno S-i (2011) Support provided to dementia patients by caregivers and the community. JMAJ 54:301–304

Onwumere J, Grice S, Garety P, Bebbington P, Dunn G, Freeman D et al (2014) Caregiver reports of patient-initiated violence in psychosis. Can J Psychiatry 59(7):376–384. https://doi.org/10.1177/070674371405900705

Oram S, Flynn SM, Shaw J, Appleby L, Howard LM (2013) Mental illness and domestic homicide: a population-based descriptive study. Psychiatr Serv (Washington DC) 64(10):1006–1011. https://doi.org/10.1176/appi.ps.201200484

Orengo CA, Khan J, Kunik ME, Snow AL, Morgan R, Steele A et al (2008) Aggression in individuals newly diagnosed with dementia. Am J Alzheimers Dis Other Dement 23(3):227–232. https://doi.org/10.1177/1533317507313373

Pedersen CG, Olrik Wallenstein Jensen S, Johnsen SP, Nordentoft M, Mainz J (2013) Processes of in-hospital psychiatric care and subsequent criminal behaviour among patients with schizophrenia: a national population-based, follow-up study. Can J Psychiatry 58(9):515–521. https://doi.org/10.1177/070674371305800906

Rasanen P, Tiihonen J, Isohanni M, Rantakallio P, Lehtonen J, Moring J (1998) Schizophrenia, alcohol abuse, and violent behavior: a 26-year followup study of an unselected birth cohort. Schizophr Bull 24(3):437–441

Rattinger GB, Behrens S, Schwartz S, Corcoran C, Piercy KW, Norton MC et al (2015) How do neuropsychiatric symptoms in persons with dementia affect caregiver physical and mental health over time? The cache county dementia progression study. Alzheimers Dement 11(7).P450

Raveendranathan D, Chandra PS, Chaturvedi SK (2012) Violence among psychiatric inpatients: a victim's perspective. East Asian Arch Psychiatr Off J Hong Kong College Psychiatr Dong Ya jing shen ke xue zhi: Xianggang jing shen ke yi xue yuan qi kan 22(4):141–145

Rüesch P, Miserez B, Hell D (2003) Gibt es ein Täterprofil des aggressiven Psychiatrie-Patienten? Nervenarzt 74(3):259–265

Salamin V, Schuwey-Hayoz A, Giacometti Bickel G (2010) Epidémiologie des comportements agressifs en psychiatrie hospitalière: état des lieux dans le canton de Fribourg. Schweizer Archiv Fuer Neurologie Psychiatrie 161(1):23

Sariaslan A, Lichtenstein P, Larsson H, Fazel S (2016) Triggers for violent criminality in patients with psychotic disorders. JAMA psychiatr 73(8):796–803. https://doi.org/10.1001/jamapsychiatry.2016.1349

Schanda H, Taylor P (2001) Aggressives Verhalten psychisch Kranker im stationären Bereich: Häufigkeit, Risikofaktoren, Prävention. Fortschr Neurol Psychiatr 69(10):443–452

Schwartz JA, Beaver KM, Barnes JC (2015) The association between mental health and violence among a nationally representative sample of college students from the United States. PLoS One 10(10):e0138914. https://doi.org/10.1371/journal.pone.0138914

Spießl H, Krischker S, Cording C (1998) Aggressive Handlungen im psychiatrischen Krankenhaus: Eine auf die psychiatrische Basisdokumentation Gestutzte 6-Jahres-Studie Bei 17943 Stationaren Aufnahmen. Psychiatr Prax 25(5):227–230

Staggs VS (2015) Trends in use of seclusion and restraint in response to injurious assault in psychiatric units in U.S. hospitals, 2007–2013. Psychiatr Serv (Washington DC) 66(12):1369–1372. https://doi.org/10.1176/appi.ps.201400490

Steinert T, Gebhardt RP (1998) Wer ist gefährlich? Probleme der Validität und Reliabilität bei der Erfassung und Dokumentation von Fremdaggressivem Verhalten. Psychiatr Prax 25(5):221–226

Steinert T, Whittington R (2013) A bio-psycho-social model of violence related to mental health problems. Int J Law Psychiatry 36(2):168–175. https://doi.org/10.1016/j.ijlp.2013.01.009

Steinert T, Vogel WD, Beck M, Kehlmann S (1991) Aggressionen psychiatrischer Patienten in der Klinik. Eine 1-Jahres-Studie an vier psychiatrischen Landeskrankenhäusern. Psychiatr Prax 18:155–161

Steinert T, Woelfle M, Gebhardt RP (2000) Aggressive behaviour during inpatient treatment. Measurement of violence Steinert 138 during inpatient treatment and association with psychopathology. Acta Psychiatr Scand 102:107

Trevillion K, Oram S, Feder G, Howard LM (2012) Experiences of domestic violence and mental disorders: a systematic review and meta-analysis. PLoS One 7(12):e51740. https://doi.org/10.1371/journal.pone.0051740

Uei S-L, Sung H-C, Yang M-S (2013) Caregivers' self-efficacy and burden of managing behavioral problems in Taiwanese aged 65 and over with dementia. Soc Behav Personal Int J 41(9):1487–1496

Unwin G, Deb S (2011) Family caregiver uplift and burden: associations with aggressive behavior in adults with intellectual disability. J Ment Health Res Intellect Disabil 4(3):186–205

Uribe FL, Heinrich S, Gräske J, Wübbeler M, Wolf-Ostermann K, Thyrian JR et al (2014) Dementia care networks in Germany: Care arrangements and caregiver burden at The Demnet-D study baseline. Alzheimers Dement 10(4):P224

Varghese A, Khakha DC, Chadda RK (2016) Pattern and type of aggressive behavior in patients with severe mental illness as perceived by the caregivers and the coping strategies used by them in a tertiary care hospital. Arch Psychiatr Nurs 30(1):62–69. https://doi.org/10.1016/j.apnu.2015.10.002

de Venter M, Demyttenaere K, Bruffaerts R (2013) Het verband tussen traumatische gebeurtenissen in de kindertijd en angst, depressie en middelenmisbruik in de volwassenheid; een systematisch literatuuroverzicht. Tijdschr Psychiatr 55(4):259–268. http://www.tijdschriftvoorpsychiatrie.nl/assets/articles/55-2013-4-artikel-de-venter.pdf. Zugegriffen am 30.01.2018

Witt K, van Dorn R, Fazel S (2013) Risk factors for violence in psychosis: systematic review and meta-regression analysis of 110 studies. PLoS One 8(2):e55942. https://doi.org/10.1371/journal.pone.0055942

Witt K, Hawton K, Fazel S (2014) The relationship between suicide and violence in schizophrenia: analysis of the Clinical Antipsychotic Trials of Intervention Effectiveness (CATIE) dataset. Schizophr Res 154(1–3):61–67. https://doi.org/10.1016/j.schres.2014.02.001

Kapitel 8

Steinert T (2017) Ethics of coercive treatment and misuse of psychiatry. Psychiatr Serv (Washington DC) 68(3):291–294. https://doi.org/10.1176/appi.ps.201600066

Kapitel 9

Abderhalden C, Hahn S, Bonner YDB, Galeazzi GM (2006) Users' perceptions and views on violence and coercion in mental health. In: Whittington R, Richter D (Hrsg) Violence in mental health settings. Causes, consequences, management. Springer, New York, S 69–92

Aggarwal N (2009) Rethinking suicide bombing. Crisis 30(2):94–97. https://doi.org/10.1027/0227-5910.30.2.94

Albrecht B, Staiger PK, Hall K, Miller P, Best D, Lubman DI (2014) Benzodiazepine use and aggressive behaviour: a systematic review. Aust N Z J Psychiatr 48(12):1096–1114. https://doi.org/10.1177/0004867414548902

Alderdice L (2007) The individual, the group and the psychology of terrorism. Int Rev Psychiatry 19:201–209

Berkowitz L (1993) Aggression: its causes, consequences, and control. Mcgraw-Hill, New York

Böker W, Häfner H (2013) Gewalttaten Geistesgestörter: eine psychiatrisch-epidemiologische Untersuchung in der Bundesrepublik Deutschland. Springer, Berlin

Bowers L, James K, Quirk A, Wright S, Williams H, Stewart D (2013) Identification of the „minimal triangle" and other common event-to-event transitions in conflict and containment incidents. Issues Ment Health Nurs 34:514–523. https://doi.org/10.3109/01612840.2013.780117

Bowers L, James K, Quirk A, Simpson A, Stewart D, Hodsoll J (2015) Reducing conflict and containment rates on acute psychiatric wards: the Safewards cluster randomised controlled trial. Int J Nurs Stud 52(9):1412–1422. https://doi.org/10.1016/j.ijnurstu.2015.05.001

Comai S, Tau M, Gobbi G (2012) The psychopharmacology of aggressive behavior: a translational approach: part 1: neurobiology. J Clin Psychopharmacol 32(1):83–94. https://doi.org/10.1097/JCP.0b013e31823f8770

Corner E, Gill P (2015) A false dichotomy? Mental illness and lone-actor terrorism. Law Hum Behav 39(1):23–34. https://doi.org/10.1037/lhb0000102

Duxbury J (2002) An evaluation of staff and patient views of and strategies employed to manage inpatient aggression and violence on one mental health unit: a pluralistic design. J Psychiatr Ment Health Nurs 9(3):325–337

Duxbury J, Whittington R (2005) Causes and management of patient aggression and violence: staff and patient perspectives. J Adv Nurs 50:469–478

Gill P, Corner E (2017) There and back again: the study of mental disorder and terrorist involvement. Am Psychol 72(3):231–241. https://doi.org/10.1037/amp0000090

Golomb BA, Dimsdale JE, Koslik HJ, Evans MA, Lu X, Rossi S et al (2015) Statin effects on aggression: results from the UCSD statin study, a randomized control trial. PLoS One 10(7):e0124451. https://doi.org/10.1371/journal.pone.0124451

Heinz A (1999) Serotonerge Dysfunktion als Folge sozialer Isolation Bedeutung für die Entstehung von Aggression und Alkoholabhängigkeit. Nervenarzt 70(9):780–789

von Heydendorff SC, Dreßing H (2016) Mediale Stigmatisierung psychisch Kranker im Zuge der „Germanwings"-Katastrophe. Psychiatr Prax 43(03):134–140

Ilkiw-Lavalle O, Grenyer BFS (2003) Differences between patient and staff perceptions of aggression in mental health units. Psychiatr Serv (Washington DC) 54(3):389–393. https://doi.org/10.1176/appi.ps.54.3.389

James DV, Mullen PE, Meloy JR, Pathe MT, Farnham FR, Preston L, Darnley B (2007) The role of mental disorder in attacks on European politicians 1990–2004. Acta Psychiatr Scand 116(5):334–344. https://doi.org/10.1111/j.1600-0447.2007.01077.x

Lord A (2007) The individual, the group and the psychology of terrorism. Int Rev Psychiatr (Abingdon) 19(3):201–209. https://doi.org/10.1080/09540260701346825

Mattson MP (2003) Neurobiology of aggression: understanding and preventing violence. Springer Science & Business Media, Berlin

Neuzner B (1996) Hauptlehrer Wagner und Professor Gaupp-eine 25jährige Beziehungskatamnese. Fortschr Neurol Psychiatr 64(07):243–249

Peter E, Bogerts B (2012) Epidemiologie und Psychopathologie des Amoklaufes. Erste Ergebnisse einer Analyse der Strafakten von 27 Amokläufern. Nervenarzt 83(1):57–63. https://doi.org/10.1007/s00115-011-3250-6

Piedad J, Rickards H, Besag FMC, Cavanna AE (2012) Beneficial and adverse psychotropic effects of antiepileptic drugs in patients with epilepsy: a summary of prevalence, underlying mechanisms and data limitations. CNS Drugs 26(4):319–335. https://doi.org/10.2165/11599780-000000000-00000

Reagu S, Jones R, Kumari V, Taylor PJ (2013) Angry affect and violence in the context of a psychotic illness: a systematic review and meta-analysis of the literature. Schizophr Res 146(1–3):46–52. https://doi.org/10.1016/j.schres.2013.01.024

Renwick L, Stewart D, Richardson M, Lavelle M, James K, Hardy C et al (2016) Aggression on inpatient units: clinical characteristics and consequences. Int J Ment Health Nurs 25(4):308–318. https://doi.org/10.1111/inm.12191

Richter D, Whittington R (Hrsg) (2006) Violence in mental health settings. Causes, consequences, management. Springer, New York

Rinne T, Westenberg HG, den Boer JA, van den Brink W (2000) Serotonergic blunting to meta-chlorophenylpiperazine (m-CPP) highly correlates with sustained childhood abuse in impulsive and autoaggressive female borderline patients. Biol Psychiatry 47(6):548–556

Steinert T, Whittington R (2013) A bio-psycho-social model of violence related to mental health problems. Int J Law Psychiatry 36(2):168–175. https://doi.org/10.1016/j.ijlp.2013.01.009

Whittington R, Richter D (2005) Interactional aspects of violent behaviour on acute psychiatric wards. Psychol Crime Law 11(4):377–388

Whittington R, Richter D (2006) From the individual to the interpersonal: environment and interaction in the escalation of violence in mental health settings. In: Whittington R, Richter D (Hrsg) Violence in mental health settings. Causes, consequences, management. Springer, New York, S 47–68

Whittington R, Wykes T (1996) Aversive stimulation by staff and violence by psychiatric patients. Br J Clin Psychol 35(Pt 1):11–20

Kapitel 10

Abderhalden C, Hahn S, Bonner YDB, Galeazzi GM (2006) Users' perceptions and views on violence and coercion in mental health. In: Whittington R, Richter D (Hrsg) Violence in mental health settings. Causes, consequences, management. Springer, New York, S 69–92

Amering M, Stastny P, Hopper K (2005) Psychiatric advance directives: qualitative study of informed deliberations by mental health service users. Br J Psychiatr J Ment Sci 186:247–252. https://doi.org/10.1192/bjp.186.3.247

Armgart C, Schaub M, Hoffmann K, Illes F, Emons B, Jendreyschak J et al (2013) Negative Emotionen und Verständnis – Zwangsmaßnahmen aus Patientensicht. Psychiatr Prax 40(05):278–284. https://doi.org/10.1055/s-0033-1343159

Ashcraft L, Anthony W (2008) Eliminating seclusion and restraint in recovery-oriented crisis services. Psychiatr Serv (Washington DC) 59(10):1198–1202. https://doi.org/10.1176/ps.2008.59.10.1198

Ash D, Suetani S, Nair J, Halpin M (2015) Recovery-based services in a psychiatric intensive care unit - the consumer perspective. Australas Psychiatry 23:524–527. https://doi.org/10.1177/1039856215593397. Epub 2015 Jul 6

Bartusch SM, Bruggemann BR, Elgeti H, Ziegenbein M, Machleidt W (2007) Hannover study on long-stay hospitalization – part II: characteristics and care conditions of long-stay hospitalization in cases of chronic mental illness. Clin Prac Epidemiol Ment Health CP & EMH 3:27. https://doi.org/10.1186/1745-0179-3-27

Bender M (2016) Spezialstationen für die psychiatrisch-psychotherapeutische Behandlung von Flüchtlingen – Pro. Psychiatr Prax 43(03):131–132

Bernardi O (2000) Psychiatrie mit offenen Türen: offene stationäre Psychiatrie in der Pflichtversorgung. Thieme, Stuttgart

Bilgin H (2009) An evaluation of nurses' interpersonal styles and their experiences of violence. Issues Ment Health Nurs 30(4):252–259. https://doi.org/10.1080/01612840802710464

Bjorkdahl A, Palmstierna T, Hansebo G (2010) The bulldozer and the ballet dancer: aspects of nurses' caring approaches in acute psychiatric intensive care. J Psychiatr Ment Health Nurs 17(6):510–518. https://doi.org/10.1111/j.1365-2850.2010.01548.x

Blaesi S, Gairing SK, Walter M, Lang UE, Huber CG (2015) Sicherheit, therapeutischer Halt und Patientenzusammenhalt auf geschlossenen, neu geoffneten und offenen psychiatrischen Stationen. Psychiatr Prax 42(2):76–81. https://doi.org/10.1055/s-0033-1359871

Bock T, Sielaff G, Ruppelt F, Nordmeyer S, Klapheck K (2012) Trialog und Psychosenpsychotherapie. Psychotherapeut 57(6):514–521

Bonner G, Lowe T, Rawcliffe D, Wellman N (2002) Trauma for all: a pilot study of the subjective experience of physical restraint for mental health inpatients and staff in the UK. J Psychiatr Ment Health Nurs 9(4):465–473

Borbé R (2016) Behandlungsvereinbarungen, Vorsorgevollmachten und Patientenverfügungen. In: Zinkler M, Laupichler K, Osterfeld M (Hrsg) Prävention von Zwangsmaßnahmen. Psychiatrie, Köln, S 198–208

Borbé R, Jaeger S, Borbé S, Steinert T (2012) Anwendung psychiatrischer Behandlungsvereinbarungen in Deutschland. Nervenarzt 83(5):638–643

Boumans CE, Egger JIM, Bouts RA, Hutschemaekers GJM (2015) Seclusion and the importance of contextual factors: an innovation project revisited. Int J Law Psychiatry 41:1–11. https://doi.org/10.1016/j.ijlp.2015.03.001

Boumaza S, Lebain P, Brazo P (2015) Interdiction stricte du tabac: impact sur le risque de violence dans une unite de soins intensifs psychiatrique. L'Encephale 41(Suppl 1):S1–S6. https://doi.org/10.1016/j.encep.2014.10.017

Bowers L (2009) Association between staff factors and levels of conflict and containment on acute psychiatric wards in England. Psychiatr Serv (Washington DC) 60(2):231–239. https://doi.org/10.1176/ps.2009.60.2.231

Bowers L (2014) Safewards: a new model of conflict and containment on psychiatric wards. J Psychiatr Ment Health Nurs 21(6):499–508. https://doi.org/10.1111/jpm.12129

Bowers L, Crowder M (2012) Nursing staff numbers and their relationship to conflict and containment rates on psychiatric wards-a cross sectional time series poisson regression study. Int J Nurs Stud 49(1):15–20. https://doi.org/10.1016/j.ijnurstu.2011.07.005

Bowers L, Park A (2001) Special observation in the care of psychiatric inpatients: a literature review. Issues Ment Health Nurs 22(8):769–786

Bowers L, Douzenis A, Galeazzi GM, Forghieri M, Tsopelas C, Simpson A, Allan T (2005) Disruptive and dangerous behaviour by patients on acute psychiatric wards in three European centres. Soc Psychiatry Psychiatr Epidemiol 40(10):822–828. https://doi.org/10.1007/s00127-005-0967-1

Bowers L, Brennan G, Flood C, Lipang M, Oladapo P (2006) Preliminary outcomes of a trial to reduce conflict and containment on acute psychiatric wards: city nurses. J Psychiatr Ment Health Nurs 13(2):165–172. https://doi.org/10.1111/j.1365-2850.2006.00931.x

Bowers L, Allan T, Simpson A, Jones J, van der Merwe M, Jeffery D (2009) Identifying key factors associated with aggression on acute inpatient psychiatric wards. Issues Ment Health Nurs 30(4):260–271. https://doi.org/10.1080/01612840802710829

Bowers L, James K, Quirk A, Simpson A, Stewart D, Hodsoll J (2015) Reducing conflict and containment rates on acute psychiatric wards: the Safewards cluster randomised controlled trial. Int J Nurs Stud 52(9):1412–1422. https://doi.org/10.1016/j.ijnurstu.2015.05.001

Braunschweig S (2013) Zwischen Aufsicht und Betreuung: Berufsbildung und Arbeitsalltag der Psychiatriepflege am Beispiel der Basler Heil-und Pflegeanstalt Friedmatt, 1886–1960. Chronos, Zürich

Bruce M, Cobb D, Clisby H, Ndegwa D, Hodgins S (2014) Violence and crime among male inpatients with severe mental illness: attempting to explain ethnic differences. Soc Psychiatry Psychiatr Epidemiol 49(4):549–558. https://doi.org/10.1007/s00127-013-0760-5

Buchanan-Barker P, Barker P (2005) Observation: the original sin of mental health nursing? J Psychiatr Ment Health Nurs 12(5):541–549. https://doi.org/10.1111/j.1365-2850.2005.00876.x

Cahill J, Paley G, Hardy G (2013) What do patients find helpful in psychotherapy? Implications for the therapeutic relationship in mental health nursing. J Psychiatr Ment Health Nurs 20(9):782–791. https://doi.org/10.1111/jpm.12015

Callaghan P, Playle J, Cooper L (Hrsg) (2009) Mental health nursing skills. Oxford University Press, New York

Campion J, Lawn S, Brownlie A, Hunter E, Gynther B, Pols R (2008) Implementing smoke-free policies in mental health inpatient units: learning from unsuccessful experience. Aust Psychiatr Bull Royal Aust N Z College Psychiatr 16(2):92–97. https://doi.org/10.1080/10398560701851976

Cheung P, Schweitzer I, Tuckwell V, Crowley KC (1997) A prospective study of assaults on staff by psychiatric in-patients. Med Sci Law 37(1):46–52. https://doi.org/10.1177/002580249703700112

Cibis M-L, Wackerhagen C, Müller S, Lang UE, Schmidt Y, Heinz A (2017) Vergleichende Betrachtung von Aggressivität, Zwangsmedikation und Entweichungsraten zwischen offener und geschlossener Türpolitik auf einer Akutstation. Psychiatr Prax 44(03):141–147

Coors M, Jox R (2015) Advance care planning: Von der Patientenverfügung zur gesundheitlichen Vorausplanung. Kohlhammer, Stuttgart

Coşkun S, Avlamaz F, Genç H (2010) Evaluation of the specific gender difference in restraint in acute psychotic clinics. J Psychiatr Nurs 1(3):108–114

Daffern M, Mayer M, Martin T (2006) Staff gender ratio and aggression in a forensic psychiatric hospital. Int J Ment Health Nurs 15(2):93–99. https://doi.org/10.1111/j.1447-0349.2006.00408.x

Davidson G, Kelly B, Macdonald G, Rizzo M, Lombard L, Abogunrin O et al (2015) Supported decision making: a review of the international literature. Int J Law Psychiatry 38:61–67. https://doi.org/10.1016/j.ijlp.2015.01.008

Dewing J (2013) Special observation and older persons with dementia/delirium: a disappointing literature review. Int J Older People Nurs 8(1):19–28. https://doi.org/10.1111/j.1748-3743.2011.00304.x

Dietz A (1998) Behandlungsvereinbarungen. Vertrauensbildende Maßnahmen in der Akutpsychiatrie. Psychiatrie, Bonn

Drack-Schönenberger T, Bleiker M, Lengler S, Blank C, Rössler W, Lay B (2016) Krisenkarten zur Prävention von Zwangseinweisungen. Psychiatr Prax 43(05):253–259

Duncan E, Best C, Hagen S (2010) Shared decision making interventions for people with mental health conditions. Cochrane Database Syst Rev (1):CD007297. https://doi.org/10.1002/14651858.CD007297.pub2

Duxbury J (2002) An evaluation of staff and patient views of and strategies employed to manage inpatient aggression and violence on one mental health unit: a pluralistic design. J Psychiatr Ment Health Nurs 9(3):325–337

Dziopa F, Ahern KJ (2009) What makes a quality therapeutic relationship in psychiatric/mental health nursing: a review of the research literature. Internet J Adv Nurs Prac 10(1):7

Eisele F, Schmid P, Steinert T, Uhlmann C, Grupp D, Rieger W, Flammer E (2012) Sektorübergreifende Analyse psychiatrischer Behandlungs-und Versorgungsleistungen mittels Routinedaten. Psychiatr Prax 39(07):319–325

El-Badri SM, Mellsop G (2002) A study of the use of seclusion in an acute psychiatric service. Aust N Z J Psychiatr 36(3):399–403. https://doi.org/10.1046/j.1440-1614.2002.01003.x

Engberg M (1992) Tvangsanvendelse i psykiatrien efter den nye psykiatrilovs indforelse. Ugeskr Laeger 154(26):1818–1822

Filia SL, Gurvich CT, Horvat A, Shelton CL, Katona LJ, Baker AL et al (2015) Inpatient views and experiences before and after implementing a totally smoke-free policy in the acute psychiatry hospital setting. Int J Ment Health Nurs 24(4):350–359. https://doi.org/10.1111/inm.12123

Finfgeld-Connett D (2009) Model of therapeutic and non-therapeutic responses to patient aggression. Issues Ment Health Nurs 30(9):530–537. https://doi.org/10.1080/01612840902722120

Flammer E, Steinert T, Eisele F, Bergk J, Uhlmann C (2013) Who is subjected to coercive measures as a psychiatric inpatient? A multi-level analysis. Clin Prac Epidemiol Ment Health CP & EMH 9:110–119. https://doi.org/10.2174/1745017901309010110

Freyberger HJ, Ulrich I, Barnow S, Steinhart I (2008) Am Rande sozialpsychiatrischer Versorgungsstrukturen-eine Untersuchung zur „Systemsprengerproblematik" in Mecklenburg-Vorpommern. Fortschr Neurol Psychiatr 76(02):106–113

Frueh BC, Knapp RG, Cusack KJ, Grubaugh AL, Sauvageot JA, Cousins VC et al (2005) Patients' reports of traumatic or harmful experiences within the psychiatric setting. Psychiatr Serv 56(9):1123–1133. https://doi.org/10.1176/appi.ps.56.9.1123

Fuller Torrey E (2015) Deinstitutionalization and the rise of violence. CNS Spectr 20(3):207–214. https://doi.org/10.1017/S1092852914000753

Gebhardt R-P, Radtke M (2003) Vergleich der Stationsatmosphäre zwischen drei Spezialstationen für alkoholkranke, schizophrene und depressive Patienten und einer diagnostisch gemischten Satellitenstation. Psychiatr Prax 30(04):192–198

Gebhardt RP, Steinert T (1999) Should severely disturbed psychiatric patients be distributed or concentrated in specialized wards? An empirical study on the effects of hospital organization on ward atmosphere, aggressive behavior, and sexual molestation. Eur Psychiatry 14(5):291–297

Gesundheitsministerkonferenz der Länder (2007) Psychiatrie in Deutschland – Strukturen, Leistungen, Perspektiven. https://www.lpk-bw.de/archiv/news2007/pdf/070803_gmk_psychiatrie_bericht_2007.pd. Zugegriffen am 26.01.2018

GKV Spitzenverband (Hrsg) Leitfaden zur Selbsthilfeförderung. Grundsätze des GKV-Spitzenverbandes zur Förderung der Selbsthilfe gemäß § 20c SGB V vom 10.03.2000 in der Fassung vom 06.10.2009. https://web.archive.org/web/20120916051809/http://www.gkv-spitzenverband.de/media/dokumente/presse/publikationen/Leitfaden_Selbsthilfefoerderung_9515.pdf

Grätz J, Brieger P (2012) Einführung und Umsetzung einer Behandlungsvereinbarung – Eine empirische Studie unter Berücksichtigung von Betroffenen, Ärzten und Sozialarbeitern. Psychiatr Prax 39(08):388–393

Greenfield TK, Stoneking BC, Humphreys K, Sundby E, Bond J (2008) A randomized trial of a mental health consumer-managed alternative to civil commitment for acute psychiatric crisis. Am J Community Psychol 42(1–2):135–144. https://doi.org/10.1007/s10464-008-9180-1

Grube M (2004) Ethnisch-nationale Zugehörigkeit und Aggressivität-„Matched-pair"-Untersuchung an einer akutpsychiatrischen Inanspruchnahmepopulation. Psychiatr Prax 31(01):11–15

Grube M (2007) Gender differences in aggressive behavior at admission to a psychiatric hospital. Aggress Behav 33(2):97–103. https://doi.org/10.1002/ab.20171

Grube M (2009) Sind Zwangseinweisungen in psychiatrische Kliniken bei Migranten häufiger? Psychiatr Prax 36(02):67–71

Gudjonsson GH, Rabe-Hesketh S, Szmukler G (2004) Management of psychiatric in-patient violence: patient ethnicity and use of medication, restraint and seclusion. Br J Psychiatry 184(3):258–262

Häfner H (1980) Psychiatrische Morbidität von Gastarbeitern in Mannheim. Epidemiologische Analyse einer Inanspruchnahmepopulation. Nervenarzt 51:672–683

Haller R, Kemmler G, Kocsis E, Maetzler W, Prunlechner R, Hinterhuber H (2001) Schizophrenie und GewalttätigkeitErgebnisse einer Gesamterhebung in einem österreichischen Bundesland. Nervenarzt 72(11):859–866. https://doi.org/10.1007/s001150170020

Hamann J, Loh A, Kasper J, Neuner B, Spies C, Kissling W et al (2006) Partizipative Entscheidungsfindung. Implikationen des Modells des „Shared Decision Making" für Psychiatrie und Neurologie. Nervenarzt 77(9):1071–1078

Hanrahan NP, Kumar A, Aiken LH (2010) Adverse events associated with organizational factors of general hospital inpatient psychiatric care environments. Psychiatr Serv 61(6):569–574. https://doi.org/10.1176/ps.2010.61.6.569

Hegedus A, Seidel E, Steinauer R (2016) Participants' employment status and experiences in the year after the experienced involvement training. Int J Soc Psychiatr 62(3):214–220. https://doi.org/10.1177/0020764015623969

Hellerstein DJ, Staub AB, Lequesne E (2007) Decreasing the use of restraint and seclusion among psychiatric inpatients. J Psychiatr Pract 13(5):308–317. https://doi.org/10.1097/01.pra.0000290669.10107.ba

Henderson C, Flood C, Leese M, Thornicroft G, Sutherby K, Szmukler G (2004) Effect of joint crisis plans on use of compulsory treatment in psychiatry: single blind randomised controlled trial. BMJ (Clinical research ed.) 329(7458):136. https://doi.org/10.1136/bmj.38155.585046.63

Herrera JM, Lawson WB (1987) Effects of consultation on the ward atmosphere in a state psychiatric hospital. Psychol Rep 60(2):423–428. https://doi.org/10.2466/pr0.1987.60.2.423

Hodgins S, Alderton J, Cree A, Aboud A, Mak T (2007) Aggressive behaviour, victimization and crime among severely mentally ill patients requiring hospitalisation. Br J Psychiatry J Ment Sci 191:343–350. https://doi.org/10.1192/bjp.bp.106.06.029587

Huber CG, Schneeberger AR, Kowalinski E, Frohlich D, von Felten S, Walter M et al (2016) Suicide risk and absconding in psychiatric hospitals with and without open door policies: a 15 year, observational study. Lancet Psychiatry 3(9):842–849. https://doi.org/10.1016/S2215-0366(16)30168-7

Huckshorn KA (2006) Re-designing state mental health policy to prevent the use of seclusion and restraint. Admin Pol Ment Health 33(4):482–491. https://doi.org/10.1007/s10488-005-0011-5

Huckshorn K, CAP, ICADC, Director, NTAC (2005) Six core strategies to reduce the use of seclusion and restraint planning tool. In: National association of state mental health program directors. http://www.wafca.org/. Zugegriffen im 01 2010

International Labour Office (2002) International Council of Nurses, World Health Organization Public Services: framework guidelines for addressing workplace violence in the health sector. International Labour Office, Geneva

James DV, Fineberg NA, Shah AK, Priest RG (1990) An increase in violence on an acute psychiatric ward. A study of associated factors. Br J Psychiatry J Ment Sci 156:846–852

Jones J, Eales S (2009) Practising safe and effective observation. In: Callaghan P, Playle J, Cooper L (Hrsg) Mental health nursing skills. Oxford University Press, New York, S 173–181

Juckel G, Haussleiter I (2015) Die stationare Unterbringung nach dem Psychisch-Kranken-Gesetz (PsychKG NRW) – was sind die starksten Pradiktoren? Psychiatr Prax 42(3):133–139. https://doi.org/10.1055/s-0034-1369866

Jungfer H-A, Schneeberger AR, Borgwardt S, Walter M, Vogel M, Gairing SK et al (2014) Reduction of seclusion on a hospital-wide level: successful implementation of a less restrictive policy. J Psychiatr Res 54:94–99. https://doi.org/10.1016/j.jpsychires.2014.03.020

Kallert TW, Mezzich JE, Monahan J (Hrsg) (2011a) Coercive treatment in psychiatry: clinical, legal and ethical aspects. Wiley, Hoboken

Kallert TW, Mezzich JE, Monahan J (2011b) Introduction. In: Kallert TW, Mezzich JE, Monahan J (Hrsg) Coercive treatment in psychiatry: clinical, legal and ethical aspects. Wiley, Hoboken, S XI–XXII

Kastrup M (2007) Cultural concerns in the use of coercion. BMC Psychiatr 7(1):S60

Kelly EL, Subica AM, Fulginiti A, Brekke JS, Novaco RW (2015) A cross-sectional survey of factors related to inpatient assault of staff in a forensic psychiatric hospital. J Adv Nurs 71(5):1110–1122. https://doi.org/10.1111/jan.12609

Keown P, McBride O, Twigg L, Crepaz-Keay D, Cyhlarova E, Parsons H et al (2016) Rates of voluntary and compulsory psychiatric in-patient treatment in England: an ecological study investigating associations with deprivation and demographics. Br J Psychiatry 209(2):157–161

Ketelsen R, Zechert C, Driessen M, Schulz M (2007) Characteristics of aggression in a German psychiatric hospital and predictors of patients at risk. J Psychiatr Ment Health Nurs 14(1):92–99. https://doi.org/10.1111/j.1365-2850.2007.01049.x

Ketelsen R, Schulz M, Driessen M (2011) Zwangsmaßnahmen im Vergleich an sechs psychiatrischen Abteilungen. Gesundheitswesen 73(2):105–111. https://doi.org/10.1055/s-0029-1246181

Khalifeh H, Johnson S, Howard LM, Borschmann R, Osborn D, Dean K et al (2015) Violent and non-violent crime against adults with severe mental illness. Br J Psychiatry J Ment Sci 206(4):275–282. https://doi.org/10.1192/bjp.bp.114.147843

Khazaal Y, Chatton A, Pasandin N, Zullino D, Preisig M (2009) Advance directives based on cognitive therapy: a way to overcome coercion related problems. Patient Educ Couns 74(1):35–38. https://doi.org/10.1016/j.pec.2008.08.006

Khazaal Y, Manghi R, Delahaye M, Machado A, Penzenstadler L, Molodynski A (2014) Psychiatric advance directives, a possible way to overcome coercion and promote empowerment. Front Public Health 2:37:10–12

Kirschenbauer H-J, Wagner P, Seehuber D, Weber R, Grube M (2008) Zeitgemäß oder anachronistisch? Zwangseinweisungspraxis in Frankfurt am Main. Psychiatr Prax 35(02):73–79

Knuf A (2007a) Einleitung. In: Knuf A, Osterfeld M, Seibert U (Hrsg) Selbstbefähigung fördern: Empowerment und psychiatrische Arbeit, 5., überarb. Aufl. Psychiatrie, Köln, S 7–10

Knuf A (2007b) Empowerment-Förderung: Ein zentrales Anliegen psychiatrischer Arbeit. In: Knuf A, Osterfeld M, Seibert U (Hrsg) Selbstbefähigung fördern: Empowerment und psychiatrische Arbeit, 5., überarb. Aufl. Psychiatrie, Köln, S 37

Knuf A, Osterfeld M, Seibert U (2007) Selbstbefähigung fördern: Empowerment und psychiatrische Arbeit. 5. überarb. Aufl., Psychiatrie, Köln

Knutzen M (2007) Use of seclusion and restraint, and its relationship to the patient's gender–a retrospective multi-center study from three departments' of acute emergency psychiatry. BMC Psychiatr 7(S1):P7

Koch E, Hartkamp N, Siefen RG, Schouler-Ocak M (2008) Patienten mit Migrationshintergrund in stationär-psychiatrischen Einrichtungen. Nervenarzt 79(3):328–339

Konrad M, Frank UG, Flammer E (2011) Die Versorgung ehemaliger forensischer Patienten im Gemeindepsychiatrischen Verbund–Auswertung einer Basisdokumentation aus zwei Landkreisen. Psychiatr Prax 38(08):376–381

Krakowski M, Czobor P (2004) Gender differences in violent behaviors: relationship to clinical symptoms and psychosocial factors. Am J Psychiatry 161(3):459–465. https://doi.org/10.1176/appi.ajp.161.3.459

Kühlmeyer K, Borbé R (2015) Vorausplanung und Vorausverfügung in der Psychiatrie. In: Coors M, Jox R (Hrsg) Advance care planning: Von der Patientenverfügung zur gesundheitlichen Vorausplanung. Kohlhammer, Stuttgart, S 328–341

Kunze H (2007) Personenbezogene Behandlung in psychiatrischen Kliniken und darüber hinaus-Gute Praxis und Ökonomie verbinden. Psychiatr Prax 34(03):150–153

Lang U (2012) Innovative Psychiatrie mit offenen Türen: Deeskalation und Partizipation in der Akutpsychiatrie. Springer, Berlin

Laugharne R, Priebe S (2006) Trust, choice and power in mental health: a literature review. Soc Psychiatry Psychiatr Epidemiol 41(11):843–852. https://doi.org/10.1007/s00127-006-0123-6

Laugharne R, Priebe S, McCabe R, Garland N, Clifford D (2012) Trust, choice and power in mental health care: experiences of patients with psychosis. Int J Soc Psychiatr 58(5):496–504. https://doi.org/10.1177/0020764011408658

Laupichler K, Voigtländer W (2005) Nutzerbeteiligung in einer psychiatrischen Klinik. Kerbe Forum Sozialpsychiatr 4

Lavelle M, Stewart D, James K, Richardson M, Renwick L, Brennan G, Bowers L (2016) Predictors of effective de-escalation in acute inpatient psychiatric settings. J Clin Nurs 25(15–16):2180–2188. https://doi.org/10.1111/jocn.13239

Lawn S, Hehir A, Indig D, Prosser S, Macleod S, Keller A (2014) Evaluation of a totally smoke-free forensic psychiatry in-patient facility: practice and policy implications. Aust Health Rev Publ Aust Hospital Assoc 38(4):476–482. https://doi.org/10.1071/AH13200

Leggett J, Silvester J (2003) Care staff attributions for violent incidents involving male and female patients: a field study. Br J Clin Psychol 42(Pt 4):393–406. https://doi.org/10.1348/014466503322528937

MacDonald A (1989) Reducing seclusion in a psychiatric hospital. Nurs Times 85(23):58–59

Maniglio R (2009) Severe mental illness and criminal victimization: a systematic review. Acta Psychiatr Scand 119(3):180–191. https://doi.org/10.1111/j.1600-0447.2008.01300.x

Martimportugues-Goyenechea C, Gomez-Jacinto L (2005) Simultaneous multiple stressors in the environment: physiological stress reactions, performance, and stress evaluation. Psychol Rep 97(3):867–874. https://doi.org/10.2466/pr0.97.3.867-874

Mason T (1998) Gender differences in the use of seclusion. Med Sci Law 38(1):2–9. https://doi.org/10.1177/002580249803800102

Mason T, Whitehead E (2001) Some specific problems of secluding female patients. Med Sci Law 41(4):315–324. https://doi.org/10.1177/002580240104100408

Mason T, Whittington R (1995) Seclusion: the use of a stress model to appraise the problem. Nurs Times 91(48):31–33

Mathias K, Hirdes JP (2015) Gender differences in the rate of restriction to room among Ontario forensic patients. Healthc Manage Forum 28(4):157–162. https://doi.org/10.1177/0840470415581232

van der Merwe M, Bowers L, Jones J, Simpson A, Haglund K (2009) Locked doors in acute inpatient psychiatry: a literature review. J Psychiatr Ment Health Nurs 16(3):293–299. https://doi.org/10.1111/j.1365-2850.2008.01378.x

Mulder NCL (2015) Psychiatrische Intensivstationen – Pro. Psychiatr Prax 42(05):237–238

Munk-Jorgensen P (1999) Has deinstitutionalization gone too far? Eur Arch Psychiatry Clin Neurosci 249(3):136–143

Muralidharan S, Fenton M (2006) Containment strategies for people with serious mental illness. Cochrane Database Syst Rev (3):CD002084. https://doi.org/10.1002/14651858.CD002084.pub2

Myers RE (2016) Mental heath nursing services. In: Singh NN, Barber JW, van Sant S (Hrsg) Handbook of recovery in inpatient psychiatry. Springer, Berlin, S 259–277

National Institute for Health and Care Excellence (NICE) (Hrsg) (2015) Violence and aggression: short-term management in mental health, health and community settings: updated edition. British Psychological Society, London

Nawka A, Kalisova L, Raboch J, Giacco D, Cihal L, Onchev G et al (2013) Gender differences in coerced patients with schizophrenia. BMC Psychiatr 13:257. https://doi.org/10.1186/1471-244X-13-257

Ng B, Kumar S, Ranclaud M, Robinson E (2001) Ward crowding and incidents of violence on an acute psychiatric inpatient unit. Psychiatr Serv (Washington DC) 52(4):521–525. https://doi.org/10.1176/appi.ps.52.4.521

Nienaber A, Schulz M, Hemkendreis B, Löhr M (2013) Die intensive Überwachung von Patienten in der stationären psychiatrischen Akutversorgung eine systematische Literaturübersicht. Psychiatr Prax 40:14–20

Nienaber A, Hemkendreis B, Lohr M, Schulz M (2014) Psychiatrie mit offenen Türen. Nervenarzt 85(11):1438–1439. https://doi.org/10.1007/s00115-013-3859-8

Nørredam M (2015) Migration and health: exploring the role of migrant status through register-based studies. Dan Med J 62(4):B5068

Occupational Safety and Health Administration (2015) Guidelines for preventing workplace violence for heatlhcare and social service workers (OSHA 3148-04R 2015)

Odawara T, Narita H, Yamada Y, Fujita J, Yamada T, Hirayasu Y (2005) Use of restraint in a general hospital psychiatric unit in Japan. Psychiatry Clin Neurosci 59(5):605–609. https://doi.org/10.1111/j.1440-1819.2005.01422.x

Österreichisches Bundeskanzleramt. Gesamte Rechtsvorschrift für Unterbringungsgesetz, Fassung vom 20.02.2018. https://www.ris.bka.gv.at/GeltendeFassung.wxe?Abfrage=Bundesnormen&Gesetzesnummer=10002936. Zugegriffen am 20.02.2018

Owen C, Tarantello C, Jones M, Tennant C (1998) Violence and aggression in psychiatric units. Psychiatr Serv (Washington DC) 49(11):1452–1457. https://doi.org/10.1176/ps.49.11.1452

Papadopoulos C, Ross J, Stewart D, Dack C, James K, Bowers L (2012) The antecedents of violence and aggression within psychiatric in-patient settings. Acta Psychiatr Scand 125(6):425–439. https://doi.org/10.1111/j.1600-0447.2012.01827.x

Papageorgiou A, King M, Janmohamed A, Davidson O, Dawson J (2002) Advance directives for patients compulsorily admitted to hospital with serious mental illness. Randomised controlled trial. Br J Psychiatry J Ment Sci 181:513–519

Penka S, Faißt H, Vardar A, Borde T, Mösko MO, Dingoyan D et al (2015) Der Stand der interkulturellen Öffnung in der psychosozialen Versorgung-Ergebnisse einer Studie in einem innerstädtischen Berliner Bezirk. Psychother Psychosom Med Psychol 65(09/10):353–362

von Peter S, Schwedler HJ, Amering M, Munk I (2015) „Diese Offenheit muss weitergehen" – Wie erleben Psychiatrieerfahrene, Angehörige und Professionelle den Trialog. Psychiatr Prax 42:384–391

Pieters V (2003) Macht-Zwang-Sinn. Subjektives Erleben, Behandlungsbewertungen und Therapieerfolge bei gerichtlichen Unterbringungen schizophrener Menschen. Psychiatrie, Bonn

Pollmächer T (2013) Ordnungspolitische Funktion der Psychiatrie – Kontra. Psychiatr Prax 40(06):305–306. https://doi.org/10.1055/s-0033-1343217

Pollmacher T, Steinert T (2016) Arbitrary classification of hospital policy regarding open and locked doors. Lancet Psychiatry 3(12):1103. https://doi.org/10.1016/S2215-0366(16)30346-7

Porat S, Bornstein J, Shemesh AA (1997) The use of restraint on patients in Israeli psychiatric hospitals. Br J Nurs 6:864–866, 868-73

Price TB, David B, Otis D (2004) The use of restraint and seclusion in different racial groups in an inpatient forensic setting. J Am Acad Psychiatry Law 32:163–168

Priebe S, Mccabe R (2008) Therapeutic relationships in psychiatry: the basis of therapy or therapy in itself? Int Rev Psychiatr (Abingdon) 20(6):521–526. https://doi.org/10.1080/09540260802565257

Priebe S, Dimic S, Wildgrube C, Jankovic J, Cushing A, McCabe R (2011) Good communication in psychiatry – a conceptual review. Eur Psychiatry J Assoc Eur Psychiatr 26(7):403–407. https://doi.org/10.1016/j.eurpsy.2010.07.010

Rasmussen K, Levander S (1996) Symptoms and personality characteristics of patients in a maximum security psychiatric unit. Int J Law Psychiatry 19(1):27–37

Renberg ES, Johansson B-M, Kjellin L (2007) Perceived coercion and its determinants at psychiatric admission–are there sex specific patterns? BMC Psychiatr 7(S1):P19

Renwick L, Lavelle M, Brennan G, Stewart D, James K, Richardson M et al (2016) Physical injury and workplace assault in UK mental health trusts: an analysis of formal reports. Int J Ment Health Nurs 25(4):355–366. https://doi.org/10.1111/inm.12201

Richter D (2010) Evaluation des stationären und ambulant betreuten Wohnens psychisch behinderter Menschen in den Wohnverbünden des Landschaftsverbands Westfalen-Lippe. Psychiatr Prax 37(03):127–133

Richter, D (2012) Theorien und Modelle für Aggression und Gewalt gegen Mitarbeiter im Gesundheitswesen. In: Gernot Walter, Johannes Nau Nico Oud Aggression und Aggressionsmanagement (619). Huber, Bern, S 67–88

Richter D, Whittington R (Hrsg) (2006) Violence in mental health settings. Causes, consequences, management. Springer, New York

Rittmannsberger H, Lindner H (2006) Erste Erfahrungen mit dem Angebot einer Behandlungsvereinbarung. Psychiat Praxis 33:95–98

Robson D, Spaducci G, McNeill A, Stewart D, Craig TJK, Yates M, Szatkowski L (2017) Effect of implementation of a smoke-free policy on physical violence in a psychiatric inpatient setting: an interrupted time series analysis. Lancet Psychiatry 4(7):540–546. https://doi.org/10.1016/S2215-0366(17)30209-2

Roche M, Diers D, Duffield C, Catling-Paull C (2010) Violence toward nurses, the work environment, and patient outcomes. J Nurs Sch Off Publ Sigma Theta Tau Int Honor Soc Nur 42(1):13–22. https://doi.org/10.1111/j.1547-5069.2009.01321.x

Roche E, Madigan K, Lyne JP, Feeney L, O'Donoghue B (2014) The therapeutic relationship after psychiatric admission. J Nerv Ment Dis 202(3):186–192. https://doi.org/10.1097/NMD.0000000000000102

Rohe T, Dresler T, Stuhlinger M, Weber M, Strittmatter T, Fallgatter AJ (2017) Bauliche Modernisierungen in psychiatrischen Kliniken beeinflussen Zwangsmaßnahmen. Nervenarzt 88(1):70–77

Rosen B (1978) Written treatment contracts: their use in planning treatment programmes for in-patients. Br J Psychiatr J Mental Sci 133:410–415

Ruchlewska A, Wierdsma AI, Kamperman AM, van der Gaag M, Smulders R, Roosenschoon B-J, Mulder CL (2014) Effect of crisis plans on admissions and emergency visits: a randomized controlled trial. PLoS One 9(3):e91882. https://doi.org/10.1371/journal.pone.0091882

Rüesch P, Miserez B, Hell D (2003) Gibt es ein Täterprofil des aggressiven Psychiatrie-Patienten? Nervenarzt 74(3):259–265

Sajatovic M, Sultana D, Bingham CR, Buckley P, Donenwirth K (2002) Gender related differences in clinical characteristics and hospital based resource utilization among older adults with schizophrenia. Int J Geriatr Psychiatr 17(6):542–548. https://doi.org/10.1002/gps.640

Salander Renberg E, Johansson B-M, Kjellin L (2007) Perceived coercion and its determinants at psychiatric admission–are there sex specific patterns? BMC Psychiatry 7(S1):P19

van de Sande R, Noorthoorn E, Wierdsma A, Hellendoorn E, van der Staak C, Mulder CL, Nijman H (2013) Association between short-term structured risk assessment outcomes and seclusion. Int J Ment Health Nurs 22(6):475–484. https://doi.org/10.1111/inm.12033

Sauter D, Abderhalden C, Needham I, Wolff S (Hrsg) (2011) Psychiatrische Pflege, 3., vollst. überarb. Aufl. Huber, Bern

Schalast N, Siess J (2017) Zusammenhange des Stationsklimas mit objektiven Rahmenbedingungen psychiatrischer Stationen. Psychiatr Prax. https://doi.org/10.1055/s-0043-100010

Schmidt-Michel PO (2006) Gibt es etwas strukturell Böses in psychiatrischen Versorgungssystemen. Beispiele kollektiver Unachtsamkeit in der Psychiatrie in Südost-Europa/Rumänien. Neurotransmitter 6(Suppl. 2):S56–S59

Schneider R, Timko C (2009) Does a history of violence influence treatment, self-help, and 1-year outcomes in substance use disorder patients? J Addict Dis 28(2):171–179. https://doi.org/10.1080/10550880902772902

Schouler-Ocak M (2015) Psychiatrische Versorgung von Menschen mit Migrationshintergrund in Deutschland. Nervenarzt 86(11):1320–1325

Scott AJ, Webb TL, Rowse G (2015) Self-help interventions for psychosis: a meta-analysis. Clin Psychol Rev 39:96–112. https://doi.org/10.1016/j.cpr.2015.05.002

Section of Mental Health Nursing2018: Safewards – Know each other. http://www.safewards.net/interventions/know-each-other. Zugegriffen am 20.02.2018

Singh SP, Greenwood N, White S, Churchill R (2007) Ethnicity and the mental health act 1983. Br J Psychiatry J Ment Sci 191:99–105. https://doi.org/10.1192/bjp.bp.106.030346

Singh NN, Barber JW, van Sant S (Hrsg) (2016) Handbook of recovery in inpatient psychiatry. Springer, Berlin

Smith GM, Davis RH, Bixler EO, Lin H-M, Altenor A, Altenor RJ et al (2005) Pennsylvania state hospital system's seclusion and restraint reduction program. Psychiatr Serv (Washington DC) 56(9):1115–1122. https://doi.org/10.1176/appi.ps.56.9.1115

Soininen P, Valimaki M, Noda T, Puukka P, Korkeila J, Joffe G, Putkonen H (2013) Secluded and restrained patients' perceptions of their treatment. Int J Ment Health Nurs 22(1):47–55. https://doi.org/10.1111/j.1447-0349.2012.00838.x

Sollberger D, Lang UE (2014) Psychiatrie mit offenen Türen. Nervenarzt 85(3):319–325

Spießl H, Krischker S, Cording C (1998) Aggressive Handlungen im psychiatrischen Krankenhaus: Eine auf die psychiatrische Basisdokumentation gestutzte 6-Jahres-Studie bei 17943 stationaren Aufnahmen. Psychiatr Prax 25(5):227–230

Srebnik DS, Russo J, Sage J, Peto T, Zick E (2003) Interest in psychiatric advance directives among high users of crisis services and hospitalization. Psychiatr

Serv (Washington DC) 54(7):981–986. https://doi.org/10.1176/appi.ps.54.7.981

Staggs VS (2013) Nurse staffing, RN mix, and assault rates on psychiatric units. Res Nurs Health 36(1):26–37. https://doi.org/10.1002/nur.21511

Staggs VS (2015) Injurious assault rates on inpatient psychiatric units: associations with staffing by registered nurses and other nursing personnel. Psychiatr Serv (Washington DC) 66(11):1162–1166. https://doi.org/10.1176/appi.ps.201400453

Staggs VS (2016) Deviations in monthly staffing and injurious assaults against staff and patients on psychiatric units. Res Nurs Health 39(5):347–352. https://doi.org/10.1002/nur.21735

Statistisches Bundesamt: Gesellschaft und Staat, Bevölkerung, Migration und Integration. https://www.destatis.de/DE/ZahlenFakten/GesellschaftStaat/Bevoelkerung/MigrationIntegration/MigrationIntegration.html. Zugegriffen am 02.08.2016

Steinert T (2006) Prediction of violence in in-patient settings. In: Whittington R, Richter D (Hrsg) Violence in mental health settings. Causes, consequences, management. Springer, New York, S 111–123

Steinert T (2013) Ordnungspolitische Funktion der Psychiatrie – Pro. Psychiatr Prax 40(06):304–305. https://doi.org/10.1055/s-0033-1343216

Steinert T, Traub H-J (2016) Gewalt durch psychisch Kranke und gegen psychisch Kranke. Bundesgesundheitsbl Gesundheitsforsch Gesundheitsschutz 59(1):98–104

Steinert T, Eisele F, Göser U, Tschöke S, Solmaz S, Falk S (2009) Quality of processes and results in psychiatry: decreasing coercive interventions and violence among patients with personality disorders by implementation of a crisis intervention ward. Gesundheitsökon Qualitätsmanag 14(01):44–48

Steinert T, Lepping P, Bernhardsgrutter R, Conca A, Hatling T, Janssen W et al (2010) Incidence of seclusion and restraint in psychiatric hospitals: a literature review and survey of international trends. Soc Psychiatry Psychiatr Epidemiol 45(9):889–897. https://doi.org/10.1007/s00127-009-0132-3

Steinhäuser T, Martin L, von Lersner U, Auckenthaler A (2014) Konzeptionen von „transkultureller Kompetenz" und ihre Relevanz für die psychiatrisch-psychotherapeutische Versorgung. Ergebnisse eines disziplinübergreifenden Literaturreviews. Psychother Psychosom Med Psychol 64(09/10):345–353

Stewart D, Bowers L, Simpson A, Ryan C, Tziggili M (2009) Manual restraint of adult psychiatric inpatients: a literature review. J Psychiatr Ment Health Nurs 16(8):749–757. https://doi.org/10.1111/j.1365-2850.2009.01475.x

Stovell D, Morrison AP, Panayiotou M, Hutton P (2016) Shared treatment decision-making and empowerment-related outcomes in psychosis: systematic review and meta-analysis. Br J Psychiatr J Mental Sci 209(1):23–28. https://doi.org/10.1192/bjp.bp.114.158931

Sturup J, Sorman K, Lindqvist P, Kristiansson M (2011) Violent victimization of psychiatric patients: a Swedish case-control study. Soc Psychiatry Psychiatr Epidemiol 46(1):29–34. https://doi.org/10.1007/s00127-009-0167-5

Sutton D, Wilson M, van Kessel K, Vanderpyl J (2013) Optimizing arousal to manage aggression: a pilot study of sensory modulation. In: Int J Ment Health Nurs 22 (6), S. 500–511. https://doi.org/10.1111/inm.12010

Swanson J, Swartz M, Ferron J, Elbogen E, van Dorn R (2006a) Psychiatric advance directives among public mental health consumers in five U.S. cities: prevalence, demand, and correlates. J Am Acad Psychiatr Law 34(1):43–57

Swanson JW, van McCrary S, Swartz MS, Elbogen EB, van Dorn RA (2006b) Superseding psychiatric advance directives: ethical and legal considerations. J Am Acad Psychiatr Law 34(3):385–394

Swanson JW, Swartz MS, Elbogen EB, van Dorn RA, Wagner HR, Moser LA et al (2008) Psychiatric advance directives and reduction of coercive crisis interventions. J Mental Health (Abingdon) 17(3):255–267. https://doi.org/10.1080/09638230802052195

Teitelbaum A, Lahad A, Calfon N, Gun-Usishkin M, Lubin G, Tsur A (2016) Overcrowding in psychiatric wards is associated with increased risk of adverse incidents. Med Care 54(3):296–302. https://doi.org/10.1097/MLR.0000000000000501

Thornicroft G, Farrelly S, Szmukler G, Birchwood M, Waheed W, Flach C et al (2013) Clinical outcomes of joint crisis plans to reduce compulsory treatment for people with psychosis: a randomised controlled trial. Lancet (London) 381(9878):1634–1641. https://doi.org/10.1016/S0140-6736(13)60105-1

Tuohimaki C, Kaltiala-Heino R, Korkeila J, Tuori T, Lehtinen V, Joukamaa M (2003) The use of harmful to others-criterion for involuntary treatment in Finland. Eur J Health Law 10(2):183–199

Turner KV, Mooney P (2016) A comparison of seclusion rates between intellectual disability and non-intellectual disability services: the effect of gender and diagnosis. J Forensic Psychiatry Psychol 27(2):265–280

Vaaler AE, Morken G, Flovig JC, Iversen VC, Linaker OM (2006) Effects of a psychiatric intensive care unit in an acute psychiatric department. Nord J Psychiatr 60(2):144–149. https://doi.org/10.1080/08039480600583472

Vaaler AE, Iversen VC, Morken G, Flovig JC, Palmstierna T, Linaker OM (2011) Short-term prediction of threatening and violent behaviour in an acute psychiatric intensive care unit based on patient and environment characteristics. BMC Psychiatr 11:44. https://doi.org/10.1186/1471-244X-11-44

Virtanen M, Vahtera J, Batty GD, Tuisku K, Pentti J, Oksanen T et al (2011) Overcrowding in psychiatric wards and physical assaults on staff: data-linked longitudinal study. Br J Psychiatry J Ment Sci 198(2):149–155. https://doi.org/10.1192/bjp.bp.110.082388

Wale JB, Belkin GS, Moon R (2011) Reducing the use of seclusion and restraint in psychiatric emergency and adult inpatient services- improving patient-centered care. Perm J 15(2):57–62

Walter G, Nau J, Oud N (Hrsg) (2012) Aggression und Aggressionsmanagement, Huber, Bern, S 619

Way BB, Banks SM (1990) Use of seclusion and restraint in public psychiatric hospitals: patient characteristics and facility effects. Hosp Community Psychiatry 41(1):75–81

Way BB, Braff JL, Hafemeister TL, Banks SM (1992) The relationship between patient-staff ratio and reported patient incidents. Hosp Community Psychiatry 43(4):361–365

Whittington R, Richter D (2006a) From the individual to the interpersonal: environment and interaction in the escalation of violence in mental health settings. In: Whittington R, Richter D (Hrsg) Violence in mental health settings. Causes, consequences, management. Springer, New York, S 47–68

Whittington R, Richter D (2006b) Introduction. In: Whittington R, Richter D (Hrsg) Violence in mental health settings. Causes, consequences, management. Springer, New York, S 1–7

Whittington R, Wykes T (1994) An observational study of associations between nurse behaviour and violence in psychiatric hospitals. J Psychiatr Ment Health Nurs 1(2):85–92

Whittington R, Wykes T (1996) Aversive stimulation by staff and violence by psychiatric patients. Br J Clin Psychol 35(Pt 1):11–20

Whittington R, Baskind E, Paterson B (2006) Coercive measures in the management of imminent violence: restraint, seclusion and enhanced observation. In: Whittington R, Richter D (Hrsg) Violence in mental health settings. Causes, consequences, management. Springer, New York, S 145–172

Winstanley S, Whittington R (2002) Anxiety, burnout and coping styles in general hospital staff exposed to workplace aggression: a cyclical model of burnout and vulnerability to aggression. Work Stress 16(4):302–315

Witt K, van Dorn R, Fazel S (2013) Risk factors for violence in psychosis: systematic review and meta-regression analysis of 110 studies. PLoS One 8(2):e55942. https://doi.org/10.1371/journal.pone.0055942

Wittig U, Schumacher G, Merbach M, Brähler E (2009) Verbesserung der Gesundheitsversorgung von Migrant (inn) en und Flüchtlingen am Beispiel von Leipzig. Z Med Psychol 18(3, 4):162–169

Wolff S (2011) Pflegebeziehung und Interaktion. In: Sauter D, Abderhalden C, Needham I, Wolff S (Hrsg) Psychiatrische Pflege, 3., vollst. überarb. Aufl. Huber, Bern, S 309–346

World Health Organization (2002) Framework guidelines for addressing workplace violence in the health sector. International Labour Office, Geneva

Wyder M, Bland R, Crompton D (2016) The importance of safety, agency and control during involuntary mental health admissions. J Mental Health (Abingdon) 25(4):338–342. https://doi.org/10.3109/09638237.2015.1124388

Wyder M, Ehrlich C, Crompton D, McArthur L, Delaforce C, Dziopa F et al (2017) Nurses experiences of delivering care in acute inpatient mental health settings: a narrative synthesis of the literature. Int J Ment Health Nurs 26(6):527–540. https://doi.org/10.1111/inm.12315

Wykes T (Hrsg) (1994) Violence and health care professionals. Chapman & Hall, London

Wykes T, Whittington R (1994) Reactions to violence. In: Wykes T (Hrsg) Violence and health care professionals. Chapman & Hall, London, S 105–126

Wynn R (2002) Medicate, restrain or seclude? Strategies for dealing with violent and threatening behaviour in a Norwegian university psychiatric hospital. Scand J Caring Sci 16(3):287–291

Yang C-PP, Hargreaves WA, Bostrom A (2014) Association of empathy of nursing staff with reduction of seclusion and restraint in psychiatric inpatient care. Psychiatr Serv (Washington DC) 65(2):251–254. https://doi.org/10.1176/appi.ps.201200531

Zehnder U, Rabenschlag F, Panfil E-M (2015) Zwischen Kontrolle und Therapie: eine evolutionäre Konzeptanalyse von Intensivbetreuung in der stationären Akutpsychiatrie. Psychiatr Prax 42(02):68–75

Zinkler M, Laupichler K, Osterfeld M (Hrsg) (2016) Prävention von Zwangsmaßnahmen. Psychiatrie, Köln

Zugai JS, Stein-Parbury J, Roche M (2015) Therapeutic alliance in mental health nursing: an evolutionary concept analysis. Issues Ment Health Nurs 36(4):249–257. https://doi.org/10.3109/01612840.2014.969795

Kapitel 11

Antai-Otong D (2001) Critical incident stress debriefing: a health promotion model for workplace violence. Perspectives Psychiatr Care 37(4):125–132, 139

Ashcraft L, Anthony W (2008) Eliminating seclusion and restraint in recovery-oriented crisis services. Psychiatr Serv (Washington DC) 59(10):1198–1202. https://doi.org/10.1176/ps.2008.59.10.1198

Beech B, Leather P (2003) Evaluating a management of aggression unit for student nurses. J Adv Nurs 44(6):603–612

Bloor R, McHugh A, Pearson D, Wain I (2004) A training course for psychiatric nurses in Russia. Nurs Stand (through 2013) 18(39):39

Bowers L, Nijman H, Allan T, Simpson A, Warren J, Turner L (2006) Prevention and management of aggression training and violent incidents on U.K. Acute psychiatric wards. Psychiatr Serv (Washington DC) 57(7):1022–1026. https://doi.org/10.1176/ps.2006.57.7.1022

Breakwell GM (1998) Aggression bewältigen. Umgang mit Gewalttätigkeit in Klinik, Schule und Sozialarbeit. Huber, Bern

Calabro K, Mackey TA, Williams S (2002) Evaluation of training designed to prevent and manage patient violence. Issues Ment Health Nurs 23(1):3–15

Carmel H, Hunter M (1990) Compliance with training in managing assaultive behavior and injuries from inpatient violence. Hosp Community Psychiatry 41(5):558–560

Cavanaugh C, Campbell J, Messing JT (2014) A longitudinal study of the impact of cumulative violence victimization on comorbid posttraumatic stress and depression among female nurses and nursing personnel. Workplace Health Safety 62(6):224–232. https://doi.org/10.1177/216507991406200602

Chapman R, Styles I, Perry L, Combs S (2010) Nurses' experience of adjusting to workplace violence: a theory of adaptation. Int J Ment Health Nurs 19(3):186–194. https://doi.org/10.1111/j.1447-0349.2009.00663.x

Colenda CC, Hamer RM (1991) Antecedents and interventions for aggressive behavior of patients at a geropsychiatric state hospital. Hosp Community Psychiatry 42(3):287–292

Cowin L, Davies R, Estall G, Berlin T, Fitzgerald M, Hoot S (2003) De-escalating aggression and violence in the mental health setting. Int J Ment Health Nurs 12(1):64–73

Dickens G, Rogers G, Rooney C, Mc Guinness A, Doyle D (2009) An audit of the use of breakaway techniques in a large psychiatric hospital: a replication study. J Psychiatr Ment Health Nurs 16(9):777–783. https://doi.org/10.1111/j.1365-2850.2009.01449.x

Ekman P (1993) Facial expression and emotion. Am Psychol 48(4):384–392

Everly GS Jr, Boyle SH (1999) Critical incident stress debriefing (CISD): a meta-analysis. Int J Emerg Ment Health 1(3):165–168

Fisher WA (2003) Elements of successful restraint and seclusion reduction programs and their application in a large, urban, state psychiatric hospital. J Psychiatr Pract 9(1):7–15

Forster PL, Cavness C, Phelps MA (1999) Staff training decreases use of seclusion and restraint in an acute psychiatric setting. Arch Psychiatr Nurs 13:269–271

Fuchs JM (1998) Kontrollierter Umgang mit physischer Gewalt und Aggression in der Psychiatrie? Bericht über ein Praxisseminar. In: Sauter D, Richter D (Hrsg) Gewalt in der psychiatrischen Pflege. Huber, Göttingen, S 59–72

Gertz B (1980) Training for prevention of assaultive behavior in a psychiatric setting. Hosp Community Psychiatry 31(9):628–630

Grenyer BFS, Ilkiw-Lavalle O, Biro P, Middleby-Clements J, Comninos A, Coleman M (2004) Safer at work: development and evaluation of an aggression and violence minimization program. Aust N Z J Psychiatr 38(10):804–810. https://doi.org/10.1080/j.1440-1614.2004.01465.x

Hahn S, Needham I, Abderhalden C, Duxbury JAD, Halfens RJG (2006) The effect of a training course on mental health nurses' attitudes on the reasons of patient aggression and its management. J Psychiatr Ment Health Nurs 13(2):197–204. https://doi.org/10.1111/j.1365-2850.2006.00941.x

Hoeffer B, Rader J, McKenzie D, Lavelle M, Stewart B (1997) Reducing aggressive behavior during bathing cognitively impaired nursing home residents. J Gerontol Nurs 23(5):16–23

Hücker F (1997) Rhetorische Deeskalation, 1. Aufl. Boorberg, Stuttgart

Huizing AR, Hamers JPH, Gulpers MJM, Berger MPF (2006) Short-term effects of an educational intervention on physical restraint use: a cluster randomized trial. BMC Geriatr 6(1):17

Hurlebaus AE, Link S (1997) The effects of an aggressive behavior management program on nurses' levels of knowledge, confidence, and safety. J Nurs Staff Dev JNSD 13(5):260–265

Ilkiw-Lavalle O, Grenyer BFS, Graham L (2002) Does prior training and staff occupation influence knowledge acquisition from an aggression management training program? Int J Ment Health Nurs 11(4):233–239

Infantino JA Jr, Musingo SY (1985) Assaults and injuries among staff with and without training in aggression control techniques. Hosp Community Psychiatry 36(12):1312–1314

Jones DW (1997) Pennsylvania hospital continues to reduce seclusion and restraints. Jt Comm Perspect Jt Comm Accredit Healthc Organ 17(2):17

Jonikas JA, Cook JA, Rosen C, Laris A, Kim J-B (2004) A program to reduce use of physical restraint in psychiatric inpatient facilities. Psychiatr Serv (Washington DC) 55(7):818–820. https://doi.org/10.1176/appi.ps.55.7.818

Kelly EL, Subica AM, Fulginiti A, Brekke JS, Novaco RW (2015) A cross-sectional survey of factors related to inpatient assault of staff in a forensic psychiatric hospital. J Adv Nurs 71(5):1110–1122. https://doi.org/10.1111/jan.12609

Laker C, Gray R, Flach C (2010) Case study evaluating the impact of de-escalation and physical intervention training. J Psychiatr Ment Health Nurs 17(3):222–228. https://doi.org/10.1111/j.1365-2850.2009.01496.x

Lehmann LS, Padilla M, Clark S, Loucks S (1983) Training personnel in the prevention and management of violent behavior. Hosp Community Psychiatry 34(1):40–43

Lepping P, Steinert T, Needham I, Abderhalden C, Flammer E, Schmid P (2009) Ward safety perceived by ward managers in Britain, Germany and Switzerland: identifying factors that improve ability to deal with violence. J Psychiatr Ment Health Nurs 16(7):629–635. https://doi.org/10.1111/j.1365-2850.2009.01425.x

Livingston JD, Verdun-Jones S, Brink J, Lussier P, Nicholls T (2010) A narrative review of the effectiveness of aggression management training programs for psychiatric hospital staff. J Forensic Nursing 6(1):15–28. https://doi.org/10.1111/j.1939-3938.2009.01061.x

lkiw-Lavalle O, Grenyer BFS, Graham L (2002) Does prior training and staff occupation influence knowledge acquisition from an aggression management training program? Int J Ment Health Nurs 11:233–239

Martin KH (1995) Improving staff safety through an aggression management program. Arch Psychiatr Nurs 9(4):211–215

Mason T, Chandley M (1999) Managing violence and aggression. Manual Nurs Health Care Workers 11:233–239

Mavandadi V, Bieling PJ, Madsen V (2016) Effective ingredients of verbal de-escalation: validating an English modified version of the ‚De-Escalating Aggressive Behaviour Scale'. J Psychiatr Ment Health Nurs 23(6–7):357–368. https://doi.org/10.1111/jpm.12310

Maxfield MC, Lewis RE, Cannon S (1996) Training staff to prevent aggressive behavior of cognitively impaired elderly patients during bathing and grooming. J Gerontol Nurs 22(1):37–43

McCue RE, Urcuyo L, Lilu Y, Tobias T, Chambers MJ (2004) Reducing restraint use in a public psychiatric inpatient service. J Behav Health Serv Res 31(2):217–224

McGowan S, Wynaden D, Harding N, Yassine A, Parker J (1999) Staff confidence in dealing with aggressive patients: a benchmarking exercise. Aust N Z J Ment Health Nurs 8(3):104–108

Meehan T, Fjeldsoe K, Stedman T, Duraiappah V (2006) Reducing aggressive behaviour and staff injuries: a multi-strategy approach. Aust Health Rev Publ Aust Hospital Assoc 30(2):203–210

Mortimer A (1995) Reducing violence on a secure ward. Psychiatr Bull 19:605–608

National Institute for Health and Care Excellence (NICE) (Hrsg) (2015) Violence and aggression: short-term management in mental health, health and community settings: updated edition. British Psychological Society, London

Nau J, Dassen T, Needham I, Halfens R (2009) The development and testing of a training course in aggression for nursing students: a pre- and post-test study. Nurse Educ Today 29(2):196–207. https://doi.org/10.1016/j.nedt.2008.08.011

Nau J, Halfens R, Needham I, Dassen T (2010) Student nurses' de-escalation of patient aggression: a pretest-posttest intervention study. Int J Nurs Stud 47(6):699–708. https://doi.org/10.1016/j.ijnurstu.2009.11.011

Nay WR (2004) Taking charge of anger how to resolve conflict, sustain relationships, and express yourself withoug losing control. Guilford Press, New York

Needham I, Abderhalden C, Meer R, Dassen T, Haug HJ, Halfens RJG, Fischer JE (2004) The effectiveness of two interventions in the management of patient violence in acute mental inpatient settings: report on a pilot study. J Psychiatr Ment Health Nurs 11(5):595–601. https://doi.org/10.1111/j.1365-2850.2004.00767.x

Needham I, Abderhalden C, Halfens RJG, Dassen T, Haug HJ, Fischer JE (2005a) The effect of a training course in aggression management on mental health nurses' perceptions of aggression: a cluster randomised controlled trial. Int J Nurs Stud 42(6):649–655. https://doi.org/10.1016/j.ijnurstu.2004.10.003

Needham I, Abderhalden C, Halfens RJG, Fischer JE, Dassen T (2005b) Non-somatic effects of patient aggression on nurses: a systematic review. J Adv Nurs 49(3):283–296. https://doi.org/10.1111/j.1365-2648.2004.03286.x

Nienhaus A, Drechsel-Schlund C, Schambortski H, Schablon A (2016) Violence and discrimination in the workplace. The effects on health and setting-related approaches to prevention and rehabilitation. Bundesgesundheitsbl Gesundheitsforsch Gesundheitsschutz 59(1):88–97. https://doi.org/10.1007/s00103-015-2263-x

Nijman HL, Merckelbach HL, Allertz WF, a Campo JM (1997) Prevention of aggressive incidents on a closed psychiatric ward. Psychiatr Serv (Washington DC) 48(5):694–698. https://doi.org/10.1176/ps.48.5.694

Parkes J (1996) Control and restraint training: a study of its effectiveness in a medium secure psychiatric unit. Am J Forensic Psychiatr 7:525–534

Paterson B, Turnbull J, Aitken I (1992) An evaluation of a training course in the short-term management of violence. Nurse Educ Today 12(5):368–375

Paterson B, Leadbetter D, Bowie V (1999) Supporting nursing staff exposed to violence at work. Int J Nurs Stud 36(6):479–486

Perkins J, Leadbetter D (2002) An evaluation of aggression management training in a special educational setting. Emot Behav Diffic 7:19–34

Phillips D, Rudestam KE (1995) Effect of nonviolent self-defense training on male psychiatric staff members' aggression and fear. Psychiatr Serv (Washington DC) 46(2):164–168. https://doi.org/10.1176/ps.46.2.164

Price O, Baker J, Bee P, Lovell K (2015) Learning and performance outcomes of mental health staff training in de-escalation techniques for the management of violence and aggression. Br J Psychiatry J Ment Sci 206(6):447–455. https://doi.org/10.1192/bjp.bp.114.144576

Putkonen A, Kuivalainen S, Louheranta O, Repo-Tiihonen E, Ryynanen O-P, Kautiainen H, Tiihonen J (2013) Cluster-randomized controlled trial of reducing seclusion and restraint in secured care of men with schizophrenia. Psychiatr Serv (Washington DC) 64(9):850–855. https://doi.org/10.1176/appi.ps.201200393

Rice ME, Helzel MF, Varney GW, Quinsey VL (1985) Crisis prevention and intervention training for psychiatric hospital staff. Am J Community Psychol 13(3):289–304

Richmond I, Trujillo D, Schmelzer J, Phillips S, Davis D (1996) Least restrictive alternatives: do they really work? J Nurs Care Qual 11(1):29–37

Richter D (2006) Non-physical conflict management and de-escalation. In: Whittington R, Richter D (Hrsg) Violence in mental health settings. Causes, consequences, management. Springer, New York, S 125–144

Richter D, Berger K (2001) Patientenübergriffe auf Mitarbeiter Eine prospektive Untersuchung der Häufigkeit, Situationen und Folgen. Nervenarzt 72(9):693–699

Richter D, Needham I (2007) Effekte von mitarbeiterbezogenen Trainingsprogrammen zum Aggressionsmanagement in Einrichtungen der Psychiatrie und Behindertenhilfe – Systematische Literaturübersicht. Psychiatr Prax 34

Richter D, Fuchs JM, Bergers KH (2001) Konfliktmanagement in psychiatrischen Einrichtungen, 1. Aufl. Gemeindeunfallversicherungsverband Westfalen-Lippe, Rheinischer Gemeindeunfallversicherungsverband und Landesunfallkasse Nordrhein-Westfalen, Münster/Düsseldorf. SElm. https://www.gesundheitsdienstportal.de/files/PIN1_Konfliktmanagement_in_psychiatrischen_Einrichtungen.pdf

van Rixtel A, Nijman H, Jansen A (1997) Aggressie en psychiatrie: Heeft training effect? Verpleegkunde 12:111–119

Sauter D, Richter D (Hrsg) (1998) Gewalt in der psychiatrischen Pflege. Huber, Göttingen

Sclafani MJ, Humphrey FJ 2nd, Repko S, Ko HS, Wallen MC, Digiacomo A (2008) Reducing patient restraints: a pilot approach using clinical case review. Perspectives Psychiatr Care 44(1):32–39. https://doi.org/10.1111/j.1744-6163.2008.00145.x

Shah A, De T (1998) The effect of an educational intervention package about aggressive behaviour directed at the nursing staff on a continuing care psychogeriatric ward. Int J Geriatr Psychiatr 13(1):35–40

Sjostrom N, Eder DN, Malm U, Beskow J (2001) Violence and its prediction at a psychiatric hospital. Eur Psychiatry J Assoc Eur Psychiatr 16(8):459–465

Smoot SL, Gonzales JL (1995) Cost-effective communication skills training for state hospital employees. Psychiatr Serv (Washington DC) 46(8):819–822. https://doi.org/10.1176/ps.46.8.819

St. Thomas Psychiatric Hospital (1976) A program for the prevention and management of disturbed behavior. Hosp Community Psychiatry 27(10):724–727

Steinert T, Schmid P, von Gewalt, Arbeitskreis zur Prävention (2014) Zwangsmaßnahmen in psychiatrischen Kliniken in Deutschland. Nervenarzt 85(5):621–629

Sullivan AM, Bezmen J, Barron CT, Rivera J, Curley-Casey L, Marino D (2005) Reducing restraints: alternatives to restraints on an inpatient psychiatric service – utilizing safe and effective methods to evaluate and treat the violent patient. Psychiatr Q 76(1):51–65

Tarquinio C, Rotonda C, Houlle WA, Montel S, Rydberg JA, Minary L et al (2016) Early psychological preventive intervention for workplace violence: a randomized controlled explorative and comparative study between EMDR-recent event and critical incident stress debriefing. Issues Ment Health Nurs 37(11):787–799. https://doi.org/10.1080/01612840.2016.1224282

Testad I, Aasland AM, Aarsland D (2005) The effect of staff training on the use of restraint in dementia: a single-blind randomised controlled trial. Int J Geriatr Psychiatr 20(6):587–590

Thackrey M (1987) Clinician confidence in coping with patient aggression. Assess Enhanc Prof Psychol Res Prac 18:57–60

Visalli H, McNasser G (2000) Reducing seclusion and restraint: meeting the organizational challenge. J Nurs Care Qual 14(4):35–44

Walters H, Kay R (2004) Developing a compassionate control strategy. Aust Nurs J ANJ 12(4):21

Wesuls R, Heinzmann T, Brinker L (2003) Professionelles Deeskalationsmanagement (ProDeMa) Praxisleitfaden zum Umgang mit Gewalt und Aggression in Gesundheitsberufen. Unfallkasse Baden-Württemberg, Stuttgart

Whittington R, Richter D (2005) Interactional aspects of violent behaviour on acute psychiatric wards. Psychol Crime Law 11(4):377–388

Whittington R, Wykes T (1996) An evaluation of staff training in psychological techniques for the management of patient aggression. J Clin Nurs 5(4):257–261

Whittington R, Baskind E, Paterson B (2006) Coercive measures in the management of imminent violence restraint, seclusion and enhanced observation. In: Whittington R, Richter D (Hrsg) Violence in mental health settings. Causes, consequences, management. Springer, New York, S 145–172

Wilkinson CL (1999) An evaluation of an educational program on the management of assaultive behaviors. J Gerontol Nurs 25(4):6–11

Wright S (2003) Control and restraint techniques in the management of violence in inpatient psychiatry: a critical review. Med Sci Law 43(1):31–38. https://doi.org/10.1258/rsmmsl.43.1.31

Yang C-PP, Hargreaves WA, Bostrom A (2014) Association of empathy of nursing staff with reduction of seclusion and restraint in psychiatric inpatient care. Psychiatr Serv (Washington DC) 65(2):251–254. https://doi.org/10.1176/appi.ps.201200531

Kapitel 12

Acharya D, Harper DG, Achtyes ED, Seiner SJ, Mahdasian JA, Nykamp LJ et al (2015) Safety and utility of acute electroconvulsive therapy for agitation and aggression in dementia. Int J Geriatr Psychiatr 30(3):265–273. https://doi.org/10.1002/gps.4137

Aichele V (2013) Einleitung. In: Aichele V, Deutsches Institut für Menschenrechte (Hrsg) Das Menschenrecht auf gleiche Recht auf Anerkennung vor dem Recht. Art. 12 der UN-Behindertenrechtskonvention. Nomos, Baden-Baden, S 13–34

Albrecht B, Staiger PK, Hall K, Miller P, Best D, Lubman DI (2014) Benzodiazepine use and aggressive behaviour: a systematic review. Aust N Z J Psychiatr 48(12):1096–1114. https://doi.org/10.1177/0004867414548902

Alexander J, Tharyan P, Adams C, John T, Mol C, Philip J (2004) Rapid tranquillisation of violent or agitated patients in a psychiatric emergency setting. Pragmatic randomised trial of intramuscular lorazepam v. haloperidol plus promethazine. Br J Psychiatry J Ment Sci 185:63–69

Ali A, Hall I, Blickwedel J, Hassiotis A (2015) Behavioural and cognitive-behavioural interventions for outwardly-directed aggressive behaviour in people with intellectual disabilities. Cochrane Database Syst Rev (4):CD003406. https://doi.org/10.1002/14651858.CD003406.pub4

Allen MH, Currier GW (2004) Use of restraints and pharmacotherapy in academic psychiatric emergency services. Gen Hosp Psychiatry 26(1):42–49

Allen MH, Feifel D, Lesem MD, Zimbroff DL, Ross R, Munzar P et al (2011) Efficacy and safety of loxapine for inhalation in the treatment of agitation in patients with schizophrenia: a randomized, double-blind, placebo-controlled trial. J Clin Psychiatr 72(10):1313–1321. https://doi.org/10.4088/JCP.10m06011yel

Aman M, Rettiganti M, Nagaraja HN, Hollway JA, McCracken J, McDougle CJ et al (2015) Tolerability, safety, and benefits of risperidone in children and adolescents with autism: 21-month follow-up after 8-week placebo-controlled trial. J Child Adolesc Psychopharmacol 25(6):482–493. https://doi.org/10.1089/cap.2015.0005

Andrezina R, Josiassen RC, Marcus RN, Oren DA, Manos G, Stock E et al (2006) Intramuscular aripiprazole for the treatment of acute agitation in patients with schizophrenia or schizoaffective disorder: a double-blind, placebo-controlled comparison with intramuscular haloperidol. Psychopharmacology 188(3):281–292. https://doi.org/10.1007/s00213-006-0541-x

Arango C, Bernardo M (2005) The effect of quetiapine on aggression and hostility in patients with schizophrenia. Hum Psychopharmacol 20(4):237–241. https://doi.org/10.1002/hup.686

Arbeitsgemeinschaft der Wissenschaftlichen Medizinischen Fachgesellschaften (2018) S3-Leitlinie „Screening, Diagnose und Behandlung alkoholbezogener Störungen". http://www.awmf.org/uploads/tx_szleitlinien/076-001l_S3-Leitlinie_Alkohol_2016-02.pdf. Zugegriffen am 20.03.2018

Aupperle P (2006) Management of aggression, agitation, and psychosis in dementia: focus on atypical antipsychotics. Am J Alzheimers Dis Other Dement 21(2):101–108. https://doi.org/10.1177/153331750602100209

Baldacara L, Sanches M, Cordeiro DC, Jackoswski AP (2011) Rapid tranquilization for agitated patients in emergency psychiatric rooms: a randomized trial of olanzapine, ziprasidone, haloperidol plus promethazine, haloperidol plus midazolam and haloperidol alone. Rev Bras Psiquiatr (Sao Paulo) 33(1):30–39

Ballard C, Waite J (2006) The effectiveness of atypical antipsychotics for the treatment of aggression and psychosis in Alzheimer's disease. Cochrane Database Syst Rev (1):CD003476. https://doi.org/10.1002/14651858.CD003476.pub2

Ballard C, Corbett A, Chitramohan R, Aarsland D (2009) Management of agitation and aggression associated with Alzheimer's disease: controversies and possible solutions. Curr Opin Psychiatr 22(6):532–540. https://doi.org/10.1097/YCO.0b013e32833111f9

Ballard C, Creese B, Corbett A, Aarsland D (2011) Atypical antipsychotics for the treatment of behavioral and psychological symptoms in dementia, with a particular focus on longer term outcomes and mortality. Expert Opin Drug Saf 10(1):35–43. https://doi.org/10.1517/14740338.2010.506711

Banerjee S (2009) The use of antipsychotic medication for people with dementia: time for action. A report for the minister of state for care services by Professor Sube Banerjee. http://psychrights.org/research/digest/nlps/banerjeereportongeriatricneurolepticuse.pdf

Baruch N, Das M, Sharda A, Basu A, Bajorek T, Ross CC et al (2014) An evaluation of the use of olanzapine pamoate depot injection in seriously violent men with schizophrenia in a UK high-security hospital. Therapeut Adv Psychopharmacol 4(5):186–192. https://doi.org/10.1177/2045125314531982

Battaglia J, Moss S, Rush J, Kang J, Mendoza R, Leedom L et al (1997) Haloperidol, lorazepam, or both for psychotic agitation? A multicenter, prospective, double-blind, emergency department study. Am J Emerg Med 15(4):335–340

Belgamwar RB, Fenton M (2005) Olanzapine IM or velotab for acutely disturbed/agitated people with suspected serious mental illnesses. Cochrane Database Syst Rev (2):CD003729. https://doi.org/10.1002/14651858.CD003729.pub2

Bellino S, Paradiso E, Bozzatello P, Bogetto F (2010) Efficacy and tolerability of duloxetine in the treatment of patients with borderline personality disorder: a pilot study. J Psychopharmacol (Oxford) 24(3):333–339. https://doi.org/10.1177/0269881108095715

Bellino S, Bozzatello P, Rocca G, Bogetto F (2014) Efficacy of omega-3 fatty acids in the treatment of borderline personality disorder: a study of the association with valproic acid. J Psychopharmacol (Oxford) 28(2):125–132. https://doi.org/10.1177/0269881113510072

Bieniek SA, Ownby RL, Penalver A, Dominguez RA (1998) A double-blind study of lorazepam versus the combination of haloperidol and lorazepam in managing agitation. Pharmacotherapy 18(1):57–62

Bienwald W, Sonnenfeld S, Bienwald C, Harm U (2016) Betreuungsrecht. Kommentar,. § 1901a BGB, 6. Aufl. Gieseking, Bielefeld

Blair M, Moulton-Adelman F (2015) The engagement model for reducing seclusion and restraint: 13 years later. J Psychosoc Nurs Ment Health Serv 53(3):39–45. https://doi.org/10.3928/02793695-20150211-01

Bleijlevens MHC, Wagner LM, Capezuti E, Hamers JPH (2016) Physical restraints: consensus of a research definition using a modified Delphi technique. J Am Geriatr Soc 64(11):2307–2310. https://doi.org/10.1111/jgs.14435

Bolea-Alamanac BM, Davies SJC, Christmas DM, Baxter H, Cullum S, Nutt DJ (2011) Cyproterone to treat aggressivity in dementia: a clinical case and systematic review. J Psychopharmacol (Oxford) 25(1):141–145. https://doi.org/10.1177/0269881109353460

Bont L, Bosker HA, Brus F, Yska JP, Bosch FH (1998) Torsade de pointes after pipamperone intoxication. Pharm World Sci PWS 20(3):137

Bozeman WP, Ali K, Winslow JE (2013) Long QT syndrome unmasked in an adult subject presenting with excited delirium. J Emerg Med 44(2):e207–e210. https://doi.org/10.1016/j.jemermed.2012.02.054

Bozikas V, Bascialla F, Yulis P, Savvidou I, Karavatos A (2001) Gabapentin for behavioral dyscontrol with mental retardation. Am J Psychiatry 158(6):965–966. https://doi.org/10.1176/appi.ajp.158.6.965

Brink C (2010) Grenzen der Anstalt. Psychiatrie und Gesellschaft in Deutschland 1860–1980. Wallstein, Göttingen

Brophy LM, Roper CE, Hamilton BE, Tellez JJ, McSherry BM (2016) Erratum to: consumers and their supporters' perspectives on poor practice and the use of seclusion and restraint in mental health settings: results from Australian focus groups. Int J Ment Heal Syst 10:7. https://doi.org/10.1186/s13033-016-0039-9

Brosey D (2010) Psychiatrische Patientenverfügung nach dem 3. Betreuungsänderungsgesetz, Wille und Behandlungswünsche bei psychiatrischer Behandlung und Unterbringung. Betreuungspraxis 19:161–167

Brown D, Larkin F, Sengupta S, Romero-Ureclay JL, Ross CC, Gupta N et al (2014) Clozapine: an effective treatment for seriously violent and psychopathic men with antisocial personality disorder in a UK high-security hospital. CNS spectrums 19(5):391–402. https://doi.org/10.1017/S1092852914000157

Caspi N, Modai I, Barak P, Waisbourd A, Zbarsky H, Hirschmann S, Ritsner M (2001) Pindolol augmentation in aggressive schizophrenic patients: a double-blind crossover randomized study. Int Clin Psychopharmacol 16(2):111–115

Citrome L (2007) Comparison of intramuscular ziprasidone, olanzapine, or aripiprazole for agitation: a quantitative review of efficacy and safety. J Clin Psychiatr 68(12):1876–1885

Coccaro EF, Lee RJ, Kavoussi RJ (2009) A double-blind, randomized, placebo-controlled trial of fluoxetine in patients with intermittent explosive disorder. J Clin Psychiatr 70(5):653–662. https://doi.org/10.4088/JCP.08m04150

Comai S, Tau M, Gobbi G (2012) The psychopharmacology of aggressive behavior: a translational approach: part 1: neurobiology. J Clin Psychopharmacol 32(1):83–94. https://doi.org/10.1097/JCP.0b013e31823f8770

Comai S, Tau M, Pavlovic Z, Gobbi G (2012 Apr) The psychopharmacology of aggressive behavior: a translational approach: part 2: clinical studies using atypical antipsychotics, anticonvulsants, and lithium. J Clin Psychopharmacol 32(2):237–260. https://doi.org/10.1097/JCP.0b013e31824929d6

Convention on the Rights of Persons with Disabilities United Nations (Hrsg) (2014) General comment no. 1 (2014). Article 12: equal recognition before the law (CRPD/C/GC/!). http://daccess-dds-ny.un.org/doc/UNDOC/GEN/G14/031/20/PDF/G1403120.pdf

Cooney C, Mortimer A, Smith A, Newton K, Wrigley M (1996) Carbamazepine use in aggressive behaviour associated with senile dementia. Int J Geriatr Psychiatry 11:901–905

Cooney C, Murphy S, Tessema H, Freyne A (2013) Use of low-dose gabapentin for aggressive behavior in vascular and Mixed Vascular/Alzheimer Dementia. J Neuropsychiatr Clin Neurosci 25(2):120–125. https://doi.org/10.1176/appi.neuropsych.12050115

Craft M, Ismail IA, Krishnamurti D, Mathews J, Regan A, Seth RV, North PM (1987) Lithium in the treatment of aggression in mentally handicapped patients. A double-blind trial. Br J Psychiatry J Ment Sci 150:685–689

Cumbo E, Ligori LD (2014) Differential effects of current specific treatments on behavioral and psychological symptoms in patients with Alzheimer's disease: a 12-month, randomized, open-label trial. J Alzheimers Disease JAD 39(3):477–485. https://doi.org/10.3233/JAD-131190

Currier GW, Chou JC-Y, Feifel D, Bossie CA, Turkoz I, Mahmoud RA, Gharabawi GM (2004) Acute treatment of psychotic agitation: a randomized comparison of oral treatment with risperidone and lorazepam versus intramuscular treatment with haloperidol and lorazepam. J Clin Psychiatr 65(3):386–394

Dean BV, Stellpflug SJ, Burnett AM, Engebretsen KM (2013) 2C or not 2C: phenethylamine designer drug review. J Med Toxicol Off J Am College Med Toxicol 9(2):172–178. https://doi.org/10.1007/s13181-013-0295-x

Deb S, Farmah BK, Arshad E, Deb T, Roy M, Unwin GL (2014) The effectiveness of aripiprazole in the management of problem behaviour in people with intellectual disabilities, developmental disabilities and/or autistic spectrum disorder – a systematic review. Res Dev Disabil 35(3):711–725. https://doi.org/10.1016/j.ridd.2013.12.004

Declercq T, Petrovic M, Azermai M, Vander Stichele R, De Sutter AI, van Driel ML, Christiaens T (2013) Withdrawal versus continuation of chronic antipsychotic drugs for behavioural and psychological symptoms in older people with dementia. Cochrane Database Syst Rev (3):CD007726. https://doi.org/10.1002/14651858.CD007726.pub2.

Deutsche Gesellschaft für Psychiatrie und Psychotherapie, Psychosomatik und Nervenheilkunde – Taskforce Patientenautonomie (2016) Eckpunkte für die Regelung der öffentlich-rechtlichen Unterbringung in psychiatrischen Krankenhäusern – mit Erläuterungen. Nervenarzt 87:311–314

Deutsche Gesellschaft für Psychiatrie und Psychotherapie, Psychosomatik und Nervenheilkunde (DGPPN) (2012a) Stellungnahme zum Urteil des Bundesverfassungsgerichts vom 23.03.2011 zur Zwangsbehandlung im Maßregelvollzug (Stellungnahme, 1)

Deutsche Gesellschaft für Psychiatrie und Psychotherapie, Psychosomatik und Nervenheilkunde (DGPPN)

(2012b) Memorandum zur Autonomie und Selbstbestimmung von Menschen mit psychischen Störungen (Stellungnahme, 15)

Deutsche Gesellschaft für Psychiatrie und Psychotherapie, Psychosomatik und Nervenheilkunde (DGPPN) (2014) Achtung der Selbstbestimmung und Anwendung von Zwang bei der Behandlung psychisch erkrankter Menschen: Eine ethische Stellungnahme der DGPPN (2014). Nervenarzt 85(11):1419–1431. https://doi.org/10.1007/s00115-014-4202-8

Deutsche Gesellschaft für Psychiatrie und Psychotherapie, Psychosomatik und Nervenheilkunde (DGPPN). (Hrsg) Ländersache: öffentlich-rechtliche Unterbringung in der Psychiatrie. https://www.dgppn.de/schwerpunkte/menschenrechte/uebersicht-psychKGs.html

Deutsche Gesellschaft für Soziale Psychiatrie e.V. (DGSP) (2012) Zwangsbehandlung in der Psychiatrie – Urteile und wie weiter … https://www.dgsp-ev.de/fileadmin/user_files/dgsp/pdfs/Stellungnahmen/Stellungnahme_Zwangsbehandlung_in_der_Psychiatrie_l.pdf. Zugegriffen am 20.02.2018

Devanand DP, Mintzer J, Schultz SK, Andrews HF, Sultzer DL, de La Pena D et al (2012) Relapse risk after discontinuation of risperidone in Alzheimer's disease. N Engl J Med 367(16):1497–1507. https://doi.org/10.1056/NEJMoa1114058

Diener J (2013) Patientenverfügungen psychisch Kranker und fürsorglicher Zwang. Duncker & Humblot, Berlin

Dorevitch A, Katz N, Zemishlany Z, Aizenberg D, Weizman A (1999) Intramuscular flunitrazepam versus intramuscular haloperidol in the emergency treatment of aggressive psychotic behavior. Am J Psychiatry 156(1):142–144. https://doi.org/10.1176/ajp.156.1.142

Dreßing H, Dreßing C (2013) Strafanzeige bei Gewalttätigkeit von psychisch Kranken während der stationären Behandlung – Pro & Kontra. Psychiatr Prax 40:11

van den Elsen GAH, Ahmed AIA, Verkes R-J, Kramers C, Feuth T, Rosenberg PB et al (2015) Tetrahydrocannabinol for neuropsychiatric symptoms in dementia: a randomized controlled trial. Neurology 84(23):2338–2346. https://doi.org/10.1212/WNL.0000000000001675

Fakra E, Azorin J-M (2012) Clozapine for the treatment of schizophrenia. Expert Opin Pharmacother 13(13):1923–1935. https://doi.org/10.1517/14656566.2012.709235

Fanning JR, Berman ME, Guillot CR, Marsic A, McCloskey MS (2014) Serotonin (5-HT) augmentation reduces provoked aggression associated with primary psychopathy traits. J Personal Disord 28(3):449–461. https://doi.org/10.1521/pedi_2012_26_065

Fazel S, Zetterqvist J, Larsson H, Langstrom N, Lichtenstein P (2014) Antipsychotics, mood stabilisers, and risk of violent crime. Lancet (London) 384(9949):1206–1214. https://doi.org/10.1016/S0140-6736(14)60379-2

Felthous AR (2015) The appropriateness of treating psychopathic disorders. CNS Spectr 20(3):182–189. https://doi.org/10.1017/S1092852915000243

Fisher CA, Sewell K, Brown A, Churchyard A (2014) Aggression in Huntington's disease: a systematic review of rates of aggression and treatment methods. J Huntingtons Dis 3(4):319–332. https://doi.org/10.3233/JHD-140127

Flo E, Gulla C, Husebo BS (2014) Effective pain management in patients with dementia: benefits beyond pain? Drugs Aging 31(12):863–871. https://doi.org/10.1007/s40266-014-0222-0

Foster S, Kessel J, Berman ME, Simpson GM (1997) Efficacy of lorazepam and haloperidol for rapid tranquilization in a psychiatric emergency room setting. Int Clin Psychopharmacol 12(3):175–179

Fox C, Crugel M, Maidment I, Auestad BH, Coulton S, Treloar A et al (2012) Efficacy of memantine for agitation in Alzheimer's dementia: a randomised double-blind placebo controlled trial. PLoS One 7(5):e35185. https://doi.org/10.1371/journal.pone.0035185

Frogley C, Taylor D, Dickens G, Picchioni M (2012) A systematic review of the evidence of clozapine's anti-aggressive effects. Int J Neuropsychopharmacol 15(9):1351–1371. https://doi.org/10.1017/S146114571100201X

Gallagher D, Herrmann N (2014) Antiepileptic drugs for the treatment of agitation and aggression in dementia: do they have a place in therapy? Drugs 74(15):1747–1755. https://doi.org/10.1007/s40265-014-0293-6

Gareri P, Putignano D, Castagna A, Cotroneo AM, de Palo G, Fabbo A et al (2014) Retrospective study on the benefits of combined Memantine and cholinEsterase inhibitor treatMent in AGEd Patients affected with Alzheimer's disease: the MEMAGE study. J Alzheimers Dis JAD 41(2):633–640. https://doi.org/10.3233/JAD-132735

Garza-Trevino ES, Hollister LE, Overall JE, Alexander WF (1989) Efficacy of combinations of intramuscular antipsychotics and sedative-hypnotics for control of psychotic agitation. Am J Psychiatry 146(12):1598–1601. https://doi.org/10.1176/ajp.146.12.1598

Gauthier S, Loft H, Cummings J (2008) Improvement in behavioural symptoms in patients with moderate to severe Alzheimer's disease by memantine: a pooled data analysis. Int J Geriatr Psychiatr 23(5):537–545. https://doi.org/10.1002/gps.1949

Gillies D, Sampson S, Beck A, Rathbone J (2013) Benzodiazepines for psychosis-induced aggression or agitation. Cochrane Database Syst Rev (4):CD003079. https://doi.org/10.1002/14651858.CD003079.pub3

Gobbi G, Gaudreau P-O, Leblanc N (2006) Efficacy of topiramate, valproate, and their combination on aggression/agitation behavior in patients with psychosis. J Clin Psychopharmacol 26(5):467–473. https://doi.org/10.1097/01.jcp.0000237945.35022.45

Gobbi G, Comai S, Debonnel G (2014) Effects of quetiapine and olanzapine in patients with psychosis and violent behavior: a pilot randomized, open-label, comparative study. Neuropsychiatr Dis Treat 10:757–765. https://doi.org/10.2147/NDT.S59968

Gowin JL, Green CE, Alcorn JL, Swann AC, Moeller FG, Lane SD (2012) Chronic tiagabine administration and aggressive responding in individuals with a history of substance abuse and antisocial behavior. J Psychopharmacol (Oxford) 26(7):982–993. https://doi.org/10.1177/0269881111408962

Guay DRP (2007) Newer antiepileptic drugs in the management of agitation/aggression in patients with dementia or developmental disability. Consult Pharm J Am Soc Consult Pharm 22(12):1004–1034

Guinchat V, Cravero C, Diaz L, Perisse D, Xavier J, Amiet C et al (2015) Acute behavioral crises in psychiatric inpatients with autism spectrum disorder (ASD): recognition of concomitant medical or non-ASD psychiatric conditions predicts enhanced improvement. Res Dev Disabil 38:242–255. https://doi.org/10.1016/j.ridd.2014.12.020

Haessler F, Glaser T, Beneke M, Pap AF, Bodenschatz R, Reis O (2007) Zuclopenthixol in adults with intellectual disabilities and aggressive behaviours: discontinuation study. Br J Psychiatr J Mental Sci 190:447–448. https://doi.org/10.1192/bjp.bp.105.016535

Hassler F, Reis O (2010) Pharmacotherapy of disruptive behavior in mentally retarded subjects: a review of the current literature. Dev Disabil Res Rev 16(3):265–272. https://doi.org/10.1002/ddrr.119

Hassler F, Glaser T, Reis O (2011) Effects of zuclopenthixol on aggressive disruptive behavior in adults with mental retardation – a 2-year follow-up on a withdrawal study. Pharmacopsychiatry 44(7):339–343. https://doi.org/10.1055/s-0031-1291174

Henking T (2014) Zwangsbehandlungen aus der Perspektive des Strafrechts. In: Henking T, Vollmann J (Hrsg) Gewalt und Psyche – Die Zwangsbehandlung auf dem Prüfstand. Nomos, Baden-Baden, S 103–121

Henking T (2016) Patientenrechte im Kontext von Zwang. Recht Psychiatrie 9(1):22–31

Henking T (2017) Das Konzept der offenen Türen – offen und doch geschlossen. Recht Psychiatrie 35:68–71

Henking T, Bruns H (2014a) Die Patientenverfügung in der Psychiatrie. Z Gesundheitsrecht 13:585–590

Henking T, Bruns H (2014b) Die Patientenverfügung in der Psychiatrie. Z Gesundheitsrecht 13:585–590

Henking T, Mittag M (2013) Die Zwangsbehandlung in der öffentlich-rechtlichen Unterbringung – Vorschlag einer Neuregelung. Juristische Rundschau 2013(8):341–351

Henking T, Mittag M (2014) Die Zwangsbehandlung in der öffentlich-rechtlichen Unterbringung – Stand der Neuregelungen. Betreuungsrechtliche Praxis 23(3):115–119

Henking T, Mittag M (2015) Rechtliche Rahmenbedingungen. In: Henking T, Vollmann J (Hrsg) Zwangsbehandlung psychisch kranker Menschen – Ein Leitfaden für die Praxis. Springer, Berlin

Henking, Tanja, Vollmann J (2014): Gewalt und Psyche – Die Zwangsbehandlung auf dem Prüfstand: Nomos, Baden-Baden

Henking T, Vollmann J (Hrsg) (2015) Zwangsbehandlung psychisch kranker Menschen – Ein Leitfaden für die Praxis. Springer, Berlin

Herrmann N, Lanctot KL (2007) Pharmacologic management of neuropsychiatric symptoms of Alzheimer disease. Can J Psychiatry 52(10):630–646. https://doi.org/10.1177/070674370705201004

Herrmann N, Gauthier S, Boneva N, Lemming OM (2013) A randomized, double-blind, placebo-controlled trial of memantine in a behaviorally enriched sample of patients with moderate-to-severe Alzheimer's disease. Int Psychogeriatr 25(6):919–927

Hollander E, Tracy KA, Swann AC, Coccaro EF, McElroy SL, Wozniak P et al (2003) Divalproex in the treatment of impulsive aggression: efficacy in cluster B personality disorders. Neuropsychopharmacol Off Publ Am College Neuropsychopharmacol 28(6):1186–1197. https://doi.org/10.1038/sj.npp.1300153

Honglin W (2005) Combination of magnesium valproate and anti-psychotics in aggressive behaviors of schizophrenics [J]. J Clin Psychosomatic Diseases 1:2

Hotham JE, Simpson PJD, Brooman-White RS, Basu A, Ross CC, Humphreys SA et al (2014) Augmentation of clozapine with amisulpride: an effective therapeutic strategy for violent treatment-resistant schizophrenia patients in a UK high-security hospital. CNS Spectr 19(5):403–410. https://doi.org/10.1017/S1092852913000874

Hsu WY, Huang SS, Lee BS, Chiu NY (2010) Comparison of intramuscular olanzapine, orally disintegrating olanzapine tablets, oral risperidone solution, and intramuscular haloperidol in the management of acute agitation in an acute care psychiatric ward in Taiwan. J Clin Psychopharmacol 30(3):230–234. https://doi.org/10.1097/JCP.0b013e3181db8715

Huang CL-C, Hwang T-J, Chen Y-H, Huang G-H, Hsieh MH, Chen H-H, Hwu H-G (2015) Intramuscular olanzapine versus intramuscular haloperidol plus lorazepam for the treatment of acute schizophrenia with agitation: an open-label, randomized controlled trial. J Formosan Med Assoc Taiwan yi zhi 114(5):438–445. https://doi.org/10.1016/j.jfma.2015.01.018

Huf G, Alexander J, Gandhi P, Allen MH (2016) Haloperidol plus promethazine for psychosis-induced aggression. Cochrane Database Syst Rev 11:CD005146. https://doi.org/10.1002/14651858.CD005146.pub3

Husebo BS, Ballard C, Sandvik R, Nilsen OB, Aarsland D (2011) Efficacy of treating pain to reduce behavioural disturbances in residents of nursing homes with dementia: cluster randomised clinical trial. BMJ (Clinical research ed.) 343:d4065. https://doi.org/10.1136/bmj.d4065

Im DS (2016) Template to perpetrate: an update on violence in autism spectrum disorder. Harvard Rev Psychiatr 24(1):14–35. https://doi.org/10.1097/HRP.0000000000000087

Iozzino L, Ferrari C, Large M, Nielssen O, de Girolamo G (2015) Prevalence and risk factors of violence by psychiatric acute inpatients: a systematic review and meta-analysis. PLoS One 10(6):e0128536. https://doi.org/10.1371/journal.pone.0128536

Jayakody K, Gibson RC, Kumar A, Gunadasa S (2012) Zuclopenthixol acetate for acute schizophrenia and similar serious mental illnesses. Cochrane Database Syst Rev (4):CD000525. https://doi.org/10.1002/14651858.CD000525.pub3

Jones RM, Arlidge J, Gillham R, Reagu S, van den Bree M, Taylor PJ (2011) Efficacy of mood stabilisers in the treatment of impulsive or repetitive aggression: systematic review and meta-analysis. Br J Psychiatry J Ment Sci 198(2):93–98. https://doi.org/10.1192/bjp.bp.110.083030

de Jong MH, Kamperman AM, Oorschot M, Priebe S, Bramer W, van de Sande R et al (2016) Interventions to reduce compulsory psychiatric admissions: a systematic review and meta-analysis. JAMA psychiatr 73(7):657–664. https://doi.org/10.1001/jamapsychiatry.2016.0501

Jürgens A (2014) Betreuungsrecht, 5., völlig überarb. Aufl. C.H. BECK (Gelbe Erläuterungsbücher), München

Kaufman KR, Newman NB, Dawood A (2014) Capgras delusion with violent behavior in Alzheimer dementia: case analysis with literature review. Ann Clin Psychiatr Off J Am Acad Clin Psychiatr 26(3):187–191

Khalifa N, Duggan C, Stoffers J, Huband N, Vollm BA, Ferriter M, Lieb K (2010) Pharmacological interventions for antisocial personality disorder. Cochrane Database Syst Rev (8):CD007667. https://doi.org/10.1002/14651858.CD007667.pub2

King BH, Davanzo P (1996) Buspirone treatment of aggression and self-injury in autistic and nonautistic persons with severe mental retardation. Dev Brain Dysf

Kishi T, Matsunaga S, Iwata N (2015) Intramuscular olanzapine for agitated patients: a systematic review and meta-analysis of randomized controlled trials. J Psychiatr Res 68:198–209. https://doi.org/10.1016/j.jpsychires.2015.07.005

Kittipeerachon M, Chaichan W (2016) Intramuscular olanzapine versus intramuscular aripiprazole for the treatment of agitation in patients with schizophrenia: a pragmatic double-blind randomized trial. Schizophr Res 176(2–3):231–238. https://doi.org/10.1016/j.schres.2016.07.017

Kohen I, Preval H, Southard R, Francis A (2005) Naturalistic study of intramuscular ziprasidone versus conventional agents in agitated elderly patients: retrospective findings from a psychiatric emergency service. Am J Geriatr Pharmacother 3(4):240–245

Krakowski MI, Czobor P (2014) Depression and impulsivity as pathways to violence: implications for antiaggressive treatment. Schizophr Bull 40(4):886–894. https://doi.org/10.1093/schbul/sbt117

Kwentus J, Riesenberg RA, Marandi M, Manning RA, Allen MH, Fishman RS et al (2012) Rapid acute treatment of agitation in patients with bipolar I disorder: a multicenter, randomized, placebo-controlled clinical trial with inhaled loxapine. Bipolar Disord 14(1):31–40. https://doi.org/10.1111/j.1399-5618.2011.00975.x

Lavania S, Praharaj SK, Bains HS, Sinha V, Kumar A (2016) Efficacy and safety of levosulpiride versus haloperidol injection in patients with acute psychosis: a randomized double-blind study. Clin Neuropharmacol 39(4):197–200. https://doi.org/10.1097/WNF.0000000000000161

Lehmann P (2015) Psychiatrische Zwangsbehandlung, Menschenrechte und UN-Behindertenrechtskonvention Fragen und Antworten anlässlich der Neufassung des Berliner „Gesetz über Hilfen und Schutzmaβnahmen bei psychischen Krankheiten" (PsychKG). Recht Psychiatrie 33(1):20–33

Lesem MD, Tran-Johnson TK, Riesenberg RA, Feifel D, Allen MH, Fishman R et al (2011) Rapid acute treatment of agitation in individuals with schizophrenia: multicentre, randomised, placebo-controlled study of inhaled loxapine. Br J Psychiatry J Ment Sci 198(1):51–58. https://doi.org/10.1192/bjp.bp.110.081513

Leucht S, Helfer B, Dold M, Kissling W, McGrath J (2014) Carbamazepine for schizophrenia. Cochrane Database Syst Rev (5):CD001258. https://doi.org/10.1002/14651858.CD001258.pub3

Liu CS, Chau SA, Ruthirakuhan M, Lanctot KL, Herrmann N (2015) Cannabinoids for the treatment of agitation and aggression in Alzheimer's disease. CNS Drugs 29(8):615–623. https://doi.org/10.1007/s40263-015-0270-y

Lonergan E, Luxenberg J, Colford J (2002) Haloperidol for agitation in dementia. Cochrane Database Syst Rev (2):CD002852. https://doi.org/10.1002/14651858.CD002852

Lonergan ET, Cameron M, Luxenberg J (2004) Valproic acid for agitation in dementia. Cochrane Database Syst Rev (2):CD003945. https://doi.org/10.1002/14651858.CD003945.pub2

Lopez OL, Becker JT, Chang Y-F, Sweet RA, Aizenstein H, Snitz B et al (2013) The long-term effects of conventional and atypical antipsychotics in patients with probable Alzheimer's disease. Am J Psychiatry 170(9):1051–1058. https://doi.org/10.1176/appi.ajp.2013.12081046

Luaute J, Plantier D, Wiart L, Tell L (2016) Care management of the agitation or aggressiveness crisis in patients with TBI. Systematic review of the literature and practice recommendations. Ann Phys Rehabilitat Med 59(1):58–67. https://doi.org/10.1016/j.rehab.2015.11.001

Maher AR, Maglione M, Bagley S, Suttorp M, Hu J-H, Ewing B et al (2011) Efficacy and comparative effectiveness of atypical antipsychotic medications for off-label uses in adults: a systematic review and meta-analysis. JAMA 306(12):1359–1369. https://doi.org/10.1001/jama.2011.1360

Mann KA, Hoch E, Batra A (2016) S3-Leitlinie Screening, Diagnose und Behandlung Alkoholbezogener Störungen. AWMF-guideline working group (AWMF-Register Nr. 076-001)

Maoz G, Stein D, Meged S, Kurzman L, Levine J, Valevski A et al (2000) The antiaggressive action of combined haloperidol-propranolol treatment in schizophrenia. Eur Psychol 5(4):312

Marder SR, Sorsaburu S, Dunayevich E, Karagianis JL, Dawe IC, Falk DM et al (2010) Case reports of post-marketing adverse event experiences with olanzapine intramuscular treatment in patients with agitation. J Clin Psychiatr 71(4):433–441. https://doi.org/10.4088/JCP.08m04411gry

Marrus N, Underwood-Riordan H, Randall F, Zhang Y, Constantino JN (2014) Lack of effect of risperidone on core autistic symptoms: data from a longitudinal study. J Child Adolesc Psychopharmacol 24(9):513–518. https://doi.org/10.1089/cap.2014.0055

Marschner R (2011) UN-Konvention erfordert ein PsychKG für Bayern. 2. Bayerischen Betreuungsgerichtstag. Bamberg https://www.bgt-ev.de/fileadmin/Mediendatenbank/Tagungen/Bayerischer_BGT/02/Marschner_UN-Konvention.pdf. Zugegriffen am 03.06.2019

Marschner R (2013a) Menschen in Krisen: Unterbringung und Zwangsbehandlung in der Psychiatrie. In: Aichele Valentin, Deutsches Institut für Menschenrechte (Hrsg) Das Menschenrecht auf gleiche Recht auf Anerkennung vor dem Recht. Art. 12 der UN-Behindertenrechtskonvention. Nomos, Baden-Baden, S 203–230

Marschner R (2013b) Von der rechtlichen zur sozialen Betreuung – Konsequenzen aus der UN-Behindertenrechtskonvention. Recht Psychiatrie 31:63–70

Marschner R, Volckart B, Lesting W (2010) Freiheitsentziehung und Unterbringung. Materielles Recht und Verfahrensrecht, 5. völlig neu bearbeitete Aufl. C.H.BECK (Beck'sche Kurz-Kommentare, 32), München

Martin V, Steinert T (2005) Ein Vergleich der Unterbringungsgesetze in den 16 deutschen Bundesländern. Krankenhauspsychiatrie 16:2–12

Matson JL, Jang J (2014) Treating aggression in persons with autism spectrum disorders: a review. Res Dev Disabil 35(12):3386–3391. https://doi.org/10.1016/j.ridd.2014.08.025

Mattes JA (1990) Comparative effectiveness of carbamazepine and propranolol for rage outbursts. J Neuropsychiatr Clin Neurosci 2(2):159–164. https://doi.org/10.1176/jnp.2.2.159

McDougle CJ, Naylor ST, Cohen DJ, Volkmar FR, Heninger GR, Price LH (1996) A double-blind, placebo-controlled study of fluvoxamine in adults with autistic disorder. Arch Gen Psychiatry 53(11):1001–1008

McDougle CJ, Holmes JP, Carlson DC, Pelton GH, Cohen DJ, Price LH (1998) A double-blind, placebo-controlled study of risperidone in adults with autistic disorder and other pervasive developmental disorders. Arch Gen Psychiatry 55(7):633–641

McMurran M, Huband N, Overton E (2010) Non-completion of personality disorder treatments: a systematic review of correlates, consequences, and interventions. Clin Psychol Rev 30(3):277–287. https://doi.org/10.1016/j.cpr.2009.12.002

Mendez Juan E, Vereinte Nationen (2013) Report of the special rapporteur on torture and other cruel, inhuman or degrading treatment or punishment. Human Rights Council, 22nd session. https://documents-dds-ny.un.org/doc/UNDOC/GEN/G13/105/77/PDF/G1310577.pdf?OpenElement. Zugegriffen am 01.12.2017

Mercer D, Douglass AB, Links PS (2009) Meta-analyses of mood stabilizers, antidepressants and antipsychotics in the treatment of borderline personality disorder: effectiveness for depression and anger symptoms. J Personal Disord 23(2):156–174. https://doi.org/10.1521/pedi.2009.23.2.156

Meyer JM (2014) A rational approach to employing high plasma levels of antipsychotics for violence associated with schizophrenia: case vignettes. CNS spectrums 19(5):432–438. https://doi.org/10.1017/S1092852914000236

Mittag M (2012) Die verfassungsrechtlichen Anforderungen an psychiatrische Zwangsbehandlungen im Betreuungsrecht. Recht Psychiatrie 30:197–205

Mittag (2014) Die betreuungsrechtliche Zwangsbehandlung im Lichte ihrer Neuregelung. In: Henking, Vollmann J (Hrsg) Gewalt und Psyche – Die Zwangsbehandlung auf dem Prüfstand: Nomos, Baden-Baden

Morrissette DA, Stahl SM (2014) Treating the violent patient with psychosis or impulsivity utilizing antipsychotic polypharmacy and high-dose monotherapy. CNS spectrums 19(5):439–448. https://doi.org/10.1017/S1092852914000388

National Institute for Health and Care Excellence (NICE) (Hrsg) (2015) Violence and aggression: short-term management in mental health, health and community settings: updated edition. British Psychological Society, London

van Noord C, Straus SMJM, Sturkenboom MCJM, Hofman A, Aarnoudse A-JLHJ, Bagnardi V et al (2009) Psychotropic drugs associated with corrected QT interval prolongation. J Clin Psychopharmacol 29(1):9–15. https://doi.org/10.1097/JCP.0b013e318191c6a8

Nurenberg JR, Schleifer SJ, Shaffer TM, Yellin M, Desai PJ, Amin R et al (2015) Animal-assisted therapy with chronic psychiatric inpatients: equine-assisted psychotherapy and aggressive behavior. Psychiatr Serv (Washington DC) 66(1):80–86. https://doi.org/10.1176/appi.ps.201300524

Olin JT, Fox LS, Pawluczyk S, Taggart NA, Schneider LS (2001) A pilot randomized trial of carbamazepine for behavioral symptoms in treatment-resistant outpatients with Alzheimer disease. Am J Geriatric Psychiatry Off J Am Assoc Geriatric Psychiatry 9(4):400–405

Olzen D (2017) Die Auswirkungen des Betreuungsrechtsänderungsgesetzes (Patientenverfügungsgesetz) auf die medizinische Versorgung psychisch Kranker. Gutachten im Auftrag der DGPPN. https://www.dgppn.de/fileadmin/user_upload/_medien/download/pdf/stellungnahmen/2010/stn-2010-04-15-anh-gutachten-prof-olzen-pat-vg.pdf. Zugegriffen am 01.12.2017

Pascual JC, Madre M, Soler J, Barrachina J, Campins MJ, Alvarez E, Perez V (2006) Injectable atypical antipsychotics for agitation in borderline personality disorder. Pharmacopsychiatry 39(3):117–118. https://doi.org/10.1055/s-2006-941489

Penders TM, Gestring RE, Vilensky DA (2012) Excited delirium following use of synthetic cathinones (bath salts). Gen Hosp Psychiatry 34(6):647–650. https://doi.org/10.1016/j.genhosppsych.2012.06.005

Plantier D, Luaute J (2016) Drugs for behavior disorders after traumatic brain injury: systematic review and expert consensus leading to French recommendations for good practice. Ann Phys Rehabilitat Med 59(1):42–57. https://doi.org/10.1016/j.rehab.2015.10.003

Pollmächer T (2013) Ordnungspolitische Funktion der Psychiatrie – Kontra. Psychiatr Prax 40(06):305–306. https://doi.org/10.1055/s-0033-1343217

Pollmächer T (2015) Moral oder Doppelmoral? Das Berufsethos des Psychiaters im Spannungsfeld zwischen Selbstbestimmung, Rechten Dritter und Zwangsbehandlung. Nervenarzt 86(9):1148–1156

Pollmächer T (2016) Gefährdung Dritter als Rechtfertigung einer öffentlich-rechtlichen Unterbringung psychisch Kranker Pro & Kontra. Psychiatr Prax 43:11 12

Porsteinsson AP, Drye LT, Pollock BG, Devanand DP, Frangakis C, Ismail Z et al (2014) Effect of citalopram on agitation in Alzheimer disease: the CitAD randomized clinical trial. JAMA 311(7):682–691. https://doi.org/10.1001/jama.2014.93

Powney MJ, Adams CE, Jones H (2012) Haloperidol for psychosis-induced aggression or agitation (rapid tranquillisation). Cochrane Database Syst Rev 11:CD009377. https://doi.org/10.1002/14651858.CD009377.pub2

Pratts M, Citrome L, Grant W, Leso L, Opler LA (2014) A single-dose, randomized, double-blind, placebo-controlled trial of sublingual asenapine for acute agitation. Acta Psychiatr Scand 130(1):61–68. https://doi.org/10.1111/acps.12262

Rampling J, Furtado V, Winsper C, Marwaha S, Lucca G, Livanou M, Singh SP (2016) Non-pharmacological interventions for reducing aggression and violence in serious mental illness: a systematic review and narrative synthesis. Eur Psychiatr J Assoc Eur Psychiatr 34:17–28. https://doi.org/10.1016/j.eurpsy.2016.01.2422

Ripoll LH (2013) Psychopharmacologic treatment of borderline personality disorder. Dialogues Clin Neurosci 15(2):213–224

Roberts R, MacDougall NJJ, O'Brien P, Abdelaziz K, Christie J, Swingler R (2012) Not hysteria: ovarian teratoma-associated anti-N-methyl-D-aspartate receptor encephalitis. Scott Med J 57(3):182. https://doi.org/10.1258/smj.2012.012026

Rosenbluth M, Sinyor M (2012) Off-label use of atypical antipsychotics in personality disorders. Expert Opin Pharmacother 13(11):1575–1585. https://doi.org/10.1517/14656566.2011.608351

Rosenow R (2013) Betreuungsrechtliche Unterbringung und Zwangsbehandlung vor dem Hintergrund der UN-BRK. Betreuungsrechtliche Praxis 22:39–44

Schalast N (2016) Gefährdung Dritter als Rechtfertigung einer öffentlich-rechtlichen Unterbringung psychisch Kranker? – Pro. Psychiatr Prax 43(01):10–11

Schmahl S (2016) Menschenrechtliche Sicht auf die Zwangsbehandlung von Erwachsenen bei Selbstgefährdung. Betreuungsrechtliche Praxis 25:51–54

Schneeweiss S, Setoguchi S, Brookhart A, Dormuth C, Wang PS (2007) Risk of death associated with the use of conventional versus atypical antipsychotic drugs among elderly patients. CMAJ Can Med Assoc J J de l'Association medicale canadienne 176(5):627–632. https://doi.org/10.1503/cmaj.061250

Schofield PW, Malacova E, Preen DB, D'Este C, Tate R, Reekie J et al (2015) Does traumatic brain injury lead to criminality? A whole-population retrospective cohort study using linked data. PLoS One 10(7):e0132558. https://doi.org/10.1371/journal.pone.0132558

Seitz DP, Adunuri N, Gill SS, Gruneir A, Herrmann N, Rochon P (2011) Antidepressants for agitation and psychosis in dementia. Cochrane Database Syst Rev (2):CD008191. https://doi.org/10.1002/14651858.CD008191.pub2

Smith EN, Durge V, Sengupta S, Das M (2014) Asenapine augmentation and treatment-resistant schizophrenia in the high-secure hospital setting. Therapeut Adv Psychopharmacol 4(5):193–197. https://doi.org/10.1177/2045125314537866

Snellgrove B, Steinert T (2017) Einwilligungsfähigkeit vor dem Hintergrund der UN-Behindertenrechtskonvention. Forens Psychiatr Psychol Kriminol. https://doi.org/10.1007/s11757-017-0427-2

Sochocky N, Milin R (2013) Second generation antipsychotics in Asperger's disorder and high functioning autism: a systematic review of the literature and effectiveness of meta-analysis. Curr Clin Pharmacol 8(4):370–379

Sohanpal SK, Deb S, Thomas C, Soni R, Lenotre L, Unwin G (2007) The effectiveness of antidepressant medication in the management of behaviour problems in adults with intellectual disabilities: a systematic review. J Intellect Disabil Res JIDR 51(Pt 10):750–765. https://doi.org/10.1111/j.1365-2788.2006.00935.x

Sommer OH, Aga O, Cvancarova M, Olsen IC, Selbaek G, Engedal K (2009) Effect of oxcarbazepine in the treatment of agitation and aggression in severe dementia. Dement Geriatr Cogn Disord 27(2):155–163. https://doi.org/10.1159/000199236

Spickhoff A (2014) Medizinrecht, 2. Aufl. C.H. BECK (Beck'sche Kurz-Kommentare, München

Steinert T (2014a) Missbrauch der Psychiatrie. Psychiatr Prax 41:237–238

Steinert T (2015) Zwangsmaßnahmen aus der Perspektive der klinischen Psychiatrie: Evidenz und Good Clinical Practice. In: Henking T, Vollmann J (Hrsg) Zwangsbehandlung psychisch kranker Menschen – Ein Leitfaden für die Praxis. Springer, Berlin, S 1–18

Steinert T (2017a) Ethics of coercive treatment and misuse of psychiatry. Psychiatr Serv (Washington DC) 68(3):291–294. https://doi.org/10.1176/appi.ps.201600066

Steinert T (2017b) Patientenautonomie ernst nehmen. Psychiatr Prax 44:122–124

Steinert T, Hamann K (2012) External validity of studies on aggressive behavior in patients with schizophrenia: systematic review. Clin Prac Epidemiol Mental Health CP & EMH 8:74–80. https://doi.org/10.2174/1745017901208010074

Steinert T, Kallert TW (2006) Medikamentöse Zwangsbehandlung in der Psychiatrie. Psychiatr Prax 33:160–169

Steinert T, Sippach T, Gebhardt RP (2000) How common is violence in schizophrenia despite neuroleptic treatment? Pharmacopsychiatry 33(3):98–102. https://doi.org/10.1055/s-2000-342

Steinert C, Steinert T, Flammer E, Jaeger S (2016) Impact of the UN convention on the rights of persons with disabilities (UN-CRPD) on mental health care research – a systematic review. BMC Psychiatr 16:166

Stoffers J, Vollm BA, Rucker G, Timmer A, Huband N, Lieb K (2010) Pharmacological interventions for borderline personality disorder. Cochrane Database Syst Rev (6):CD005653. https://doi.org/10.1002/14651858.CD005653.pub2

Sultana J, Chang CK, Hayes RD, Broadbent M, Stewart R, Corbett A, Ballard C (2014) Associations between risk of mortality and atypical antipsychotic use in vascular dementia: a clinical cohort study. Int J Geriatr Psychiatr 29(12):1249–1254. https://doi.org/10.1002/gps.4101

Swanson JW, Swartz MS, Elbogen EB, van Dorn RA (2004) Reducing violence risk in persons with schizophrenia: olanzapine versus risperidone. J Clin Psychiatr 65(12):1666–1673

Swanson JW, Swartz MS, van Dorn RA, Volavka J, Monahan J, Stroup TS et al (2008) Comparison of antipsychotic medication effects on reducing violence in people with schizophrenia. Br J Psychiatr J Mental Sci 193(1):37–43. https://doi.org/10.1192/bjp.bp.107.042630

Tariot PN, Erb R, Podgorski CA, Cox C, Patel S, Jakimovich L, Irvine C (1998) Efficacy and tolerability of carbamazepine for agitation and aggression in dementia. Am J Psychiatry 155(1):54–61. https://doi.org/10.1176/ajp.155.1.54

Tolisano P, Sondik TM, Dike CC (2017) A positive behavioral approach for aggression in forensic psychiatric settings. J Am Acad Psychiatr Law 45(1):31–39

Topiwala A, Fazel S (2011) The pharmacological management of violence in schizophrenia: a structured review. Expert Rev Neurother 11(1):53–63. https://doi.org/10.1586/ern.10.180

Tran-Johnson TK, Sack DA, Marcus RN, Auby P, McQuade RD, Oren DA (2007) Efficacy and safety of intramuscular aripiprazole in patients with acute agitation: a randomized, double-blind, placebo-controlled trial. J Clin Psychiatr 68(1):111–119

Tsiouris JA (2010) Pharmacotherapy for aggressive behaviours in persons with intellectual disabilities: treatment or mistreatment? J Intellect Disabil Res JIDR 54(1):1–16. https://doi.org/10.1111/j.1365-2788.2009.01232.x

Tyrer P, Oliver-Africano PC, Ahmed Z, Bouras N, Cooray S, Deb S et al (2008) Risperidone, haloperidol, and placebo in the treatment of aggressive challenging behaviour in patients with intellectual disability: a randomised controlled trial. Lancet (London) 371(9606):57–63. https://doi.org/10.1016/S0140-6736(08)60072-0

Ujkaj M, Davidoff DA, Seiner SJ, Ellison JM, Harper DG, Forester BP (2012) Safety and efficacy of electroconvulsive therapy for the treatment of agitation and aggression in patients with dementia. Am J Geriatr Psychiatry 20(1):61–72

Valentin A (2013) Einleitung. In: Valentin A, Deutsches Institut für Menschenrechte (Hrsg) Das Menschenrecht auf gleiche Recht auf Anerkennung vor dem Recht. Art. 12 der UN-Behindertenrechtskonvention. Nomos, Baden-Baden, S 13–34

Valentin A, Deutsches Institut für Menschenrechte (Hrsg) (2013) Das Menschenrecht auf gleiche Recht auf Anerkennung vor dem Recht. Art. 12 der UN-Behindertenrechtskonvention. Nomos, Baden-Baden

Vereinte Nationen (2014) Behindertenrechtskonvention und Allgemeiner Kommentar Nr. 1. Zuletzt geprüft am 01.12.2017

Verhey FRJ, Verkaaik M, Lousberg R (2006) Olanzapine versus haloperidol in the treatment of agitation in elderly patients with dementia: results of a randomized controlled double-blind trial. Dement Geriatr Cogn Disord 21(1):1–8. https://doi.org/10.1159/000089136

Volavka J (2013) Violence in schizophrenia and bipolar disorder. Psychiatr Danub 25(1):24–33

Vollmann J (2008) Patientenselbstbestimmung und Selbstbestimmungsfähigkeit: Beiträge zur Klinischen Ethik. Kohlhammer, Stuttgart

Vollmann J (2014) Zwangsbehandlungen in der Psychiatrie. Eine ethische Analyse der neuen Rechtslage für die klinische Praxis 5:614–620

Wahlbeck K, Cheine MV, Gilbody S, Ahonen J (2000) Efficacy of beta-blocker supplementation for schizophrenia: a systematic review of randomized trials. Schizophr Res 41(2):341–347

Walther S, Moggi F, Horn H, Moskvitin K, Abderhalden C, Maier N et al (2014) Rapid tranquilization of severely agitated patients with schizophrenia spectrum disorders: a naturalistic, rater-blinded, randomized, controlled study with oral haloperidol, risperidone, and olanzapine. J Clin Psychopharmacol 34(1):124–128. https://doi.org/10.1097/JCP.0000000000000050

Wang LY, Shofer JB, Rohde K, Hart KL, Hoff DJ, McFall YH et al (2009) Prazosin for the treatment of behavioral symptoms in patients with Alzheimer disease with agitation and aggression. Am J Geriatric Psychiatry Off J Am Assoc Geriatric Psychiatry 17(9):744–751. https://doi.org/10.1097/JGP.0b013e3181ab8c61

Wang Y, Xia J, Helfer B, Li C, Leucht S (2016) Valproate for schizophrenia. Cochrane Database Syst Rev 11:CD004028. https://doi.org/10.1002/14651858.CD004028.pub4

Ward F, Tharian P, Roy M, Deb S, Unwin GL (2013) Efficacy of beta blockers in the management of problem behaviours in people with intellectual disabilities: a systematic review. Res Dev Disabil 34(12):4293–4303. https://doi.org/10.1016/j.ridd.2013.08.015

Weig W, Cording C (Hrsg) (2003) Zwischen Zwang und Fürsorge – die Psychiatriegesetze der deutschen Länder. Deutscher Wissenschafts, Würzburg/Baden-Baden

Wilcock GK, Ballard CG, Cooper JA, Loft H (2008) Memantine for agitation/aggression and psychosis in moderately severe to severe Alzheimer's disease: a pooled analysis of 3 studies. J Clin Psychiatr 69(3):341–348

Williams K, Brignell A, Randall M, Silove N, Hazell P (2013) Selective serotonin reuptake inhibitors (SSRIs) for autism spectrum disorders (ASD). Cochrane Database Syst Rev (8):CD004677. https://doi.org/10.1002/14651858.CD004677.pub3

Wilson MP, MacDonald K, Vilke GM, Feifel D (2012) A comparison of the safety of olanzapine and haloperidol in combination with benzodiazepines in emergency department patients with acute agitation. J Emerg Med 43(5):790–797. https://doi.org/10.1016/j.jcmermed.2011.01.024

Wink LK, Pedapati EV, Horn PS, McDougle CJ, Erickson CA (2017) Multiple antipsychotic medication use in autism spectrum disorder. J Child Adolesc Psychopharmacol 27(1):91–94. https://doi.org/10.1089/cap.2015.0123

Witt K, van Dorn R, Fazel S (2013) Risk factors for violence in psychosis: systematic review and meta-regression analysis of 110 studies. PLoS One 8(2):e55942. https://doi.org/10.1371/journal.pone.0055942

Woodward MR, Harper DG, Stolyar A, Forester BP, Ellison JM (2014) Dronabinol for the treatment of agitation and aggressive behavior in acutely hospitalized severely demented patients with noncognitive behavioral symptoms. Am J Geriatr Psychiatr Off J Am Assoc Geriatric Psychiatry 22(4):415–419. https://doi.org/10.1016/j.jagp.2012.11.022

Yeh Y-C, Ouyang W-C (2012) Mood stabilizers for the treatment of behavioral and psychological symptoms of dementia: an update review. Kaohsiung J Med Sci 28(4):185–193. https://doi.org/10.1016/j.kjms.2011.10.025

Zanarini MC, Schulz SC, Detke HC, Tanaka Y, Zhao F, Lin D et al (2011) A dose comparison of olanzapine for the treatment of borderline personality disorder: a 12-week randomized, double-blind, placebo-controlled study. J Clin Psychiatr 72(10):1353–1362. https://doi.org/10.4088/JCP.08m04138yel

Zentrale Ethikkommission zur Wahrung ethischer Grundsätze in der Medizin und ihren Grenzgebieten bei der Ärztekammer (ZEKO 2013) (2013) Stellungnahme Zwangsbehandlung bei psychischen Erkrankungen. Dtsch Ärztebl 26:A1334–A1338

Zimbroff DL, Marcus RN, Manos G, Stock E, McQuade RD, Auby P, Oren DA (2007) Management of acute agitation in patients with bipolar disorder: efficacy and safety of intramuscular aripiprazole. J Clin Psychopharmacol 27(2):171–176. https://doi.org/10.1097/JCP.0b13e318033bd5e

Kapitel 13

Allen MH, Currier GW, Hughes DH, Docherty JP, Carpenter D, Ross R (2003) Treatment of behavioral emergencies: a summary of the expert consensus guidelines. J Psychiatr Pract 9(1):16–38

Alshayeb H, Showkat A, Wall BM (2010) Lactic acidosis in restrained cocaine intoxicated patients. Tennessee Med J Tennessee Med Assoc 103(10):37–39

American Psychiatric Association (APA), Work Group on Schizophrenia, Lehmann AF, Lieberman JA, Dixon LB et al (2004) Practice Guidelines for the treatment of patients with schizophrenia. American Psychiatric Association (APA), Washington, DC

Appelbaum PS (1999) Seclusion and restraint: Congress reacts to reports of abuse. Psychiatr Serv (Washington DC) 50(7):881–2, 885. https://doi.org/10.1176/ps.50.7.881

Armgart C, Schaub M, Hoffmann K, Illes F, Emons B, Jendreyschak J et al (2013) Negative Emotionen und Verständnis – Zwangsmaßnahmen aus Patientensicht. Psychiatr Prax 40(05):278–284. https://doi.org/10.1055/s-0033-1343159

Bebbington PE, Bhugra D, Brugha T, Singleton N, Farrell M, Jenkins R et al (2004) Psychosis, victimisation and childhood disadvantage: evidence from the second British national survey of psychiatric morbidity. Br J Psychiatr J Mental Sci 185:220–226. https://doi.org/10.1192/bjp.185.3.220

Bennouna-Greene M, Bennouna-Greene V, Berna F, Defranoux L (2011) History of abuse and neglect in patients with schizophrenia who have a history of violence. Child Abuse Negl 35(5):329–332. https://doi.org/10.1016/j.chiabu.2011.01.008

Bergk J, Steinert T (2006) Einstellungen und Einschätzungen von Mitarbeitern psychiatrischer Aufnahmestationen zu Zwangsmaßnahmen. Nervenarzt 77:S423

Bergk J, Flammer E, Steinert T (2009) Ratings of coercive interventions by inpatients and staff in Germany. Psychiatr Serv (Washington DC) 60(10):1401; author reply 1401–2. https://doi.org/10.1176/ps.2009.60.10.1401

Bergk J, Flammer E, Steinert T (2010) „Coercion Experience Scale" (CES) – validation of a questionnaire on coercive measures. BMC Psychiatr 10:5. https://doi.org/10.1186/1471-244X-10-5

Bergk J, Einsiedler B, Flammer E, Steinert T (2011) A randomized controlled comparison of seclusion and mechanical restraint in inpatient settings. Psychiatr

Serv (Washington DC) 62(11):1310–1317. https://doi.org/10.1176/ps.62.11.pss6211_1310

Bleijlevens MHC, Wagner LM, Capezuti E, Hamers JPH (2016) Physical restraints: consensus of a research definition using a modified Delphi technique. J Am Geriatr Soc 64(11):2307–2310. https://doi.org/10.1111/jgs.14435

Bonner G, Lowe T, Rawcliffe D, Wellman N (2002b) Trauma for all: a pilot study of the subjective experience of physical restraint for mental health inpatients and staff in the UK. J Psychiatr Ment Health Nurs 9(4):465–473

Bowers L, Alexander J, Simpson A, Ryan C, Carr-Walker P (2004) Cultures of psychiatry and the professional socialization process: the case of containment methods for disturbed patients. Nurse Educ Today 24(6):435–442. https://doi.org/10.1016/j.nedt.2004.04.008

Bowers L, Ross J, Nijman H, Muir-Cochrane E, Noorthoorn E, Stewart D (2012) The scope for replacing seclusion with time out in acute inpatient psychiatry in England. J Adv Nurs 68(4):826–835. https://doi.org/10.1111/j.1365-2648.2011.05784.x

Brophy LM, Roper CE, Hamilton BE, Tellez JJ, McSherry BM (2016) Erratum to: consumers and their supporters' perspectives on poor practice and the use of seclusion and restraint in mental health settings: results from Australian focus groups. Int J Ment Heal Syst 10:7. https://doi.org/10.1186/s13033-016-0039-9

Bulik CM, Prescott CA, Kendler KS (2001) Features of childhood sexual abuse and the development of psychiatric and substance use disorders. Br J Psychiatr J Mental Sci 179:444–449

Bundesgerichtshof (1998) Anlasstaten im Rahmen einer zivilrechtlichen Unterbringung Urteil vom 22. Neue Z Strafrecht 18:405

Bundesverfassungsgericht (BVerfG) vom 23.03.2011, Aktenzeichen BVerfG, 2 BvR 882/09 vom 23.03.2011,. Absatz-Nr. (1–83)

Busch AB, Shore MF (2000) Seclusion and restraint: a review of recent literature. Harvard Rev Psychiatr 8(5):261–270

Bushman BJ (2002) Does venting anger feed or extinguish the flame? Catharsis, rumination, distraction, anger, and aggressive responding. PSPB 28: 724–731

Council of Europe Steering Committee on Bioethics Working Party on Psychiatry (CEBP) (Hrsg) (2000) White paper on the protection of human rights and dignity of people suffering from mental disorder, especially those placed as involuntary patients in psychiatric establishments (CEBP 2000). https://www.coe.int/t/dg3/healthbioethic/Activities/08_Psychiatry_and_human_rights_en/DIR-JUR(2000)2WhitePaper.pdf

Curie CG (2005) SAMHSA's commitment to eliminating the use of seclusion and restraint. Psychiatr Serv (Washington DC) 56(9):1139–1140. https://doi.org/10.1176/appi.ps.56.9.1139

Darves-Bornoz JM, Lemperiere T, Degiovanni A, Gaillard P (1995) Sexual victimization in women with schizophrenia and bipolar disorder. Soc Psychiatry Psychiatr Epidemiol 30(2):78–84

Deutsche Gesellschaft für Psychiatrie und Psychotherapie,Psychosomatik und Nervenheilkunde (DGPPN) (2014) Achtung der Selbstbestimmung und Anwendung von Zwang bei der Behandlung psychisch erkrankter Menschen: Eine ethische Stellungnahme der DGPPN (2014). Nervenarzt 85(11):1419–1431. https://doi.org/10.1007/s00115-014-4202-8

Dipankui MT, Gagnon M-P, Desmartis M, Legare F, Piron F, Gagnon J et al (2015) Evaluation of patient involvement in a health technology assessment. Int J Technol Assess Health Care 31(3):166–170. https://doi.org/10.1017/S0266462315000240

Duxbury J (2002) An evaluation of staff and patient views of and strategies employed to manage inpatient aggression and violence on one mental health unit: a pluralistic design. J Psychiatr Ment Health Nurs 9(3):325–337

Dyer C (2003) Unjustified seclusion of psychiatric patients is breach of human rights. BMJ (Clinical research ed.) 327(7408):183. https://doi.org/10.1136/bmj.327.7408.183-b

European Committee for the Prevention of Torture and Inhuman or Degrading Treatment or Punishment (CPT) (Hrsg) (2003) Report to the German government on the visit to Germany carried out by the European Committee for the prevention of torture and inhuman or degrading treatment or punishment (CPT) from 03.12 to 15.12.2000 (CPT/Inf(2003))

Finzen A, Haug HJ, Beck A et al (1993) Hilfe wider Willen- Zwangsmedikation im psychiatrischen Alltag. Psychiatrie, Bonn

Flammer E, Steinert T (2015) Auswirkungen der vorübergehend fehlenden Rechtsgrundlage für Zwangsbehandlungen auf die Häufigkeit aggressiver Vorfälle und freiheitseinschränkender mechanischer Zwangsmaßnahmen bei Patienten mit psychotischen Störungen. Psychiatr Prax 42(5):260–266

Freeman M, Pathare S (2005) WHO resource book on mental health, human rights and legislation: World Health Organization, Geneva

Fugger G, Gleiss A, Baldinger P, Strnad A, Kasper S, Frey R (2016) Psychiatric patients' perception of physical restraint. Acta Psychiatr Scand 133(3):221–231. https://doi.org/10.1111/acps.12501

Gallop R, McCay E, Guha M, Khan P (1999) The experience of hospitalization and restraint of women who have a history of childhood sexual abuse. Health Care Women Int 20(4):401–416. https://doi.org/10.1080/073993399245683

Georgieva I, Mulder CL, Whittington R (2012) Evaluation of behavioral changes and subjective distress after exposure to coercive inpatient interventions.

BMC Psychiatr 12:54. https://doi.org/10.1186/1471-244X-12-54

Georgieva I, Mulder CL, Noorthoorn E (2013) Reducing seclusion through involuntary medication: a randomized clinical trial. Psychiatry Res 205(1–2):48–53. https://doi.org/10.1016/j.psychres.2012.08.002

Hall C, Votova K, Heyd C, Walker M, MacDonald S, Eramian D, Vilke GM (2015) Restraint in police use of force events: examining sudden in custody death for prone and not-prone positions. J Forensic Legal Med 31:29–35. https://doi.org/10.1016/j.jflm.2014.12.007

Harris GT, Rice ME, Preston DL (1989) Staff and patient perceptions of the least restrictive alternatives for the short term control of disturbed behaviour. J Psychiatr Law 17:239–263

Hem E, Steen O, Opjordsmoen S (2001) Thrombosis associated with physical restraints. Acta Psychiatr Scand 103(1):73–75; discussion 75–6

Heumann K, Bock T, Lincoln TM (2017) Bitte macht (irgend)was! Eine bundesweite Online-Befragung Psychiatrieerfahrener zum Einsatz milderer Maßnahmen zur Vermeidung von Zwangsmaßnahmen. Psychiatr Prax 44:85–92

Ho JD, Dawes DM, Moore JC, Caroon LV, Miner JR (2011) Effect of position and weight force on inferior vena cava diameter – implications for arrest-related death. Forensic Sci Int 212(1–3):256–259. https://doi.org/10.1016/j.forsciint.2011.07.001

Holt E (2004) Rest and restraint. Lancet (London) 364(9437):829–830. https://doi.org/10.1016/S0140-6736(04)17000-1

Huckshorn KA (2006) Re-designing state mental health policy to prevent the use of seclusion and restraint. Admin Pol Ment Health 33(4):482–491. https://doi.org/10.1007/s10488-005-0011-5

Huf G, Coutinho ESF, Adams CE (2012) Physical restraints versus seclusion room for management of people with acute aggression or agitation due to psychotic illness (TREC-SAVE): a randomized trial. Psychol Med 42(11):2265–2273. https://doi.org/10.1017/S0033291712000372

Ilkiw-Lavalle O, Grenyer BFS (2003) Differences between patient and staff perceptions of aggression in mental health units. Psychiatr Serv (Washington DC) 54(3):389–393. https://doi.org/10.1176/appi.ps.54.3.389

Jackson C, Knott C, Skeate A, Birchwood M (2004) The trauma of first episode psychosis: the role of cognitive mediation. Aust N Z J Psychiatr 38(5):327–333. https://doi.org/10.1080/j.1440-1614.2004.01359.x

Janssen I, Krabbendam L, Bak M, Hanssen M, Vollebergh W, de Graaf R, van Os J (2004) Childhood abuse as a risk factor for psychotic experiences. Acta Psychiatr Scand 109(1):38–45

Juckel G, Haussleiter I (2015) Die stationare Unterbringung nach dem Psychisch-Kranken-Gesetz (PsychKG NRW) – was sind die starksten Pradiktoren? Psychiatr Prax 42(3):133–139. https://doi.org/10.1055/s-0034-1369866

Kalisova L, Raboch J, Nawka A, Sampogna G, Cihal L, Kallert TW et al (2014) Do patient and ward-related characteristics influence the use of coercive measures? Results from the EUNOMIA international study. Soc Psychiatry Psychiatr Epidemiol 49(10):1619–1629. https://doi.org/10.1007/s00127-014-0872-6

Kallert TW, Glockner M, Onchev G, Raboch J, Karastergiou A, Solomon Z et al (2005) The EUNOMIA project on coercion in psychiatry: study design and preliminary data. World Psychiatry Off J World Psychiatric Assoc (WPA) 4(3):168–172

Kallert TW, Rymaszewska J, Torres-González F (2007) Differences of legal regulations concerning involuntary psychiatric hospitalization in twelve European countries implications for clinical practice. Int J Forensic Ment Health 6:197–207

Kendler KS, Bulik CM, Silberg J, Hettema JM, Myers J, Prescott CA (2000) Childhood sexual abuse and adult psychiatric and substance use disorders in women: an epidemiological and cotwin control analysis. Arch Gen Psychiatry 57(10):953–959

Ketelsen R, Pieters V (2004) Prävention durch Nachbetreuung. Maßnahmen zur tertiären Prävention. In: Ketelsen R, Schulz M, Zechert C (Hrsg) Seelische Krise und Aggressivität, 1. Aufl. Psychiatrie, Bonn, S 67–78

Ketelsen R, Schulz M, Zechert C (Hrsg) (2004) Seelische Krise und Aggressivität, 1. Aufl. Psychiatrie, Bonn

Khalifeh H, Oram S, Osborn D, Howard LM, Johnson S (2016) Recent physical and sexual violence against adults with severe mental illness: a systematic review and meta-analysis. Int Rev Psychiatr (Abingdon) 28(5):433–451. https://doi.org/10.1080/09540261.2016.1223608

Kontio R, Joffe G, Putkonen H, Kuosmanen L, Hane K, Holi M, Valimaki M (2012) Seclusion and restraint in psychiatry: patients' experiences and practical suggestions on how to improve practices and use alternatives. Perspectives Psychiatr Care 48(1):16–24. https://doi.org/10.1111/j.1744-6163.2010.00301.x

Krosnar K (2003) Mentally ill patients in central Europe being kept in padlocked, caged beds. BMJ (Clinical research ed.) 327(7426):1249. https://doi.org/10.1136/bmj.327.7426.1249-c

Kuosmanen L, Makkonen P, Lehtila H, Salminen H (2015) Seclusion experienced by mental health professionals. J Psychiatr Ment Health Nurs 22(5):333–336. https://doi.org/10.1111/jpm.12224

Latalova K, Kamaradova D, Prasko J (2014) Violent victimization of adult patients with severe mental illness: a systematic review. Neuropsychiatr Dis Treat 10:1925–1939. https://doi.org/10.2147/NDT.S68321

Lepping P, Masood B, Flammer E, Noorthoorn EO (2016) Comparison of restraint data from four countries. Soc Psychiatry Psychiatr Epidemiol 51(9):1301–1309. https://doi.org/10.1007/s00127-016-1203-x

MacMillan HL, Fleming JE, Streiner DL, Lin E, Boyle MH, Jamieson E et al (2001) Childhood abuse and lifetime psychopathology in a community sample. Am J Psychiatry 158(11):1878–1883. https://doi.org/10.1176/appi.ajp.158.11.1878

Marder SR (2006) A review of agitation in mental illness: treatment guidelines and current therapies. J Clin Psychiatr 67(Suppl 10):13–21

Masters KJ, Wandless D (2005) Use of pulse oximetry during restraint episodes. Psychiatr Serv (Washington DC) 56(10):1313–1314. https://doi.org/10.1176/appi.ps.56.10.1313

Mauritz MW, Goossens PJJ, Draijer N, van Achterberg T (2013) Prevalence of interpersonal trauma exposure and trauma-related disorders in severe mental illness. Eur J Psychotraumatol 4. https://doi.org/10.3402/ejpt.v4i0.19985

Meehan T, Vermeer C, Windsor C (2000) Patients' perceptions of seclusion: a qualitative investigation. J Adv Nurs 31(2):370–377

Meredith C, Taslaq S, Kon OM, Henry J (2005) The cardiopulmonary effects of physical restraint in subjects with chronic obstructive pulmonary disease. J Clin Forensic Med 12(3):133–136. https://doi.org/10.1016/j.jcfm.2004.10.013

van der Merwe M, Muir-Cochrane E, Jones J, Tziggili M, Bowers L (2013) Improving seclusion practice: implications of a review of staff and patient views. J Psychiatr Ment Health Nurs 20(3):203–215. https://doi.org/10.1111/j.1365-2850.2012.01903.x

Meyer H, Taiminen T, Vuori T, Aijala A, Helenius H (1999) Posttraumatic stress disorder symptoms related to psychosis and acute involuntary hospitalization in schizophrenic and delusional patients. J Nerv Ment Dis 187(6):343–352

Michalewicz BA, Chan TC, Vilke GM, Levy SS, Neuman TS, Kolkhorst FW (2007) Ventilatory and metabolic demands during aggressive physical restraint in healthy adults. J Forensic Sci 52(1):171–175. https://doi.org/10.1111/j.1556-4029.2006.00296.x

Mielau J, Altunbay J, Heinz A, Reuter B, Bermpohl F, Rentzsch J, Lehmann A, Montag C (2017) Psychiatrische Zwangsmaßnahmen Prävention und Präferenzen aus Patientenperspektive. Psychiatr Prax 44:316–322

Mierlo T, Bovenberg F, Voskes Y et al (2013) Werkboek HIC High en intensive care in de psychiatrie. De Tijdstrom, Utrecht

Mohr WK, Petti TA, Mohr BD (2003) Adverse effects associated with physical restraint. In: Can J Psychiatry 48 (5), S. 330–337. https://doi.org/10.1177/070674370304800509.

Morrison A, Sadler D (2001) Death of a psychiatric patient during physical restraint. Excited delirium – a case report. Med Sci Law 41(1):46–50. https://doi.org/10.1177/002580240104100109

Mueser KT, Goodman LB, Trumbetta SL, Rosenberg SD, Osher f C, Vidaver R et al (1998) Trauma and posttraumatic stress disorder in severe mental illness. J Consult Clin Psychol 66(3):493–499

Mueser KT, Essock SM, Haines M, Wolfe R, Xie H (2004a) Posttraumatic stress disorder, supported employment, and outcomes in people with severe mental illness. CNS spectrums 9(12):913–925

Mueser KT, Salyers MP, Rosenberg SD, Goodman LA, Essock SM, Osher FC et al (2004b) Interpersonal trauma and posttraumatic stress disorder in patients with severe mental illness: demographic, clinical, and health correlates. Schizophr Bull 30(1):45–57

Naber D, Kircher T, Hessel K (1996) Schizophrenic patients' retrospective attitudes regarding involuntary psychopharmacological treatment and restraint. Eur Psychiatr J Assoc Eur Psychiatr 11(1):7–11. https://doi.org/10.1016/0924-9338(96)80452-4

Needham H, Sands N (2010) Post-seclusion debriefing: a core nursing intervention. Perspect Psychiatr Care 46(3):221–233. https://doi.org/10.1111/j.1744-6163.2010.00256.x

Nelson EC, Heath AC, Madden PAF, Cooper ML, Dinwiddie SH, Bucholz KK et al (2002) Association between self-reported childhood sexual abuse and adverse psychosocial outcomes: results from a twin study. Arch Gen Psychiatry 59(2):139–145

Nelstrop L, Chandler-Oatts J, Bingley W, Bleetman T, Corr F, Cronin-Davis J et al (2006) A systematic review of the safety and effectiveness of restraint and seclusion as interventions for the short-term management of violence in adult psychiatric inpatient settings and emergency departments. Worldviews Evid Based Nurs 3(1):8–18. https://doi.org/10.1111/j.1741-6787.2006.00041.x

Neria Y, Bromet EJ, Carlson GA, Naz B (2005) Assaultive trauma and illness course in psychotic bipolar disorder: findings from the Suffolk county mental health project. Acta Psychiatr Scand 111(5):380–383. https://doi.org/10.1111/j.1600-0447.2005.00530.x

Nienaber A, Schulz M, Hemkendreis B, Löhr M (2013) Die intensive Überwachung von Patienten in der stationären psychiatrischen Akutversorgung eine systematische Literaturübersicht. Psychiatr Prax 40:14–20

Nissen T, Rorvik P, Haugslett L, Wynn R (2013) Physical restraint and near death of a psychiatric patient. J Forensic Sci 58(1):259–262. https://doi.org/10.1111/j.1556-4029.2012.02290.x

Niveau G (2004) Preventing human rights abuses in psychiatric establishments: the work of the CPT. Eur Psychiatr J Assoc Eur Psychiatr 19(3):146–154. https://doi.org/10.1016/j.eurpsy.2003.12.002

Noorthoorn E, Lepping P, Janssen W, Hoogendoorn A, Nijman H, Widdershoven G, Steinert T (2015) One-year incidence and prevalence of seclusion: Dutch findings in an international perspective. Soc Psychiatry Psychiatr Epidemiol 50(12):1857–1869. https://doi.org/10.1007/s00127-015-1094-2

Nyttingnes O, Ruud T, Rugkasa J (2016) It's unbelievably humiliating'-Patients' expressions of negative effects of coercion in mental health care. Int J Law Psychiatry 49(Pt A):147–153. https://doi.org/10.1016/j.ijlp.2016.08.009

O'Donoghue B, Roche E, Shannon S, Lyne J, Madigan K, Feeney L (2014) Perceived coercion in voluntary hospital admission. Psychiatry Res 215(1):120–126. https://doi.org/10.1016/j.psychres.2013.10.016

Opsal A, Kristensen O, Vederhus JK, Clausen T (2016) Perceived coercion to enter treatment among involuntarily and voluntarily admitted patients with substance use disorders. BMC Health Serv Res 16(1):656. https://doi.org/10.1186/s12913-016-1906-4

Paksarian D, Mojtabai R, Kotov R, Cullen B, Nugent KL, Bromet EJ (2014) Perceived trauma during hospitalization and treatment participation among individuals with psychotic disorders. Psychiatr Serv (Washington DC) 65(2):266–269. https://doi.org/10.1176/appi.ps.201200556

Parkes J (2008) Sudden death during restraint: do some positions affect lung function? Med Sci Law 48(2):137–141. https://doi.org/10.1258/rsmmsl.48.2.137

Paterson B, Bradley P, Stark C, Saddler D, Leadbetter D, Allen D (2003) Deaths associated with restraint use in health and social care in the UK. The results of a preliminary survey. J Psychiatr Ment Health Nurs 10(1):3–15. https://doi.org/10.7748/mhp2003.06.6.9.10.c1763

Petti TA, Mohr WK, Somers JW, Sims L (2001) Perceptions of seclusion and restraint by patients and staff in an intermediate-term care facility. J Child Adolesc Psychiatr Nurs Off Publ Assoc Child Adolesc Psychiatr Nurs Inc 14(3):115–127

Poulsen HD, Engberg M (2001) Validation of psychiatric patients' statements on coercive measures. Acta Psychiatr Scand 103(1):60–65

Read J, van Os J, Morrison AP, Ross CA (2005) Childhood trauma, psychosis and schizophrenia: a literature review with theoretical and clinical implications. Acta Psychiatr Scand 112(5):330–350. https://doi.org/10.1111/j.1600-0447.2005.00634.x

Sailas E, Fenton M (2012) Seclusion and restraint for people with serious mental illnesses. Cochrane Database Syst Rev (2):CD001163

Savaser DJ, Campbell C, Castillo EM, Vilke GM, Sloane C, Neuman T et al (2013) The effect of the prone maximal restraint position with and without weight force on cardiac output and other hemodynamic measures. J Forensic Legal Med 20(8):991–995. https://doi.org/10.1016/j.jflm.2013.08.006

Sequeira Halstead S (2002) Control and restraint in the UK Service user perspectives. Br J Forensic Prac 4:9–18

Shaw K, McFarlane AC, Bookless C, Air T (2002) The aetiology of postpsychotic posttraumatic stress disorder following a psychotic episode. J Trauma Stress 15(1):39–47. https://doi.org/10.1023/A:1014331211311

Sheline Y, Nelson T (1993) Patient choice: deciding between psychotropic medication and physical restraints in an emergency. Bull Am Acad Psychiatr Law 21(3):321–329

Shevlin M, Dorahy MJ, Adamson G (2007) Trauma and psychosis: an analysis of the National Comorbidity Survey. Am J Psychiatry 164(1):166–169. https://doi.org/10.1176/ajp.2007.164.1.166

Sloane C, Chan TC, Kolkhorst F, Neuman T, Castillo EM, Vilke GM (2014) Evaluation of the ventilatory effects of the prone maximum restraint (PMR) position on obese human subjects. Forensic Sci Int 237:86–89. https://doi.org/10.1016/j.forsciint.2014.01.017

Smolka M, Klimitz H, Scheuring B, Fähndrich E (1997) Zwangsmaßnahmen in der Psychiatrie aus der Sicht der Patienten. Nervenarzt 68:888–895

Soininen P, Valimaki M, Noda T, Puukka P, Korkeila J, Joffe G, Putkonen H (2013) Secluded and restrained patients' perceptions of their treatment. Int J Ment Health Nurs 22(1):47–55. https://doi.org/10.1111/j.1447-0349.2012.00838.x

Steinert T (2014) Missbrauch der Psychiatrie. Psychiatr Prax 41:237–238

Steinert T (2016) An international perspective on the use of coercive measures. In: Nedopil N, Völlm B (Hrsg) The use of coercive measures in forensic psychiatric care. Springer, Berlin, S 87–100

Steinert T, Bergbauer G, Schmid P, Gebhardt RP (2007) Seclusion and restraint in patients with schizophrenia: clinical and biographical correlates. J Nerv Ment Dis 195(6):492–496. https://doi.org/10.1097/NMD.0b013e3180302af6

Steinert T, Birk M, Flammer E, Bergk J (2013) Subjective distress after seclusion or mechanical restraint: one-year follow-up of a randomized controlled study. Psychiatr Serv (Washington DC) 64(10):1012–1017. https://doi.org/10.1176/appi.ps.201200315

Steinert T, Heinz A, Hohl-Radke F, Koller M, Müller J, Müller S, Zinkler M (2016) Was ist ein „erheblicher gesundheitlicher Schaden" im Sinne des § 1906 BGB? Konsensuspapier der DGPPN Task Force Patientenautonomie. Psychiatr Prax 43:395–399

Sulyok C, Weiland-Fiedler P, Schwehla S, Pfersmann V (2016) Ende einer Ära?: Auswirkungen des Verzichts auf den Einsatz psychiatrischer Intensivbetten in einer psychiatrischen Regionalabteilung Wiens – Erste Ergebnisse. Impact on the use of mechanical restraints after prohibition of psychiatric cage beds in a regional psychiatric department in Vienna, Austria. Neuropsychiatry 30(3):158–164

Szmukler (2015) Compulsion and „coercion" in mental health care. World Psychiatry 14:259–261

Tavcar R, Dernovsek MZ, Grubic VN (2005) Use of coercive measures in a psychiatric intensive care unit in Slovenia. Psychiatr Serv (Washington DC) 56(4):491–492. https://doi.org/10.1176/appi.ps.56.4.491

Terpstra TL, Pettee EJ, Hunter M (2001) Nursing staff's attitudes toward seclusion & restraint. J Psychosoc Nurs Ment Health Serv 39(5):20–28

Veltkamp E, Nijman H, Stolker JJ, Frigge K, Dries P, Bowers L (2008) Patients' preferences for seclusion or forced medication in acute psychiatric emergency in the Netherlands. Psychiatr Serv (Washington, DC) 59(2):209–211. https://doi.org/10.1176/ps.2008.59.2.209

de Venter M, Demyttenaere K, Bruffaerts R (2013) The relationship between adverse childhood experiences and mental health in adulthood. A systematic literature review. Tijdschr Psychiatr 55(4):259–268

Völlm B., Nedopil N (2016) The use of coercive measures in forensic psychiatric care: Springer, Berlin

Vruwink FJ, Mulder CL, Noorthoorn EO, Uitenbroek D, Nijman HLI (2012) The effects of a nationwide program to reduce seclusion in the Netherlands. BMC Psychiatr 12:231. https://doi.org/10.1186/1471-244X-12-231

Whitecross F, Seeary A, Lee S (2013) Measuring the impacts of seclusion on psychiatry inpatients and the effectiveness of a pilot single-session post-seclusion counselling intervention. Int J Ment Health Nurs 22(6):512–521. https://doi.org/10.1111/inm.12023

Whittington R, Richter D (2006) From the individual to the interpersonal: environment and interaction in the escalation of violence in mental health settings. In: Whittington R, Richter D (Hrsg) Violence in mental health settings. Causes, consequences, management. Springer, New York, S 47–68

Whittington R, Baskind E, Paterson B (2006) Coercive measures in the management of imminent violence restraint, seclusion and enhanced observation. In: Whittington R, Richter D (Hrsg) Violence in mental health settings. Causes, consequences, management. Springer, New York, S 145–172

Whittington R, Bowers L, Nolan P, Simpson A, Neil L (2009) Approval ratings of inpatient coercive interventions in a national sample of mental health service users and staff in England. Psychiatr Serv (Washington DC) 60(6):792–798. https://doi.org/10.1176/ps.2009.60.6.792

Wiesing U (2013) Stellung der Zentralen Kommission zur Wahrung ethischer Grundsätze in der Medizin und ihren Grenzgebieten (zentrale Ethikkommission) bei der Bundesärztekammer: Zwangsbehandlung bei psychischen Erkrankungen. Dtsch Ärztebl 110:A 1334–A 1338

Wynn R (2003) Staff's attitudes to the use of restraint and seclusion in a Norwegian university psychiatric hospital. Nord J Psychiatr 57(6):453–459. https://doi.org/10.1080/08039480310003470

Zun LS (2003) A prospective study of the complication rate of use of patient restraint in the emergency department. J Emerg Med 24(2):119–124

Kapitel 14

Abderhalden C, Needham I, Dassen T, Halfens R, Haug H-J, Fischer JE (2008) Structured risk assessment and violence in acute psychiatric wards: randomised controlled trial. Br J Psychiatr J Ment Sci 193(1):44–50. https://doi.org/10.1192/bjp.bp.107.045534

Blair M, Moulton-Adelman F (2015) The engagement model for reducing seclusion and restraint: 13 years later. J Psychosoc Nurs Ment Health Serv 53(3):39–45. https://doi.org/10.3928/02793695-20150211-01

Borckardt JJ, Grubaugh AL, Pelic CG, Danielson CK, Hardesty SJ, Frueh BC (2007) Enhancing patient safety in psychiatric settings. J Psychiatr Pract 13(6):355–361. https://doi.org/10.1097/01.pra.0000300121.99193.61

Borckardt JJ, Madan A, Grubaugh AL, Danielson CK, Pelic CG, Hardesty SJ et al (2011) Systematic investigation of initiatives to reduce seclusion and restraint in a state psychiatric hospital. Psychiatr Serv (Washington DC) 62(5):477–483. https://doi.org/10.1176/ps.62.5.pss6205_0477

Boumans CE, Egger JIM, Souren PM, Hutschemaekers GJM (2014) Reduction in the use of seclusion by the methodical work approach. Int J Ment Health Nurs 23(2):161–170. https://doi.org/10.1111/inm.12037

Boumans CE, Egger JIM, Hutschemaekers GJM (2016) Could you please reduce your seclusion rates? To structure patient care by the methodical work approach. Tijdschr Psychiatr 58(2):140–144

Bowers L, Nijman H, Allan T, Simpson A, Warren J, Turner L (2006) Prevention and management of aggression training and violent incidents on U.K. Acute psychiatric wards. Psychiatr Serv (Washington DC) 57(7):1022–1026. https://doi.org/10.1176/ps.2006.57.7.1022

Bowers L, Flood C, Brennan G, Allan T (2008) A replication study of the city nurse intervention: reducing conflict and containment on three acute psychiatric wards. J Psychiatr Ment Health Nurs 15(9):737–742. https://doi.org/10.1111/j.1365-2850.2008.01294.x

Cibis M-L, Wackerhagen C, Muller S, Lang UE, Schmidt Y, Heinz A (2017) Comparison of aggressive behavior, compulsory medication and absconding behavior between open and closed door policy in an acute psychiatric ward. Psychiatr Prax 44(3):141–147. https://doi.org/10.1055/s-0042-105181

Clarke DE, Brown A-M, Griffith P (2010) The Broset Violence Checklist: clinical utility in a secure psychiatric intensive care setting. J Psychiatr Ment Health Nurs 17(7):614–620. https://doi.org/10.1111/j.1365-2850.2010.01558.x

Corrigan PW, Hirschbeck JN, Wolfe M (1995) Memory and vigilance training to improve social perception in schizophrenia. Schizophr Res 17(3):257–265

Cummings KS, Grandfield SA, Coldwell CM (2010) Caring with comfort rooms. Reducing seclusion and restraint use in psychiatric facilities. J Psychosoc Nurs Ment Health Serv 48(6):26–30. https://doi.org/10.3928/02793695-20100303-02

Donat DC (1998) Impact of a mandatory behavioral consultation on seclusion/restraint utilization in a psychiatric hospital. J Behav Ther Exp Psychiatry 29(1):13–19

Donat DC (2002a) Impact of improved staffing on seclusion/restraint reliance in a public psychiatric hospital. Psychiatr Rehabilitat J 25(4):413–416

Donat DC (2002b) Employing behavioral methods to improve the contaxt of care in an public psychiatric hospital reducing hospital reliance on seclusion/restraint and psychotropic PRN medication. Ognitive Behav Prac C9:28–37

Donat DC (2003) An analysis of successful efforts to reduce the use of seclusion and restraint at a public psychiatric hospital. Psychiatr Serv (Washington DC) 54(8):1119–1123. https://doi.org/10.1176/appi.ps.54.8.1119

Forster PL, Cavness C, Phelps MA (1999) Staff training decreases use of seclusion and restraint in an acute psychiatric setting. Arch Psychiatr Nurs 13:269–271

Godfrey JL, McGill AC, Jones NT, Oxley SL, Carr RM (2014) Anatomy of a transformation: a systematic effort to reduce mechanical restraints at a state psychiatric hospital. Psychiatr Serv (Washington DC) 65(10):1277–1280. https://doi.org/10.1176/appi.ps.201300247

Gonzalez-Torres MA, Fernandez-Rivas A, Bustamante S, Rico-Vilademoros F, Vivanco E, Martinez K et al (2014) Impact of the creation and implementation of a clinical management guideline for personality disorders in reducing use of mechanical restraints in a psychiatric inpatient unit. Primary Care Companion CNS Disord 16(6). https://doi.org/10.4088/PCC.14m01675

Goodness KR, Renfro NS (2002) Changing a culture: a brief program analysis of a social learning program on a maximum-security forensic unit. Behav Sci Law 20(5):495–506. https://doi.org/10.1002/bsl.489

Guzman-Parra J, Aguilera Serrano C, Garcia-Sanchez JA, Pino-Benitez I, Alba-Vallejo M, Moreno-Kustner B, Mayoral-Cleries F (2016) Effectiveness of a multimodal intervention program for restraint prevention in an acute Spanish psychiatric ward. J Am Psychiatri Nurs Assoc 22(3):233–241. https://doi.org/10.1177/1078390316644767

Hirsch S (2017) Evidenzbasierte nicht-pharmakologische Interventionen zur Reduktion von mechanischen Zwangsmaßnahmen bei Erwachsenen in psychiatrischen Kliniken – ein systematisches Review. https://oparu.uni-ulm.de/xmlui/handle/123456789/8372

Hoch JS, O'Reilly RL, Carscadden J (2006) Relationship management therapy for patients with borderline personality disorder. Psychiatr Serv (Washington DC) 57(2):179–181. https://doi.org/10.1176/appi.ps.57.2.179

Huckshorn KA (2006) Re-designing state mental health policy to prevent the use of seclusion and restraint. Admin Pol Ment Health 33(4):482–491. https://doi.org/10.1007/s10488-005-0011-5

Jones DW (1997) Pennsylvania hospital continues to reduce seclusion and restraints. Jt Comm Perspect Jt Comm Accredit Healthc Organ 17(2):17

Jungfer H-A, Schneeberger AR, Borgwardt S, Walter M, Vogel M, Gairing SK et al (2014) Reduction of seclusion on a hospital-wide level: successful implementation of a less restrictive policy. J Psychiatr Res 54:94–99. https://doi.org/10.1016/j.jpsychires.2014.03.020

Ketelsen R, Staude A, Godejohann F, Driesen M (2007) Das Beraterteam in der Psychiatrischen Klinik Aufgaben und Erfahrungen im Umgang mit Aggression und Zwang. Psychiatr Prax 34(6):306–309

Khazaal Y, Chatton A, Pasandin N, Zullino D, Preisig M (2009) Advance directives based on cognitive therapy: a way to overcome coercion related problems. Patient Educ Couns 74(1):35–38. https://doi.org/10.1016/j.pec.2008.08.006

Khazaal Y, Chatton A, Pasandin N, Zullino D, Preisig M, Kontio R et al (2012) Advance directives based on cognitive therapy: a way to overcome coercion related problems. Seclusion and restraint in psychiatry: patients' experiences and practical suggestions on how to improve practices and use alternatives. Perspectives Psychiatr Care 48(1):16–24. https://doi.org/10.1111/j.1744-6163.2010.00301.x

Kostecka M, Zardecka M (1999) The use of physical restraints in Polish psychiatric hospitals in 1989 and 1996. Psychiatr Serv (Washington DC) 50(12):1637–1638. https://doi.org/10.1176/ps.50.12.1637

Laker C, Gray R, Flach C (2010) Case study evaluating the impact of de-escalation and physical intervention training. J Psychiatr Ment Health Nurs 17(3):222–228. https://doi.org/10.1111/j.1365-2850.2009.01496.x

Lloyd C, King R, Machingura T (2014) An investigation into the effectiveness of sensory modulation in reducing seclusion within a acute mental health unit. Adv Ment Health 12:93–100

Lykke J, Austin SF, Morch MM (2008) Cognitive milieu therapy and restraint within dual diagnosis populations. Ugeskr Laeger 170(5):339–343

Madan A, Borckardt JJ, Grubaugh AL, Danielson CK, McLeod-Bryant S, Cooney H et al (2014) Efforts to reduce seclusion and restraint use in a state psychiatric hospital: a ten-year perspective. Psychiatr Serv (Washington DC) 65(10):1273–1276. https://doi.org/10.1176/appi.ps.201300383

Maguire T, Young R, Martin T (2012) Seclusion reduction in a forensic mental health setting. J Psychiatr Ment Health Nurs 19(2):97–106. https://doi.org/10.1111/j.1365-2850.2011.01753.x

Moore D (2010) The least restrictive continuum. Inst Nurs News 6:5–6

Needham I, Abderhalden C, Meer R, Dassen T, Haug HJ, Halfens RJG, Fischer JE (2004) The effectiveness of two interventions in the management of patient violence in acute mental inpatient settings: report on a pilot study. J Psychiatr Ment Health Nurs 11(5):595–601. https://doi.org/10.1111/j.1365-2850.2004.00767.x

Novak T, Scanlan J, McCaul D, MacDonald N, Clarke T (2012) Pilot study of a sensory room in an acute inpatient psychiatric unit. Aust Psychiatr Bull Royal Aust N Z College Psychiatr 20(5):401–406. https://doi.org/10.1177/1039856212459585

O'Malley J, Frampton C, Wijnveld AM et al (2007) Factors influencing seclusion rates in an adult psychiatric intensive care unit. J Psychiatric Intensive Care 3:93–100

Øhlenschlæger J, Nordentoft M, Thorup A, Jeppesen P, Petersen L, Christensen TØ et al (2008) Effect of integrated treatment on the use of coercive measures in first-episode schizophrenia-spectrum disorder. A randomized clinical trial. Int J Law Psychiatry 31(1):72–76

Olver J, Love M, Daniel J, Norman T, Nicholls D (2009) The impact of a changed environment on arousal levels of patients in a secure extended rehabilitation facility. Aust Psychiatr Bull Royal Aust N Z College Psychiatr 17(3):207–211. https://doi.org/10.1080/10398560902839473

Phillips D, Rudestam KE (1995) Effect of nonviolent self-defense training on male psychiatric staff members' aggression and fear. Psychiatr Serv (Washington DC) 46(2):164–168. https://doi.org/10.1176/ps.46.2.164

Prescott DL, Madden LM, Dennis M, Tisher P, Wingate C (2007) Reducing mechanical restraints in acute psychiatric care settings using rapid response teams. J Behav Health Serv Res 34(1):96–105. https://doi.org/10.1007/s11414-006-9036-0

Putkonen A, Kuivalainen S, Louheranta O, Repo-Tiihonen E, Ryynanen O-P, Kautiainen H, Tiihonen J (2013) Cluster-randomized controlled trial of reducing seclusion and restraint in secured care of men with schizophrenia. Psychiatr Serv (Washington DC) 64(9):850–855. https://doi.org/10.1176/appi.ps.201200393

Richmond I, Trujillo D, Schmelzer J, Phillips S, Davis D (1996) Least restrictive alternatives: do they really work? J Nurs Care Qual 11(1):29–37

Rohe T, Dresler T, Stuhlinger M, Weber M, Strittmatter T, Fallgatter AJ (2017) Bauliche Modernisierungen in psychiatrischen Kliniken beeinflussen Zwangsmaßnahmen. Nervenarzt 88(1):70–77

van de Sande R, Nijman HLI, Noorthoorn EO, Wierdsma AI, Hellendoorn E, van der Staak C, Mulder CL (2011) Aggression and seclusion on acute psychiatric wards: effect of short-term risk assessment. Br J Psychiatr J Mental Sci 199(6):473–478. https://doi.org/10.1192/bjp.bp.111.095141

Smith S, Jones J (2014) Use of a sensory room on an intensive care unit. J Psychosoc Nurs Ment Health Serv 52(5):22–30. https://doi.org/10.3928/02793695-20131126-06

Stead K, Kumar S, Schultz TJ, Tiver S, Pirone CJ, Adams RJ, Wareham CA (2009) Teams communicating through STEPPS. Med J Aust 190(11 Suppl):S128–S132

Steinert T, Eisele F, Göser U, Tschöke S, Solmaz S, Falk S (2009) Quality of processes and results in psychiatry: decreasing coercive interventions and violence among patients with personality disorders by implementation of a crisis intervention ward. Gesundheitsökonomie Qualitätsmanagement 14(01):44–48

Steinert T, Zinkler M, Elsasser-Gaissmaier H-P, Starrach A, Hoppstock S, Flammer E (2015) Long-term tendencies in the use of seclusion and restraint in five psychiatric hospitals in Germany. Psychiatr Prax 42(7):377–383. https://doi.org/10.1055/s-0034-1370174

Teitelbaum A, Volpo S, Paran R, Zislin J, Drumer D, Raskin S et al (2007) Multisensory environmental intervention (snoezelen) as a preventive alternative to seclusion and restraint in closed psychiatric wards. Harefuah 146(1):11–4, 79–80

Murphy T, Bennington Davis M (2005) Restraint and seclusion: the model for eliminating their use in healthcare. HCPro Inc

Whitecross F, Seeary A, Lee S (2013) Measuring the impacts of seclusion on psychiatry inpatients and the effectiveness of a pilot single-session post-seclusion counselling intervention. Int J Ment Health Nurs 22(6):512–521. https://doi.org/10.1111/inm.12023

Wieman DA, Camacho-Gonsalves T, Huckshorn KA, Leff S (2014) Multisite study of an evidence-based practice to reduce seclusion and restraint in psychiatric inpatient facilities. Psychiatr Serv (Washington DC) 65(3):345–351. https://doi.org/10.1176/appi.ps.201300210

Yang C-PP, Hargreaves WA, Bostrom A (2014) Association of empathy of nursing staff with reduction of seclusion and restraint in psychiatric inpatient care. Psychiatr Serv (Washington DC) 65(2):251–254. https://doi.org/10.1176/appi.ps.201200531

Kapitel 15

Bowers L (1999) A critical appraisal of violent incident measures, 1999. J Ment Health 8:339–349. https://doi.org/10.1080/09638239917265

Bowers L, Nijman H, Palmstierna T, Crowhurst N (2002) Issues in the measurement of violent incidents and the introduction of a new scale: the ‚attacks' (attempted and actual assault scale). Acta Psychiatr Scand 106(412):106–109

Bowers L, Nijman H, Palmstierna T (2007) The attempted and actual assault scale (attacks). Int J Methods Psychiatr Res 16(3):171–176. https://doi.org/10.1002/mpr.219

Ehmann TS, Smith GN, Yamamoto A, McCarthy N, Ross D, Au T et al (2001) Violence in treatment resistant psychotic inpatients. J Nerv Ment Dis 189(10):716–721

Flammer E, Steinert T (2016) Das Fallregister Baden-Württemberg: Konzeption und erste Auswertungen. DGPPN-Kongress, Berlin

Grossimlinghaus I, Falkai P, Gaebel W, Janssen B, Reich-Erkelenz D, Wobrock T, Zielasek J (2013) Developmental process of DGPPN quality indicators. Nervenarzt 84(3):350–365. https://doi.org/10.1007/s00115-012-3705-4

Iverson GL, Hughes R (2000) Monitoring aggression and problem behaviors in inpatient neuropsychiatric units. Psychiatr Serv (Washington DC) 51(8):1040–1042. https://doi.org/10.1176/appi.ps.51.8.1040

Kay SR, Wolkenfeld F, Murrill LM (1988) Profiles of aggression among psychiatric patients. I. Nature and prevalence. J Nerv Ment Dis 176(9):539–546

Khadivi AN, Patel RC, Atkinson AR, Levine JM (2004) Association between seclusion and restraint and patient-related violence. Psychiatr Serv (Washington DC) 55(11):1311–1312. https://doi.org/10.1176/appi.ps.55.11.1311

Lion JR, Madden DJ, Christopher RL (1976) A violence clinic: three years' experience. Am J Psychiatry 133(4):432–435. https://doi.org/10.1176/ajp.133.4.432

Needham I, Abderhalden C, Meer R, Dassen T, Haug HJ, Halfens RJG, Fischer JE (2004) The effectiveness of two interventions in the management of patient violence in acute mental inpatient settings: report on a pilot study. J Psychiatr Ment Health Nurs 11(5):595–601. https://doi.org/10.1111/j.1365-2850.2004.00767.x

de Niet GJ, Hutschemaekers GJM, Lendemeijer BHHG (2005) Is the reducing effect of the staff observation aggression scale owing to a learning effect? An explorative study. Acta Psychiatr Scand 12(6):687–694. https://doi.org/10.1111/j.1365-2850.2005.00895.x

Nijman H, Muris P, Merckelbach H, Palmstierna T, Wisted B, Vos AM, van Rixtel A, Allertz W (1999) The staff observation rating scale-revised (SOAS-R). Aggress Behav 25:197–209

Nijman HLI, Palmstierna T, Almvik R, Stolker JJ (2005) Fifteen years of research with the staff observation aggression scale: a review. Acta Psychiatr Scand 111(1):12–21. https://doi.org/10.1111/j.1600-0447.2004.00417.x

Richter D (2004) Qualitätsindikatoren für die psychiatrische Versorgung – Eine Übersicht über Kriterien, Methoden und Probleme. Krankenhauspsychiatrie 15:1–10

Sjostrom N, Eder DN, Malm U, Beskow J (2001) Violence and its prediction at a psychiatric hospital. Eur Psychiatry J Assoc Eur Psychiatr 16(8):459–465

Smith GM, Ashbridge DM, Davis RH, Steinmetz W (2015) Correlation between reduction of seclusion and restraint and assaults by patients in Pennsylvania's state hospitals. Psychiatr Serv (Washington DC) 66(3):303–309. https://doi.org/10.1176/appi.ps.201400185

Steinert T, Arbeitskreis Prävention von Gewalt in der Psychiatrie (2011) Benchmarking von freiheitseinschränkenden Zwangsmaßnahmen in der Psychiatrie. Z Evid Fortbild Qual Gesundheitswes 105:360–364

Steinert T, Gebhardt RP (1998) Wer ist gefährlich? Probleme der Validität und Reliabilität bei der Erfassung und Dokumentation von fremdaggressivem Verhalten. Psychiatr Prax 25:221–226

Steinert T, Hermer U, Faust V (1995) Die Motivation aggressiven Patientenverhaltens in der Einschätzung von Ärzten und Pflegepersonal. Krankenhauspsychiatrie 6:11–16

Steinert T, Woelfle M, Gebhardt RP (2000) Aggressive behaviour during in-patient treatment. Measurement of violence during in-patient treatment and association with psychopathology. Acta Psychiatr Scand 102:107–112

Tyrer P, Cooper S, Herbert E, Duggan C, Crawford M, Joyce E et al (2007) The Quantification of Violence Scale: a simple method of recording significant violence. Int J Soc Psychiatr 53(6):485–497. https://doi.org/10.1177/0020764007083870

Kapitel 16

Bundesministerium für Jugend, Familie, Frauen und Gesundheitfür Gesundheit, Bundesminister Zur Lage der Psychiatrie in der ehemaligen DDR – Bestandsaufnahme und Empfehlungen-Gutachten. Bundesministerium für Jugend, Familie, Frauen und Gesundheitfür Gesundheit, Bundesminister, Bonn

Bundesministerium für Justiz und Verbraucherschutz (Hrsg) (2017) Gesetz über das Verfahren in Familiensachen und in den Angelegenheiten der freiwilligen Gerichtsbarkeit (FamFG). JURIS. https://www.gesetze-im-internet.de/famfg/

Bundesverfassungsgericht (BVerfG). vom 12.10.2011, Aktenzeichen Beschluss vom 12.10.2011 – 2 BvR 633/11. BVerfGE 129:269–284. 1–47

Bundesverfassungsgericht (BVerfG). vom 23.03.2011, Aktenzeichen BVerfG, 2 BvR 882/09 vom 23.03.2011,. Absatz-Nr. (1–83)

Burfeind C (2014) Patientenrechte – Therapie und Selbstverantwortung in psychischen Krisen, 1. Aufl. Dachverband Gemeindepsychiatrie e.V., Bonn

Convention on the Rights of Persons with Disabilities United Nations (Hrsg) (2014) General comment No. 1 (2014). Article 12: equal recognition before the law (CRPD/C/GC/!). http://daccess-dds-ny.un.org/doc/UNDOC/GEN/G14/031/20/PDF/G1403120.pdf

Deutsche Gesellschaft für Psychiatrie und Psychotherapie,Psychosomatik und Nervenheilkunde (DGPPN) (2010) Praxisleitlinien in Psychiatrie und Psychotherapie, Band 2: Behandlungsleitlinie Therapeutische Maßnahmen bei aggressivem Verhalten in Psychiatrie und Psychotherapie. Springer, Berlin

Deutscher Bundestag (Hrsg) (1975) Bericht über die Lage der Psychiatrie in der Bundesrepublik Deutschland. Zur psychiatrischen und psychotherapeutisch/psychosomatischen Versorgung der Bevölkerung, Bonn/Bad Godesberg

Deutsches Institut für Menschenrechte (Hrsg) (2012) Stellungnahme der Monitoring-Stelle zur UN-Behindertenrechtskonvention anlässlich der Öffentlichen Anhörung am Montag, den 10.12.2012, im Rahmen der 105. Sitzung des Rechtsausschusses. http://www.institut-fuer-menschenrechte.de/fileadmin/user_upload/Publikationen/Stellungnahmen/MSt_2012_Stellungnahme_Psychiatrie_und_Menschenrechte.pdf. Zugegriffen im 2012

European Committee for the Prevention of Torture and Inhuman or Degrading Treatment or Punishment (CPT) (Hrsg) (1993) Report to the German government on the visit to Germany carried out by the European Committee for the prevention of torture and inhuman or degrading treatment or punishment (CPT) from 08.12. to 20.12.1991 (CPT/Inf (1993)). Zuletzt geprüft am 26.01.2018

European Committee for the Prevention of Torture and Inhuman or Degrading Treatment or Punishment (CPT) (Hrsg) (2003) Report to the German Government on

the visit to Germany carried out by the European Committee for the prevention of torture and inhuman or degrading treatment or punishment (CPT) from 03.12. to 15.12.2000 (CPT/Inf (2003)

European Committee for the Prevention of Torture and Inhuman or Degrading Treatment or Punishment (CPT) (Hrsg) (2007) Report to the German Government on the visit to Germany carried out by the European Committee for the prevention of torture and inhuman or degrading treatment or punishment (CPT) from 20.11. to 02.12.2005 (CPT/Inf (2007)). https://rm.coe.int/1680696304. Zugegriffen am 26.01.2018

Expertenkommission zur Reform der Versorgung im Psychiatrischen und Psychotherapeutisch-Psychosomatischen Bereich: Empfehlungen der Expertenkommission der Bundesregierung zur Reform der Versorgung im psychiatrischen und psychotherapeutisch, psychosomatischen Bereich auf der Grundlage des Modellprogramms Psychiatrie der Bundesregierung. Bonn

Hegendörfer G, Glöckner M, Kallert TW (2006) Chapter 5: legal report–Germany. In: Torres-Gonzalez Kallert TW (Hrsg) Legislation on coercive mental health care in Europe. Legal documents and comparative assessment of twelve European countries. Peter Lang Europäischer Verlag der Wissenschafte, Berlin/Bern/Bruxelles/Frankfurt am Main/New York/Oxford/Wien, S 83–137

Kallert TW, Torres-Gonzalez F (Hrsg) (2006) Legislation on coercive mental health care in Europe. Legal documents and comparative assessment of twelve European countries. Peter Lang Europäischer Verlag der Wissenschafte, Berlin/Bern/Bruxelles/Frankfurt am Main/New York/Oxford/Wien

Kallert TW, Jurjanz L, Schnall K, Glöckner M, Gerdjikov I, Raboch J, Georgiadou E et al (2007a) Eine Empfehlung zur Durchführungspraxis von Fixierungen im Rahmen der stationären psychiatrischen Akutbehandlung Ein Beitrag zur Harmonisierung bester klinischer Praxis in Europa. Psychiatr Prax 34:S233–S240

Kallert TW, Rymaszewska J, Torres-González F (2007b) Differences of legal regulations concerning involuntary psychiatric hospitalization in twelve European countries implications for clinical practice. Int J Forensic Ment Health 6:197–207

Mendez Juan E, Vereinte Nationen (2013) Report of the special rapporteur on torture and other cruel, inhuman or degrading treatment or punishment. Human Rights Council, 22nd session. https://documents-dds-ny.un.org/doc/UNDOC/GEN/G13/105/77/PDF/G1310577.pdf?OpenElement [abgerufen am 01.12.2017]. Zugegriffen am 01.12.2017

Niveau G, Materi J (2007) Psychiatric commitment: over 50 years of case law from the European court of human rights. Eur Psychiatr J Assoc Eur Psychiatr 22(1):59–67. https://doi.org/10.1016/j.eurpsy.2006.05.004

Vereinte Nationen (2008) Übereinkommen über die Rechte von Menschen mit Behinderungen vom 13.12.2006. Zwischen Deutschland, Liechtenstein, Österreich und der Schweiz abgestimmte Übersetzung. Bundesgesetzblatt (II):1419